高等学校土木工程专业系列规划教材

建筑结构

（第2版）

主编　杜　咏　岳健广
主审　白国良

图书在版编目(CIP)数据

建筑结构/杜咏,岳健广主编.—2版.—武汉:武汉大学出版社,2018.10
高等学校土木工程专业系列规划教材
ISBN 978-7-307-20325-9

Ⅰ.建…　Ⅱ.①杜…　②岳…　Ⅲ.建筑结构—高等学校—教材　Ⅳ.TU3

中国版本图书馆CIP数据核字(2018)第145577号

责任编辑:孙　丽　方竞男　　责任校对:路亚妮　　装帧设计:吴　极

出版发行:**武汉大学出版社**　(430072　武昌　珞珈山)
(电子邮件:whu_publish@163.com　网址:www.stmpress.cn)
印刷:荆州市鸿盛印务有限公司
开本:880×1230　1/16　印张:16　字数:514千字
版次:2014年9月第1版　　2018年10月第2版
2018年10月第2版第1次印刷
ISBN 978-7-307-20325-9　　定价:42.00元

高等学校土木工程专业系列规划教材

学术委员会名单

（按姓氏笔画排名）

编审委员会名单

（按姓氏笔画排名）

出版技术支持

（按姓氏笔画排名）

特别提示

教学实践表明，有效地利用数字化教学资源，对于学生学习能力以及问题意识的培养乃至怀疑精神的塑造具有重要意义。

通过对数字化教学资源的选取与利用，学生的学习从以教师主讲的单向指导模式转变为建设性、发现性的学习，从被动学习转变为主动学习，由教师传播知识到学生自己重新创造知识。这无疑是锻炼和提高学生的信息素养的大好机会，也是检验其学习能力、学习收获的最佳方式和途径之一。

本系列教材在相关编写人员的配合下，逐步配备基本数字教学资源，主要内容包括：

文本：课程重难点、思考题与习题参考答案、知识拓展等。

图片：课程教学外观图、原理图、设计图等。

视频：课程讲述对象展示视频、模拟动画，课程实验视频，工程实例视频等。

音频：课程讲述对象解说音频、录音材料等。

数字资源获取方法：

① 打开微信，点击“扫一扫”。

② 将扫描框对准书中所附的二维码。

③ 扫描完毕，即可查看文件。

更多数字教学资源共享、图书购买及读者互动敬请关注“开动传媒”微信公众号！

丛书序

土木工程涉及国家的基础设施建设，投入大，带动的行业多。改革开放后，我国国民经济持续稳定增长，其中土建行业的贡献率达到1/3。随着城市化的发展，这一趋势还将继续呈现增长势头。土木工程行业的发展，极大地推动了土木工程专业教育的发展。目前，我国有500余所大学开设土木工程专业，在校生达40余万人。

2010年6月，中国工程院和教育部牵头，联合有关部门和行业协(学)会，启动实施"卓越工程师教育培养计划"，以促进我国高等工程教育的改革。其中，"高等学校土木工程专业卓越工程师教育培养计划"由住房和城乡建设部与教育部组织实施。

2011年9月，住房和城乡建设部人事司和高等学校土建学科教学指导委员会颁布《高等学校土木工程本科指导性专业规范》，对土木工程专业的学科基础、培养目标、培养规格、教学内容、课程体系及教学基本条件等提出了指导性要求。

在上述背景下，为满足国家建设对土木工程卓越人才的迫切需求，有效推动各高校土木工程专业卓越工程师教育培养计划的实施，促进高等学校土木工程专业教育改革，2013年住房和城乡建设部高等学校土木工程学科专业指导委员会启动了"高等教育教学改革土木工程专业卓越计划专项"，支持并资助有关高校结合当前土木工程专业高等教育的实际，围绕卓越人才培养目标及模式、实践教学环节、校企合作、课程建设、教学资源建设、师资培养等专业建设中的重点、亟待解决的问题开展研究，以对土木工程专业教育起到引导和示范作用。

为配合土木工程专业实施卓越工程师教育培养计划的教学改革及教学资源建设，由武汉大学发起，联合国内部分土木工程教育专家和企业工程专家，启动了"高等学校土木工程专业系列规划教材"建设项目。该系列教材贯彻落实《高等学校土木工程本科指导性专业规范》《卓越工程师教育培养计划通用标准》和《土木工程卓越工程师教育培养计划专业标准》，力图以工程实际为背景，以工程技术为主线，着力提升学生的工程素养，培养学生的工程实践能力和工程创新能力。该系列教材的编写人员，大多主持或参加了住房和城乡建设部高等学校土木工程学科专业指导委员会的"土木工程专业卓越计划专项"教改项目，因此该系列教材也是"土木工程专业卓越计划专项"的教改成果。

土木工程专业卓越工程师教育培养计划的实施，需要校企合作，期望土木工程专业教育专家与工程专家一道，共同为土木工程专业卓越工程师的培养作出贡献！

是以为序。

李国强

2014年3月于同济大学四平路校区

前 言

本书根据“高等学校土木工程专业卓越工程师教育培养计划教学改革研究与课程教材建设示范项目”的基本要求，贯彻“紧扣最新规范、强调工程实践、体现卓越实质、服务人才培养”的教育方针，以及合理化知识体系及结构、实践教学的改革目标编写而成。本书在培养学生综合能力和创新意识的同时，注重加强学生对工程结构基本概念的掌握，提高学生的实践能力。本书适用于建筑学、城市规划、房地产、工程造价、工程管理等土建类相关专业。

本书突出了建筑结构方案、概念设计、结构选型、计算方法等内容之间的逻辑关系，简单阐述了相关基本概念与原理，力求使学生对专业知识体系有一个整体的把握。本书从建筑与结构的起源出发，论述了建筑、结构、自然作用三者之间的辩证关系；按照实际工程结构的设计顺序，依次介绍了建筑方案确定的原则、外界作用的分类及计算方法、结构抗震概念设计与受力特点、材料的力学性能、构件基本设计原理，以及建筑部件、地基基础等的设计方法。其教学内容涉及混凝土结构、钢结构和砌体结构。

同时，书中相关内容的编写严格按照我国最新规范，如《建筑结构荷载规范》(GB 50009—2012)、《建筑抗震设计规范(2016 年版)》(GB 50011—2010)、《混凝土结构设计规范(2015 年版)》(GB 50010—2010)、《钢结构设计标准》(GB 50017—2017)、《砌体结构设计规范》(GB 50003—2011)、《建筑地基基础设计规范》(GB 50007—2011)等，相关内容反映了我国土木工程领域的新进展。

全书内容充实、循序渐进、简明实用。为便于读者对基本概念、原理的理解，书中列出了丰富的图片，并介绍了大量典型建筑工程的实例，强化了实践教学的内容；为主要的计算方法列举了典型例题，且多为注册建筑师、结构工程师资格考试的题型，工程实践性较强。本书在各章末附有知识归纳与独立思考，方便教师教学与学生自学。同时，结合最新的出版融合技术，将二维码嵌入纸质媒体，配置多种“数字资源”，打造“多媒体、立体化、互联网＋”的全媒体图书，给不同的读者群体提供多样化的阅读体验。

本书由南京工业大学杜咏和岳健广担任主编。具体编写分工为：第 4 章、第 9 章、第 10 章、第 11 章由杜咏编写，第 1 章、第 2 章由杜咏和岳健广共同编写，其他章节由岳健广编写。全书由杜咏统稿。西安建筑科技大学白国良担任本书主审。

在本书编写过程中，参阅、借鉴和引用了许多优秀教材、专著和文献资料，同时得到了南京工业大学建筑设计研究院、中天建设集团浙江钢构有限公司的大力协助，硕士研究生范栋浩、李西、林苏敏、谢超、蒋云、张永振等也协助参与了大量工作，在此一并致以诚挚的谢意。

由于编者水平有限，书中难免存在疏漏和不妥之处，敬请读者批评、指正。

编 者

2018 年 5 月

目　录

数字资源目录

1

总　论

课前导读

内容提要

本章主要内容为建筑结构的起源与发展，其范围从我国原始社会时期的建筑活动一直到现代建筑结构，以及国外各个地区不同时期的建筑结构发展；功能要求的变化与科学技术的进步所引起的结构形式演化；梁板结构体系、框架结构体系、大跨度结构体系以及其他结构体系的特点；现代工程结构的设计方法。

能力要求

通过本章的学习，学生应了解国内外建筑结构的起源与发展，以及历史上进步较为明显的建筑结构；了解随着科学技术的进步，建筑结构形式不断演变的过程；理解现代工程结构的设计方法，能够在建筑设计过程中建立后续结构设计的理念。

数字资源

5分钟看完本章

1.1 建筑结构的起源与发展

1.1.1 我国建筑结构

(1)秦朝以前的建筑活动

上古时期,尚无真正意义上的建筑设计,建筑仅是作为遮风避雨的简易场所,穴居和巢居是当时普遍的居住形式。史料记载"上古穴居而不野处""上古之世,人民少而禽兽众,人民不胜禽兽虫蛇。有圣人作,构木为巢以避群害",即反映了当时人类的居住状况。之后,建筑经历了从深穴居到半穴居的过程,在农耕时期进入了营造地面建筑的阶段,构筑方式也完成了从以土为主逐渐向以木为主的过渡,如图1-1所示。

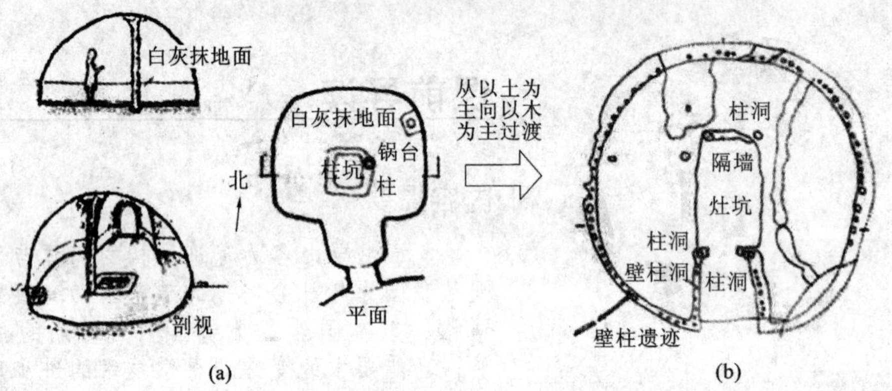

图1-1 上古时期建筑的发展过渡

(a)山西岔沟龙山文化洞穴遗址示意图;(b)新石器时代遗址示意图

夏朝时期逐渐开始从建造方式、规模制度等方面对居住场所进行摸索设计,是原始建筑向传统建筑转折的关键时期。夯筑技术已使用于建筑宫室台榭,河南偃师二里头遗址是迄今发现的我国最早的宫殿建筑群。该遗址表明夏朝大型建筑已开始采用"茅茨土阶"的构筑方式及"前堂后室"的空间布局。图1-2所示为当时的石夯工具①和夯土遗址剖面②。

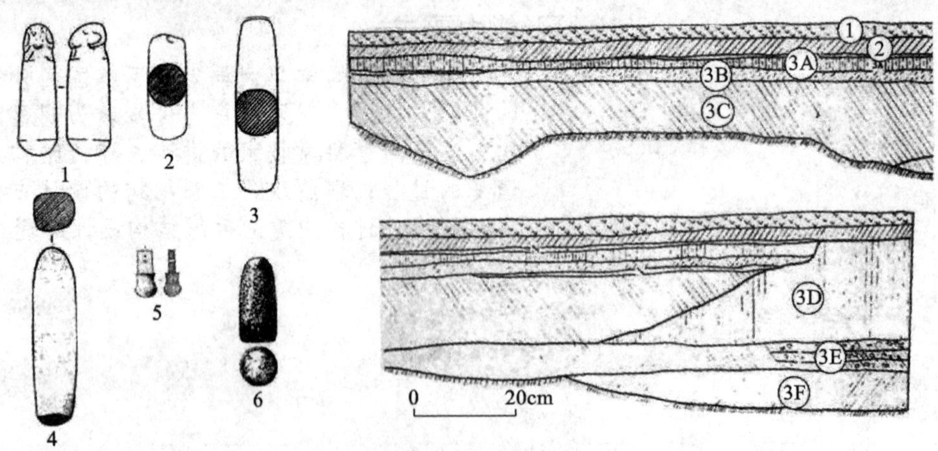

图1-2 上古时期的石夯工具与夯土遗址剖面

商朝的夯筑技术日趋成熟,采用先分层夯筑后逐段上筑的夯土板筑法建造城墙。同时创制了板瓦、筒

---

① 石夯工具是夯筑的必要工具,通过夯打、砸实填土使其致密,以加固建筑。图1-2所示石夯工具中1～3为石杵,4～6为石锤。

② 偃师二里头1号建筑主体殿堂基座夯土分D、E、F三层。D层为深褐色夯土,深1.05m,厚1.65m,质地坚硬,夯窝清晰。E层为花夯土,深2.7m,厚1～1.1m,含三层鹅卵石。F层为黄褐色夯土,深2.9m,土质十分坚硬。

瓦等建筑陶器，借助半瓦当改进屋顶的防水性能；出现了斗和拱，并形成了简单的组合形式，以改善屋顶承受荷载的能力，推进建筑结构向着构架发展。图 1-3 为考古出土的商周时期的青铜器——妇好偶方彝，以及战国早期铜质的蟠螭纹斗拱。

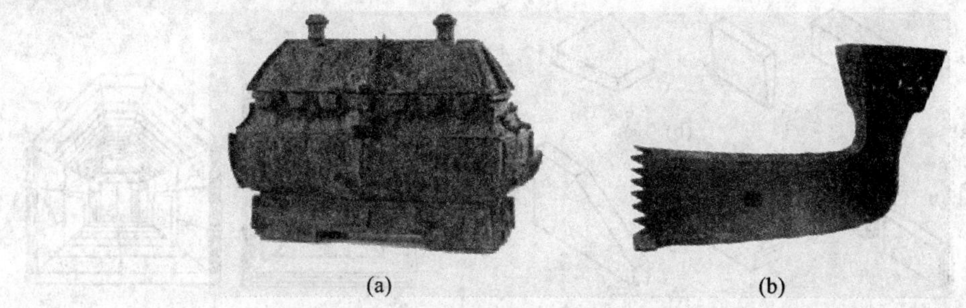
(a) (b)

图 1-3 早期的斗拱

(a)商周时期的青铜器妇好偶方彝；(b)战国早期铜质的蟠螭纹斗拱

春秋战国时期的建筑规模则比以往更为宏大，台榭式高层建筑大量兴建。正如春秋时期老子所说的"九层之台，始于累土"，夯筑若干座高数米至十多米的阶梯形夯土台，在上面建筑木构架殿堂屋宇，形成类似多层建筑的大型高台建筑群。

(2)秦汉时期的建筑设计

传统木构架建筑在秦朝时期更加成熟并产生了重大的突破，主要体现在对大跨度梁架的设计上。例如，秦咸阳宫(图 1-4)离宫一号宫殿主厅的斜梁水平跨度已达到 10m，据此推测阿房宫前殿的主梁跨度一定不会小于 10m。同时，用砖承重在秦朝时期已经出现，可用其砌筑出质地坚硬的砖墙，砖的发明是中国建筑设计史上的重要成就之一。

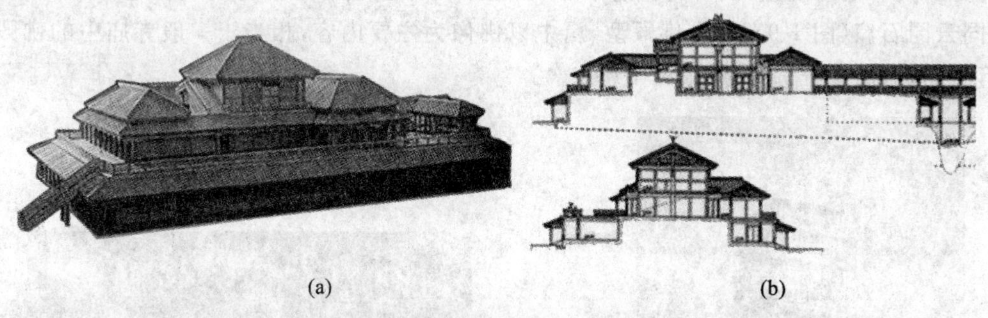
(a) (b)

图 1-4 秦咸阳宫复原图

(a)复原模型；(b)复原立面图

汉代木构架建筑设计灵活，图 1-5 所示分别为后世常见的柱上架梁，梁上立短柱，短柱上再架梁的抬梁式木结构，柱头承檩，并穿枋联结柱子的穿斗式木结构以及下部架空，上部为干阑式木结构，直至今日，这些结构形式仍被广泛应用。斗拱被广泛使用且形式多样，当时的工匠为了保护土墙、木构架和房屋的基础，用向外挑出的斗拱承托屋檐，以使屋檐伸出足够的长度。

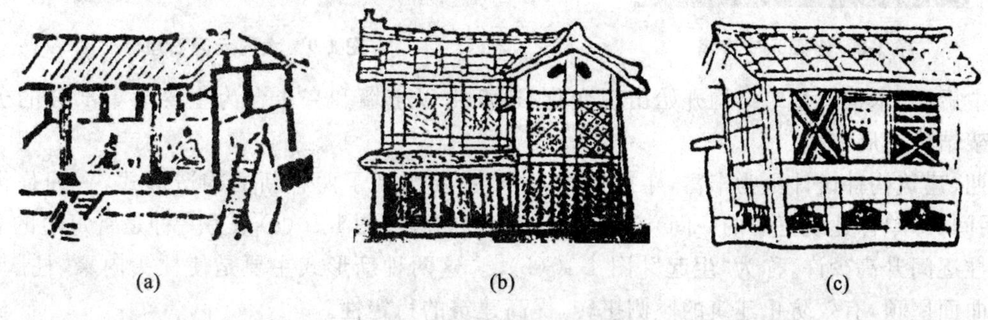
(a) (b) (c)

图 1-5 汉代木结构形式

(a)抬梁式结构(四川成都画像砖)；(b)穿斗式结构(广州汉墓)；(c)干阑式结构(广州汉墓)

汉代在砖石建筑和拱券结构方面亦有巨大进步。西汉时期出现了大量不同形状的砖(图1-6),利用条砖与楔形砖砌拱建造墓室,发明了企口砖以加强砖砌拱的整体性。除此之外,汉代还在岩石上开凿岩墓,或者利用石材砌筑梁板式墓或拱券式墓,如图1-7所示。

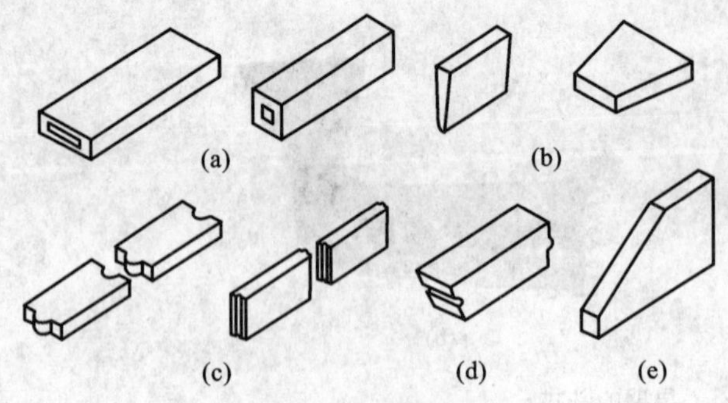

图1-6 汉代各种墓砖

(a)空心条砖;(b)楔形砖;(c)企口砖;(d)楔形企口砖;(e)墓门空心砖

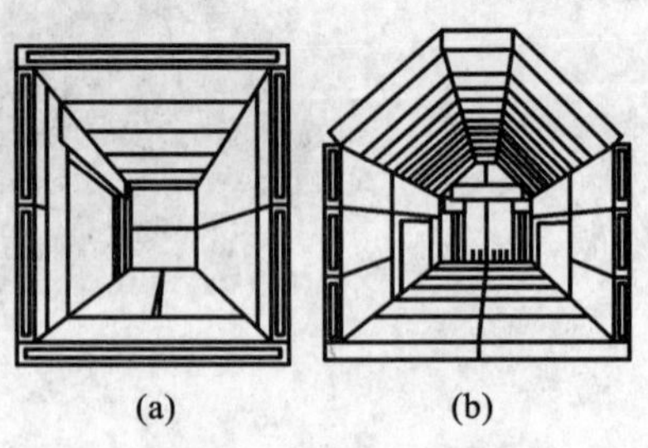

图1-7 汉代空心砖墓

(a)板梁式空心砖墓(河南洛阳);(b)斜撑板梁式空心砖墓(河南洛阳)

(3)魏晋南北朝时期的建筑设计

魏晋南北朝时期最突出的建筑类型是佛教建筑,“大起浮屠寺,上累金盘,下为重楼,又堂阁周围,可容三千许人。作黄金涂像,衣以锦彩”,是当时大兴佛教建筑的鲜明写照。早期佛教建筑布局仿照印度建筑风格,后来逐步中国化,其一般由地宫、塔基、塔身、塔顶和塔刹组成,仿照多层木构楼阁的做法,形成了中国式木塔(图1-8),这可以说是传统中国多层木结构的开始。

除此之外,砖石结构也有了长足的进步,出现了高达数十米的石塔和砖塔。各地的石窟开始相继建造,石窟可以分为三种:一是塔院型,以塔为窟的中心(即窟中支撑窟顶的中心柱刻成佛塔形象),该类石窟的典型代表是大同云冈石窟(图1-9);二是佛殿型,窟中以佛像为主要内容,相当于一般寺庙中的佛殿;三是僧殿型,供僧众打坐修行,窟中置佛像,周围凿小窟。

图1-8 洛阳永宁寺塔

图1-9 大同云冈石窟

南北朝中后期,木构架建筑结构开始出现变化,逐渐由以土墙和夯土台为主要承重部分的土木混合结构向全木构架结构发展。

这一时期,建筑构件设计更为丰富,斗拱形式多样,主要出现了两种新的构造形式,一种是将正侧边立柱向内,向明间(即单体建筑正中的一间)方向倾斜,称为“侧脚”[图1-10(a)];另一种是将每边的立柱自明间柱到两端角柱逐间升高少许,称为“生起”[图1-10(b)]。这两种新形式主要是使柱头内聚,柱脚外撇,最终形成下凹式曲面屋顶,有效防止建筑的倾侧扭转,提高建筑的稳定性。

(4)隋唐、五代十国时期的建筑设计

东汉至南北朝时期有了高层木建筑的建造技术,到了隋唐时期,木建筑解决了大面积、大体量的技术问题,

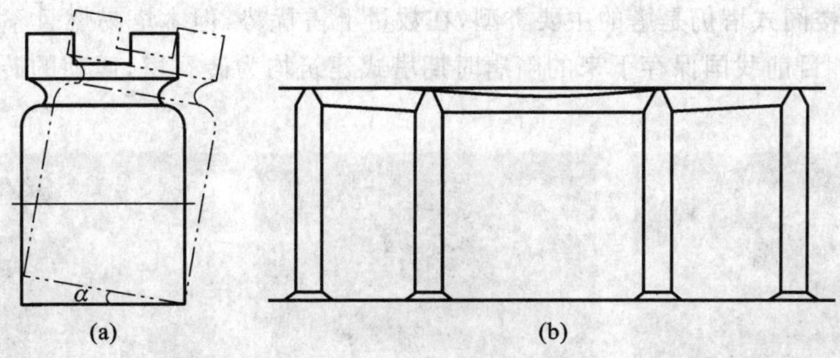

图 1-10 侧脚之制与纵向生起

(a)侧脚之制;(b)柱列的纵向生起

并已定型化。如大明宫麟德殿(图 1-11),面积约为 5000m²,采用面阔[①] 11 间、进深约为面阔 1 倍的柱网布置。

当时的木架结构特别是斗拱部分,构件形式及用料都已开始规格化,说明用材制度已经出现,即将木架部分的用料规格化,一律以木料的某一断面尺寸为基数计算,这是木构件分工生产和统一装配必然要求的方法。从图 1-12 中的唐后期南禅寺正殿和佛光寺大殿可以看出这种规格化的迹象。

图 1-11 唐长安大明宫麟德殿

自南北朝中后期出现的侧脚、生起、翼角[②]、凹面屋面等结构构件的设计手法也在隋唐建筑上逐渐规范化。挑檐和室内斗拱设计呈内凹或外凸的规格化弧面,继以往的凹曲屋面和起翘翼角的屋顶形式后,又设计出庑殿、歇山、悬山、攒尖等各种样式,如图 1-13所示。

图 1-12 南禅寺正殿与佛光寺大殿

(a)南禅寺正殿;(b)佛光寺大殿

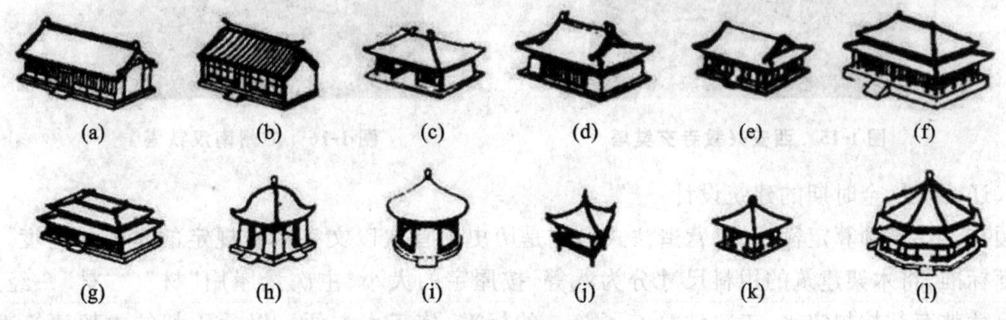

图 1-13 屋顶的形式

(a)悬山;(b)硬山;(c)庑殿;(d)歇山;(e)卷棚;(f)重檐;

(g)盝顶;(h)盔顶;(i)圆攒尖;(j)三角攒尖;(k)四角攒尖;(l)八角攒尖

① 面阔是指古代建筑中位于同一直线上相邻两根檐柱中心线间的水平距离。

② 翼角是指中国古代建筑屋檐的转角部分,微微向上翘起,舒展如鸟翼,主要用在屋顶相邻两坡屋檐之间。

隋唐时期，虽然木楼阁式塔仍是塔的主要类型，在数量上占优势，但木塔易燃且不耐久的缺点推动了砖石建筑的进一步发展。目前我国保存下来的隋唐时期塔式建筑均为砖石塔，唐朝的砖石塔(图1-14)有楼阁式、密檐式与单层塔。

(a) (b) (c)

图1-14 唐朝砖石塔形式

(a)西安大雁塔(楼阁式);(b)西安小雁塔(密檐式);(c)河南会善寺净藏禅师塔(单层塔)

砖石塔外形向仿木结构建筑方向发展，例如，西安兴教寺玄奘塔(图1-15)部分地仿照木建筑的柱、简单的斗拱、檐部、门窗等，反映了对传统建筑式样的继承和砖石材料加工技术渐趋成熟。

五代时期砖木混合结构的塔，都是在唐代砖石塔基础上进一步发展的仿楼阁式木塔。例如，建都于广州的南汉铸造铁塔(图1-16)，反映了江南一带建筑技术水平的提高。

图1-15 西安兴教寺玄奘塔

图1-16 广州南汉铁塔

(5)宋、辽、西夏、金时期的建筑设计

北宋颁布了建筑预算定额——《营造法式》，这是历史上首次以文字形式规定的木模数制度。以“材”作为造屋尺度标准，将木架建筑的用料尺寸分为八等，按屋宇的大小、主次量屋用“材”。“材”一经选定，木构架部件的尺寸整套都按规定来，工料估算有了统一的标准，施工也方便。以后历朝的木架建筑都沿用相当于以“材”为模数的办法，直到清代。

宋代的砖石建筑水平达到了新的高度，木塔已较少采用，绝大多数为砖石塔。河北定县开元寺塔(料敌塔)(图1-17)高达84m，是我国最高的砖石塔；福建泉州开元寺东西两座仿木石塔(图1-18)，高度均为40余米，是我国规模最大的石塔。宋代砖石塔的特点是平面多为八角形，少数用方形与六角形，可供登临远眺，塔身多为筒体结构，墙面及檐部多为仿木建筑形式或采用木构屋檐。

图 1-17 河北定县开元寺塔(料敌塔)

图 1-18 福建泉州开元寺石塔

辽代建筑大量吸取唐代北方的传统做法,保留了唐代建筑的设计手法。其佛塔多数采用砖砌的密檐塔,楼阁式塔较少,不少密檐塔的柱、梁、斗拱、门窗、檐口等都用砖仿木构件。这一时期的砖仿木建筑设计水平已达到登峰造极的地步,北京天宁寺塔(图 1-19)、山西灵丘觉山寺塔(图 1-20)是这类佛塔的著名代表。

图 1-19 北京天宁寺塔

图 1-20 山西灵丘觉山寺塔

(6)元、明、清时期的建筑设计

元朝建筑大多沿袭了唐、宋以来的传统设计形式,部分地方继承了辽金建筑的特点。其大量使用圆木、弯曲木料作为梁架构件,并简化局部建筑构件,在结构设计上大胆运用减柱法、移柱法,使元朝建筑呈现随意奔放的风格。但由于木料特性的限制,以及缺乏科学的计算方法,元朝建筑不得不额外采用木柱加固结构。例如,广胜下寺正殿(图 1-21)是元朝重要的佛教建筑,正殿柱列布置采用减柱法减去了 6 根柱子,有 4 榀梁架搁置在内额[①]上,但因内额跨度大,后来不得不于内额下补加柱子作为支撑。

明朝时期,砖已普遍用于民居砌墙。之前虽有砖塔、砖墓、水道砖拱等砖砌建筑,但木架建筑均以土墙为主,砖仅用于铺地、砌筑台基与墙基等处。随着砖的发展,出现了全部用砖拱砌成的建筑物——无梁殿,多用作防火建筑,如明中叶所建的南京灵谷寺无梁殿和苏州开元寺无梁殿(图 1-22)。

明朝宫殿、庙宇建筑的墙用砖砌,屋顶出檐减小,挑檐檩直接搁在梁头上,充分利用梁头向外挑出的作用来承托屋檐重量。这种新定型的木构架,斗拱的结构作用减小,梁柱构架的整体性加强。

① 内额是指使用于内柱间的用于联系、承重的水平构件。

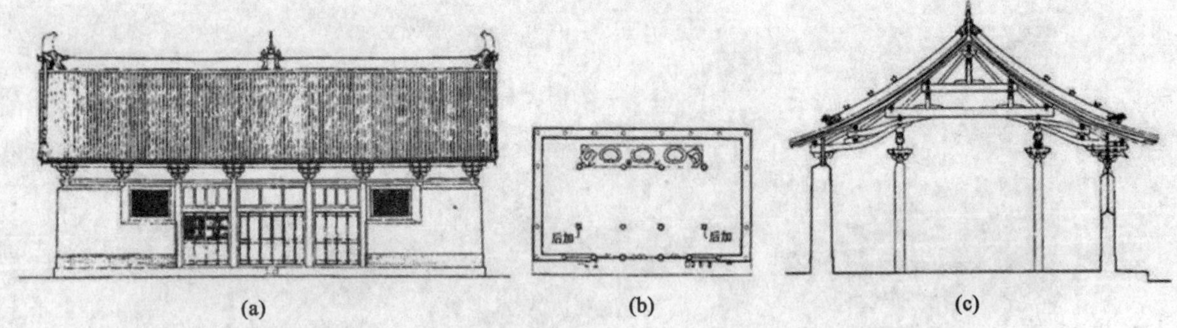

(a) (b) (c)

图 1-21 山西洪洞广胜下寺

(a)大殿正立面图;(b)大殿平面图;(c)大殿稍间横剖面图

(a) (b)

图 1-22 砖拱建筑无梁殿

(a)南京灵谷寺无梁殿;(b)苏州开元寺无梁殿

与明朝以前的建筑相比,清代建筑标准化、定型化的程度更高,表现在层叠数量增多、装饰效果加强、出檐减小、举架①增高等方面。由于木材的积蓄日益减少,迫使采用更多其他的建筑材料进行建筑设计,砖石建筑的数量明显增加,住宅建筑普遍改用砖石作围护材料,更多地使用砖石承重或砖木混合结构。清朝的木构架建筑结构得到了许多改进,柱网更加规格化,元明以来惯用的侧脚、生起的做法及斗拱构造逐渐退化或减少使用。

清朝大型建筑的梁柱材料多改用拼合方式——以小木料攒成大木料,外周以铁箍加固,表面覆麻灰油饰以遮掩痕迹。这种拼合法不仅节约了巨型材料,还为分段设计建造多层楼阁创造了条件。同时,大型建筑的内檐构造基本摆脱了斗拱的束缚,而直接采用榫卯连接梁柱,图 1-23 所示为全木榫卯连接结构,形成整体框架以提高建筑的刚度。按照这种梁、柱、檩直接结合的方法设计出了大批楼阁式建筑,如北京颐和园佛香阁(图 1-24)、颐和园重檐八角亭(图 1-25)等。

(a) (b)

图 1-23 全木榫卯连接结构

(a)全木榫卯结构连廊;(b)榫卯结构细节图

① 清代以步架为比例处理屋面曲线的计算方法,从下面的檐檩向上推算分别算出每步架的举高,一般最下一层的步架为五举,最上层的脊步架多为九举以上。

(7)清末至民国时期的建筑设计

清末，城市建筑的变化主要表现在通商口岸，一些租界和外国人居留的地方形成了新城区，出现了早期的外国领事馆、洋行、银行、商店、教堂、俱乐部和洋房住宅。它们大体上是一二层楼的砖木混合结构，如为清政府对外贸易机构在广州设立的“十三夷馆”和长春园内建筑的一组西洋楼(图 1-26)。

图 1-24 北京颐和园佛香阁

图 1-25 颐和园重檐八角亭

(a)

(b)

图 1-26 清末砖木混合结构

(a)广州“十三夷馆”;(b)长春园西洋楼复原图

甲午战争后，民族资本主义有了初步发展，居住建筑、公共建筑、工业建筑的主要类型已大体齐备。水泥、玻璃、机制砖瓦等新建筑材料的生产能力有了明显发展，建筑工人队伍壮大了，施工技术和工程结构发展也有了较大提高，相继采用了砖石钢骨混合结构和钢筋混凝土结构。这些都表明了近代中国的新建筑体系已经形成，建筑类型大大丰富。图 1-27 所示的上海汇丰银行和上海江海关大楼即反映了当时的建筑规模和建筑水平。

(a)

(b)

图 1-27 近代中国建筑

(a)上海汇丰银行大楼;(b)上海江海关大楼

(8)现代建筑设计探索

20 世纪中期以来,我国建筑设计进入现代化发展时期,在建筑的空间、造型、材料、装饰及营造方式等方面都不同于以往盛行的传统建筑形式。我国的现代建筑是在欧洲现代建筑设计运动的影响下,在我国特定社会背景及地区环境下产生的新型建筑设计形式,众多因素的综合作用使得这一时期我国现代建筑在形式及设计思想上均具有不同的类型。

另外,建筑结构形式也逐渐步入现代化。改革开放之前,砖木结构、砖混结构一直是我国房屋建筑的主体,砖瓦在房屋建筑和房屋造价中占据非常重要的地位和比重。改革开放以后,各种新的建筑设计体系应运而生,现代建筑(图 1-28)出现了钢结构、剪力墙结构、框架-剪力墙结构以及筒体结构等形式,如今更是提倡节能环保型智能建筑。

(a) (b) (c)

图 1-28 现代建筑结构形式

(a)广州白云宾馆(剪力墙结构);(b)新央视大厦(钢结构);(c)广州电视塔(筒体结构)

1.1.2 国外建筑结构

(1)古埃及、两河流域及古代波斯帝国的建筑活动

古埃及位于非洲的东北部,树木稀少,盛产石料。早期的建筑材料以土坯和芦苇为主,以后常用石料。为了隔热,墙和屋顶做得很厚,窗洞小而少。

古王国时期的代表性建筑就是陵墓,一般都采用砖石混用结构,法老陵墓等重要建筑就多采用石头建造。当时的埃及已经开始采取就地取材、控制形状、现场加工、统一部署的施工方式,将几百万块巨石堆积得严丝合缝。到了中王国时期,在山岩上开凿石窟陵墓的建筑形式开始盛行,此时多采用梁柱结构构成比较宽敞的内部空间。新王国时期已不再建造巍然屹立的金字塔陵墓,而是将荒山作为天然金字塔,沿着山坡的侧面开凿地道,修建豪华的地下陵寝。图 1-29 反映了古埃及代表性建筑的发展过程。

(a) (b) (c)

图 1-29 古埃及建筑的发展

(a)萨卡拉金字塔(古王国时期);(b)哈特什帕苏女王墓(中王国时期);(c)卡纳克神庙(新王国时期)

古西亚的建筑成就在于创造了以土作为基本原料的结构体系和装饰方法。两河流域无石缺木,因此建筑材料主要以黏土为主。以模具制作统一规格的泥砖,晒干或烤干的泥砖被广泛地用于建造房屋、山岳台(图 1-30)、城墙或铺设地面。

西亚地区丰富的石油资源也被人们所利用,他们将沥青与泥砖相结合建造房屋,使房屋结构更坚固,还把沥青铺设在路上或屋顶上用来防水。从远方运来的石材主要被作为建筑基础或浮雕面板,而木材则被作为支撑柱、屋顶梁架、门框和窗框等。古西亚人发明了拱券技术,图 1-31 为巴比伦城复原图,反映了拱券技术的广泛应用。

图 1-30 古西亚乌尔山岳台

图 1-31 新巴比伦城复原图

(2)欧洲原始时期的建筑活动

欧洲新石器时代的阿尔卑斯山以北地区普遍建造了一种以巨型石块垒砌构筑而成的建筑群,这种建筑艺术被称为巨石文化,是欧洲史前时代创造的建筑文化类型之一。巨石建筑大体上分为石圈、石柱、巨石坟墓和巨石神庙 4 种类型(图 1-32)。

石圈以大块石头围成,以英国南部的斯通亨奇环状列石最为著名。石柱为直立的巨大石块,最高达 20m,重 300t,有的几块聚立在一起,有的是若干块排成行列。巨石坟墓通常是一个家族的坟墓,或建在地上,或埋在大土丘下,建筑结构多为水平砌筑,墓顶采用梁柱形式,墓壁和部分石柱上都凿刻有各种几何图案。神庙则是用石块构筑的比较完整的建筑物,里面供奉神像。

(a) (b) (c) (d)

图 1-32 欧洲史前巨石建筑

(a)石圈;(b)石柱;(c)巨石坟墓;(d)巨石神庙

如果说土砖是两河流域建筑的特征,那么石头就代表了史前时代的欧洲建筑。不难发现,欧洲最初的建筑设计手法就是采用两块立石上架一块横石的三石塔结构将石头围合成圈,这种建筑结构在中国极少使用,东、西方建筑设计艺术的分流自此开始。

(3)欧洲古典时期的建筑设计

爱琴文明建造了世界上最早的露天剧场,这一时期建筑依山而建,空间层次高低错落,通常屋顶为平的瓦片,地面采用灰泥、木质或大石板,墙体为石块和碎砾石矮墙,已经开始在天花板上设计横木以支撑屋顶,并使用泥砖把建筑堆砌至两三层楼高。

古希腊建筑中最漂亮的就是神殿,早期神殿是贵族居住的长方形有门廊的建筑,后来加入柱式结构逐步演变为由四根圆柱组成的前门廊形式,再后来又发展到前后门廊形式。公元前6世纪,神殿进一步发展成为中央设厅堂、大殿,四周均采用柱廊环绕的环柱式造型结构。图1-33所示为世界著名的古希腊帕提农神庙。

古希腊建筑除屋架外全部使用石材设计建筑,通过长期推敲改进,希腊人定型了多立克式、爱奥尼克式和科林斯式三种主要柱式,见图1-34。

图1-33 古希腊帕提农神庙

图1-34 古希腊建筑柱式结构示意图

(a)多立克式;(b)爱奥尼克式;(c)科林斯式

古罗马人沿袭了亚平宁半岛的建筑技术(主要是拱券技术),除了使用砖、木、石以外,还开始使用强度高、施工方便、价格便宜的火山灰混凝土,以满足建筑拱券的需求,并发明了相应的支模、混凝土浇灌及大理石饰面技术。古罗马建筑为满足各种复杂的功能要求,设计了穹隆顶、筒拱、交叉拱和帆拱等一整套复杂的结构体系(图1-35),如著名的万神庙(图1-36),其穹隆顶直径达到了43.3m。

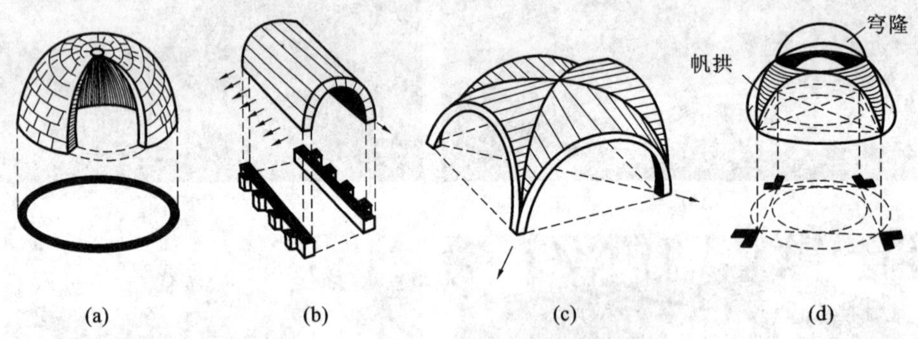

图1-35 屋顶结构体系

(a)穹隆顶;(b)筒拱;(c)交叉拱;(d)帆拱上的穹隆

公元1世纪中期出现的十字拱,将拱顶的重量集中到四角的柱墩上,无须连续的承重墙即可使空间变得更为开阔、宽敞,将多个十字拱与筒形拱、穹隆顶相组合(图1-37),可创造出更为复杂的内部空间形式。

(4)欧洲中世纪的建筑设计

欧洲中世纪时期,拜占庭建筑为砖石结构,局部加以混凝土,从建筑元素来看,拜占庭建筑包含了古西亚建筑的砖石券顶、古希腊建筑的古典柱式和古罗马建筑规模宏大的尺度,以及巴西利卡的建筑形式,发展了古罗马建筑的穹顶结构和集中式形式,设计出了由四个或更多独立柱支撑的穹顶、帆拱、鼓座相结合的结构形式和穹顶统率下的集中式建筑形制。图1-38所示为砖石结构的伊斯坦布尔圣索菲亚大教堂及其内部的穹顶、帆拱。

(a)

(b)

图 1-36 古罗马万神庙及其穹隆顶

(a)古罗马万神庙;(b)万神庙穹隆顶

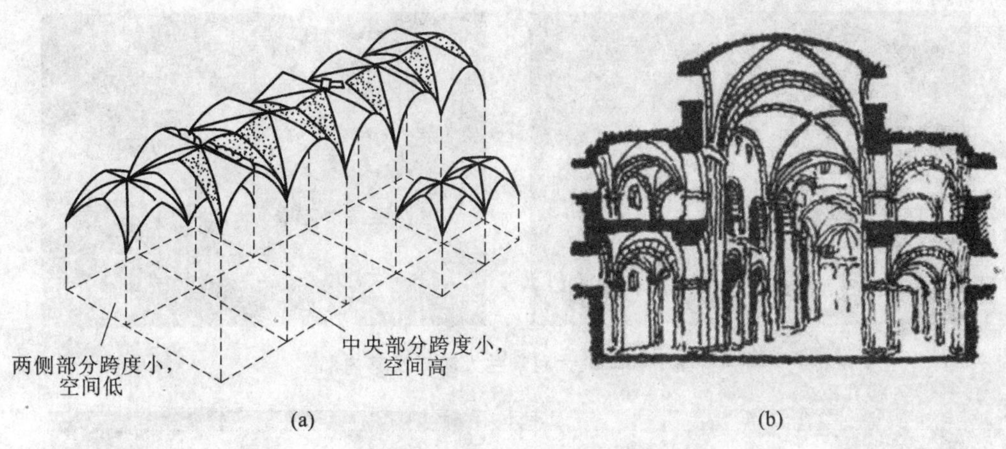

(a) (b)

图 1-37 十字拱组合

(a)交叉拱组合;(b)带肋圆形交叉拱组合(圣米奇教堂)

图 1-38 伊斯坦布尔圣索菲亚大教堂及其内部

罗马式建筑修筑成极其厚实的城堡样式，趋向于将结构与形式密切结合，使用承重的墩子或扶壁与间隔轻薄的墙体，创造了肋料拱顶。建于 1063—1092 年间的比萨大教堂(图 1-39)，是意大利罗马式教堂建筑的典型代表，整个建筑群坐落在一个由砖墙围成的院内，纵向四排有 68 根科林斯式圆柱，在纵横厅交叉处覆盖椭圆形拱顶，中堂用轻巧的列柱支撑木架结构屋顶，是比萨城的标志性建筑。

哥特式教堂建筑的平面仍为罗马式的拉丁十字形平面，但其西端门的两侧增加了一系列高塔，尖塔高耸，拱门呈尖形。哥特式建筑在设计中利用尖肋拱顶、飞扶壁及修长的束柱，同时采用新的框架结构以增加支撑顶部的力量。图 1-40 所示为意大利米兰大教堂及其内部尖肋拱顶。

哥特式建筑视频

(5)欧洲资本主义萌芽和绝对君权时期的建筑设计

文艺复兴时期建筑风格起源于意大利佛罗伦萨，提倡复兴古罗马的建筑风格，采用梁柱系统与拱券结构混合的技术，大型建筑外墙采用石材，内部使用砖；或者下层用石材,上层用砖砌筑。在方形平面上设计鼓形基座和圆顶,穹隆顶采用内外壳和肋骨技术。图1-41和图1-42展现了这个时期建筑结构设计的水平。

图1-39 比萨大教堂及其内部

图1-40 意大利米兰大教堂及其内部

图1-41 意大利佛罗伦萨大教堂

图1-42 罗马坦比哀多礼拜堂

意大利文艺复兴晚期,著名建筑师和建筑理论家维尼奥拉设计的罗马耶稣会教堂是由古典手法向巴洛克式风格过渡的代表,可以称之为第一座巴洛克式建筑(图1-43)。巴洛克式建筑设计特点是外形自由,追求动态,喜好富丽华贵的装饰和烦琐堆砌的雕刻以及强烈的色彩效果,常用穿插的曲面和椭圆形空间。巴洛克式建筑风格在西欧各国甚至拉丁美洲的殖民地国家广泛传播。

(a)

(b)

(c)

图1-43 巴洛克式建筑

(a)罗马耶稣会教堂;(b)英国哈德维克府邸;(c)德国不来梅市政厅

(6)欧美资产阶级革命时期的建筑设计

资本主义初期，新建筑材料、新结构技术、新设备、新施工方法不断出现，为近代建筑的发展开辟了广阔的前景。建筑的高度与跨度突破了传统的局限，在平面与空间的设计上也比过去自由得多。

这一时期钢铁开始作为建筑结构的主要材料，并得到大量使用。钢铁最初是应用于屋顶上，如巴黎法兰西剧院的铁结构屋顶。后来这种铁构件在民用建筑上逐步开始得以使用，英国布莱顿的印度式皇家别墅(图 1-44)即采用重约 50t 的铁制大穹隆，以四周的铁柱作为支撑。

到了 19 世纪，为了采光的需要，铁和玻璃两种建筑材料的配合使用得到了实现。巴黎老王宫的奥尔良廊是最先应用铁构件与玻璃结合建成的透光顶棚，使其和周围沉重的柱式结构与拱廊形成强烈的对比。巴黎植物园的温室是第一个完全以铁架和玻璃构成的巨大建筑物，这种构造方式对后来的建筑有了很大启示。在 19 世纪中期，铁和玻璃两种建筑材料配合应用在建筑设计中取得了巨大成果，最著名的是 1851 年建造的伦敦水晶宫(图 1-45)。

图 1-44 英国布莱顿皇家别墅

图 1-45 伦敦水晶宫

框架结构最初在美国得到发展，其主要特点是以生铁框架代替承重墙，外墙不再担负承重的使命，从而使外墙立面得到了解放。1858—1868 年建造的巴黎圣日内维夫图书馆(图 1-46)，是初期生铁框架形式的代表。美国 1850—1880 年间"生铁时代"建造的大量商店、仓库和政府大厦多应用生铁构件门面或框架，如圣路易斯市的河岸上就聚集有 500 座以上这种生铁结构的建筑，在立面上以生铁梁柱纤细的比例代替了古典建筑沉重稳定的印象，但还未完全摆脱古典形式的羁绊。在新结构技术的条件下，建筑在层数和高度上都实现了巨大的突破。为了迎接 1889 年的世界博览会，埃菲尔铁塔(图 1-47)在 17 个月中建成，塔高 328m，内部设有 4 部水力升降机，其巨型结构与新型设备显示了钢结构技术的发展与成熟。

图 1-46 巴黎圣日内维夫图书馆

图 1-47 巴黎埃菲尔铁塔

(7)欧美现代建筑设计探索

第二次世界大战后，国外建筑领域取得了一系列新的成就。在建筑类型方面，以高层建筑与大跨度建筑尤为突出，它们体现了现代建筑的特征。19 世纪中叶以前，欧美城市建筑的层数一般都是在 6 层以内，随着电梯系统的发明与新材料、新技术的应用，19 世纪末，美国高层建筑已达到 29 层 118m。1931 年，在纽约建成的帝国大厦高 381m，在 20 世纪 70 年代前一直保持着世界最高纪录。

在高层建筑的造型方面,20世纪上半叶多采用塔式。自巴西里约热内卢建成巴西教育卫生部大厦之后,开创了板式高层建筑的先河。于是,高层建筑逐渐出现了塔式和板式两种重要的类型(图1-48)。1952年纽约建造的利华大厦高22层,开创了全部玻璃幕墙板式高层建筑的新手法,成为当时风行一时的建筑样板。

(a) (b) (c)

图1-48 高层建筑塔式向板式的发展

(a)帝国大厦;(b)巴西教育与卫生部大厦;(c)纽约利华大厦

高层建筑的结构体系在近些年来有了很大的发展,主要表现在解决抗风与地震作用的影响方面获得了显著的成就。高层建筑就像屹立在地面上的悬臂结构,高度越大悬臂越多,在水平风力作用下建筑物底部产生的弯矩以及为了克服它所需的高度消耗也就越大,这就对房屋的刚度提出了更高的要求。国外为了解决这个问题,曾进行了长期的探索、研究,就是由于抓住了水平荷载这个关键,找到了能有效抵抗侧力的新结构体系。

大跨度建筑在19世纪末也有了很大创新,1889年巴黎世界博览会上的机械馆就是一个实例,它采用了三铰拱的钢结构,使跨度达到了115m。20世纪初,随着金属材料的进步与钢筋混凝土的广泛应用,大跨度建筑有了新的发展。在波兰布雷斯劳建成的百年厅(图1-49)采用了钢筋混凝土肋料穹隆顶结构,直径达65m,面积为5300m^2。

大跨度建筑还在试用各种新结构屋顶的过程中探索出了不少经验。1950年建造的意大利都灵展览馆开始采用波形装配式薄壳屋顶,世界上最大的壳体结构是在巴黎西郊建成的国家工业与技术中心陈列大厅(图1-50),这种利用钢筋混凝土薄壳结构来覆盖大空间的做法越来越多。

图1-49 波兰百年厅

图1-50 巴黎国家工业与技术中心陈列大厅

20世纪50年代以后,由于钢材强度不断提高,国外已开始使用高强钢丝悬索结构来建造大跨度空间。由于其主要结构构件均承受拉力,以致其外形常常与传统建筑迥异,同时由于在强风引力下其容易丧失稳定,因此应用时技术要求很高。华盛顿杜勒斯国际机场候机厅(图1-51)是这类建筑的著名实例之一。张力结构是在悬索结构基础上进一步发展形成的,1967年建成的西德馆就是采用钢索网状的张力结构,这种张力结构后来还发展成帆布帐篷的张力体系,如慕尼黑奥林匹克体育场(图1-52)。

图 1-51 华盛顿杜勒斯国际机场候机厅

图 1-52 慕尼黑奥林匹克体育场

大跨度建筑的结构形式，除了以上介绍的薄壳体系、悬索结构和张力结构外，还有网架结构、悬挂结构、充气结构等空间结构。这些新结构形式的出现与推广，象征着科学技术的进步，更展现了建筑结构形式的不断发展。

(8)伊斯兰教建筑和日本建筑概述

阿拉伯民族创造了辉煌的文明史，其优越的地理位置及便利的航海条件促使阿拉伯民族的文化成果得以广泛传播到欧洲、非洲和亚洲的许多国家和地区。伊斯兰教的能工巧匠便成为沟通东西方建筑文化的使者，为建筑艺术乃至世界文明的发展作出了巨大贡献。

伊斯兰教认为建筑是一切美术品中最持久的，而宗教建筑是美术的最高成就。伊斯兰教建筑(图 1-53、图 1-54)涵盖了自伊斯兰教建立至今的各种非宗教和宗教的建筑设计形制，其基本建筑类型包括清真寺、墓穴、宫殿和要塞。

图 1-53 印度泰姬陵

图 1-54 阿尔罕布拉宫

圆顶在伊斯兰教建筑中扮演着极为重要的角色。19 世纪，伊斯兰教建筑的圆顶形式还被融入西方建筑的设计元素中，致使伊斯兰教建筑的影响时间长达几个世纪之久。其影响范围遍布全世界，独具特色的建筑布局形式、丰富多彩的室内外装饰艺术促使伊斯兰教建筑成为世界建筑设计史上永不凋谢的奇葩。

日本建筑历史悠久，早期的日本建筑深受中国建筑的影响，并在此基础上逐渐发展成为独具特色的设计风格(图 1-55)。后来出现了城郭和书院两种新的建筑形式。城郭是一种防御性建筑，书院则兼具接待大厅和私人读书空间的功能。此外，茶道的出现使得日本“茶室”建筑也涌现出来。

经济实力与科学技术的飞速发展使日本建筑产生了十分显著的变化，自明治维新时期引入西方建筑设计手法、材料和技术后，新建的钢铁水泥建筑与传统风格之间存在着极大的差别，第二次世界大战后的重建需求成为促进日本当代建筑发展的关键因素。

为了防止地震或更有效地抵抗轰炸，这一时期的日本建筑不再专注于传统的木结构形式，而是以钢筋混凝土作为主要建筑材料(图 1-56)。日本现代建筑在经历全盘西化、传统和风样式等多种风格后，通过本民族深层文化的不断探究，从建筑与环境、空间意象和材料性能等方面逐步寻找出了传统和现代的契合点，创造出了许多建筑设计史上划时代的作品，日本建筑文化也因此成为当代世界建筑的重要组成部分。

图 1-55　日本东大寺

图 1-56　日本六本木新城

1.2　结构形式的演变

1.2.1　结构形式的产生

建造房子总是有它具体的目的和使用要求,在建筑中称为功能。自古以来,建筑的式样和类型各不相同,尽管造成这种情况的原因是多方面的,但一个不可否认的事实是:功能在其中起着相当重要的作用。

原始人类为了避风雨、御寒暑和防止其他自然现象或野兽的侵袭,需要有一个赖以栖身的场所——空间。近代建筑界常援引老子的一段话:“埏埴以为器,当其无,有器之用。凿户牖以为室,当其无,有室之用……”其用意就在于强调建筑具有使用价值的不是围成空间实体的壳,而是空间本身。围隔空间主要服务于两重目的:其一,也是最根本的,是为了满足一定的功能使用要求;其二,还要满足一定的审美要求。就前一种要求而言,就是要符合功能的规定性。

要围成一定的空间,就必然需要按照一定的工程结构方法把各种物质材料凑拢起来。为了经济有效地达到目的,还必须充分地发挥出材料的力学性能;巧妙地把这些材料组合在一起并使之具有合理的荷载传递方式;使整体和各个部分都具备一定的刚性并符合静力平衡条件。可以把符合功能要求的空间称为适用空间,把符合审美要求的空间称为视觉或意境空间,把按照材料性能和力学的规律性围合起来的空间称为结构空间。这三种空间由于形成的目的不同,各自所受到的制约条件不同,各自所遵循的法则不同,它们本是各不相同的,但在建筑中这三者却应统筹考虑。

如图 1-57 所示,具体地讲,所围隔的空间必须具有确定的量(大小、容量)、确定的形(形状)和确定的质(能避风雨、御寒暑,具有适当的采光通风条件);而对于后一种要求而言,则是要使这种围隔符合美的法则——具有统一和谐而又富有变化的形式或艺术表现力。围隔空间是达到上述双重目的所采用的手段。

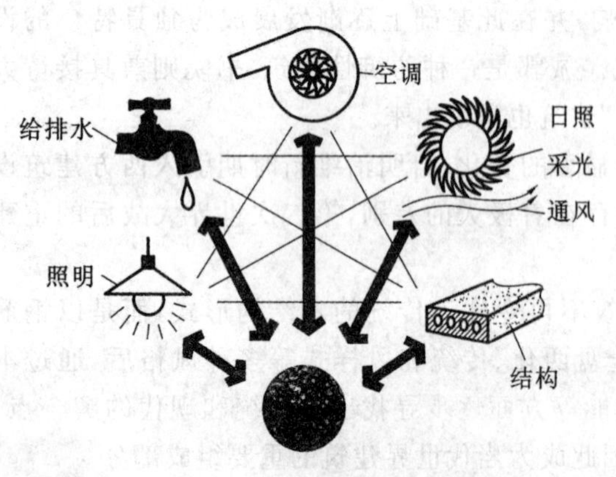

图 1-57　建筑功能要求关联图

在古代,功能、审美、结构三者之间的矛盾并不突出。当时的建筑师既是艺术家又是工程师,他们在创作的最初阶段几乎就把这三方面的问题同时予以考虑,反映在作品中三者的关系完全熔铸在一起。到了近代情况就不同了,由于科学技术的进步和发展,工程结构已经成为一门独立的科学体系,并从建筑学中分离出来从而成为相对独立的专业。现代的建筑师必须和结构工程师相配合才能最终地确定设计方案，于是正确地处理好上述三者的关系就显得更为重要了。工程结构，作为一种手段虽然同时服务于功能和审美这双重目的，但是就互相之间的制约关系而言，它和功能的关系显然要紧密得多。而能否获得某种形式的空间，主要取决于工程结构和技术条件的发展水平。

图 1-58 所示为某球类练习馆建筑，其主要功能为球类练习，次要功能为组织观摩学习，辅助功能为给运动员提供盥洗、淋浴条件。为了保证以上各种功能要求，首先必须选择合理的结构形式以及形成合适的空间形式；此外，还要求设置窗口以接纳空气、阳光，并设置空调、给排水、电气照明等系统。

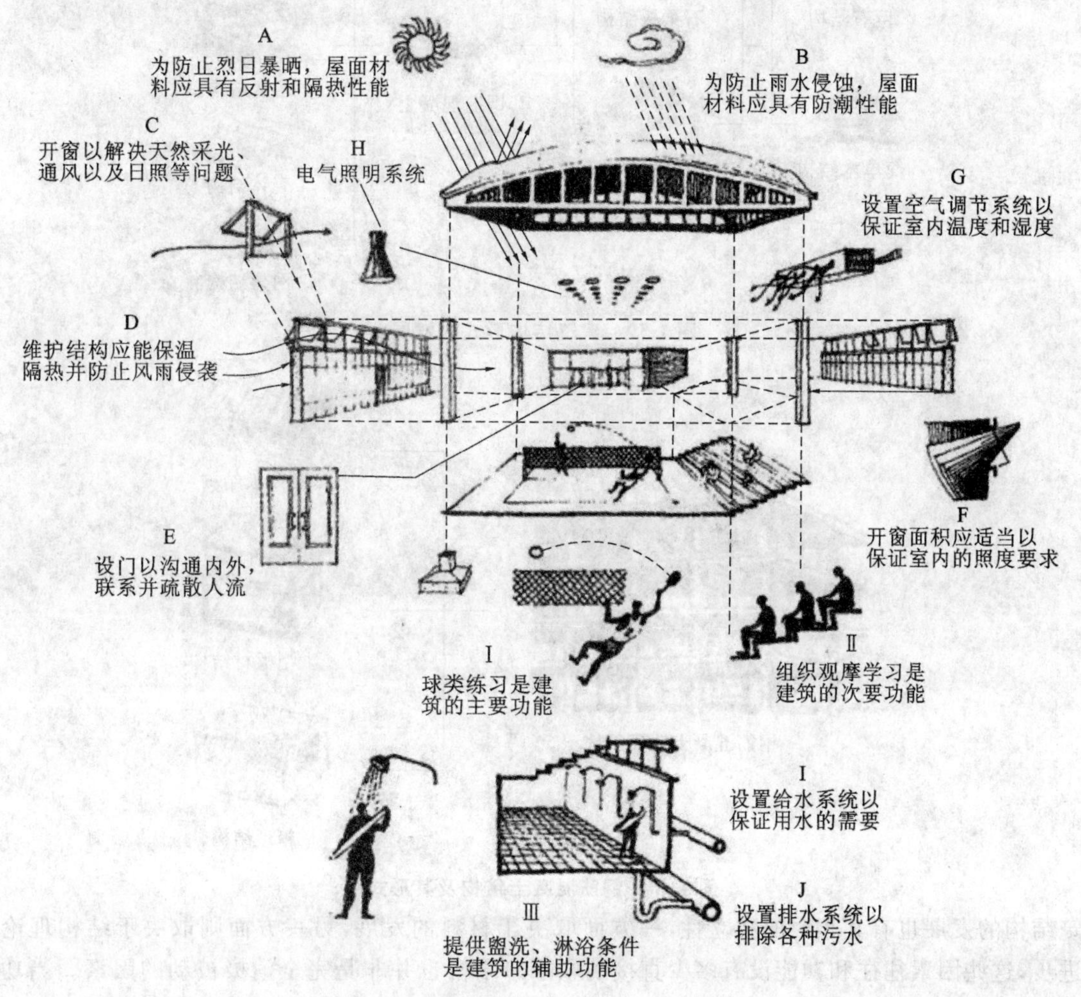

图 1-58 某球类练习馆的功能合理性图示

正是由于功能的要求和推动，才促进了工程结构的发展，整个建筑历史的发展过程(图 1-59)也印证了这一点。任何一种结构形式都不是凭空出现的，它都是为了适应一定的功能要求而被人们创造出来的，只有当它所围合的空间形式能够适应某种特定的功能要求，它才有存在的价值。功能要求是多种多样的，不同的功能要求都需要采用相应的结构方法来提供与其相适应的空间形式。例如，在古代，由于技术条件的限制根本不可能获得较大的室内空间，因而就限制了人们在室内活动的可能性。为了克服这一矛盾，人们力求用各种方法扩大空间，正是在这种功能要求的推动下才相继创造出拱形结构、穹隆结构，并用它们来代替梁柱式结构，从而有效地扩大了室内空间，使数以千计的人可以聚集在一起进行各种宗教祭祀活动。近代建筑的发展也令人信服地表明了功能对于工程结构的推动作用。在扩大空间方面，对近代建筑功能不仅要求更高，而且要求更广泛。正是在各种要求的促进推动下，才出现了比古代拱券、穹隆更为有效的大跨度或超大跨度结构形式——壳体、悬索和网架等新型空间薄壁结构体系。

扩大空间只是功能对于工程结构提出的要求之一，除此之外还有其他方面的要求。例如，近代功能的发展，要求空间形式日益复杂和灵活多样，这也是古老的砖石结构所不能适应的。为了突破砖石结构对于空间分隔的局限和约束，在许多类型的建筑中就必须抛弃古老落后的砖石结构而代之以钢筋混凝土框架结构体系(图 1-60),从而适应自由灵活地分隔空间的新要求。提高层数也是近代建筑功能对结构提出的新要求。这也是古老的砖石结构难以胜任的,这一矛盾也促进了框架结构的发展。

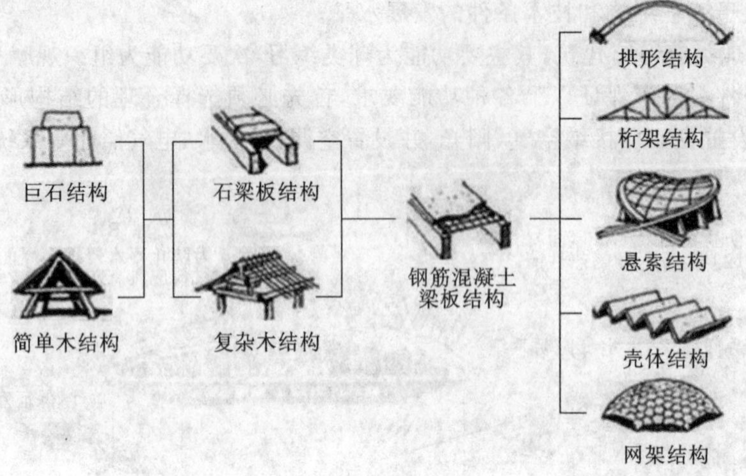

图 1-59 建筑结构形式的发展

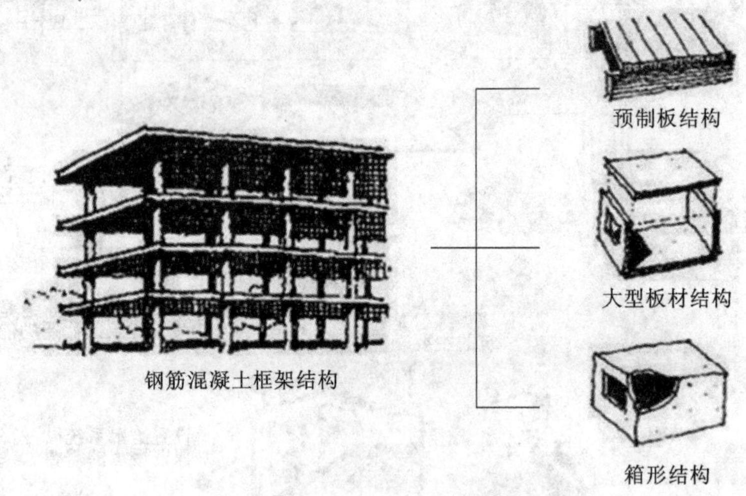

图 1-60 钢筋混凝土结构及其形式

建筑结构的发展也有其相对的独立性,一方面取决于材料的发展,另一方面则取决于结构理论和施工技术的进步,这些因素往往和功能没有多少直接的联系。结构也并非是完全消极被动的因素。当功能要求由于受结构的局限而无法形成所需要的某种形式的空间时,结构就成为束缚和阻碍建筑发展的因素。然而,一旦出现了一种新的结构形式和体系使功能的要求得以满足,这种新的结构形式和体系就会反过来推动建筑向前发展,这就表现为结构对于建筑发展的反作用。

历史上每出现一种新结构,都为空间形式的发展开辟了新的可能性,不仅能满足功能发展的新要求,使建筑的面貌为之一新,而且能促使功能朝着更新、更复杂的方向发展。除结构外,其他工程技术对于建筑的发展也会产生很大的影响,但与结构、材料相比处于次要的地位。

1.2.2 梁板结构体系

梁板结构体系以墙和柱承重,是一种既古老又年轻的结构体系,早在公元前 2000 多年的埃及建筑中就已经广泛采用了这种结构体系,直到今天人们还利用它来建造建筑。

这种结构体系主要由两类基本构件共同组合而形成空间,一类构件是墙柱,另一类构件是梁板。前者形成空间的垂直面,后者形成空间的水平面;墙柱所承受的是垂直的压力,梁板所承受的是弯曲力。

这种结构体系的最大特点是,墙体本身既要起到围隔空间的作用,同时又要承担屋面的荷重,把围护结构和承重结构这两重任务合并在一起,一身肩二任。凡是利用墙、柱来承担梁、板荷重的结构形式都可以归纳在这种结构体系的范围之内。例如,古埃及、西亚建筑所采用的石梁板、石墙柱结构,古希腊建筑所采用的木梁、石墙柱结构,近代各种形式的混合结构、大型板材结构、箱形结构等。

古埃及、西亚建筑所采用的结构方法,是一种最原始的石梁柱(墙)结构。天然石料不仅自重大,而且不可能跨越较大的空间,因而用石梁板作屋顶结构,并用墙作为它的支承,用石柱来支托屋顶结构,这种方法虽然扩大了室内空间,但是终究由于石梁板的跨度有限,加之石柱本身又十分粗大,势必只能形成一条狭长的空间(图 1-61),使得柱子林立,内部空间局促拥塞。

古希腊神庙的屋顶结构,由于用木梁(图 1-62)代替石梁,因为木材自重较轻且又适合承受弯曲力,可以跨越更大的空间,从而使正殿部分的空间有所扩大。

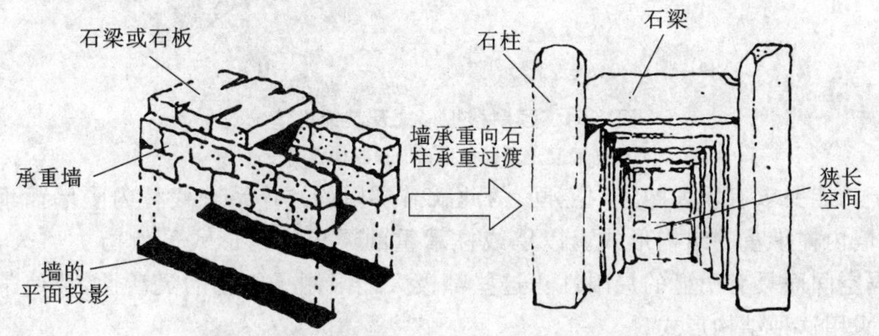

图 1-61 石梁柱(墙)结构

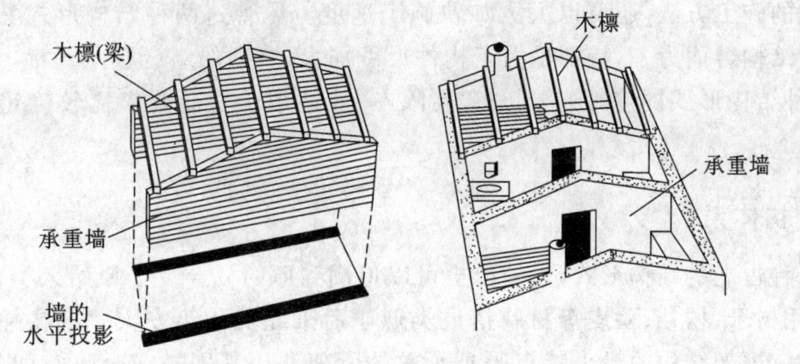

图 1-62 木梁屋顶结构

近代钢筋混凝土梁板,是由两种材料组合在一起而共同工作的,较充分地发挥了混凝土的抗压能力和钢筋的抗拉能力,是一种比较理想的抗弯构件。和天然的石料、木材不同,钢筋混凝土梁板可以不受长度的限制而做成多跨连续形式的整体构件。如图 1-63 所示,相同荷载作用下,多跨连续形式的钢筋混凝土梁板比起木梁弯矩分布更为均匀,从而能够更有效地发挥出材料的潜力。

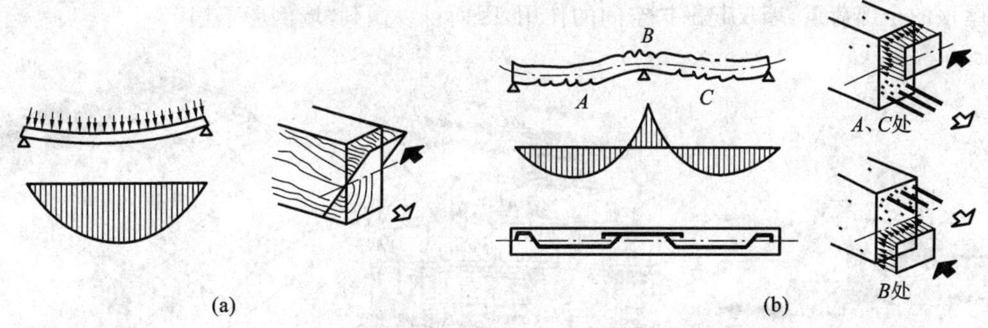

图 1-63 木梁与钢筋混凝土梁受弯后内力分布情况

(a)木梁受弯后内力分布情况;(b)钢筋混凝土梁受弯后内力分布情况

尽管多跨连续的钢筋混凝土梁板具有较强的整体性和较好的经济效果,但是由于这种梁板在现场浇制,不仅需要大量的模板,而且施工速度慢,因此又出现了预制钢筋混凝土构件。图 1-64 所示为钢筋混凝土预制楼板形式及其铺设情况。

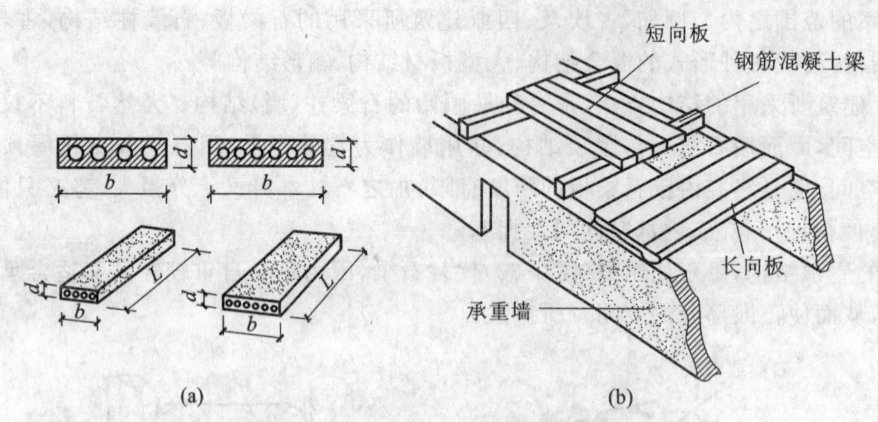

图 1-64 预制楼板形式及其铺设情况

(a)钢筋混凝土预制楼板;(b)预制楼板铺设情况

有些建筑由于功能要求有较大的室内空间,为此就需要用梁柱体系来代替内隔墙而承受楼板所传递的荷重,从而形成外墙内柱承重的结构形式。以墙或柱承重的梁板结构形式虽然历史悠久,但终究因为不能自由灵活地来分隔空间而具有明显的局限性。这些都极大地限制了组合的灵活性,致使某些功能要求比较复杂的建筑,不能采用这种结构形式。

近年来又出现了大型板材结构和箱形结构,这两种结构的优越性首先表现在生产的工厂化上。其次,由于可以采用机械化的施工方法,还可以大大加快施工速度。尽管这两种结构形式具有一定的优点,但由于把承重结构和围护结构合而为一,特别是由于构件尺度加大,空间的组合极不灵活,也不可能获得较大的室内空间,所以这两种结构形式的应用范围也有局限,一般适用于功能要求比较确定、房间组成较简单的住宅。

1.2.3 框架结构体系

框架结构也是一种古老的结构形式,它的历史可以追溯到原始社会。当原始人类由穴居而转入地面居住时,就逐渐学会了用树干、树枝、兽皮等材料搭成类似于后来北美印第安人式的帐篷,这实际上就是一种原始形式的框架结构。框架结构的最大特点是把承重的骨架和用来围护或分隔空间的帘幕式的墙面明确地分开,这可能是因为人们在长期的实践中逐渐地认识到材料所具有的力学性能。

如图 1-65 所示,典型的印第安人式帐篷的骨架就是由许多根树干或树枝做成的,树干的下端插入地下,上端集束在一起,四周覆以兽皮、树皮或人工编织的席子,这样就形成了一个圆锥形的空间。欧洲逐渐发展起来的半木结构是一种露明的木框架结构,这种结构使立柱、横梁、屋顶、斜撑等不同构件明确地区分开来,各自担负不同的功能,同时又互相连接成为一个整体。我国古代建筑所运用的木构架也是一种框架结构,梁架承担着屋顶的全部荷重,墙仅起围护空间的作用,因而可以做到“墙倒屋不塌”。

图 1-65 木框架结构

(a)印第安人式帐篷;(b)英国式半木结构;(c)中国传统木构架

除木材外，用砖石材料也可以砌筑成框架结构的形式。高直式教堂所采用的尖拱拱肋结构(图 1-66)即把拱面上的荷重分别集中在若干根拱肋上，再通过这些交叉的拱肋把重力汇集于拱的矩形平面的四角，最终通过柱子把重力传递给基础。

对于近代出现的钢筋混凝土材料，其强度高、防火性能好，既能抗压又能抗拉，且可以整体浇筑，所有的构件之间都可以按刚性结合来考虑，这种材料可以说是一种理想的框架结构材料。钢筋混凝土框架结构(图 1-67)的荷重由板传递给梁，再由梁传递给柱，重力传递分别集中在若干个点上。框架结构本身并不形成任何空间，而只为形成空间提供一个骨架，这样就可以根据建筑物的功能或美观要求自由灵活地分隔空间。

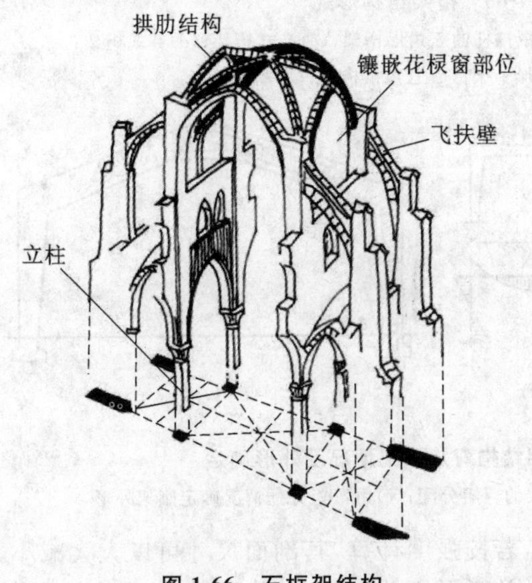

图 1-66 石框架结构

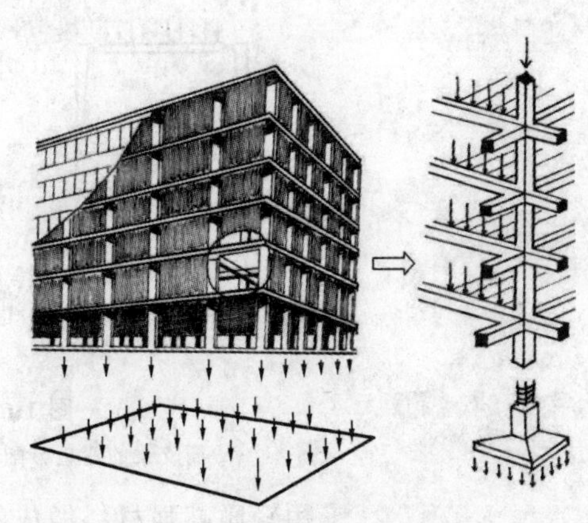

图 1-67 钢筋混凝土框架结构

1.2.4 大跨度结构体系

古希腊宏大的露天剧场遗迹表明，人类大约在两千多年以前，就有扩大室内空间的要求。从建筑历史发展的观点来看，一切拱形结构包括各种形式的券、筒形拱、交叉拱、穹隆(图 1-35)的变化和发展，都可以说是人类为了谋求更大室内空间的产物。

从梁到三角券可以说是拱形结构漫长发展过程的开始，尽管这种券还保留着很多梁的特征，但是它毕竟向拱形结构迈出了第一步。拱形结构在承受荷重后除产生重力外还要产生横向的推力，为保持稳定，这种结构必须要有坚实、宽厚的支座。穹隆结构也是一种古老的大跨度结构形式，早在公元前 14 世纪建造的阿托雷斯宝库所运用的就是一个直径为 14.5m 的叠涩穹隆。早期半球形穹隆结构的重力是沿球面四周向下传递的。

在大跨度结构中，结构的支承点愈分散，对于平面布局和空间组合的约束性就愈强；反之，结构的支承点愈集中，其灵活性就愈大。从罗马时代的筒形拱演变成高直式的尖拱拱肋结构；从半球形的穹隆结构发展成带有帆拱的穹隆结构，都表明由于支承点的相对集中而给空间组合带来极大的灵活性。

桁架也是一种大跨度结构，桁架结构的最大特点是把整体受弯转化为局部构件的受压或受拉，从而有效地发挥出材料的潜力并增大结构的跨度。桁架结构虽然可以跨越较大的空间，但是由于它本身具有一定的高度，而且上弦一般又呈两坡或曲线的形式，所以只适合于当作屋顶结构。图 1-68 所示为桁架结构的不同形式。

在平面力系结构中，除桁架外刚架也是近代建筑常用的大跨度结构。刚架结构(图 1-69)根据弯矩的分布情况而有与之相应的外形——弯矩大的部位截面大，弯矩小的部位截面小，这样就充分发挥了材料的潜力，因此刚架可以跨越较大的空间。

第二次世界大战以后，国外某些建筑师、工程师从某些自然形态的东西——鸟类的卵、贝壳、果实等物体中受到启发，进一步探索新的空间薄壁结构，不仅推动了结构理论的研究，而且促进了材料朝着轻质高强的方向发展，致使结构的跨度愈来愈大、厚度愈来愈薄、自重愈来愈轻，材料的消耗愈来愈少。在这些空间薄壁结构中，折板和壳用得最普遍。

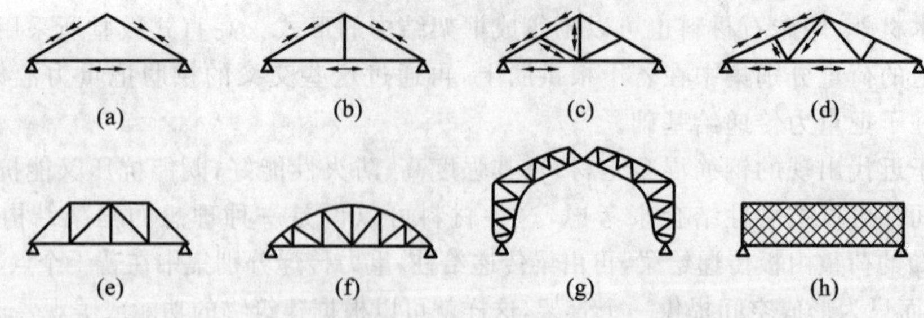

图 1-68　桁架结构形式

(a)简单的三角形桁架;(b)中间带拉杆的三角形桁架;(c)浩式桁架;(d)芬式桁架;
(e)梯形桁架;(f)弓形桁架;(g)三角拱桁架;(h)桥式桁架

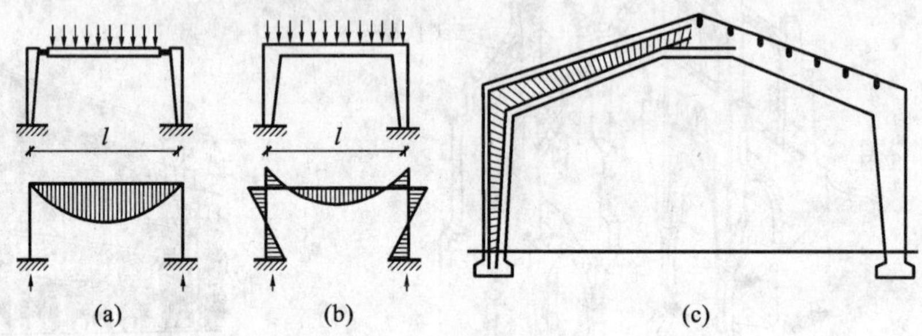

图 1-69　刚架结构弯矩分配情况及外形确定

(a)简支梁的弯矩分配;(b)刚架的弯矩分配;(c)由弯矩分配情况确定刚架外形

用轻质高强材料做成的结构,若按强度计算,其剖面尺寸可以大大减小,但是这种结构在荷载的作用下,却容易因变形而失去稳定并导致最后破坏。壳体结构(图 1-70)正是由于具有合理的外形,不仅内部应力分配合理、均匀,而且可以保持极好的稳定性,所以壳体结构尽管厚度极小却可以覆盖很大的空间。

(a)　(b)

图 1-70　壳体结构形式

(a)筒壳结构;(b)曲面壳体结构

大跨度结构图

悬索结构(图 1-71)也是在第二次世界大战以后逐渐发展起来的一种新型大跨度结构。由于钢的强度很高,很小的截面就能够承受很大的拉力,悬索在均布荷载作用下必然下垂而呈悬链曲线的形式,索的两端不仅会产生垂直向下的压力,而且还会产生向内的水平拉力。为了支承悬索并保持平衡,必须在索的两端设置立柱和斜向拉索,以分别承受悬索所给予的垂直压力和水平拉力。单向悬索的稳定性很差,特别是在风力的作用下,容易产生振动和失稳。

网架结构(图 1-72)也是一种新型大跨度空间结构,它具有刚性大、变形小、应力分布较均匀、能大幅度地减轻结构自重和节省材料等优点。网架结构可以用钢、木和钢筋混凝土来制作,具有多种多样的形式,使用较灵活,便于建筑处理。组成网架结构最基本的单位均为四角锥或三角锥,这种锥体由若干钢管所组成。

图 1-71 悬索屋盖结构

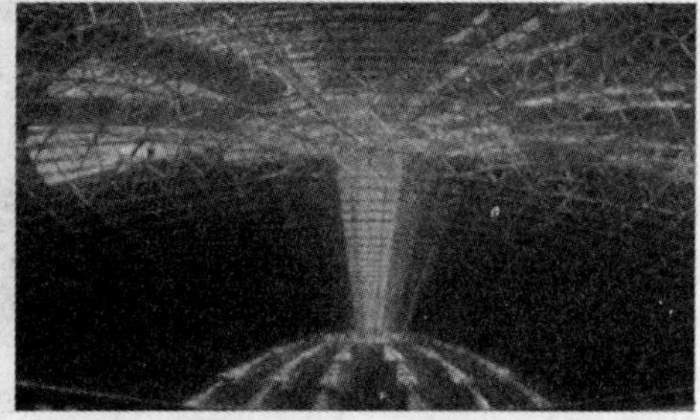

图 1-72 网架结构

1.2.5 其他结构体系

悬挑结构的历史比较短暂，这是因为在钢和钢筋混凝土等具有强大抗弯性能材料出现之前，用其他材料不可能做出出挑深远的悬挑结构。一般的屋顶结构，两侧需设置支承，悬挑结构(图 1-73)只要求沿结构一侧设置立柱或支承，并通过它向外延伸出挑，用这种结构来覆盖空间，可以使空间的周边形成没有遮挡的开放空间。由于悬挑结构具有这一特点，体育场建筑看台上部的遮篷，火车站、航空港建筑中的雨篷，影院、剧院建筑中的挑台等多采用这种结构形式。另外，某些建筑为了使内部空间保持最大限度开敞，通道与外墙不设立柱，也多借助于悬挑结构来实现其意图。近现代的悬挑结构就是为了满足这样一些功能要求和设计意图而逐步发展起来的。

图 1-73 悬挑结构

除以上四种基本结构体系外，还有一些比较新的结构类型，如剪力墙结构、井筒结构、帐篷式结构和充气膜结构等(图 1-74)。

剪力墙结构是把承重结构和分隔空间的结构合二为一的，因而内部空间处理将受到结构要求的限制而失去灵活性。帐篷式结构主要由撑杆、拉索、薄膜面层三部分组成，但这种结构的主要问题在于以何种方法把薄膜绷紧而使之可以抵抗风荷载，它比较适合于用来作为某些半永久性建筑的屋顶结构或某些永久性建筑的遮篷。用塑料、涂层织物等制成气囊，充以空气后，利用气囊内外的压差，承受外力并形成一种结构，称为充气膜结构。气承式充气膜结构为低压充气体系，薄膜基本上均匀受拉，材料的力学性能可以得到充分的发挥，加之气囊本身很轻，因而可以用来覆盖大面积的空间。

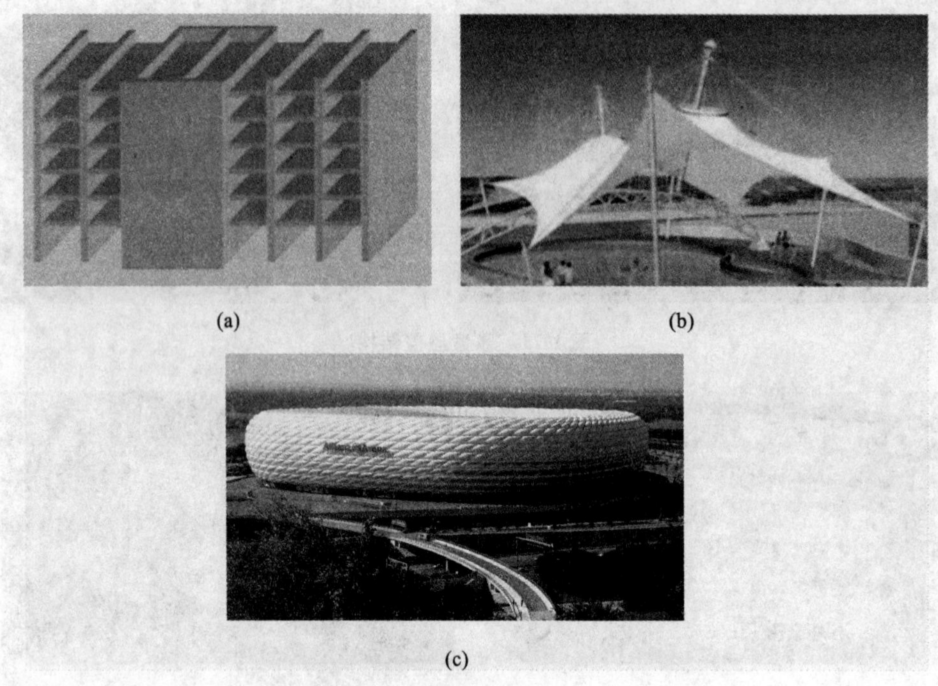

图 1-74 其他结构形式

(a)剪力墙结构;(b)帐篷式结构;(c)充气膜结构

综上所述的各种类型结构,尽管各有特点,但都遵循两个基本原则:一是它本身必须符合力学的规律;二是它必须能够形成或覆盖某种形式的空间。没有前一点就失去了科学性,而没有后一点就失去了使用价值。结构的科学性和它的实用性有时会出现矛盾,但不能损害功能要求而勉强地将结构塞进所形成的某种空间形式中去,也不能损害结构的科学性,而勉强拼凑出一种空间形式来适应功能要求。

一种结构,如果能够把它的科学性和实用性统一起来,它就必然具有强大的生命力,那么剩下来的则是形式处理问题。古今中外凡属优秀的建筑作品,都必然是既符合结构的力学规律性,又能适应功能要求,同时还能体现出形式美的一般法则。只有把这三个方面有机地结合起来,才能通过美的外形来反映事物内在的和谐统一性,从美学(黑格尔曾称之为艺术的哲学)的高度上讲,这就是真、善、美的统一。

1.3 现代工程结构的设计方法

1.3.1 现代工程结构设计方法发展过程

(1)容许应力法

1826年提出了一种传统的工程结构设计方法——容许应力法,它假设材料为均匀弹性体,通过分析结构上受到的外界作用,计算出构件危险截面上的应力分布,确定关键点上的工作应力值不超过材料的容许应力,其容许应力值是将材料强度除以大于1的安全系数得到的。这种方法的主要依据是结构分析理论和材料、构件的试验成果以及荷载测试,安全方面则主要取决于安全系数的取值。

容许应力法曾为桥梁工程的发展作出了重要贡献。英国于1890年建成的主跨521m的福思双线铁路悬臂钢桁架桥梁,标志着结构力学分析和容许应力设计方法应用于桥梁工程界的巨大成功。

容许应力设计表达形式简单,计算方便,易于掌握,沿用了100多年。在应力分布不均匀的情况下,如采用受弯构件、受扭构件或静不定结构,用这种设计方法比较保守。但是由于单一安全系数是一个笼统的经验系数,因此给定的容许应力不能保证各种结构均具有比较一致的安全水平,也未考虑荷载增大的不同比率或具有异号荷载效应情况对结构安全的影响。

(2)破损阶段设计方法

20世纪初,开始了对钢筋混凝土构件考虑材料塑性性能的研究。前苏联在1938年颁布了世界上第一个按破损阶段设计钢筋混凝土构件的规范,标志着钢筋混凝土构件承载力计算的使用方法进入了一个新的发展阶段,即破损阶段设计方法。20世纪30年代以后,在钢筋混凝土超静定结构中考虑塑性内力重分布的计算理论也取得了很大进展,从20世纪50年代开始,该理论已在双向板、连续梁及框架的设计中得到了应用。

破损阶段设计方法的基本原理是使结构达到破损阶段时的计算承载能力不低于标准荷载引起的构件内力与安全系数的乘积。这种方法考虑了材料的塑性变形性能,可以充分发挥材料的潜力,其极限荷载可直接由实验验证,给出了一个清晰简明的总安全度概念。

(3)极限状态设计方法

20世纪40年代,美国学者提出了结构失效概率的概念。20世纪50—60年代,世界各国逐步采用半经验半概率的极限状态设计法。20世纪70年代以来,以概率论数理统计学为基础的结构可靠度理论有了很大的发展,使结构可靠度的近似概率法进入了工程设计中。国际标准化组织提出了基于结构可靠度理论的设计原则。世界许多国家开始采用结构可靠度理论制定结构设计规范,极限状态法逐步成为结构设计理论发展的主流趋势。

极限状态设计方法基于概率论和结构可靠度理论,考虑了影响结构安全的各种因素,并通过概率统计方法和可靠度指标将各种影响因素转化为多个分项安全系数,以极限状态为结构的设计状态,用概率论处理结构的可靠性问题,极限状态分为承载力极限状态和正常使用极限状态。这种方法更加全面地考虑了影响结构安全的各种因素的客观变化和差异,使得设计参数更加合理,让安全性和经济性得到了更好的协调统一。

1.3.2 基于概率理论的极限状态设计方法

1.3.2.1 结构的功能要求与极限状态

设计任何建筑物和构筑物时,必须使其满足下列各项预定的功能要求:①安全性,即要求结构能承受在正常施工和正常使用时可能出现的各种作用,以及在偶然事件发生时和发生后,仍能保持必需的整体稳定性。②适用性,即要求结构在正常使用时具有良好的工作性能,不出现过大的变形和裂缝。③耐久性,即要求结构在正常使用及维护下具有足够的耐久性,不发生锈蚀和风化现象。以上建筑结构三方面的功能要求又总称为结构的可靠性。

《建筑结构可靠度设计统一标准》(GB 50068—2001)将我国房屋设计的基准期规定为50年。结构在这规定的时间内,以及规定条件下完成预定功能的概率,称为结构的可靠度。结构的可靠度是结构可靠性的概率度量。

整个结构或结构的一部分超过某一特定状态就不能满足设计规定的某一功能要求,此特定状态称为该功能的极限状态。我国建筑结构设计规范将结构的极限状态分为下列两类。

(1)承载能力极限状态

当结构或构件达到最大承载力,或达到不适合于继续承载的变形状态时,称该结构或结构构件达到承载能力极限状态。如图1-75所示,当结构或构件出现下列状态之一时,即认为超出了承载能力极限状态:整个结构或结构的一部分作为刚体失去平衡;结构构件或连接因材料强度不够而破坏;结构转变为机动体系;结构或构件丧失稳定(如压屈等)。

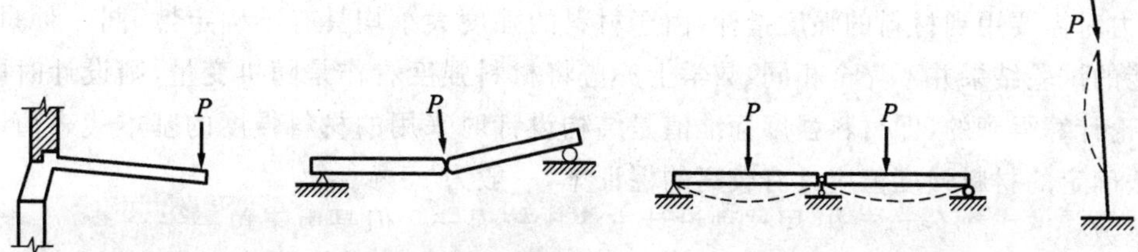

图1-75 承载能力极限状态

(2)正常使用极限状态

结构或构件达到正常使用或耐久性能的某项规定限值的状态称为正常使用极限状态。当结构或构件出现下列状态之一时,即认为超出了正常使用极限状态:影响正常使用或外观发生变形;影响正常使用或耐久性能出现局部损坏;影响正常使用的振动。

超过正常使用极限状态带来的后果虽一般不如超过承载能力极限状态严重,但也是不可忽略的。因而,在进行结构或结构构件设计时,既要保证它们不超过承载能力极限状态,又要保证它们不超过正常使用极限状态。

但在进行建筑结构设计时,通常是将承载能力极限状态放在首位,通过计算使结构或结构构件满足安全性功能要求。对正常使用极限状态,往往是通过构造或构造加部分验算来满足安全性功能要求。然而,随着对建筑结构正常使用功能要求的提高,某些特殊的结构或构件(如预应力结构或构件)的设计已将满足正常使用要求作为结构设计的重要控制因素。

1.3.2.2 结构的可靠性

影响结构可靠性的因素很多,它们可分为互相对立的两个基本方面,即作用效应和结构抗力。

(1)作用效应

作用效应包括由荷载产生的各种效应,如弯矩、剪力、轴力、变形、裂缝;也包括由一些非荷载原因产生的效应,这些非荷载原因有混凝土的收缩、温度的变化、地基的不均匀沉降等。但在混凝土结构设计计算中,一般仅考虑荷载这种直接作用方式。

结构上的荷载,按其作用时间的长短和性质,可分为下列三类:①永久荷载(恒荷载),指在设计基准期内其值不随时间变化或其变化与平均值相比可忽略不计的荷载,如结构自重、土压力等。②可变荷载(活荷载),指在设计基准期内其值随时间发生变化,且变化的程度与平均值相比不可以忽略的荷载,如楼面活荷载(包括人群、家具等)、屋面活荷载、风荷载、雪荷载、吊车荷载等。③偶然荷载,指在设计基准期内不一定出现,而一旦出现则量值很大且持续时间很短的荷载,属于偶然荷载的有地震、爆炸、撞击等。

实际上,荷载的大小具有不确定性,在数学上应视为随机变量。如结构自重,虽然可以根据设计尺寸及表观密度算出大小,但由于施工时的偏差,材料表观密度的变异性,以致实际重量并不与计算结果完全吻合。至于可变荷载的大小,则不确定的因素更多。结构设计时,采用概率论的方法对荷载进行计算。荷载标准值即是结构设计时采用的荷载的基本代表值。

在《混凝土结构设计规范》(GB 50010—2010)中永久荷载即用数理统计的方法来确定其标准值,为安全起见,永久荷载标准值具有较高保证率,一般取为95%。而可变荷载则是用数理统计加经验的方法来确定其标准值的,保证率低于永久荷载。

(2)结构抗力

结构构件抵抗各种结构上作用效应的能力称为结构抗力。结构抗力与构件截面形状、截面尺寸以及材料等级有关。按构件变形不同可分为抗拉、抗压、抗弯、抗扭等形式,按结构的功能要求不同可分为承载能力和抗变形、抗裂缝能力。

一般形成结构抗力式的过程,是先通过大量的试验确定达到或超过极限状态的机理,在此基础上引入简化假定,从理论上推导出结构抗力式。然而,部分情况中达到或超过极限状态的机理在目前并未完全被了解清楚,形成结构抗力式则不得不借助试验和经验。

在计算抗力时需要用到材料的强度指标,由于材料的强度大小均具有不确定性,同一种材料,取不同的试样,力学性能的试验结果并不完全相同,数学上亦应将材料强度看作是随机变量,则设计时的材料强度也是基于概率理论计算得到的,即材料强度标准值是结构设计时采用的材料强度的基本代表值。为了安全起见,用统计方法确定的材料强度值应具有较高的保证率,一般为95%。

(3)分项系数

考虑到实际工程与理论及试验结果的差异,直接采用标准值(荷载、材料强度)进行承载能力设计尚不能保证达到目标可靠指标要求,故在《建筑结构可靠度设计统一标准》(GB 50068—2001)的承载能力设计表达式中，采用了增加分项系数的办法。分项系数是按照目标可靠指标并考虑工程经验确定的，它使计算所得结果能满足可靠度要求。以下分别介绍荷载分项系数和材料分项系数。

对于荷载作用，考虑到永久荷载标准值与可变荷载标准值保证率不同，故它们采用不同的分项系数，永久荷载分项系数和可变荷载分项系数的具体取法见表 1-1。荷载标准值与荷载分项系数的乘积称为荷载设计值，用于承载能力的计算。

表 1-1 荷载分项系数与组合系数

荷载类型			荷载分项系数	荷载组合系数	
				ψ_{ci}	ψ
永久荷载			1.2	1.0	1.0
可变荷载	第 1 个可变荷载		1.4	1.0	1.0
	其他	风荷载		0.6	0.9
		其他		0.7	0.9

注：1. 恒荷载效应对结构有利时，恒荷载系数应取 1.0；验算倾覆、滑移时恒荷载系数取 0.8。

2. 对楼面结构，当活荷载标准值不小于 4kN/m² 时，活荷载分项系数取 1.3。

混凝土结构中所用材料主要是混凝土、钢筋，考虑这两种材料强度值的离散情况不同，因而它们各自的分项系数也是不同的，混凝土材料分项系数取 1.4，钢筋的分项系数取 1.1。在承载能力设计中，应采用材料强度设计值，材料强度设计值等于材料强度标准值除以材料分项系数。

1.3.2.3 极限状态设计方法

(1)承载能力极限状态

极限状态设计方法以极限状态为结构的设计状态，设计的原则是荷载引起的荷载效应 S 在规定的极限状态下不大于抗力 R。综合考虑结构的重要性(即结构重要性系数 γ_0)，永久荷载和可变荷载共同作用(即内力组合的设计值 S)，承载能力极限状态实用设计表达式为

$$\gamma_0 S \leqslant R \tag{1-1}$$

$$S = \gamma_G S_{Gk} + \gamma_{Q1} S_{Q1k} + \sum_{i=2}^{n} \gamma_{Qi} \psi_{ci} S_{Qik}$$

式中 S_{Gk}——永久荷载的标准值产生的内力；

S_{Q1k}，S_{Qik}——可变荷载的标准值产生的内力，其中，S_{Q1k} 为主导可变荷载产生的内力，S_{Qik} 为除主导可变荷载以外的其他可变荷载产生的内力；

γ_G——永久荷载分项系数；

γ_{Qi}——可变荷载分项系数；

ψ_{ci}——第 i 个可变荷载组合系数，按表 1-1 取用。

为了简化计算，对于一般排架、框架结构，其内力组合设计值可按以下简化公式计算

$$S = \gamma_G S_{Gk} + \gamma_{Q1} S_{Q1k} \tag{1-2}$$

或按式(1-2)、式(1-3)计算两者中的较大值。

$$S = \gamma_G S_{Gk} + \psi \sum_{i=1}^{n} \gamma_{Qi} S_{Qik} \tag{1-3}$$

式中 ψ——简化设计表达式中采用的荷载组合系数，按表 1-1 取用。

按照《建筑结构可靠度设计统一标准》(GB 50068—2001)，根据建筑结构破坏后果的严重程度，将建筑结构划分为三个安全等级：影剧院、体育馆和高层建筑等重要工业与民用建筑的安全等级为一级，大量一般性工业与民用建筑的安全等级为二级，次要建筑的安全等级为三级。各结构构件的安全等级一般与整个结构的重要性等级相同。各安全等级相应的结构重要性系数的取法为：一级 $\gamma_0=1.1$，二级 $\gamma_0=1.0$，三级 $\gamma_0=0.90$。

结构构件承载力设计值的大小，则取决于截面的几何尺寸、材料的种类、材料用量与强度等多种因素。它的一般形式为

$$R=(f_c, f_a, a_k, \cdots) \tag{1-4}$$

式中 f_c——混凝土强度设计值；

f_a——钢筋的强度设计值；

a_k——几何参数的标准值。

(2)正常使用极限状态

正常使用极限状态和承载能力极限状态在理论分析上对应结构两个不同的工作阶段，两者在设计上的重要性也不同，因而须采用不同的荷载效应代表值和荷载效应组合进行验算与计算。在荷载保持不变的情况下，由于混凝土的徐变等特性，裂缝和变形将随着时间的推移而发展，因此在分析裂缝变形的荷载效应组合时，应该区分荷载效应的标准组合和准永久组合。

受弯构件挠度验算的一般公式为

$$f \leqslant [f] \tag{1-5}$$

式中 f——受弯构件按荷载效应的标准组合并考虑荷载长期作用影响计算的最大挠度；

$[f]$——受弯构件的允许挠度值。

根据正常使用阶段对结构构件裂缝控制的不同要求，将裂缝的控制等级分为三级：一级为正常使用阶段，严格要求不出现裂缝；二级为正常使用阶段，一般要求不出现裂缝；三级为正常使用阶段，允许出现裂缝，但须控制裂缝宽度。属于一、二级的构件一般都是预应力混凝土构件，对抗裂度要求较高。普通钢筋混凝土结构通常都属于三级。

在构件设计时，对裂缝控制等级为一级的构件，要求按荷载效应的标准组合进行计算时，构件受拉边缘混凝土不产生拉应力。对裂缝控制等级为二级的构件，要求按荷载效应的准永久组合进行计算时，构件受拉边缘混凝土不宜产生拉应力；按荷载效应的标准组合进行计算时，构件受拉边缘混凝土允许产生拉应力，但拉应力大小不应超过混凝土轴心抗拉强度标准值。对裂缝控制等级为三级的构件，要求按荷载效应的标准组合进行计算，并要求考虑荷载长期作用影响计算的裂缝宽度最大值不超过规范规定的限值，即

$$\omega_{max} \leqslant [\omega_{max}] \tag{1-6}$$

式中 ω_{max}——受弯构件按荷载的标准组合并考虑荷载长期作用影响计算的裂缝宽度最大值；

$[\omega_{max}]$——《建筑结构可靠度设计统一标准》(GB 50068—2001)规定的最大裂缝宽度限值。

当验算一般情况下构件的挠度、裂缝时，荷载组合采用标准组合形式，可变荷载采用标准值，荷载分项系数取为1.0，荷载组合系数见表1-1，即按下式计算

$$S_k = S_{Gk} + S_{Q1k} + \sum_{i=2}^{n} \psi_{ci} S_{Qik} \tag{1-7}$$

荷载的准永久组合等于荷载的标准值乘以准永久值系数，考虑了可变荷载对结构作用的长期性。在设计基准期内，可变荷载超越荷载准永久值的概率在50%左右。准永久组合常用于考虑荷载长期效应对结构构件正常使用状态影响的计算中。例如，对于裂缝控制等级为二级的构件，要求按照标准组合进行计算时，构件受拉边缘混凝土应力应不超过混凝土抗拉强度标准值；在按准永久组合进行计算时，则要求不出现拉应力。荷载效应的准永久组合按下式计算

$$S_q = S_{Gk} + \sum_{i=1}^{n} \psi_{qi} S_{Qik} \tag{1-8}$$

式中 ψ_{qi}——第 i 个可变荷载的准永久值系数。

准永久值系数 ψ_q 与可变荷载标准值 S_{Qk} 的乘积表示可变荷载的准永久值。该值是指在结构使用期限经常达到和超过的那部分可变荷载值。一般取持续作用的总时间等于或超过设计基准期1/2的可变荷载值作为其准永久值。

1.3.2.4 耐久性要求

混凝土结构应满足安全性、适用性和耐久性三方面的要求，承载力计算与变形、裂缝宽度验算分别是为了满足安全性与适用性要求的。而混凝土结构的耐久性问题，不仅会影响到建筑结构的使用功能和承载能力，还会造成巨大的经济损失。例如，美国国家标准局在1998年调查表明，美国全年由于混凝土结构各种腐

蚀所导致的损失约为2500亿美元，其中混凝土桥梁修复费用为1550亿美元。

混凝土结构在自然环境和使用条件下，随着时间的推移，材料逐渐老化和结构性能劣化，出现损伤甚至破坏，是一个不可逆的过程。它不是直接由力学因素引起的，而首先是混凝土材料的物理、化学作用的结果，继而影响到建筑物的使用功能并导致结构承载力下降，最终影响整个结构的安全。

混凝土结构的耐久性是指结构或构件在设计使用年限内，在正常维护条件下，不需要进行大修就可满足正常使用和安全功能要求的能力。一般建筑结构的设计使用年限为50年，纪念性建筑和特别重要的建筑结构为100年及100年以上。

影响混凝土结构耐久性的因素很多，主要有内部和外部两个方面，如图1-76所示。内部因素主要有混凝土的强度、密实性、水泥用量、水灰比、氯离子及碱含量、外加剂用量、保护层厚度等。外部因素主要有环境条件，包括温度、湿度、CO_2含量、侵蚀性介质等。出现耐久性能下降的问题，往往是内、外因素综合作用的结果。此外，设计不周、施工质量差或使用维护不当等也会影响耐久性能。

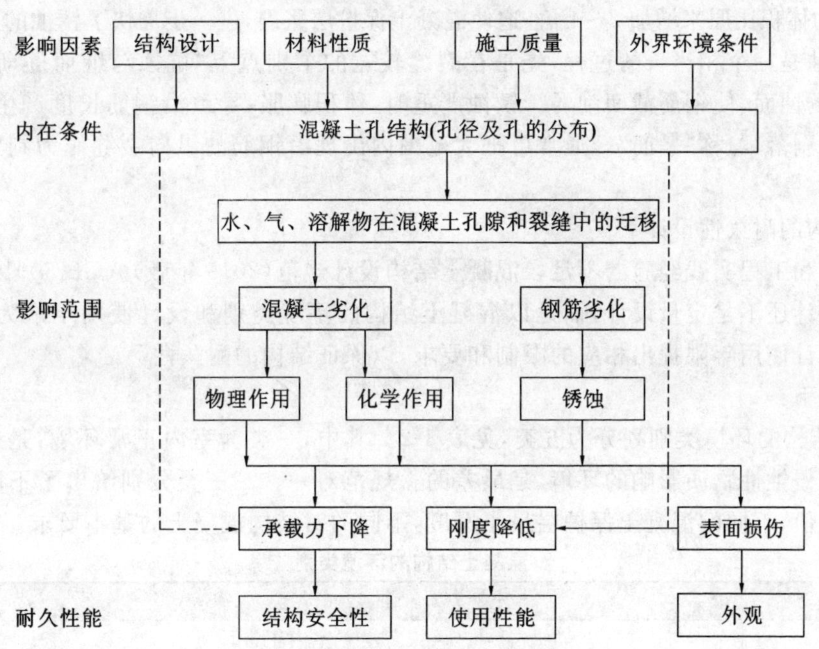

图1-76 影响混凝土结构耐久性的因素

混凝土的碳化及钢筋锈蚀是影响混凝土结构耐久性的最主要的因素。

(1)混凝土的碳化

混凝土的碳化主要是指大气中的CO_2与混凝土中的$Ca(OH)_2$发生中和反应，从而使混凝土碱性下降的现象。所以，混凝土的碳化就是指混凝土的中性化。

在硅酸盐水泥混凝土中，初始碱度较高，pH值达12.5～13.5，在钢筋表面形成致密的氧化膜，可保护钢筋不被腐蚀。

大气中的CO_2不断向混凝土内部扩散，并与其中的碱性水化物，主要是$Ca(OH)_2$发生反应，使得pH值下降。碳化可使混凝土的pH值降至10以下。碳化对混凝土本身是无害的，其主要的问题是当碳化至钢筋表面时，将会破坏氧化膜，使钢筋有锈蚀的危险，此外会加剧混凝土的收缩，可导致混凝土开裂。这些均给混凝土的耐久性带来不利影响。

影响混凝土碳化的因素很多，可归纳为两类，即环境因素与材料本身的性质。环境因素主要是指空气中CO_2的浓度，通常室内CO_2的浓度较高。混凝土胶结料中所含的能与CO_2反应的CaO总量愈高，碳化速度就愈慢；混凝土强度等级愈高，内部结构愈密实，孔隙率愈低，孔径也愈小，碳化速度愈慢。水灰比越大，混凝土内部的孔隙率也越大，密实性差，渗透性大，因而碳化速度快；水灰比大时混凝土空隙中游离水增多，也会加速碳化反应。混凝土保护层厚度越大，碳化至钢筋表面的时间越长；混凝土表面设覆盖层，可提高抗碳化的能力。

(2)钢筋的锈蚀

钢筋的锈蚀是影响混凝土结构耐久性的关键问题之一。CO_2 的侵蚀或混凝土构件开裂会引起或加剧混凝土碳化,致使钢筋表面的氧化膜更易遭到破坏。

钢筋表面氧化膜的破坏是使钢筋锈蚀的必要条件。这时,如果含氧水分侵入,钢筋就会锈蚀。因此,含氧水分侵入是钢筋锈蚀的充分条件。钢筋锈蚀严重时,体积膨胀,导致沿钢筋长度出现纵向裂缝,并使保护层剥落,从而使钢筋截面削弱,截面承载力降低,最终将使结构构件破坏或失效。

混凝土中钢筋的锈蚀机理是电化学腐蚀。由于钢筋中化学成分的不均匀分布,混凝土碱度的差异以及裂缝处氧气的增浓等原因,使得钢筋表面各部位之间产生电位差,从而构成了许多具有阳极和阴极的微电池。

钢筋表面的氧化膜被破坏后,钢材表面从空气中吸收溶有 CO_2、O_2 或 SO_2 的水分,在微电池中形成了电解质水膜,于是就在阴极与阳极间以电解方式发生电化学腐蚀反应。其结果是生成 $Fe(OH)_2$,它在空气中又进一步被氧化成 $Fe(OH)_3$,最终脱水形成疏松的 $Fe_2O_3 \cdot xH_2O$(x 取任意正实数,一般不会超过1),即铁锈。铁锈是疏松多孔的,它的体积比原来增加2~4倍,迫使混凝土保护层胀裂,进一步加快了锈蚀的发生。

当然,钢筋锈蚀是一个相当长的过程,先是在裂缝较宽的个别点上“坑蚀”,继而逐渐形成“环蚀”,同时向两边扩展,形成锈蚀面,使钢筋截面削弱。锈蚀严重时,体积膨胀,导致沿钢筋长度产生混凝土纵向裂缝,并使混凝土保护层剥落,习称“暴筋”。通常可把大范围内出现沿钢筋的纵向裂缝作为判别混凝土结构构件寿命终结的标准。

(3)混凝土结构的耐久性设计

鉴于科学研究和工程实践经验的不足,《混凝土结构设计规范(2015年版)》(GB 50010—2010)规定的混凝土结构耐久性设计还不是定量设计,而是以混凝土结构的环境类别和设计使用年限为依据的概念设计。根据环境类别和设计使用年限提出相应的限制和要求,以保证结构的耐久性。

具体的规定如下:

① 把混凝土结构的环境类别划分为五类,见表1-2。其中,一类为室内正常环境,是最好的。五类为受人为或自然的化学侵蚀性物质影响的环境,是最差的。规范对一、二、三类分别给出了不同的裂缝控制等级和最大裂缝宽度限值,不同的混凝土保护层最小厚度,不同的对结构混凝土的基本要求。

表1-2 **混凝土结构的环境类别**

环境类别		条件
一		室内正常环境
二	a	室内潮湿环境;非严寒和非寒冷地区的露天环境,与无侵蚀性的水或土壤直接接触的环境
	b	严寒和寒冷地区的露天环境,与无侵蚀性的水或土壤直接接触的环境
三		使用除冰盐的环境,严寒和寒冷地区冬季水位变动的环境,滨海室外环境
四		海水环境
五		受人为或自然的侵蚀性物质影响的环境

注:严寒和寒冷地区的划分应符合《民用建筑热工设计规范》(GB 50176—2016)的规定。

② 当处于一类、二类和三类环境中时,对设计使用年限为50年的结构混凝土应满足表1-3的要求。

表1-3 **结构混凝土耐久性的基本要求**

环境类别		最大水灰比	最小水泥用量/(kg/m^3)	最低混凝土强度等级	最大氯离子含量/%	最大碱含量/(kg/m^3)
一		0.65	225	C20	1.0	不限制
二	a	0.60	250	C25	0.3	3.0
	b	0.55	275	C30	0.2	3.0
三		0.50	300	C30	0.1	3.0

注:1.氯离子含量是指其占水泥用量的百分率。

2.预应力构件混凝土中的最大氯离子含量为0.06%,最小水泥用量为300kg/m^3;最低混凝土强度等级应按表中规定提高两个等级。

3.素混凝土构件的最小水泥用量不应少于表中数值减25kg/m^3。

4.当混凝土中加入活性掺和料或能提高耐久性的外加剂时,可适当降低最小水泥用量。

5.当有可靠工程经验时,处于一类和二类环境中的最低混凝土强度等级可降低一个等级。

6.当使用非碱活性骨料时,对混凝土中的碱含量可不作限制。

③ 一类环境中，设计使用年限为100年的混凝土结构进一步提高了五项具体要求，详见《混凝土结构设计规范(2015年版)》(GB 50010—2010)。

④ 二类和三类环境中，设计使用年限为100年的混凝土结构，应采取专门有效措施。

⑤ 处于严寒及寒冷地区环境中的有抗渗要求的混凝土结构，三类环境中的结构构件以及四类和五类环境中的混凝土结构应相应地符合各有关标准的要求。

对临时性混凝土结构，可不考虑混凝土的耐久性要求。

知识归纳

(1)建筑的式样和类型在各个时期总会有所不同，造成这种情况的原因是多方面的，但一个不可否认的事实是：功能在其中起着相当重要的作用。任何一种结构形式都不是凭空出现的，都是为了适应一定的功能要求而被人们创造出来的，不同的功能要求需要有相应的结构方法来提供与其相适应的空间形式。

结构的发展也有其相对的独立性，不仅取决于材料的发展，而且取决于结构理论和施工技术的进步，一旦出现了一种新的结构形式和体系使功能的要求得以满足，这种新的结构形式和体系就会反过来推动建筑向前发展，这就表现为结构对于建筑发展的反作用。

(2)结构设计的目的是要保证所建造的结构安全适用，结构应满足安全性、适用性和耐久性的功能要求，结构的安全性、适用性和耐久性可概括为结构的可靠性。整个结构或结构的一部分超过某一特定状态就不能满足设计规定的某一功能的要求，此特定状态称为该功能的极限状态。极限状态可分为承载能力极限状态和正常使用极限状态。

承载能力极限状态应按荷载的基本组合并采用极限状态设计表达式进行设计。对于常见的工程结构。正常使用极限状态验算主要包括变形验算和裂缝控制验算，应根据规定采用荷载效应的标准组合或准永久组合，并考虑荷载长期作用的影响，按相应的设计表达式进行验算。

(3)混凝土结构的耐久性是指结构或构件在设计使用年限内，在正常维护条件下，不需要进行大修就可满足正常使用和安全功能要求的能力。混凝土的碳化及钢筋锈蚀是影响混凝土结构耐久性的最主要的因素。

独立思考

1-1 建筑的功能要求有哪些？

1-2 梁板结构体系的基本构件是什么？其显著特点是什么？

1-3 钢筋混凝土框架结构的传力特点是什么？

1-4 大跨度结构体系包括哪些结构形式？桁架结构的显著特点是什么？刚架结构如何根据受力情况发挥材料的最大潜力？壳体结构体系有哪些结构形式？网架结构体系的特点是什么？

1-5 设计建筑物与构造物应满足哪些功能要求？

1-6 什么叫极限状态？试比较容许应力设计法、破损阶段设计法、极限状态设计法和以概率理论为基础的极限状态设计法。试分别说明承载能力极限状态与正常使用极限状态有哪些情况。

1-7 影响结构可靠性的因素有哪些？

1-8 为什么在承载力设计表达式中采用增加分项系数的办法？有哪些分项系数？

1-9 影响混凝土结构耐久性的因素有哪些？什么是混凝土的碳化与钢筋的锈蚀？

1-10 混凝土结构的环境类别分为哪五类？

2

外界作用的计算

课前导读

内容提要

本章主要内容包括施加在结构上常见的外界作用，有重力、吊车荷载、风荷载以及地震作用等。本章的教学重点为各种荷载的概念及其作用方式，教学难点为计算各类荷载对建筑结构作用的大小。

能力要求

通过本章的学习，学生应熟悉结构上的各类外界作用，了解结构如何抵御不同的外部荷载。

数字资源

5分钟看完本章

2.1 重　力

2.1.1 结构的自重

结构的自重是结构构件(梁、板、柱、墙、支撑)和非结构构件(抹灰、饰面材料、填充墙、吊顶等)由于地球引力所产生的重力。一般而言,只要知道结构各部件或构件的尺寸及所使用的材料,就可根据材料的重度计算出构件的质量。在土木工程中,组成结构的各种构件可能采用多种材料,在计算结构总自重时,则可将结构划分为若干基本构件,先计算基本构件的重量,然后叠加得到结构的总自重,计算公式为

$$G=\sum_{i=1}^{n}\gamma_i V_i \tag{2-1}$$

式中 G——结构总自重,kN;

n——组成结构的基本构件数;

γ_i——第 i 个基本构件的重度,kN/m³;

V_i——第 i 个基本构件的体积,m³。

工程上为了应用方便,有时也可把建筑物看成一个整体,将结构每层的自重转化为平均楼面荷载,作为近似估算。对于一般的木结构建筑,其平均楼面荷载可取为 1.98～2.48kN/m²;对于钢结构建筑,平均楼面荷载为 2.48～3.96kN/m²;对于钢筋混凝土结构建筑,其值为 4.95～7.43kN/m²;而对于预应力混凝土建筑,建议取为普通钢筋混凝土建筑恒荷载的 70%～80%。

2.1.2 土的自重

土是由土颗粒、水和气所组成的三相非连续介质。将土体简化为连续体,应用连续介质力学来研究土中应力的分布,则在地基应力计算时可只考虑土中某单位面积上的平均应力。土粒通过接触点之间传递的粒间应力才使得彼此挤紧,粒间应力又称为有效应力。

土的自重应力即为土自身有效重力在土体中所引起的应力。土的自重应力使土颗粒彼此"黏结"在一起形成一个整体,并成为作用在基础上的一部分荷载。

在计算土中自重应力时,假设天然地面是一个无限大的水平面,因此在任意竖直面和水平面上均无剪应力存在。如果地面下土质均匀,土层的天然重度为 γ,则在天然地面下任意深度 z 处水平面上的竖直自重应力为 σ_{cz},作用于该水平面上任一单位面积的土柱体自重可按 $\gamma z l$ 计算,即

$$\sigma_{cz}=\gamma z \tag{2-2}$$

σ_{cz} 沿水平面均匀分布,且与深度 z 成正比,即随深度按线性规律分布,如图 2-1 所示。

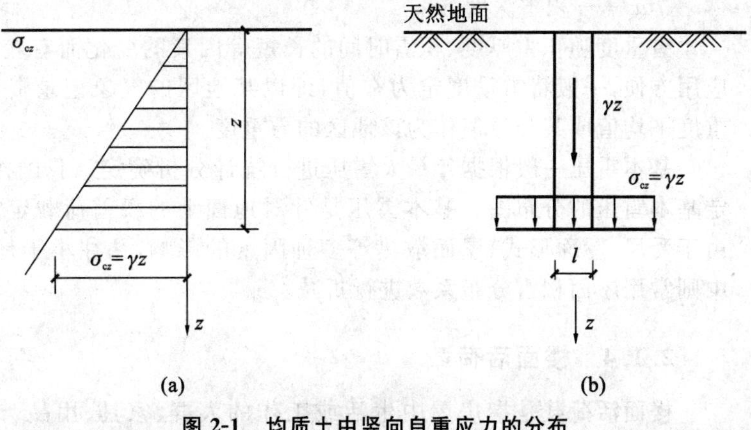

图 2-1 均质土中竖向自重应力的分布

(a)沿深度的分布;(b)沿任意水平面的分布

一般情况下,地基土由不同重度的土层所组成。如图2-2所示,天然地面下深度 z 范围内各层土的厚度自上而下依次为 $h_1, h_2, \cdots, h_i, \cdots, h_n$,则土层深度处的竖直有效自重应力为

$$\sigma_{cz} = \gamma_1 h_1 + \gamma_2 h_2 + \cdots + \gamma_n h_n = \sum_{i=1}^{n} \gamma_i h_i \tag{2-3}$$

式中 n——天然地面到深度 z 处的土层数。

h_i——第 i 层土的厚度。

γ_i——第 i 层土的天然重度。若土层位于地下水位以下,由于受水的浮力作用,则应用土的有效重度 γ_i',一般取 $\gamma_i' = \gamma_i - 10$。

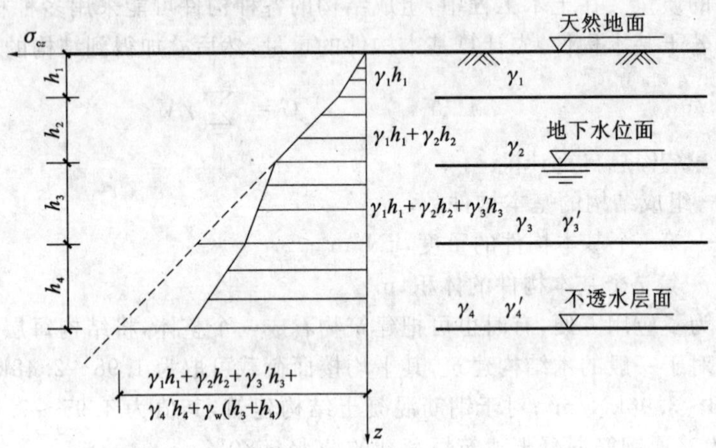

图2-2 分层土中竖向自重应力沿深度的分布

2.1.3 雪荷载

雪荷载是房屋屋面的主要荷载之一。在我国寒冷地区及其他有雪地区,因雪荷载导致屋面结构以及整个结构破坏的事例时有发生。尤其是大跨度结构和轻型屋盖结构,对雪荷载更为敏感。因此,在有雪地区的结构设计中必须考虑雪荷载。

雪荷载标准值

雪压,是指单位面积地面上积雪的自重。基本雪压,是指当地空旷平坦地面上根据气象记录资料统计得到的、在结构使用期间可能出现的最大雪压值。决定雪压值大小的是雪的深度和重度,即

$$S = \gamma_s d \tag{2-4}$$

式中 S——雪压,N/m^2;

γ_s——雪的重度,N/m^3;

d——积雪深度,m。

雪重度随积雪厚度、积雪时间的长短等因素的变化而有较大的差异。为了工程应用方便,一般将雪重度定为常值,即以某地区的气象记录资料统计分析后所得的重度平均值或某分位值作为该地区的雪重度。

基本雪压一般根据年最大雪压进行统计分析确定。我国按50年一遇重现期确定基本雪压的分布图。基本雪压是针对地面上的积雪荷载定义的。屋面的雪荷载由于受风、屋面形式、屋面散热等多种因素的影响,往往小于地面雪荷载,设计过程中则常用屋面积雪分布系数进行折减。

2.1.4 楼面活荷载

楼面活荷载是指房屋中生活或工作的人群、家具、用品、设施等产生的重力荷载。这些荷载的量值随时间而变化,且位置也是可移动的,因此国际上通用活荷载(live load)表示房屋中的可变荷载。楼面活荷载在楼面上的位置具有任意性,但为

工程设计时方便,一般将楼面活荷载简化为楼面均布活荷载。均布活荷载的量值则与建筑物的功能有关,如公共建筑(如商店、展览馆、车站、电影院等)的均布活荷载值一般比住宅、办公楼的均布活荷载值大。

由于楼面均布活荷载取为楼面总活荷载在楼面总面积上的平均值,则一般所考虑的楼面面积越大,实际平摊后的楼面活荷载越小。因此,计算结构或构件楼面活荷载效应(如计算梁的活荷载考虑的楼面面积,如图 2-3 所示阴影部分的面积)时,若引起效应的楼面活荷载面积超过一定的数值,则应对楼面均布活荷载进行折减。

《建筑结构荷载规范》(GB 50009—2012)(以下简称《荷载规范》)对楼面活荷载的折减系数进行了规定。例如,对于住宅、宿舍、旅馆、办公楼、医院病房、托儿所、幼儿园建筑,当楼面梁从属面积超过 $25m^2$ 时取 0.9 的折减系数;当墙、柱、基础计算截面以上的层数大于 20 层时取 0.55,为 9~20 层时取 0.60,为 6~8 层时取 0.65,为 4~5 层时取 0.70,为 2~3 层时取 0.85,为 1 层时取 1.00(若楼面梁的从属面积超过 $25m^2$,则取 0.90)。

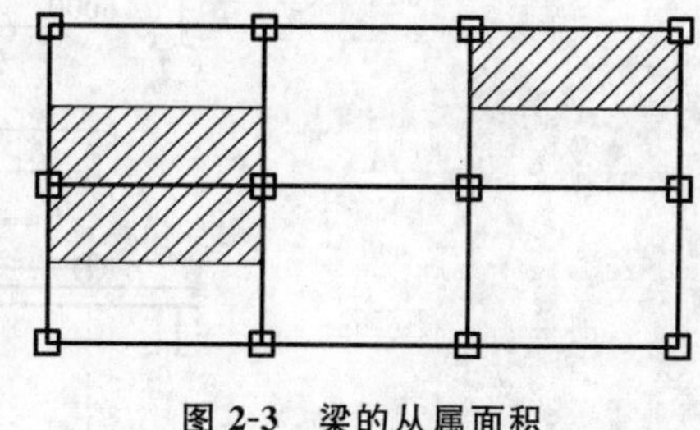

图 2-3 梁的从属面积

2.2 吊车荷载

工业厂房因工艺上的要求常设有桥式吊车,如图 2-4 所示。一般按照吊车的荷载状态将其分为轻、中、重和超重 4 级工作制。桥式吊车由桥架(大车)和吊钩(小车)组成,大车沿厂房纵向在吊车梁上行驶,小车沿厂房横向在桥架上行驶。吊车行驶到某一位置时,作用在厂房横向排架结构上的荷载有吊车竖向荷载和横向水平荷载,作用在纵向排架结构上的荷载为吊车纵向水平荷载。

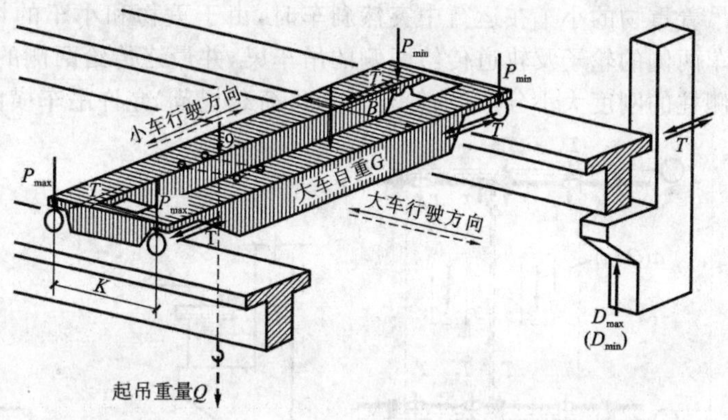

图 2-4 桥式吊车

2.2.1 吊车竖向荷载 D_{max}、D_{min}

吊车竖向荷载是指吊车在满载运行时,可能作用在厂房横向排架柱上的最大压力。因为吊车荷载是移动荷载,当吊车沿厂房纵向运行时,吊车梁传给柱的竖向压力随吊车位置的不同而变化。当小车吊有额定最大起重量开到大车一端的极限位置时,这一端的每个大车轮压称为吊车的最大轮压 P_{max},同时另一端的大车轮压称为吊车的最小轮压 P_{min},如图 2-5 所示。最大轮压 P_{max} 与最小轮压 P_{min} 的关系如式(2-5)所示。

$$P_{min} = 0.5(G + g + Q) - P_{max} \tag{2-5}$$

式中 G——吊车桥架(大车)的总重;

g——小车的重量;

Q——吊车的额定最大起重量。

因而形成作用在排架柱上的最大压力 D_{max} 及最小压力 D_{min},吊车竖向荷载 D_{max}、D_{min} 作用于牛腿顶面,其排架计算简图如图 2-5(b)所示。吊车竖向荷载 D_{max} 和 D_{min} 的设计值可按下式计算:

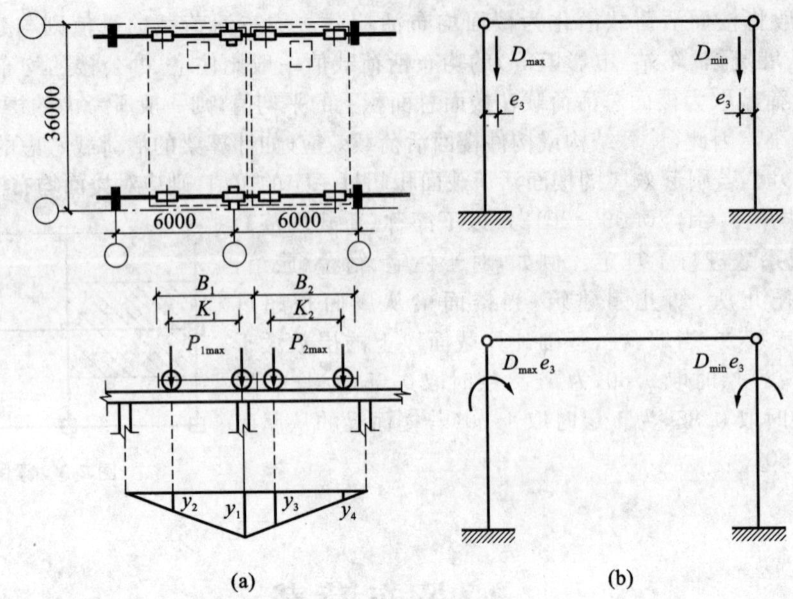

图 2-5 吊车竖向荷载

$$\begin{cases} D_{\max} = \gamma_Q D_{k,\max} = \gamma_Q [P_{1\max}(y_1 + y_2) + P_{2\max}(y_3 + y_4)] \\ D_{\min} = \gamma_Q D_{k,\min} = \gamma_Q [P_{1\min}(y_1 + y_2) + P_{2\min}(y_3 + y_4)] \end{cases} \tag{2-6}$$

式中 γ_Q——可变荷载分项系数。

2.2.2 吊车横向水平荷载 T_{max}

当吊着重物的小车在运行中突然刹车时,由于重物和小车的惯性将产生一个横向水平制动力,这个力通过吊车两侧的轮子及轨道传给两侧的吊车梁,并最终传给两侧的柱,如图2-6所示。吊车横向水平制动力应按两侧柱的刚度大小分配,为简化计算,《荷载规范》允许吊车横向水平制动力近似地平均分配给两侧柱。

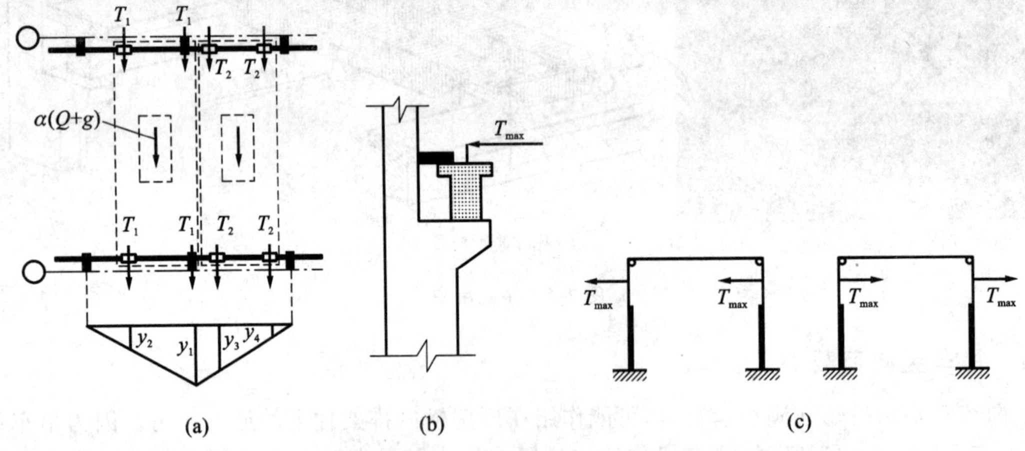

图 2-6 吊车横向水平荷载

当四轮吊车满载运行时,每个轮子产生的横向水平制动力标准值 T 可按下式计算:

$$T = \frac{\alpha}{4}(Q + g) \tag{2-7}$$

式中 α——横向制动力系数。

横向水平制动力标准值 T 确定后,可用类似于求吊车竖向荷载的方法来确定最终作用于排架柱上的吊车水平荷载设计值 $T_{\max}$,即

$$T_{\max} = \gamma_Q T_{k,\max} = \gamma_Q [T_1(y_1 + y_2) + T_2(y_3 + y_4)] \tag{2-8}$$

考虑到小车沿左右方向均有可能刹车,如图2-6(c)所示,故 $T_{\max}$ 的方向既可向左又可向右。由于横向水平制动力 T 通过连接件传递给柱子,如图2-6(b)所示,因而 $T_{\max}$ 可近似认为作用于吊车梁顶面标高处。

2.2.3 吊车纵向水平荷载 T_0

当沿厂房纵向运行的大车在启动或突然刹车时，吊车自重和所吊重物的惯性将产生吊车纵向制动力，并由吊车一侧的制动轮传至轨道，最后通过吊车梁传给纵向柱列或柱间支撑，如图 2-7 所示。

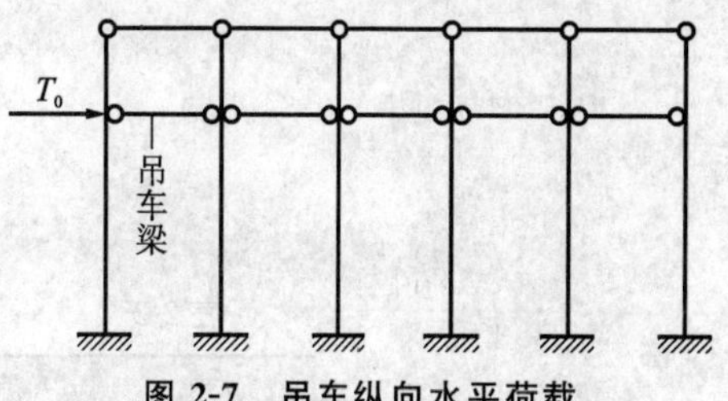

图 2-7 吊车纵向水平荷载

每台吊车纵向水平荷载 T_0 为

$$T_0 = mT = m \cdot \frac{nP_{max}}{10} \tag{2-9}$$

式中 n——吊车每侧的制动轮数；

m——起重量相同的吊车台数，当 $m>2$ 时，取 $m=2$。

2.3 风 荷 载

2.3.1 基本概念

空气从气压大的地方向气压小的地方流动形成了风。风在流动的过程中，速度是不断变化的。如图 2-8 所示，人们常用平均风速和瞬时风速来描述风的速度。平均风速，一般是指在地面以上 10m 高度处，10min 内测得的水平风速的平均值。瞬时风速，一般是指在数秒到 10s 内的平均风速。人们常说的风速即是平均风速。

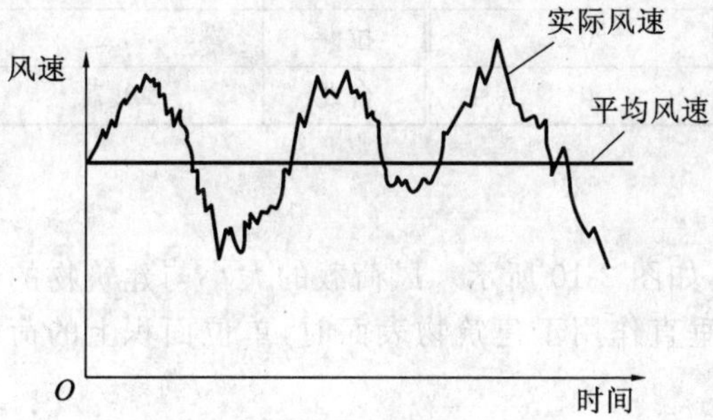

图 2-8 平均风速

为了描述风的大小，根据风对地面(海面)的影响程度，可将风的大小(风力)划分为 13 个等级，表 2-1 列出了部分风力等级及其表象。

表 2-1 风的大小及其表象

风力等级	风的名称	风速/(m/s)	地面状况
3	微风	3.4～5.4	树叶摆动不息，旗帜展开
6	强风	10.8～13.8	电线呼呼有声，举伞困难
9	烈风	20.8～24.4	建筑物损坏，屋顶瓦片移动
10	狂风	24.5～28.4	可使树木拔起、建筑物损坏严重
12	台风	32.7～36.9	绝少发生，摧毁力极大
13	台风	37.0～41.4	绝少发生，摧毁力极大

不同的风力等级其风速大小不同，对建筑物有不同的影响。为了确定风对建筑物作用的具体大小，引入了风压的概念。如图 2-9 所示，风遇到建筑物时，被迫从建筑物的侧面或顶部通过，在建筑物表面(立面、山墙、屋顶)产生压力或吸力，也即风压。当风经过较宽建筑立面时，风速减慢甚至还会形成涡流(指尺度在几米范围内，时间在几分钟内的空气旋涡)。在设计过程中，常用基本风压来表示某地区风压的大小。

《荷载规范》中给出的基本风压值 w_0，是用各地区空旷地面上离地 10m 高、统计 50 年重现期的 10min 平均最大风速 v_0(m/s)计算得到的，计算公式为 $w_0=v_0^2/1600$(kN/m^2)。全国部分城市基本风压值如表 2-2 所示。

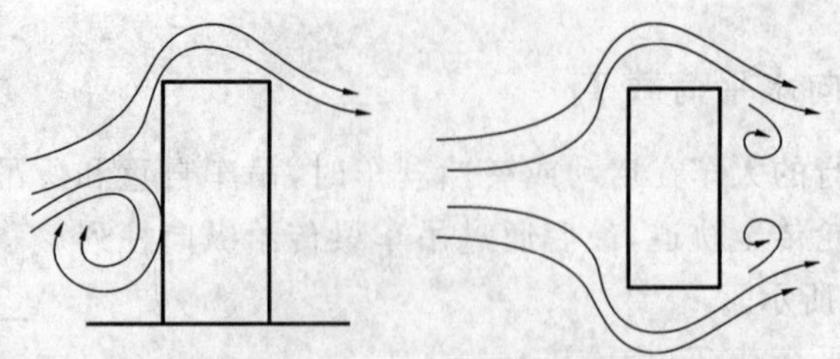

图 2-9 建筑物表面的风压

表 2-2 全国部分城市 50 年一遇基本风压值

城市	风压值/(kN/m²)	城市	风压值/(kN/m²)	城市	风压值/(kN/m²)
北京	0.45	合肥	0.35	西宁	0.35
天津	0.5	南昌	0.45	乌鲁木齐	0.6
上海	0.55	福州	0.7	郑州	0.45
重庆	0.4	西安	0.35	武汉	0.35
南京	0.4	兰州	0.3	长沙	0.35
杭州	0.45	银川	0.65	广州	0.5
太原	0.4	济南	0.45	呼和浩特	0.55
南宁	0.35	海口	0.75	成都	0.3
贵阳	0.3	昆明	0.3	拉萨	0.3
香港	0.9	澳门	0.8	台北	0.7

2.3.2 计算方法

风荷载标准值

风压作用在建筑物表面即风荷载，如图 2-10 所示。风荷载的大小与建筑物的高度、体型、表面位置等有关。当风荷载垂直作用于建筑物表面时，单位面积上的荷载标准值 w_k(kN/m²)按下式计算：

$$w_k = \beta_z \mu_z \mu_s w_0 \tag{2-10}$$

式中 β_z ——距地面高度 z 处的风振系数；

μ_z ——距地面高度 z 处的风压高度变化系数；

μ_s ——风荷载体型系数。

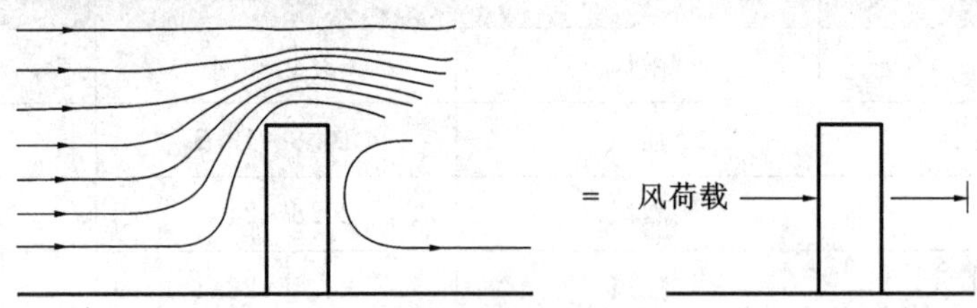

图 2-10 建筑物表面的风荷载

(1)风振系数 β_z

风速的大小是波动变化的，风的方向是紊乱的，这造成了风压是随时间不停变化的。通常把风压的平均值作为稳定风压，即平均风压，实际风压则在平均风压上下波动，即波动风压。如图 2-11 所示，平均风压使建筑物在风的前进方向上前后振动，而波动风压使建筑左右振动，而涡流则会引起建筑物局部的振动。随着建筑物高度的增加，风对建筑物的振动效应愈加明显，计算时以风振系数 β_z 考虑其效应的大小。

图 2-11 建筑物表面的风压

(2)风压高度变化系数 μ_z

风速的大小与高度有关,一般近地面处的风速较小,随高度的增加风速逐渐加大,如图 2-12 所示。因此,当所设计建筑物达到一定的高度后,需要特别注意风荷载的影响。

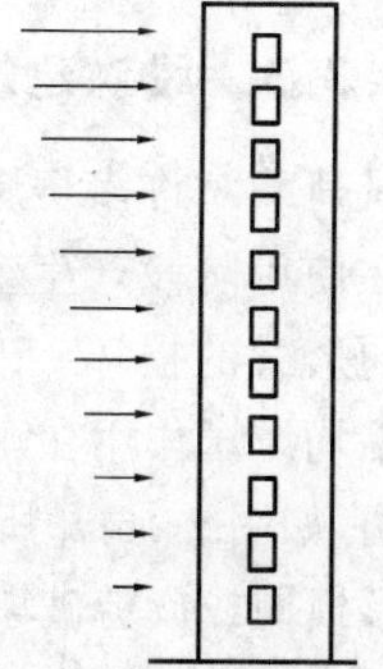

图 2-12 风压与建筑高度的关系

同时风速的大小也与地形地貌、周围环境有关,地面越空旷风速随高度的增加越快。按地面的粗糙程度,将地形分为四类:A 类是近海海面、海岛、海岸及沙漠地区;B 类是田野、乡村、丛林、丘陵以及房屋比较稀疏的乡镇;C 类是有密集建筑群的城市市区;D 类是有密集建筑群且房屋较高的城市市区。表 2-3 列出了各种情况下的风压高度变化系数 μ_z。

表 2-3 风压高度变化系数 μ_z

离地面或海平面高度/m	地面粗糙度类别			
	A	B	C	D
5	1.09	1.00	0.65	0.51
10	1.28	1.00	0.65	0.51
15	1.42	1.13	0.74	0.51
30	1.67	1.39	0.88	0.51
60	0.97	1.71	1.20	0.77
100	2.23	2.00	1.50	1.04
250	2.78	2.63	2.24	1.81
400	2.91	2.91	2.76	2.40
≥550	2.91	2.91	2.91	2.91

(3)风荷载体型系数 μ_s

风荷载体型系数是指建筑物表面的平均实际风压与基本风压的比值,平均实际风压通过实测得到。风经过建筑物立面时,迎风面为压力,风荷载体型系数为"+";侧风面及背风面为吸力,风荷载体型系数为"−",如图 2-13 所示。

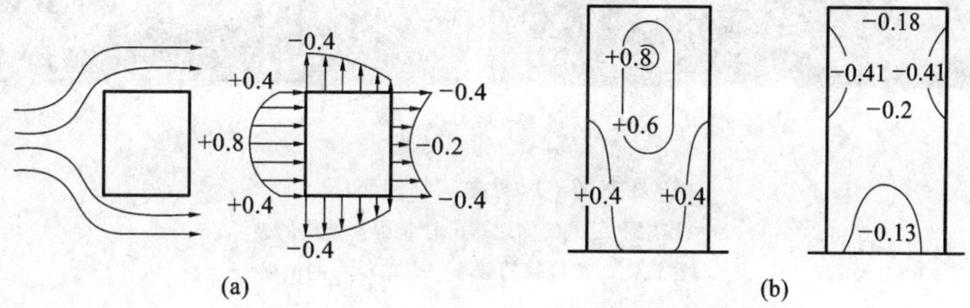

图 2-13 建筑物表面的风荷载体型系数

屋顶的风荷载体型系数则取决于屋面的形状,图 2-14、图 2-15 分别为封闭式双坡屋面、封闭式双跨双坡屋面的风荷载体型系数。

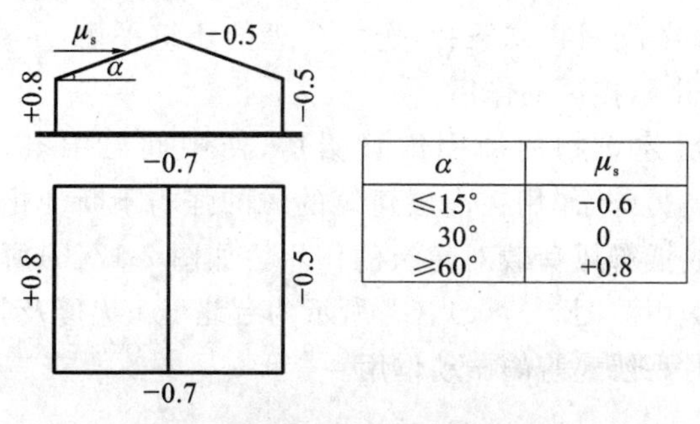

α	μ_s
≤15°	−0.6
30°	0
≥60°	+0.8

图 2-14 封闭式双坡屋面风荷载体型系数

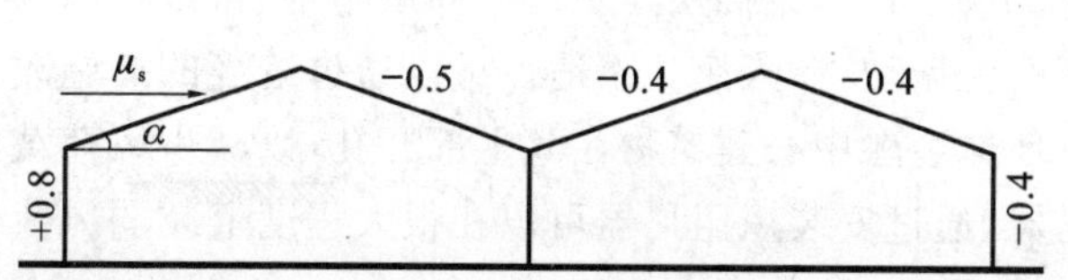

图 2-15 封闭式双跨双坡屋面风荷载体型系数

2.3.3 风对建筑物的损坏

风荷载对许多房屋建筑的结构设计具有重要的影响,许多结构由于设计时对风荷载作用考虑不足,导致其在使用阶段产生整体或局部破坏。风的平均风压、波动风压以及涡流等不同形式的风压会对建筑物产生不同形式的损坏。

平均风压作用在建筑物表面,属于静力荷载,会使建筑结构产生变形,导致建筑物整体变形破坏或局部变形损伤,如图 2-16(a)所示。波动风压作用在建筑物表面,属于动力荷载,使建筑结构产生振动,导致建筑物局部变形损伤或疲劳破坏,如图 2-16(b)所示的建筑围护结构的破坏、图 2-16(c)所示的建筑物上广告牌的破坏。对于超高层建筑和高耸结构(塔、桅杆、烟囱等),风荷载是影响其安全的主要因素之一,如图 2-16(d)所示的输电塔的倒塌。

图 2-16 风对建筑物的破坏

(a)台风作用下房屋的倒塌;(b)建筑围护结构的破坏;
(c)建筑物上广告牌的破坏;(d)输电塔的倒塌

2.3.4 抗风对策

在设计建筑物时,抗风对策有许多种。利用建筑外形的变化来降低建筑表面的风压是常用的抗风措施,主要是减少建筑物对风的阻挡。对于低矮的建筑,可以减少挡风面,如减小屋檐长度、降低屋檐高度、减少屋顶坡度以及做平屋顶;将挡风面适当镂空,如将迎风面做成网状或条状;选择合理的建筑平面,尽量减少平面棱角;还可以通过设置遮挡物(如植树、设挡风板等)来阻挡风的作用。

对于高层建筑,可以选择合适的断面形状,如在高层建筑物的周围配置裙房,使中间层中空。如图 2-17(a)所示,某高层建筑的中间层中空,可以让风穿过。另外,作用在高层建筑的风的强弱不断变化,使建筑产生振动,令人感觉不适。可以通过适当的措施改变或抵御风荷载对建筑的作用。如图 2-17(b)所示,上海环球金融中心建筑物在其上部开孔,以减少风荷载的作用。图 2-17(c)、(d)所示为台北 101 大厦及其风阻尼器,通过安装风阻尼器可以在很大程度上减弱风荷载对高层建筑的振动作用。

图 2-17 高层建筑抗风对策

(a)某高层建筑的抗风对策；(b)上海环球金融中心；(c)台北 101 大厦；(d)台北 101 大厦风阻尼器

2.4 地震作用

2.4.1 基本概念

地震按其产生的原因，可分为火山地震、陷落地震和构造地震，工程结构中主要考虑构造地震的影响。构造地震主要与地球的构造和运动有关。地质运动会使地壳岩层变形而产生应力，当岩层应力大于岩层强度时，岩层会突然破裂，岩层破裂后将以振动的方式释放能量并产生地震波，地震波到达地面引起地面运动，从而形成地震。

地震常用术语动画

图 2-18 表示的是有关地震的几个术语。震源即发震点，是指岩层断裂处。震源正上方的地面地点称为震中。震中至震源的距离为震源深度。地面某处到震中的距离称为震中距。地震以波(即地震波)的形式从震源向各个方向传播并释放能量。地震波分为在地球内部传播的体波和在地面附近传播的面波。体波有纵波(P 波)、横波(S 波)两种。纵波质点的振动方向与波行进方向一致，其速度快于横波，是地震来临的预警。横波质点的振动方向与波的行进方向垂直，可以引起地面剧烈水平晃动，是地震时造成建筑物破坏的主要原因。

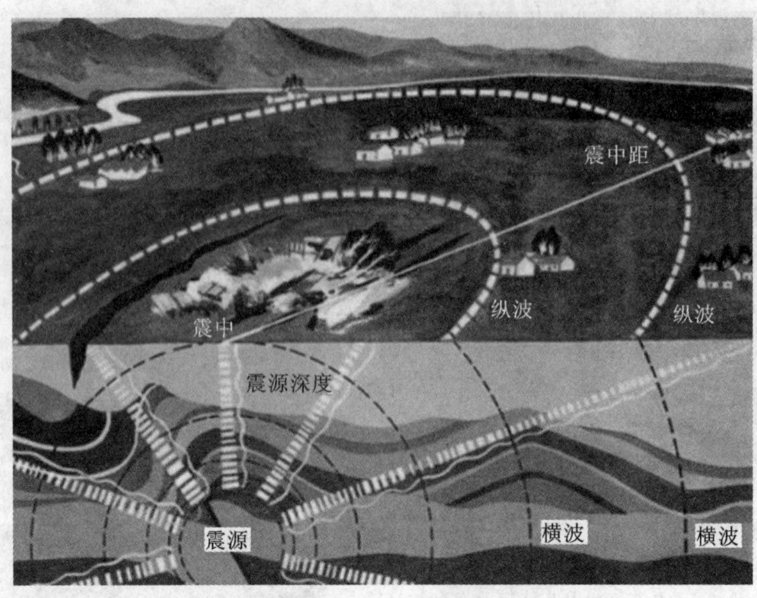

图 2-18 地震的基本知识

震级是衡量一次地震规模大小的数量等级。震级的表示方法有很多，目前国际上常用的是里氏震级，它表达了一次地震所释放能量的大小。小于2级的地震，人们感觉不到，称为微震；2～4级地震，称为有感地震；5级以上的地震称为破坏性地震。我国唐山在1976年7月28日发生7.8级地震，2008年5月12日汶川发生8.0级地震。世界上所记录到的最大地震是1960年发生在智利近海太平洋里的9.5级地震。

地震烈度动画

将某一特定地区遭受一次地震影响的强弱程度定义为地震烈度。地震烈度除日本采用0～7的8个等级划分外，我国和世界绝大多数地震国家均采用1～12的12个等级划分，如表2-4所示。烈度与震级是两个不同的概念，一次地震发生，震级是一定的，但对于不同地点的烈度可能是不同的。

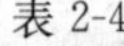

表 2-4 地震烈度表

烈度	震感及震害现象
1	无感——仅仪器能记录到
2	微有感——个别的人在静止中有感
3	少有感——室内少数人在静止中有感，悬挂物轻微摆动
4	多有感——室内大多数人、室外少数人有感，悬挂物摆动，不稳器皿作响
5	惊醒——室外大多数人有感，家畜不宁，门窗作响，墙壁表面出现裂纹
6	惊慌——人站立不稳，家畜外逃，器皿翻落，简陋棚舍损坏，陡坎滑坡
7	房屋损坏——房屋轻微损坏，牌坊、烟囱损坏，地表出现裂缝及喷沙冒水
8	建筑物破坏——房屋多有损坏、少数破坏，路基塌方，地下管道破裂
9	建筑物普遍破坏——房屋大多数破坏，少数倾倒，牌坊、烟囱等崩塌，铁轨弯曲
10	建筑物普遍摧毁——房屋倾倒，道路毁坏，山石大量崩塌，水面大浪扑岸
11	毁灭——房屋大量倒塌，路基堤岸大段崩毁，地表产生很大变化
12	山川易景——一切建筑物普遍毁坏，地形剧烈变化，动植物遭毁灭

将一个地区在今后一段时间内，一般场地条件下可能遭受到的最大地震烈度称为基本烈度。基本烈度是进行建筑抗震设计的一个基本依据。

我国各地区的基本烈度由国家地震局根据当地地质、历史地震情况确定。一般地，地震烈度低于 6 度时，不会对建筑物形成较大的破坏，因此《建筑抗震设计规范》(GB 50011—2010)规定，以 6 度作为建筑抗震设计基本设防标准。

当确定了某个地区的地震基本烈度和设防烈度后，则需要选择在有利于抗震的地形和场地上进行建筑设计。抗震设计的场地是指工程群体所在地，地面运动具有相似的反应特征，其范围相当于厂区、居民小区和自然村或不小于 1km^2 的平面面积。

根据场地下土层的性质和覆盖层厚度，将建筑场地划分为四类，即 I_0 类场地(岩石)、I_1 类场地(坚硬土或软质岩石)，Ⅱ类场地(中硬土)，Ⅲ类场地(中软土)，Ⅳ类场地(软弱土)。不同的场地对地震波有不同的放大作用，在建筑抗震设计时，根据场地的自振周期(也称为场地的特征周期)进行分组，如表 2-5 所示。

表 2-5 **场地特征周期值 T_g** (单位：s)

设计地震分组	场地类别				
	I_0	I_1	Ⅱ	Ⅲ	Ⅳ
第一组	0.20	0.25	0.35	0.45	0.65
第二组	0.25	0.30	0.40	0.55	0.75
第三组	0.30	0.35	0.45	0.65	0.90

2.4.2 计算方法

当结构的质量相对集中在某一个确定位置时，可将结构处理成单质点体系进行地震反应分析。如图 2-19 所示，单质点体系在地震水平地面运动作用下，将产生相对于地面的水平运动。此时质点上作用有三种力，即惯性力、阻尼力和弹性恢复力，三者的合力为 F。对于多层建筑结构，可将每层的质量集中在楼板处以简化计算，如图 2-20 所示。

一次地震中，地面运动的加速度可以用仪器记录下来，如图 2-21 所示。根据牛顿第二定律，若已知该质点的质量 m 和加速度 a，则可以得到用于抗震计算的等效力 F，即

$$F = ma \tag{2-11}$$

根据记录的地震地面振动的位移、速度、加速度，统计得到了地震时结构上质点的反应(位移、速度和加速度)与结构基本周期的关系曲线，称为地震反应谱。建筑结构抗震设计时依据的是加速度反应谱，可以用符号 $S_a(T)$ 表示。则对于单质点体系的地震作用，可按下式计算：

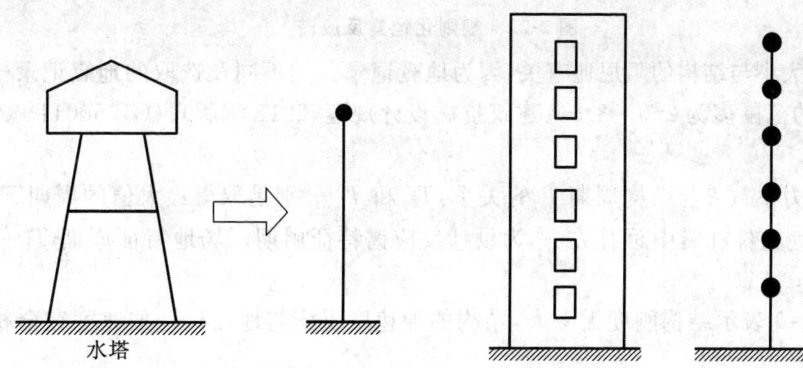

图 2-19 单质点体系的地震作用　　图 2-20 多质点体系的地震作用

$$F = mS_a(T) \tag{2-12}$$

地震反应谱是根据已发生的地震地面运动记录计算得到的，而工程结构抗震设计需考虑的是未来发生的地震对结构的影响。由于地震的随机性和影响地面运动因素的复杂性，工程结构抗震设计不能采用某一确定地震记录的反应谱，而应考虑地震地面运动的随机性，确定一条供设计用的反应谱，即设计反应谱。考虑地震反应谱与地面运动幅值和频率的关系，引入参数地震系数 k 和动力系数 $\beta(T)$，则加速度反应谱 $S_a(T)$ 可表示为

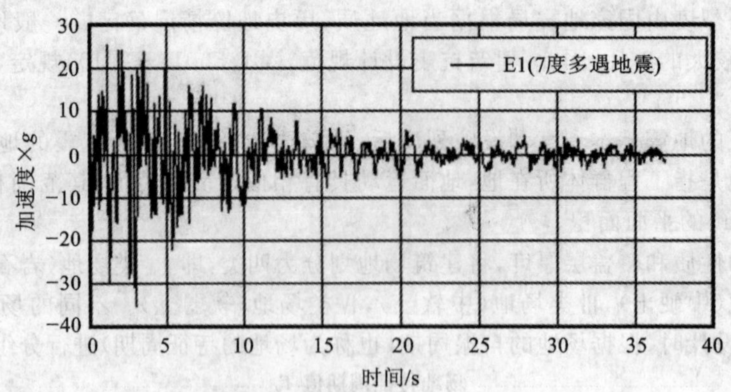

图 2-21 地面某点的加速度记录

$$S_a(T) = k\beta(T)g \tag{2-13}$$

工程结构抗震设计时，地震系数的取值与地震烈度设防标准有关，根据地面运动加速度峰值与地震烈度间的关系，得到地震系数与烈度 I 的关系式为

$$k = 0.125 \times 2^{I-7} \tag{2-14}$$

动力系数实质上是规则化的地震反应谱，剔除了地面运动幅值对地震反应谱的影响，但仍包含地面运动对地震反应谱的影响。在工程抗震设计中，一般采用大量同类地震记录的统计平均谱，并加以规则平滑后具有图 2-22 所示的形式。

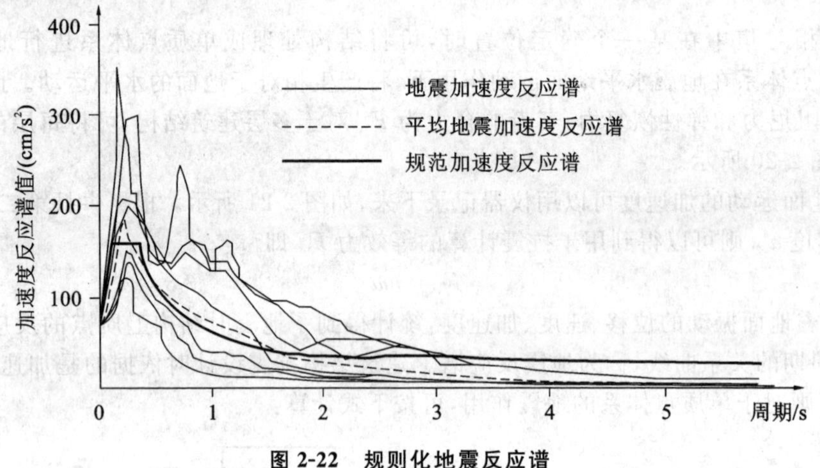

图 2-22 规则化地震反应谱

动力系数 $\beta(T)$ 的大小与结构的阻尼比有关，因为地震记录分类不同及选取的地震记录样本不同，得到的动力系数最大值 β_{max} 的范围多为 2.0～3.0，《建筑抗震设计规范(2016 年版)》(GB 50011—2010)中取 $\beta_{max}=2.25$。

图 2-23 所示为动力系数 β 与结构周期 T 的关系，T_0 和 T_g 分别是取得最大值的周期下界和上界。一般取 $T_0=0.1$s，T_g 与场地条件和震中距有关，称为设计反应谱特征周期。场地特征周期 T_g 一般不小于0.2s，最大可达 2.0s。

在图 2-23 中，$T=0$ 表示结构刚度无限大，结构的加速度反应与地面运动加速度完全相同。下降段中，一般取

$$\beta(T) = \beta_{max}\left(\frac{T_g}{T}\right)^{\gamma} \tag{2-15}$$

式中 γ——调整系数，一般为 0.65～1.0。

将式(2-13)代入式(2-12)得到单质点体系地震作用计算公式，即

$$F = k\beta(T)(mg) = \alpha G \tag{2-16}$$

式中 α——地震影响系数，意义为地震作用与体系重力之比；

G——单质点体系重量。

图 2-24 为地震影响系数 α 的变化曲线。

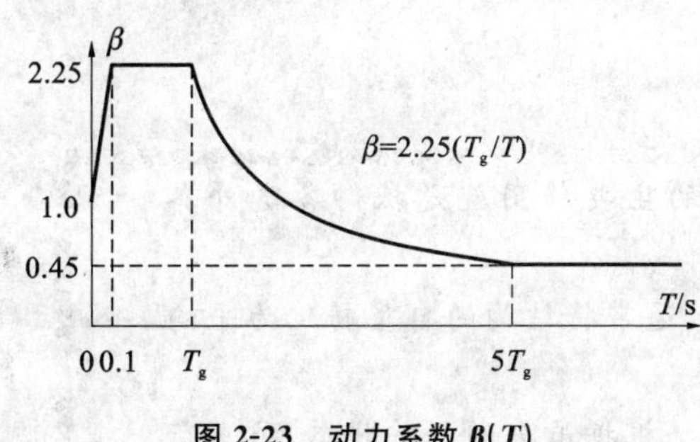

图 2-23 动力系数 $\beta(T)$

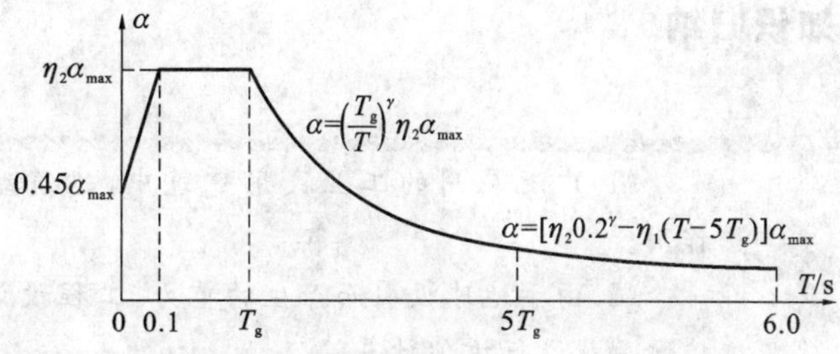

图 2-24 地震影响系数 α 的变化曲线

（注：图中 η_1、η_2 为阻尼调整系数。）

目前，随着建筑高度的增加和建筑体型的复杂化，建筑结构的抗震计算一般都通过计算机进行。对于高度不超过 40m，房屋高宽比小于 4 且质量和刚度沿高度的分布比较均匀的结构，可以采用底部剪力法计算结构的水平地震作用。

底部剪力法是把地震作用当作等效静力作用在结构上，以此计算结构的最大地震反应。该方法首先计算地震产生的结构底部最大剪力，底部剪力可以认为是结构各质点上地震作用的总和，可将其分配到各质点上，如图 2-25 所示。

总的地震水平作用标准值为

$$F_{\mathrm{Ek}} = \alpha_1 G_{\mathrm{eq}} \tag{2-17}$$

式中 α_1 ——与结构自振周期相应的水平地震作用影响系数；

G_{eq} ——结构的等效重力荷载，单质点体系取总重力荷载代表值，多质点体系可取总重力荷载代表值的 85%。

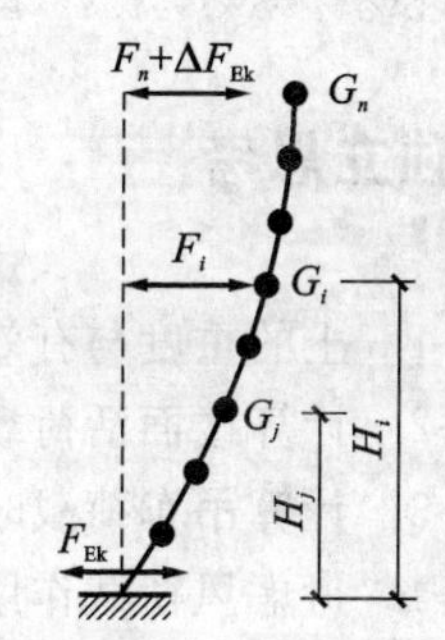

图 2-25 底部剪力法计算简图

质点 i 上的地震作用与该质点的重量和离地面高度的乘积成正比，由此可得任意质点的地震作用 F_i 的计算公式为

$$F_i = \frac{G_i H_i}{\sum_{j=1}^{n} G_j H_j} F_{\mathrm{Ek}}(1-\delta_n) \quad (i = 1,2,\cdots,n) \tag{2-18}$$

式中 H_i，H_j ——质点 i，j 的计算高度。

$$\Delta F_{\mathrm{Ek}} = \delta_n F_{\mathrm{Ek}} \tag{2-19}$$

式中 ΔF_{Ek} ——顶部附加地震水平作用；

δ_n ——顶部附加地震水平作用系数，考虑建筑物顶部的附加结构对建筑结构整体抗震的影响。

【例 2-1】 某单层单跨混凝土框架计算简图如图 2-26 所示，集中于屋盖处的重力荷载代表值 $G=1200\mathrm{kN}$。Ⅱ类场地，设防烈度为 7 度，多遇地震时 $\alpha_{\max}=0.08$，设计地震基本加速度为 0.1 g，建筑所在地区的设计地震分组为第二组。结构自振周期 $T=0.88\mathrm{s}$，阻尼调整系数 $\eta_2=1.0$。求框架的水平地震作用标准值。

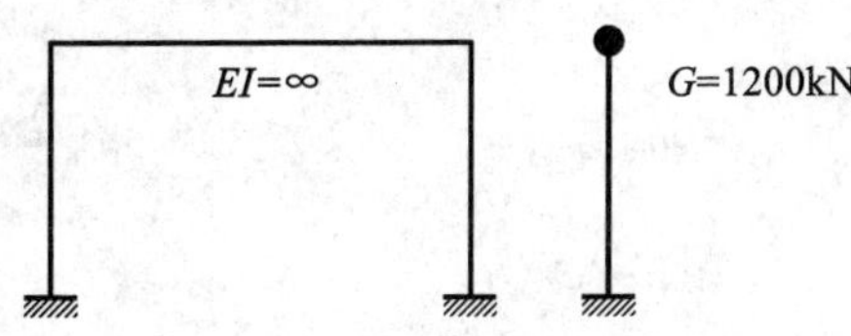

图 2-26 某单层框架的计算简图

【解】 由题设将该结构简化为单质点体系，取 $G_{\mathrm{eq}}=G=1200\mathrm{kN}$；查表 2-5 可知，场地特征周期 $T_g=0.40\mathrm{s}$。

因为 $T_g=0.40\mathrm{s}<T=0.88\mathrm{s}<5T_g=2\mathrm{s}$，由图 2-24 的曲线计算地震影响系数，取

$$\alpha = \left(\frac{T_g}{T}\right)^{\gamma} \eta_2 \alpha_{\max} = \left(\frac{0.40}{0.88}\right)^{0.9} \times 1.0 \times 0.08 = 0.039$$

则由式(2-17)计算得水平地震作用标准值为

$$F_{\mathrm{Ek}} = \alpha_1 G_{\mathrm{eq}} = 0.039 \times 1200 = 46.80\ (\mathrm{kN})$$

知识归纳

(1)广泛应用的工业民用建筑中,建筑结构的主要作用就是抵御各类外界作用。

(2)由于地球吸引而产生的重力,工程设计时,通常将结构的自重转化为平均楼面荷载进行近似计算。

(3)工业厂房中,吊车荷载是常见的设计荷载。根据吊车的工作状态,吊车荷载主要有竖向荷载、横向水平荷载和纵向水平荷载。

(4)在多风地区和高层建筑中,风荷载是重要的外界作用。风对建筑的作用主要有静力风压和波动风压两种。人们根据风对建筑破坏形式的不同提出了不同的抗风对策。

(5)我国各地区有不同的地震基本烈度,在需要进行抗震设防的地区,对于单质点体系应用地震反应谱法进行建筑抗震设计,对于多质点体系应用底部剪力法进行简化计算。

独立思考

2-1 土的重度与有效重度有何区别?

2-2 计算楼面活荷载时,为什么当荷载影响面积较大时需要进行折减?

2-3 计算吊车荷载时,当有两辆吊车并行时吊车对排柱的作用如何考虑?

2-4 考虑风荷载作用时,为什么要将风的作用区分为平均风与脉动风?

2-5 如何从风载体型系数、风压高度变化系数和风振系数的角度去理解抗风对策?

2-6 地震震级与烈度有何区别与联系?

2-7 地震反应谱的实质是什么?

3 建筑结构抗震概念设计

课前导读

内容提要

本章主要内容包括建筑结构的抗震概念设计，从结构的整体概念出发，多角度简要介绍了整体设计中应融入的抗震概念，然后针对具体的结构形式，包括框架结构、剪力墙结构、框架-剪力墙结构、筒体结构和单层工业厂房结构进行了详细的介绍。在详述结构构成形式的同时结合结构的抗震设计概念，给出了简要的力学计算过程，使学生对各类建筑结构的抗震设计有深入的理解。本章的教学重点为各种结构体系所对应的结构抗震设计原则，其中包括平立面几何尺度原则、柱网及剪力墙布置原则、平面开洞布置原则；教学难点为理解抗震概念设计并融会在建筑设计中，最终合理选择结构形式。

能力要求

通过本章的学习，学生应掌握结构整体设计的概念，并在进行建筑空间设计时，能考虑结构的自身特性和抗震性能等多方面设计策略，结合工程需要选择合理的结构形式。

数字资源

5分钟看完本章

3.1 整体设计概念

成功的建筑设计必然基于一个经济合理的结构方案。在各种可能的结构形式、结构体系和结构布置的比较中,结构方案的选择与优化将会在特定的物质与技术条件下具有尽可能好的结构性能、经济效果与建设速度。对某一类建筑来说,可能相对地突出其某一方面或某两个方面来判断其合理性,如经济性和可靠性。同时,由于建筑物的选型及其平面、剖面、立面的设计对结构方案的合理性影响巨大,因此在建筑设计时亦应考虑到结构的合理性,这样才会使设计趋于合理、完美。而结构方案的确定则取决于房屋的性质和高度,另外还与物质、技术条件以及工期要求有关。

(1)抗震设计目标

结构的抗震设防是指建筑物进行抗震设计并采取一定的抗震构造措施,以达到结构抗震的效果和目的。建筑物所在地区的地震基本烈度,是指该地区在一定时期内(如100年)在一般场地条件下可能遭遇的最大地震烈度。抗震设防所依据的抗震设防烈度是指建筑物使用的基本烈度。一般情况下,建筑抗震设防烈度是指建筑物所在地区的基本烈度。对于重要的和特别重要的建筑,其设防烈度是在基本烈度的基础上加以调整。

工程结构抗震设计时根据建筑物所处的地段、使用功能和重要性的不同进行设防分类。《建筑工程抗震设防分类标准》(GB 50223—2008)中,将建筑分为四个抗震设防类别,见表3-1。

表3-1 建筑抗震设防类别

类别	建筑类型
特殊设防类(简称甲类)	使用上有特殊设施,涉及国家公共安全的重大建筑工程和地震时可能发生严重次生灾害等特别重大灾害后果,需要进行特殊设防的建筑
重点设防类(简称乙类)	地震时使用功能不能中断或需尽快恢复的生命线相关建筑,以及地震时可能导致大量人员伤亡等重大灾害后果,需要提高设防标准的建筑
标准设防类(简称丙类)	大量的除甲、乙、丁类建筑以外按标准要求进行设防的建筑
适度设防类(简称丁类)	使用上人员稀少且震损不致产生次生灾害,允许在一定条件下适度降低要求的建筑

在计算地震作用时,则根据地震发生概率的大小进行划分。如图3-1所示,小震即为50年内超越概率63.2%的多遇地震,其烈度比基本烈度低1.55度;中震为50年内超越概率10%的地震,其烈度即为基本烈度;大震为50年内超越概率2%~3%的罕遇地震,其烈度比基本烈度高1度。基本烈度为8度的地区,众值烈度为6.45度,罕遇烈度为9度。

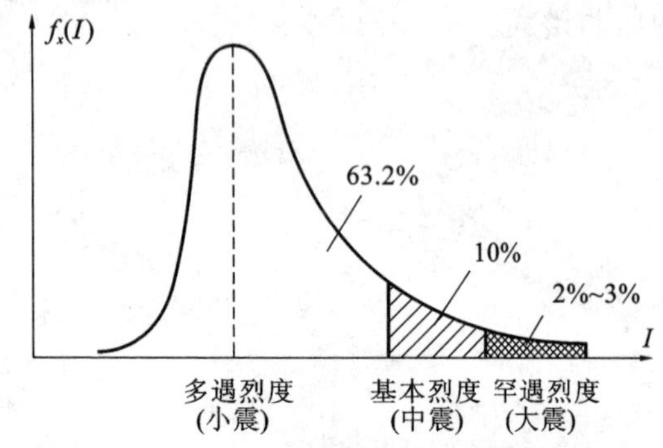

图3-1 地震烈度概率密度函数

相应于三个水准的地震作用,工程抗震设计遵循"三水准""两阶段"的设计准则。"三水准"即"小震不坏、中震可修、大震不倒"的设计理念。

第一水准为"小震不坏",即在多遇地震作用下建筑结构处于正常使用阶段,材料受力处于弹性阶段,在地震的作用下,结构不会发生明显的变化,没有明显的破坏迹象。

第二水准为"中震可修",即在遭受基本烈度的地震作用下,结构可能出现一定的损坏,但加以修缮后可继续使用,材料受力处于塑性阶段,但被控制在一定的限度内,残余变形不大。

第三水准为"大震不倒",即在罕遇地震作用下,结构发生严重破坏,但材料的变形仍在控制范围内,不至于迅速倒塌,为人员逃生赢得时间。

第一阶段设计原则是首先按小震的地震参数，求得结构在弹性状态下的地震作用效应，然后与其他荷载效应按一定的组合原则进行组合，对构件截面进行抗震设计或验算，以保证必要的强度。再验算在小震作用下结构的弹性变形。这一阶段设计，用以满足第一水准的抗震设防要求。对绝大多数结构进行多遇地震作用下的结构和构件承载力验算和结构弹性变形验算，对各类结构按规范规定采取抗震措施。

第二阶段设计原则是在大震作用下，验算结构薄弱部位的弹塑性变形，对特别重要的建筑和地震时易倒塌的结构除进行第一阶段的设计外，还要按第三水准烈度(大震)的地震动参数进行薄弱层(部位)的弹塑性变形验算，并采取相应的构造措施，以满足大震不倒的设防要求。

在设计中通过良好的抗震构造措施使第二水准要求得以实现，从而达到中震可修的要求。第一阶段设计，对大多数结构来说，可只进行第一水准设计，而通过概念设计和抗震构造要求来满足第三水准的设计要求。但对于质量、刚度明显不均匀的结构，有特殊要求的重要结构以及地震时容易倒塌的结构，还需进行第三水准抗震设计。

(2)避免地面变形的直接危害

实际工程中选择工程场址时，应进行详细勘察，厘清地形、地质情况，挑选对建筑抗震有利的地段；尽可能避开对建筑抗震不利的地段；任何情况下均不得在抗震危险地段上，建造可能引起人员伤亡或较大经济损失的建筑物，以避免地面变形的直接危害。

建筑抗震的危险地段，一般是指地震时可能发生崩塌、滑坡、地陷、地裂、泥石流等的地段，以及震中烈度为 8 度以上的发震断裂带在地震时可能发生地表错位的地段，选址时应注意避开抗震危险地段。

对建筑抗震有利的地段，一般是指位于开阔平坦地带的坚硬场地或密实均匀中硬场地土。选择对抗震有利的地段，应注意避开不利地形，如孤立的山包和山梁的顶部，高差较大的台地边缘，非岩质的陡坡，河岸和河坡边缘；就选择场地土质而言，应避开软弱土，易液化土，古河道、断层破坏带或半埋半挖地基等，在平面分布上，应避开成因、岩性、状态明显不均匀的地段。需注意的是，不同类别的土壤，具有不同的动力特性，地震反应也随之出现差异，建筑物不应跨在两类土层上；若采用可液化土或软土等震陷土作为建筑物的地基，在发生地震时，建筑物可能因地基液化而下沉，所以不应采用震陷土作为建筑物的天然地基。

(3)减少地震能量的输入

场地覆盖层厚度(简称土层厚度)是指地面至基岩或剪切波速大于 500m/s 的坚硬土顶面的距离。国内外多次大地震的经验表明：柔性建筑，厚土层上的震害重，薄土层上的震害轻，直接落在基岩上的震害更轻。对于高层建筑，应考虑建于基岩或薄土层上，与建于厚土层上相比较，可减少地震输入能量，减轻破坏程度。

对于具有较长周期的高层建筑，位于软土上时，地震输入能量要比位于硬土上时大得多。就减轻地震能量的输入而言，应将建筑建造在坚硬场地土上。

地震动卓越周期又称地震主导周期，它相当于地震某一时期地面运动记录计算出的反应谱的主峰值所对应的周期。建筑震害分析表明，建筑周期与地震动卓越周期相接近，是引起建筑共振破坏的主要因素和直接原因。在进行建筑设计时，首先要估计地震引起的该建筑所在场地的地震卓越周期；然后，在进行建筑方案设计时，通过改变房屋层数和结构类型，尽量加大建筑物基本周期和地震动卓越周期的差距。

地震对建筑物的破坏作用，是由地面激发起建筑的强烈振动所造成的，也就是说，破坏能量来自地面，通过基础向上部结构传递。通过对地震经验的总结可知，地震时结构底部的有限滑动，能大幅度减轻上部结构的破坏程度，于是应对基础的隔震进行系统的试验研究。基于可动概念的基础隔震方案有很多，主要有软垫式隔震、滑移式隔震、摆动式隔震和选调式隔震等，均可用来改变结构的动力特性，减少地震能量的输入，减小结构地震反应，以达到防震的目的。

(4)削减地震反应

结构的弹性地震反应，是结构阻尼和周期的函数。它随结构阻尼比的增大和自振周期的加长而减小。结构阻尼对于削减最大共振反应极为有效，提高结构的阻尼比，可以削减地震作用，减小楼层地震剪力。结构阻尼随所用材料、结构类型、地基土质和振动性质而变化。在进行建筑设计时，应根据具体的工程情况，选用具有较大阻尼的结构类别和体系。为了提高结构的阻尼，可以在结构上设置阻尼器或者利用主体结构与刚性挂板之间的特殊连接装置的非弹性性能和摩擦，以吸收地震输入能量，减小结构变形。

一座建筑耐震与否，主要取决于结构所能吸收的地震能量，它等于结构承载力与变形能力的乘积。也就是说，结构的抗震能力是由承载力和变形能力两者共同决定的。承载力较低但具有较大延性的结构，所吸收的能量多，虽然较早出现损坏，但能经受住较大的变形，避免倒塌。仅有较高强度而无塑性变形能力的脆性结构，吸收的能量少，一旦遭遇超过设计水平的地震，很容易因脆性破坏而突然倒塌。对于地震区的建筑，为了防止突然倒塌，要求结构具有一定的延性。从经济观点出发，应采用高延性的构件，因为延性越大，不但结构的变形能力越大，抗倒塌能力越强，而且作用在结构上的等效弹性作用也越小，较小的构件即可满足要求。

(5)有利的房屋体形

在结构方案中，结构体系的选择，除与房屋内部的空间要求有关外，还与所受的荷载性质及其数值大小有关，结构体系必须与荷载情况相适应。作用在多层与高层建筑上的荷载，根据其对结构的影响可以归纳为竖向荷载和水平荷载两种。

竖向荷载要求结构具有足够的抗压强度，这一点对目前的建筑材料来讲是容易满足的。水平荷载则要求结构具有足够的抗侧力刚度、承载力以及稳定性。为了保证建筑物在水平作用下不发生倾覆，保证建筑物的整体稳定性，高层建筑物的高宽比不宜过大。一般情况下，高层建筑物的高宽比 H/d 应满足表 3-2 中的要求。我国规范规定，钢筋混凝土高层建筑结构如果不超出表 3-2 中的限值，可以不验算倾覆安全性和整体稳定性。

表 3-2 **高层建筑结构的高宽比限值**

结构类型	只考虑风力作用	设防烈度		
		6 度、7 度	8 度	9 度
框架	5	5	4	2.5
框架-剪力墙	5	5	4	3
剪力墙	6	6	5	4
框架-筒体	5	5	4	3
筒中筒及成束筒	6	6	5	4

结构沿竖向的强度与刚度宜均匀、连续、无突然变化，尤其是在地震区，竖向刚度变化容易产生严重的震害。实际工程设计中，往往沿竖向分段改变截面尺寸和混凝土强度，这种情况下刚度会沿竖向发生改变。这种改变应是逐渐的、均匀的。从施工方便来说，这种改变的次数应少一些；每次改变过大则受力不利，所以每次尺寸改变在 100mm 以内为宜，混凝土强度每次只改变一级，而且最好尺寸改变与强度改变错开楼层。当楼层刚度不小于相邻上层的 70%，也不小于上面隔一层的 50%时，可认为是竖向刚度比较均匀的结构。

高层建筑结构的平面布置必须有利于抵抗水平荷载和竖向荷载，受力明确，传力路径清楚，力求均匀对称以减少扭转的影响。在地震作用下，对平面形状应从严要求，风力作用下可适当放宽。平面形状宜简单、规则、对称，尽量避免过大的外伸、内收，以减少地震震害的影响。

如图 3-2 所示，一般建筑结构平面的总长度 L 不宜过大，避免两端振动不一致而使建筑物破坏。如果有足够的依据并采取加强措施，可以适当放宽此限制。平面的外伸突出部分 l 应尽可能小；平面的凹角部分容易产生应力集中，这部分楼板要适当加强。在凹角和端角不宜设置楼梯间、电梯间，必须设置时，宜设计钢筋混凝土井筒。

不规则平面的尺寸，应按表 3-3 考虑。当平面尺寸中 $l/b \leqslant 1$，而且 $l/b_{max} \leqslant 0.3$ 时，可以认为是平面较规则的建筑物。在规则的平面中，如果刚度不对称，则建筑物依然会产生扭转，所以对抗侧力结构进行布置时，宜对称、均匀，使刚度中心与荷载作用中心尽量接近，以减少扭矩。特别是楼梯间、电梯间的布置要注意，因为井筒有很大的刚度，将对刚度分布产生显著的影响。

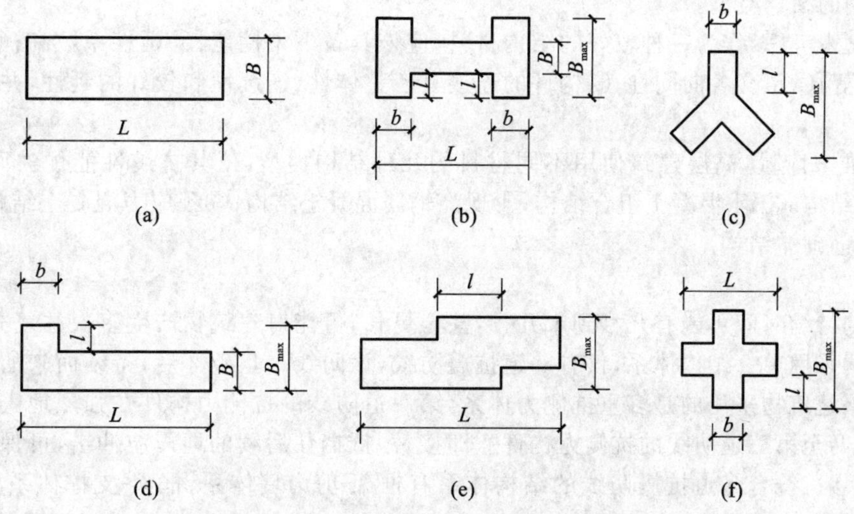

图 3-2 结构平面形状

表 3-3 建筑平面形状的尺寸限值

设防烈度	L/B	l/B_{max}	l/b
6 度、7 度	≤6	≤0.35	≤2
8 度、9 度	≤5	≤0.30	≤1.5

注：1. 设防烈度为 7 度时 l/b 值宜小于等于 4，8、9 度时 l/b 值宜小于等于 3。

2. 突出部分一般 l/b 值宜小于等于 1。

筒体结构多采用正多边形、圆形、矩形和等边三角形，争取有尽可能多的对称轴。采用矩形平面时，长宽比不宜大于 2。

(6)合理的结构布置

对称结构在地面平动作用下，一般仅发生平移振动，各构件的侧移量相等，水平地震力按构件刚度分配，因而各构件的受力较为均匀。而非对称结构由于刚心偏在一边，质心与刚心不重合，即使在地面平动的作用下，也会激起扭转振动，会造成远离刚心的刚度较小的构件，由于侧移量加大很多，所分担的地震剪力也显著增大，很容易因超出允许抗力和变形极限而发生严重破坏，甚至会导致整个结构因一侧构件失效而倒塌。在进行结构平面布置时，应尽量做到对称布置。对于结构的抗侧力构件应合理布置，筒体结构的位置要居中和对称，抗震墙沿房屋周边布置。

结构的竖向布置应尽量做到沿房屋全高的等强布置。近年来的许多建筑中，由于底部几层设置门厅、餐厅或商场需要大空间，上部的抗震墙或竖向支撑由此被中止，而采取框架体系。这种结构体系的上部楼层抗推刚度大，下部楼层抗推刚度小，在建筑物的底层或底部两三层形成柔弱层，在地震作用下，房屋的侧移大部分集中于底层，而导致底层需要吸收很多能量，其结果是底层严重破坏甚至倒塌。要改善带有柔弱底层的建筑的抗震性能，只有对柔弱底层采取补强措施。可在房屋两端设置由纵、横墙形成的钢筋混凝土筒体，必要时还可加厚筒壁，加强底层的抗侧力刚度。

地震区的高层建筑，剪力墙和框架柱都承担着较大的地震剪力和倾覆力矩，如果因为布置局部大空间等原因，在中间楼层处被截断，就会因承力构件的不连续，导致传力路线不明确，出现抗震薄弱环节。此外，剪力墙和框架柱截面的突变，也会因刚度和强度的剧烈变化，带来变形集中和应力急剧增加等不利影响。所以在确定结构方案时，要保持承力构件的连续；剪力墙、框架柱截面每边尺寸的加大或减少，一次不得超过 25%。而对于同一楼层的框架柱，应该具有大致相同的刚度、强度和延性，否则在发生地震时很容易因受力大小的悬殊而被各个击破，形成框架柱先后依次破坏的情况。

(7)恰当的结构材料

在建筑方案设计阶段，研究建筑形式的同时，不仅需要考虑选用合适的结构体系，还需考虑选用恰当的结构材料，需对各种材料的抗震性能有相应的了解，以便能够根据工程建设的各方面的条件，选用既符合抗震要求又经济实用的结构类型。

单从抗震角度来考虑,作为一种较好的结构材料,应该具备下列性能:①延性系数高;②“强度/重力”的比值大;③匀质性好;④正交各向同性;⑤构件的连接具有整体性、连续性和较好的延性,并能发挥材料的全强度。

按照上述标准来衡量,高层建筑使用不同材料的几种结构类型,依其抗震性能优劣而排序是:①钢结构;②型钢混凝土结构;③钢-混凝土组合结构;④现浇钢筋混凝土结构;⑤预应力混凝土结构;⑥装配式钢筋混凝土结构;⑦配筋砌体结构。

(8)多道抗震防线

一次大地震的持续时间可能有几秒到十几秒,甚至更长,可能对建筑物产生多次往复式冲击,造成累积式破坏。如果结构采用单一结构体系,仅有一道抗震防线,该防线一旦破坏后,持续而来的地震动就会促使建筑物倒塌。如果建筑物采用的是多重抗侧力体系,第一道防线的抗侧力构件在强烈地震作用下遭到破坏后,后备的第二道乃至第三道防线的抗侧力构件立即接替,抵挡住后续的地震波冲击,可保证建筑物最低限度的安全,避免倒塌。符合多道抗震防线的结构体系有框架-剪力墙体系、框架-支撑体系、框架-筒体结构、筒中筒体系等。

在框架-剪力墙、框架-支撑、框架-筒体、筒中筒等双重抗侧力体系中,框架、筒体、剪力墙、竖向支撑以及砌体填充墙等承力构件,都可充当第一道防线的主力构件,率先抵御水平地震作用的冲击。原则上说,应当优先选择不承担或少承担重力荷载的竖向支撑或填充墙,或者选用轴压比值较小的抗震墙、实墙筒体之类的构件,作为第一道抗震防线的抗侧力构件。一般情况下,不宜采用轴压比很大的框架柱兼作第一道防线的抗侧力构件。若采用单一的框架体系,框架成为整个体系中唯一的抗侧力构件,应该采用“强柱弱梁”型延性框架。“强柱弱梁”型框架在水平地震作用下,梁的屈服先于柱的屈服,可做到用梁的变形来消耗输入的地震能量,使框架柱退居到第二防线的位置,避免楼面的整体坍塌。

为了进一步增加双重体系的抗震防线,可在位于同一轴线上的两片单肢剪力墙,剪力墙与框架,两列竖向支撑之间,于每层楼盖处设置一根两端刚接的抗弯连梁,通过恰当的配筋等措施,使其具有较好的延性,成为整体结构中附加的赘余杆件,在地震作用中首先承担地震前期的脉冲冲击,消耗尽可能多的地震能量,以达到保护整体结构的作用。从效果上来说,它相当于增多了一道防线,将原来位于第一防线的主要主体结构推至第二防线的位置。

(9)抗侧力体系的优化

地震时建筑物将受到两个正交的水平方向和一个竖向地震力的作用,这对于采用框架结构的柔性方案高层建筑是不利的。采用刚性方案的高层建筑中,纵向和横向地震力大部分由相应方案的剪力墙、支撑和筒体所承担,柔性框架的双向地震力和变形均较小,因而双向地震作用对刚性方案高层建筑影响不大。对于一般性构造的高层建筑,刚性设计比柔性设计好。层数较多的高层建筑,不宜采用钢筋混凝土框架体系,而应采用布置有一定数量的抗震墙的框架-剪力墙体系,或者采用框架-支撑、筒体-框架等刚度较大的抗侧力体系。

在地震作用下,只有当结构的某些杆件出现破坏而变成机动构架时,建筑才会倒塌。因此,结构的超静定次数愈多,进入倒塌的过程就愈长。在一定烈度和场地条件下,输入结构的地震能量大体上是定量的。地震作用下,结构上每出现一个塑性铰,即可吸收和耗散一定数量的地震能量。整个结构在变成机动构架之前,能够出现的塑性铰越多,耗散地震输入的能量也就越多,就更能经受住较强地震而不倒塌。从这个意义上来说,超静定次数愈多的结构,其抗震可靠度也就愈高。因此,超静定结构比静定结构具有更高的抗震可靠度。结构设计中,应利用较多的赘余杆件耗散地震能量,保证整体结构的安全。

(10)控制结构变形

水平地震作用下高层建筑结构各楼层的侧移包含四种成分:整体剪切变形、整体弯曲变形、整体平移、整体转动,其中上部结构的变形,即整体剪切变形和整体弯曲变形是引起高层建筑震害的最主要和最广泛的原因。

地震时结构的侧移特别是层间侧移的大小,是建筑物破坏程度的决定性因素。因此,在高层建筑抗震设计中,控制结构的侧移成为关键性环节,能否将侧移控制在允许限度范围内,是检验抗侧力体系有效性的重要指标。

在工程设计时,可以通过减小梁距、柱距或者利用梁柱组合效应来控制结构侧移。弯-剪双重抗侧力体系，是指采用弯曲型和剪切型两种不同变形属性构件所组成的结构体系。两种构件通过各层楼板的联系进行协调工作，将显著减小结构的顶点侧移和下部各楼层的最大层间侧移；在平面为方形的建筑中，可通过设置加筋桁架控制侧移；框架-剪力墙体系中的竖向支撑，通常都是在框架的同一跨度内沿竖向连续布置，此种支撑在侧力作用下，整体弯曲变形所引起的顶部侧移较大，将竖向支撑交错布置或分散布置，可有效减小结构侧移。

(11)刚度、承载力和延性的匹配

在地震荷载作用下，刚度大的建筑地震力大，刚度小的建筑变形大。地震经验以及结构弹塑性时程分析研究结果表明，结构地震反应的强弱以及构件、节点等部位的破坏程度，不仅与结构抗推刚度的大小有关，而且与构件、节点的承载力及构造细节密切相关。在进行设计时，应通过合理配筋或构造措施使承载力与刚度相匹配。

要使高层建筑在遭遇强烈地震时具有很强的抗倒塌能力，最理想的是使结构中的所有构件及构件中的所有杆件均具有很高的延性，在实际设计中，应有选择地着重提高结构小的重要构件以及某些构件中关键杆件或关键部位的延性。其原则是：在结构的竖向上，应该着重提高建筑中可能出现塑性变形集中的相对柔弱楼层的构件的延性；在平面位置上，应该着重提高房屋周边转角处、平面突变处以及复杂平面各翼相接处的构件的延性。对于偏心结构，应加大房屋周边特别是刚度较弱一端构件的延性；对于具有多道抗震防线的抗侧力体系，应着重提高第一道防线中构件的延性。如在框架-剪力墙体系中，应重点提高抗震墙的延性；在筒中筒体系中，应重点提高实墙内筒的延性。

为了适应建筑布置方面的要求，在结构抗侧力体系中难免出现诸如宽墙肢、短柱和深梁之类的不利于抗震的构件，可通过配置斜向钢筋、将短粗型杆件分割成较细杆件、变单肢墙为双肢墙来提高构件的延性。

(12)确保结构的整体性

建筑在地震作用下丧失整体性后，或者由于整个结构变成机动构架而倒塌，或者由于外围构件平面外失稳而倒塌。所以，使建筑具有足够的抗震可靠度，确保结构在地震作用下不丧失整体性，是必不可少的条件之一。

结构的连续性是使结构在地震时能够保持整体性的重要手段之一。要使结构具有连续性，首先应从结构类型的选择上着手。例如，施工质量良好的现浇钢筋混凝土结构和型钢混凝土结构较半预制的钢筋混凝土结构连续性和抗震整体性好。

要提高房屋的抗震性能，保证各个构件充分发挥承载力，首要的是加强构件间的连接，使之能满足传递地震力时的强度要求和适应地震时大变形的延性要求。只要构件间的连接不被破坏，整个结构就能始终保持其整体性，充分发挥其空间结构体系的抗震作用。

高层建筑中的板柱体系、框架体系、框筒体系、框架-支撑体系及框架-剪力墙体系，均属于超静定结构，它们对构件的竖向变位是敏感的。基础的较大差异沉降将在框架的梁、柱中引起很大的次弯矩。对于此种情况，最好设置地下室，采用箱形基础或沿房屋纵、横向设置具有较高截面的通长基础梁，使建筑具备较大的竖向整体刚度，以抵抗地震时可能出现的地基不均匀沉陷。

(13)减轻房屋自重

自重大的建筑比自重小的建筑更容易遭到破坏，这一震害规律已经被国内外多次地震经验所证实。一方面，地震对建筑作用的强弱，近乎与建筑的质量成正比：质量大，地震作用就大；质量小，地震作用就小。另一方面是因为重力效应在房屋倒塌过程中起着关键性作用。高层建筑的自重大而重心高，质量大了，不仅作用于结构上的地震剪力大，而且由于重心高，地震倾覆力矩大，对框架柱会产生较大轴力。由于结构的总高度大，竖向构件造成的附加弯矩就更大。所以对于高层建筑，应尽力减轻结构自重。在上部结构的总重中，各层楼盖的自重约占 40%。所以，减小楼板自重是减轻房屋自重的最佳途径。实际设计中，可通过使用密肋楼板、无黏结预应力楼板、预制多孔板、现浇多孔楼板来减轻楼盖自重。

在高层建筑中可采用高强混凝土，因为高强混凝土抗压强度很高，可以节约钢材，减小构件截面，增加建筑有效使用面积，减轻房屋自重。采用轻质材料，如轻集料混凝土、加气混凝土、轻型隔墙和轻型围护墙等，也可有效减轻房屋自重。

(14)妥善处理非结构部件

所谓非结构部件，一般是指在通常结构分析中不考虑承受重力荷载以及风、地震等侧力荷载的部件，如内隔墙、楼梯踏步板、框架填充墙、建筑外围墙板等。然而，在地震作用下，高层建筑中的这些构件或多或少地参与工作,从而改变整个结构或某些构件的刚度、承载力和传力路线,产生出乎预料的抗震效果,或者造成未曾估计到的局部震害。因此,有必要妥善处理这些非结构部件,以减轻震害,提高建筑的抗震可靠度。

在钢筋混凝土框架体系的高层建筑中,隔墙和围护墙采用实心砖、空心砖、硅酸盐砌块或加气混凝土砌块砌筑时,这些刚性填充墙将在很大程度上改变结构的动力特性,给整个结构的抗震性能带来一些有利的或不利的影响:使结构抗推刚度增大,自振周期减短,从而使作用于整个建筑上的水平地震力增大,增加的幅度可达30%~50%;改变结构的地震剪力分布状况。由于砌体填充墙参与抗震,分担了很大一部分水平地震剪力,反使框架所承担的楼层地震剪力减小;由于砌体填充墙具有较大的抗推刚度,限制了框架的变形,从而可减小整个结构的地震侧移幅值;相对框架而言,砌体填充墙具有很大的初期刚度,建筑物遭受地震的几个较大加速度脉冲时,填充墙承担了大部分地震力。所以,就这方面而论,砌体填充墙充当了第一道抗震防线的主力构件,使框架成为第二道防线;提高了建筑物吸收和耗散地震能量的能力,从而提高了整个建筑的抗震能力。

在建筑平面上,砌体填充墙的布置应力求对称均匀,以避免造成结构偏心,从而导致建筑在地震时发生扭转振动。沿房屋竖向,砌体填充墙应连续贯通,以避免在填充墙中断的楼层出现框架剪力骤然增大的情况。框架体系若采用砌体填充墙,设计中必须考虑它可能引起局部震害的不利影响,如形成柱端震害和形成短柱破坏,并采取恰当的预防措施。

3.2 框架结构

3.2.1 框架结构体系

框架结构视频

框架结构是由直线型受力构件梁与柱组成的一种结构体系,利用梁与柱的刚度来提高结构的变形能力,同时抵抗外界作用在结构内部引起的内力。框架结构布置灵活,便于在建筑内墙和外墙上开洞,易于满足建筑在空间方面的要求,被广泛应用在工业与民用建筑中。对于普通的建筑多采用四排柱方案,有等跨式和内廊式。等跨式常用于公用建筑或轻型厂房;内廊式一般适用于教学楼、办公楼、医院和宾馆等需要有公共走廊的建筑中。

图3-3、图3-4分别为酒店和办公楼典型结构平面布置图,两者都可以布置为内廊式和等跨式。

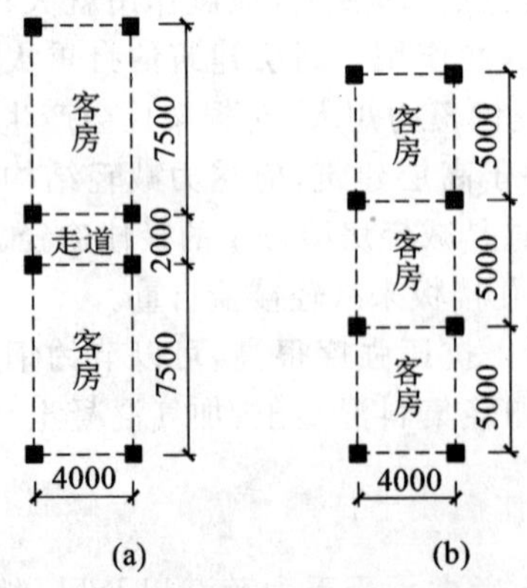

图3-3 酒店典型结构平面布置图
(a)内廊式;(b)等跨式

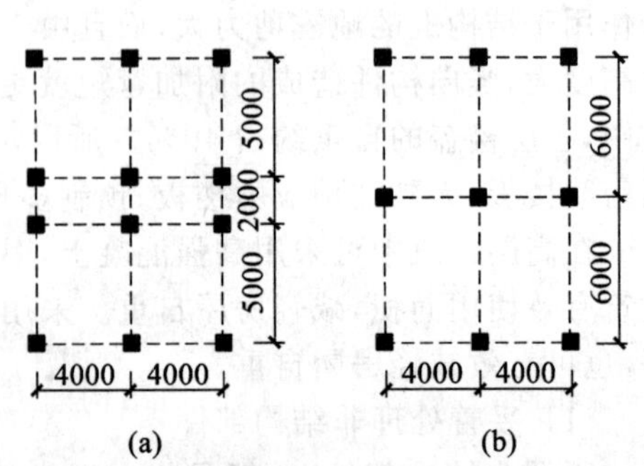

图3-4 办公楼典型结构平面布置图
(a)内廊式;(b)等跨式

框架结构的柱网尺寸和层高，应根据房屋的功能、使用要求、建筑材料和施工条件等因素综合确定，并应符合一定的模数。其原则是力求做到柱网平面尺寸简单规范，有利于装配化、定型化和施工工业化，一般情况下，柱网可采用 6.3m×4.8m、6.6m×6.0m 和 6.9m×6.6m 等，层高可为 3.3m、3.6m、3.9m 和4.2m等。

根据建造材料的不同，框架结构一般可分为钢筋混凝土框架、钢框架和木框架等，如图 3-5 所示。

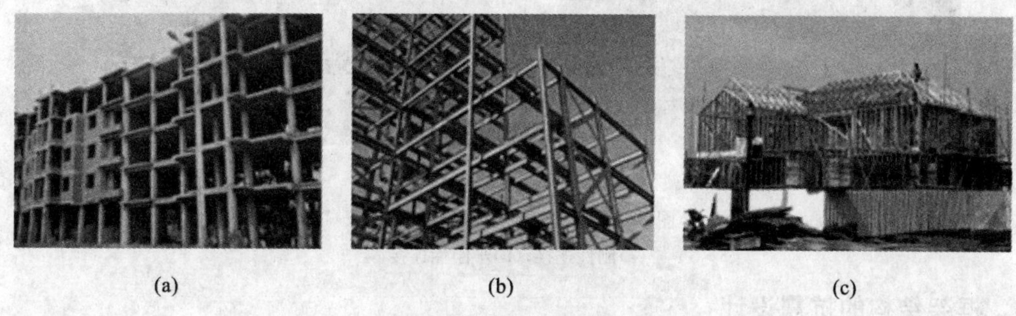

(a)　(b)　(c)

图 3-5　常见框架结构形式

(a)钢筋混凝土框架；(b)钢框架；(c)木框架

按施工方法的不同，钢筋混凝土框架可以分为现浇整体式框架、装配式框架、装配整体式框架和半现浇框架四类，如图 3-6 所示。

(a)　(b)　(c)　(d)

图 3-6　钢筋混凝土框架的类型

(a)现浇整体式框架；(b)装配式框架；(c)装配整体式框架；(d)半现浇框架

现浇整体式框架结构的梁、柱和楼板由于为现场浇筑而成，具有整体性好、刚度大、利于抗震、预埋件少和节约钢材等优点，但存在现浇工程量大、模板耗费多、工期长以及劳动强度大的缺点。

装配式框架的梁、柱和楼板均为预制的构件，在现场通过预埋件焊接、拼装而成为整体结构。构件采用预制的方法，便可以将构件的截面尺寸、长度、承载力等指标进行标准化、定型化，从而实现机械化生产，相比全现浇的框架结构可以节约模板、缩短建造工期、减少劳动力，并改善劳动工作环境。但由于预埋件较多、用钢量大，且整体性不好，装配式框架结构的应用不是十分广泛。

钢框架一般为钢梁与钢柱通过螺栓、焊缝连接而成的结构体系，这类结构的抗侧力能力主要取决于梁柱构件节点的强度与变形性能，节点常采用刚性连接(图 3-7)。钢材的内部组织均匀，在不同方向上的性能基本相同，强度易于保证，因而结构的可靠性大。相比混凝土材料，钢材具有轻质高强、延性好的性能，自重轻减小了结构所受的地震作用，良好的延性使结构不致倒塌，但结构承载力和延性也有可能会因为发生结构或构件的失稳破坏、材料的脆性破坏、构件之间的连接破坏而不能充分发挥。

(a)

(b)

图 3-7 钢框架连接节点的类型

(a)刚性连接;(b)半刚性连接

3.2.2 框架结构的抗震设计

3.2.2.1 结构的高度

框架结构整体的抗侧移刚度主要取决于梁柱构件的刚度,当结构高度增加时,其内力和侧移增加很快,结构的抗震性能会受到影响。框架结构多用于10层以下的住宅、办公楼及各类公共建筑与工业建筑中,对于不同的抗震设防要求,结构的最大适用高度不同(表3-4)。

表 3-4 框架结构房屋适用的最大高度 (单位:m)

结构类型	设防烈度				
	6	7	8(0.2 g)	8(0.3 g)	9
钢筋混凝土框架	60	50	40	35	24
钢框架	110	90	95	70	50

注:括号内数值为设计基本地震加速度。

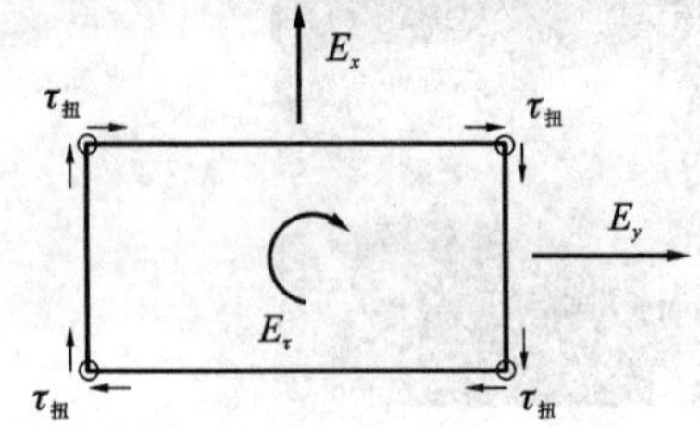

图 3-8 地震作用下结构的扭转效应

E_x—地震作用 x 方向的分量;

E_y—地震作用 y 方向的分量;E_τ—地震作用扭转分量

3.2.2.2 结构的布置

如图3-8所示,结构在地震作用下可能发生扭转变形产生剪应力,这会导致结构单元的两端及拐角处扭转应力增大,受力变得复杂,容易造成破坏,因此诸如楼梯间、电梯间这样的非结构构件不宜设在结构单元的两端及拐角处。

当钢框架结构平面为矩形平面时,其长宽比不宜大于1.5∶1。对于钢框架结构房屋,当抗震烈度为6度或7度、8度和9度时,结构的高宽比分别为6.5、6.0和5.5。

3.2.2.3 构件的截面

结构在外力作用下,构件产生内力并以应力的形式分布在构件截面上,则此应力的分布形式及大小与截面的几何特性有关。

为了防止梁发生剪切破坏而降低其延性,应保证梁截面满足一定的几何要求。梁的截面高度不宜小于200mm,且不宜小于柱宽的1/2,截面高度与宽度的比值不宜大于4,梁净跨与截面高度之比不宜小于4。

地震作用下,柱横截面上的平均剪力若太大,会使柱产生脆性的剪切破坏,截面应力的大小及分布与其几何形状、尺寸有关,故设计时要求柱截面的宽度和高度均不宜小于300mm,柱的剪跨比宜大于2,柱截面的宽高比不宜大于3。

同时,柱横截面上若平均压力太大,则会降低柱的变形性能,因此抗震等级为一级、二级、三级和四级的框架柱的轴压比限值分别为0.65、0.75、0.85和0.90。轴压比是指柱组合的轴压力设计值 N 与柱的全截面面积 A 和混凝土的轴心抗压强度设计值 f_c 乘积的比值 $N/(f_cA)$。柱的截面不宜过小,应满足结构的侧移变形及轴压比的要求。

为减小内力偏心对构件承载力的影响，梁与柱轴线宜重合，不能重合时其最大偏心距不宜大于柱宽的1/4。

3.2.2.4 结构的破坏模式

进行抗震设计的框架结构，应具有良好的变形能力和合理的破坏模式，设计成延性框架时，应遵循"强柱弱梁""强剪弱弯"和"强节点、强锚固"等设计原则。"强柱弱梁"要求在强烈地震下，结构发生较大侧移而进入非弹性阶段时，要求实现梁的破坏先于柱的破坏，即塑性铰应首先在梁上形成，如图3-9所示。应尽可能避免在危害更大的柱上出现塑性铰，此时梁端受拉钢筋将先于柱端受拉钢筋发生屈服。

(a)

(b)

图3-9 框架结构的破坏模式

(a)梁铰模式；(b)柱铰模式

结构还应避免发生脆性破坏。剪切破坏是脆性破坏，而配筋适当的弯曲破坏是延性破坏。"强剪弱弯"要求在弯曲破坏之前不发生剪切破坏，同时要保证塑性铰的转动能力，也应当防止剪切破坏的发生。因此在设计框架结构构件时，构件的抗剪承载力应高于该构件的抗弯承载力。

高层钢结构亦应遵循"强柱弱梁"的设计原则。在地震作用下，塑性铰应在梁端形成而不应在柱端形成，这可使框架具有较大的内力重分布和耗散能量的能力，故应将柱端设计成比梁端有更大的承载力。当轴压比较小时，可以不验算"强柱弱梁"。

3.2.2.5 构件的连接

"强节点、强锚固"是对框架结构中的连接的具体要求。节点是框架梁、柱的公共部分，受力复杂，一旦发生破坏则难以修复。因此在抗震设计时，即使节点的相邻构件发生破坏，节点也应处于正常使用状态。框架梁、柱的整体连接，是通过纵向受力钢筋在节点锚固实现的，故抗震设计的纵向受力钢筋的锚固要求亦强于非抗震设计的锚固要求。

钢框架结构梁、柱的连接方式与钢筋混凝土框架结构不同。按梁与柱的连接形式，钢框架结构可分为半刚性框架与刚性框架。梁、柱通过焊接而连接成的为刚性钢框架，两者通过焊接与螺栓而连接成的为半刚性钢框架。地震区的建筑抗震设计的结构宜采用刚性连接。某些情况下，为加大结构的延性，或防止梁与柱连接焊缝的脆断，也可采取半刚性连接，但其外围框架一般采用刚性框架。

钢结构中的节点连接对结构承载性能有着重要影响。为了满足"小震不坏，大震不倒"的抗震设防要求，应按结构进入弹塑性阶段进行设计，节点连接的承载力应高于构件截面的承载力。

钢框架中梁与柱的连接宜采用柱贯通型，梁贯通型较少采用。在相互垂直的两个方向上都与梁刚性连接的柱，宜采用箱形截面。当仅在一个方向刚接时，宜采用工字形截面，并将柱腹板置于刚性连接框架截面内。梁与柱的连接宜采用刚性连接，也可根据需要采用半刚性连接。梁与柱刚性连接时，柱在梁翼缘上下各500mm的范围内，柱翼缘与柱腹板或箱形柱壁板间的连接焊缝应采用全熔透坡口焊接。

图3-10所示为钢构件典型的节点连接形式，当工字形柱翼缘与梁刚性连接时，梁翼缘在焊缝的对应位置应设置横向加劲肋，且加劲肋厚度不应小于梁翼缘厚度。梁腹板宜采用摩擦型高强度螺栓通过连接板与柱连接，悬臂梁段与柱应采用全焊连接。

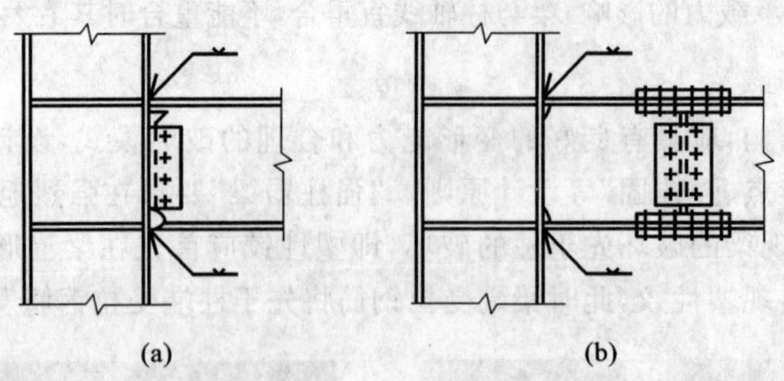

图 3-10 框架梁与柱翼缘的刚性连接

(a)框架梁端与柱栓焊混合连接;(b)框架梁端与柱全焊接连接

3.2.3 框架结构的内力计算

3.2.3.1 多层框架结构的计算假定

(1)计算单元的确定

框架结构体系房屋是由横向框架和纵向框架组成的空间结构。为简化计算,通常忽略结构纵、横向之间的空间作用,视纵、横向框架为平面框架。由于框架结构布置较规则,作用于整个结构上的荷载也较均匀,一般情况下取具有代表性的横向框架或纵向框架相邻的两侧跨距一半的典型区域作为计算单元(图 3-11中阴影部分),而框架承受的竖向荷载范围则由楼盖结构的布置方案确定,如图 3-11 所示。

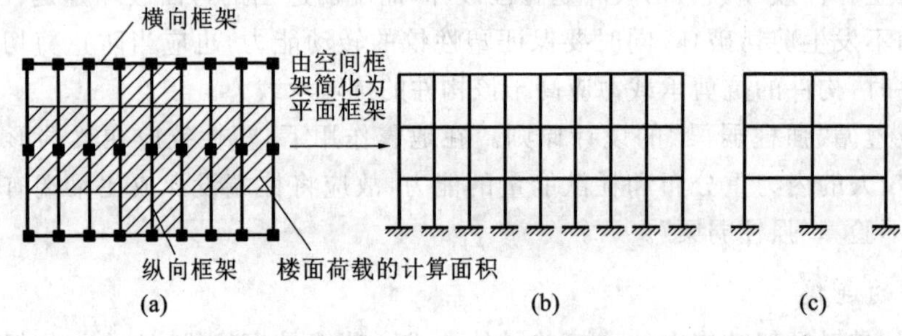

图 3-11 框架结构计算简图

(a)框架结构平面;(b)纵向框架;(c)横向框架

(2)跨度与层高

框架结构计算简图中,杆件以直线来表示,框架梁的跨度取两相邻柱轴线之间的距离;框架层高对一般层取层高,底层则取基础顶面到一层楼盖梁顶面之间的距离(当基顶标高不能确定时,可取底层层高加1m为底层柱高)。对坡度不大于 1/8 的斜向框架梁或折线形横梁,简化时应按水平直杆考虑。而跨度差不大于 10%的不等跨框架,也可简化成等跨框架,并取原框架梁各跨跨度的平均值作为计算框架梁的跨度。

(3)框架梁、柱的截面惯性矩

框架梁截面惯性矩 I_b 的计算应考虑楼板与梁的共同作用。梁与板的连接方式不同,框架梁截面惯性矩 I_b 的取值也不同。对于现浇整体式框架,中框架梁 $I_b=2I_0$,边框架梁 $I_b=1.5I_0$;对于装配整体式框架,中框架梁 $I_b=1.5I_0$,边框架梁 $I_b=1.2I_0$;对于装配式框架,不应考虑板与梁的共同作用,按梁的实际截面计算惯性矩。I_0 为按矩形截面计算的惯性矩。框架柱截面的惯性矩 I_c 应按实际截面计算。

(4)框架上作用的荷载计算

作用于框架结构上的荷载有竖向荷载和水平荷载,抗震验算时尚应考虑水平的地震作用。竖向荷载一般为均布荷载,有时也有集中力;而水平作用一般均简化为作用于框架节点处的集中力。

3.2.3.2 多层框架结构的内力计算

(1)竖向荷载作用下的框架内力

多层框架结构在竖向荷载作用下的水平侧移很小,因而可忽略不计。每层梁上的荷载只对本层梁及与其相连接的上、下柱产生内力,而对其他层梁及柱的内力影响可忽略不计,因而可采用分层法进行近似计算。

在计算竖向荷载作用下的框架内力时,可以用弯矩分配法逐层计算各单元框架的弯矩,叠加起来即为整个框架的弯矩,每一层柱的最终弯矩由上、下层单元框架所得弯矩叠加而得到。弯矩分配法,就是将各节点的不平衡弯矩同时作分配与传递。第一次按梁柱线刚度分配固端弯矩,将分配弯矩传递一次,再作一次弯矩分配即可。

进行弯矩分配法的计算时,可借助转动刚度、分配系数、传递系数等计算。

转动刚度为 AB 杆件 A 端(又称近端)发生单位转角时,A 端产生的弯矩值,称为 AB 杆件 A 端的转动刚度,记为 S_{AB}。转动刚度不仅与杆件的弯曲线刚度 $i = EI/l$ 有关,而且与杆件另一端(又称远端)的支承条件有关。如图 3-12 所示,远端固定时 $S_{AB} = 4i$,远端铰支时 $S_{AB} = 3i$,远端滑动时 $S_{AB} = i$。

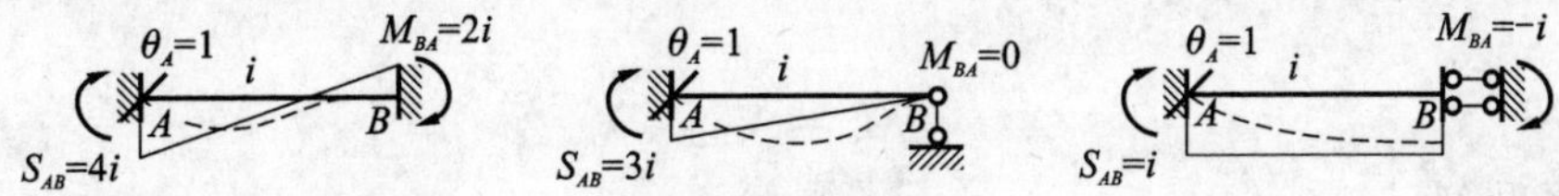

图 3-12 转动刚度

力矩分配系数,是杆件的转动刚度与交于结点的各杆转动刚度之和的比值,记为 μ。每个分配单元上,力矩分配系数之和恒等于1,即 $\sum\mu = 1$。力矩分配系数的计算方法为 $\mu_{AB} = S_{AB}/\sum S$,$M_{AB} = \mu_{AB} \cdot M$。

传递系数为 AB 杆件仅 A 端发生转角时,B 端弯矩与 A 端弯矩之比,称为从 A 到 B 的弯矩传递系数,记为 C_{AB}。弯矩分配法中,节点转动在远端产生的弯矩可通过近端弯矩乘以传递系数得到,即 $M_{BA} = C_{AB} \cdot M_{AB}$。其中,远端固定时 $C = 0.5$,远端滑动时 $C = -1$,远端铰支时 $C = 0$。

当集中力偶 M 作用在节点上时,按分配系数将集中力偶 M 分配给各杆的近端(分配弯矩),各杆的远端弯矩等于近端弯矩乘以传递系数,上述过程可简称为"近端分配,远端传递"。

(2)水平力作用下框架的内力

当框架承受侧向力时可采用近似的计算方法,一般采用反弯点法和 D 值法(改进的反弯点法)进行水平地震作用下框架分布内力的计算。

反弯点法适用于层数较少、梁柱线刚度比大于 3 的情况,计算较为简单。D 值法相对于反弯点法,主要从两个方面做了修正,即修正柱的侧移刚度和调整反弯点高度。修正后的柱侧移刚度用 D 表示,故该方法称为 D 值法。D 值法的计算步骤与反弯点法相同,计算简单实用,精度比反弯点法高,因而在高层建筑结构设计中得到广泛应用。

用 D 值法计算框架内力的步骤如下:

①计算各层柱的侧移刚度 $D = \alpha \cdot \dfrac{12i_c}{h^2}$。

α 为与梁、柱线刚度有关的修正系数。梁、柱线刚度的比值愈大,α 值也愈大。当梁、柱线刚度比值为无穷大(∞)时,$\alpha = 1$,这时 D 值等于反弯点法中采用的侧移刚度 d。

②计算各柱所分配的剪力 V_{ij}。

$$V_{ij} = \frac{D}{\sum_{j=1}^{n} D_{ij}} \cdot V_i \tag{3-1}$$

式中 V_{ij} ——第 i 层第 j 柱所受剪力;

D_{ij} ——第 i 层第 j 柱的侧移刚度;

V_i ——第 i 层由外荷载引起的总剪力。

③确定反弯点高度 y。

影响柱两端转角大小的因素(影响柱反弯点位置的因素)有该层所在的楼层位置、梁柱线刚度比、上下横梁相对线刚度比以及上下层层高的变化。

在 D 值法中,通过力学分析求出标准情况下的反弯点 y_0(反弯点到柱下端距离与柱全高的比值),再根据上下梁线刚度比值及上下层层高变化,对 y_0 进行调整。因此,可以把反弯点位置用下式表达

$$y=(y_0+y_1+y_2+y_3)h \tag{3-2}$$

式中 y_0——反弯点距柱下端的高度与柱全高的比值(简称反弯点高度比);

y_1——考虑上、下横梁线刚度不相等时引入的修正值;

y_2,y_3——考虑上层、下层层高变化时引入的修正值;

h——该柱的高度(层高)。

为了方便使用,系数 y_0、y_1、y_2 和 y_3 可以制成表格,通过查表确定其数值。

④计算柱端弯矩 M_c。

柱上端弯矩

$$M_c^u=V_{ij}(h-y) \tag{3-3a}$$

柱下端弯矩

$$M_c^l=V_{ij}y \tag{3-3b}$$

⑤计算梁端弯矩 M_b。

由图 3-13 弯矩计算简图,梁端弯矩可由节点平衡求出。

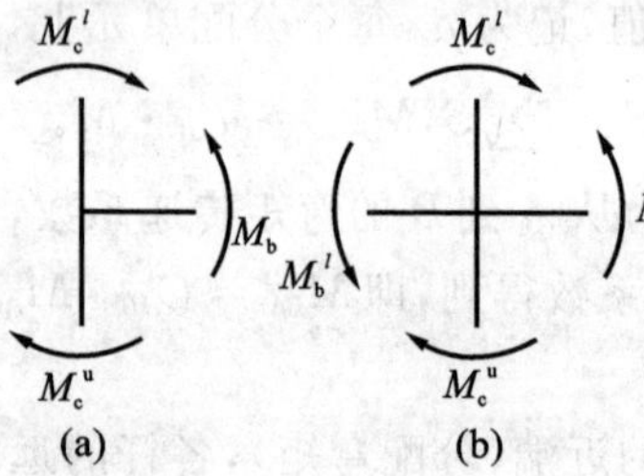

对于边柱

$$M_b=M_c^u+M_c^l \tag{3-4a}$$

对于中柱

$$M_b^l=(M_c^u+M_c^l)\frac{i_b^l}{i_b^l+i_b^r} \tag{3-4b}$$

$$M_b^r=(M_c^u+M_c^l)\frac{i_b^r}{i_b^l+i_b^r} \tag{3-4c}$$

式中 i_b^l,i_b^r——左边梁和右边梁的线刚度。

M_c^l M_b M_c^u (a) M_c^l M_b^l M_b^r M_c^u (b)

图 3-13 节点弯矩示意图

(a)边柱节点;(b)中柱节点

⑥计算梁端剪力和柱轴力:根据力的平衡条件,由梁两端的弯矩平衡可求出梁的剪力;由梁的剪力,根据节点力的平衡条件,可求出柱的轴力。

3.3 剪力墙结构

3.3.1 剪力墙体系

用钢筋混凝土剪力墙承担竖向荷载和抵抗水平力的结构称为剪力墙结构。现浇钢筋混凝土剪力墙结构的整体性好,抗侧刚度大且承载力大,在水平力作用下侧移小,经过合理设计,可设计成抗震性能好的钢筋混凝土延性剪力墙结构。历次大地震中,剪力墙结构破坏较少,表现出令人满意的抗震性能。但仅就延性而言,剪力墙结构不如框架结构。

钢筋混凝土剪力墙结构在我国应用十分广泛,图 3-14 中给出了一些应用剪力墙结构的实景图和平面图。剪力墙结构应用最多的是 10~30 层的高层住宅。

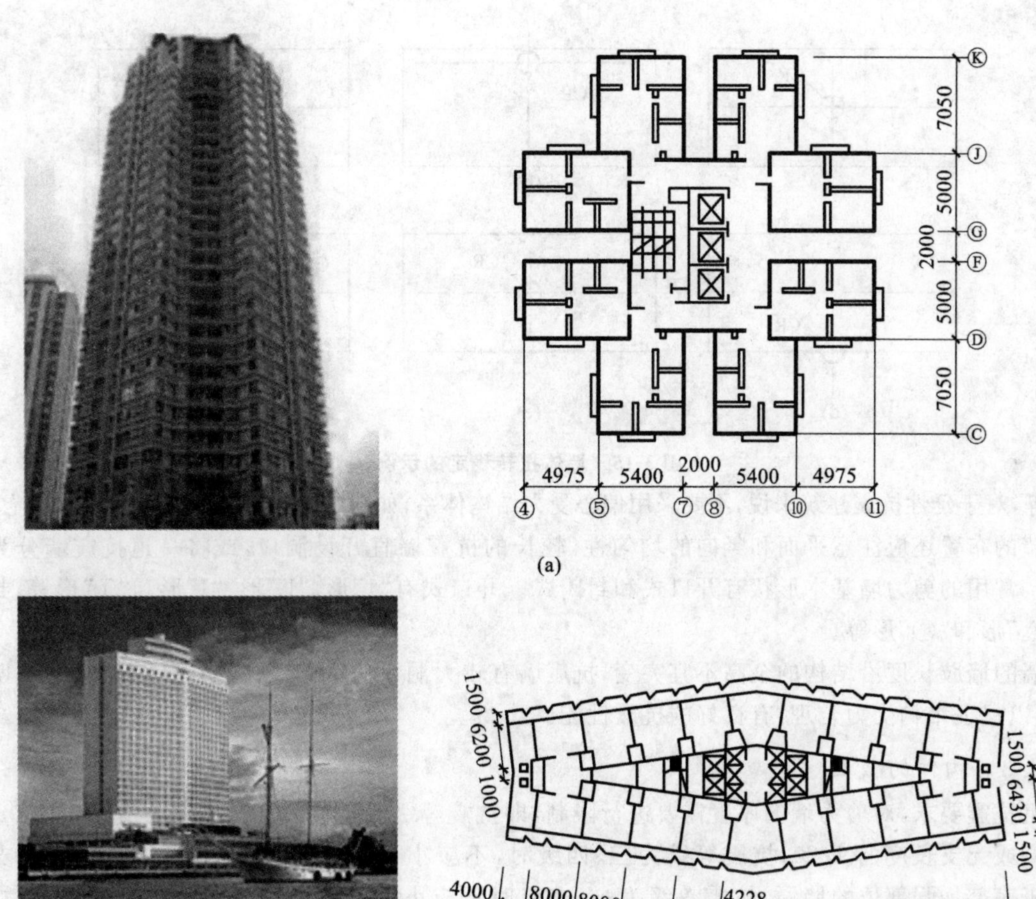

图 3-14 钢筋混凝土剪力墙结构

(a)深圳红岭大厦(34 层);(b)广州白天鹅宾馆(34 层)

3.3.2 剪力墙结构的抗震设计

3.3.2.1 结构的高度

对于剪力墙结构,根据建筑所在地区而确定的地震烈度为 6 度、7 度、8 度(0.2g)、8 度(0.3g)和 9 度,剪力墙结构的最大适用高度分别为 140m、120m、100m、80m 和 60m。

3.3.2.2 结构的布置

剪力墙只能抵抗与墙在同一水平面内的侧向力,即侧向力不垂直于墙面。因此,剪力墙宜沿主轴方向或其他方向双向布置,抗震设计的剪力墙应避免单向布置。此外,剪力墙每片墙体都会承受轴向、平动以及扭转等位移,墙的布置应考虑到扭转效应。墙体对倾覆力矩、层间剪力、层间扭转的抵抗作用与该墙体的几何形状、方向以及在整个建筑平面中所处的位置有关。

墙体体系的扭转稳定性可以用图 3-15 来检验。多数结构墙为开口薄壁截面,其扭转刚度很小。因此,抗震设计往往忽略每片墙体截面的抗扭能力。

图 3-15(a)、(b)和(c)中墙体布置的扭转抗力,仅仅在每片墙的侧向抗力相对其弱轴方向较大时才可以获得。否则,墙体则为抗扭不稳定体系。

图 3-15(a)、(c)所表示的墙体布置,计算上也许没有显示出结构的惯性力偏心,但是这类结构不能抵抗扭转,故又称为偶然扭转。

图 3-15(d)～(f)表示抗扭稳定的墙体体系。虽然图 3-15(d)的墙体布置中,在纵向侧向力的作用下,结构平面内有较大的偏心作用,但平面中的短墙可有效地为结构提供扭转抗力。然而,除非有附设的抗侧力体系如

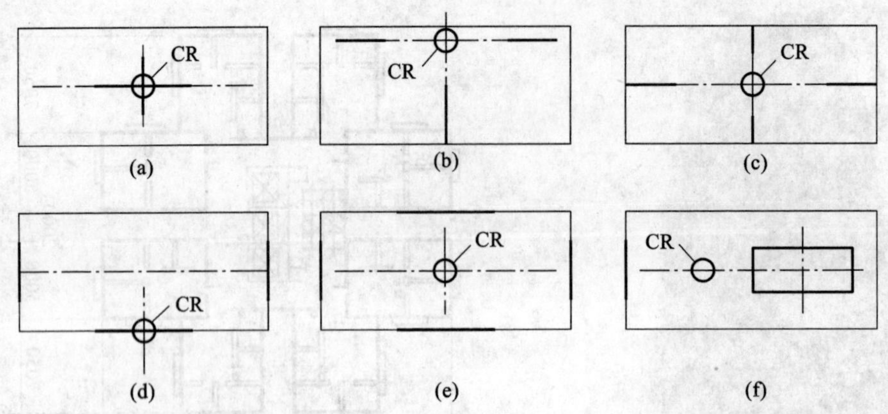

图 3-15 墙体扭转稳定的示例

延性框架等，对于延性抗震建筑来说，不要采用偏心受力结构体系，如图 3-15(d)和(f)所示的结构布置。

剪力墙的布置还应注意平面和竖向的均匀性，较长的抗震墙宜开设洞口，或将一道抗震墙分为均匀的若干墙段。常用的剪力墙基本形状有开口式和封闭式。开口式有"1"形、"L"形、"I"形和"T"形等，封闭式有"□"形、"△"形和"○"形等。

剪力墙的墙肢长度沿结构的全高不宜突变，抗震墙有较大洞口时，洞口位置宜上下对齐，形成明确的墙肢与连梁，以保证结构受力合理、有良好的抗震性能。

3.3.2.3 构件的截面

为满足抗震要求，对剪力墙的厚度需要进行限制，即抗震等级为一、二级时，墙厚不应小于 160mm 且不宜小于层高或无支长度的 1/20；抗震等级为三、四级时，不应小于 140mm 且不宜小于层高或无支长度的 1/25。对于底部加强部位的墙厚，抗震等级为一、二级时不应小于 200mm 且不宜小于层高或无支长度的 1/16，抗震等级为三、四级时不应小于 160mm 且不宜小于层高或无支长度的 1/20。

为了保证剪力墙的延性，需要对在重力荷载代表值作用下的墙肢轴压比(指墙的轴压力设计值与墙的全截面面积和混凝土轴心抗压强度设计值乘积之比值)进行限制，即抗震等级为一级时，9 度设防时该值不宜大于 0.4，7、8 度设防时该值不宜大于 0.5；当抗震等级为二、三级时该值不宜大于 0.6。

抗震墙竖向、横向分布钢筋的配筋，则应符合下列要求：一、二、三级抗震墙的竖向和横向分布钢筋最小配筋率均不应小于 0.25%，四级抗震墙分布钢筋最小配筋率不应小于 0.20%；部分框支抗震墙结构的落地抗震墙底部加强部位，竖向和横向分布钢筋配筋率均不应小于 0.30%。

3.3.2.4 结构的破坏模式

剪力墙墙肢底部设计须考虑"强剪弱弯"的原则，计算中应对其剪力设计值通过增强系数予以增大。对于 9 度设防烈度的剪力墙肢，要求按底部截面纵向钢筋实际配置情况确定剪力的增大幅度。

抗震墙开洞后，若形成跨高比小于 5 的梁，应按连梁进行设计；若跨高比不小于 5，宜按框架梁进行设计。在小震和风荷载作用的正常使用极限状态下，连梁有联系墙肢、加大剪力墙刚度的作用，不能出现裂缝。在中震作用下，连梁应当首先出现弯曲屈服，以耗散地震能量。在大震作用下，允许其发生剪切破坏。

连梁设计是剪力墙抗震设计的重要环节。连梁设计时，应按"强剪弱弯"原则设计，尽量避免剪切破坏。在设计计算时，应对连梁的剪力设计值进行增大调整；应控制连梁的截面尺寸，提高连梁的延性，主要是控制连梁的剪压比，其次是多配箍筋。其中，剪压比是主要因素，箍筋的作用是限制裂缝开展，推迟混凝土的破碎和连梁的破坏。因此，规范对连梁的截面尺寸提出了剪压比的要求。

剪力墙在水平荷载作用下，其连梁内通常会产生很大的剪力和弯矩。由于连梁的宽度较小(通常与墙厚相同)，这使得连梁的截面尺寸和配筋往往难以满足设计要求，即存在剪压比不满足要求，纵向受拉钢筋超筋，斜截面受剪承载力不满足要求等问题。若连梁不满足剪压比的限制要求时，可以减小连梁截面高度，将抗震设计中的剪力墙中连梁的弯矩及剪力进行适当的塑性调幅，还可以根据规范要求加强连梁的配筋。

对于连梁的配筋，则要求连梁顶面、底面纵向受力钢筋深入墙内的锚固长度不应小于最小锚固长度。抗震设计时，沿连梁全长箍筋的构造应按框架梁梁端加密区箍筋的构造要求采用；非抗震设计时，沿连梁全长的箍筋直径不应小于 6mm，间距不应大于 150mm。顶层连梁纵向钢筋伸入墙体的长度范围内，应配置间距不大于 150mm 的构造箍筋，箍筋直径应与该连梁的箍筋直径相同。墙体水平分布钢筋应作为连梁的腰筋在连梁范围内拉通连续配置；当连梁截面高度大于 700mm 时，其两侧面沿梁高范围设置的纵向构造钢筋(腰筋)的直径不应小于 10mm，间距不应大于 200mm；对跨高比不大于 2.5 的连梁，梁两侧的纵向构造钢筋(腰筋)的面积配筋率不应小于 0.3%。

3.3.3 剪力墙结构的受力计算

3.3.3.1 剪力墙结构的计算假定

剪力墙在竖向荷载作用下受力与混合结构的墙体类似。剪力墙结构中，由于楼板水平刚度很大，可视为刚体，故水平荷载作用下，各片墙承受的水平力大小将按其抗侧力刚度的大小来分配。剪力墙上洞口的存在，将对剪力墙的受力性质有很大的影响。如图 3-16 所示，根据其受力特点的不同，剪力墙可分为按整截面计算的剪力墙(即整体墙)、小开口整体墙、联肢墙(分为双肢墙和多肢墙)和壁式框架四种。

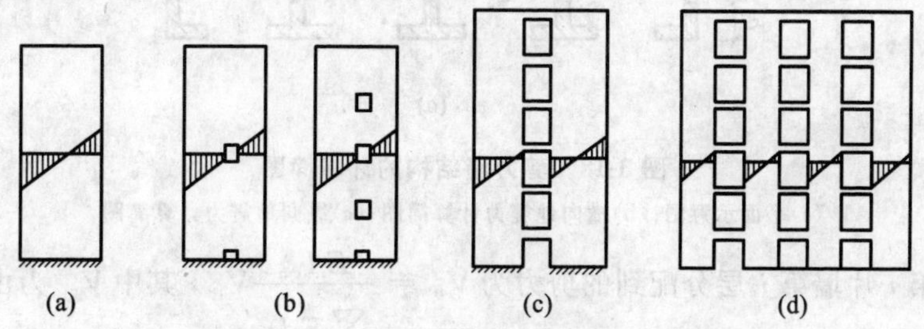

图 3-16 剪力墙计算类型

(a)整体墙；(b)小开口整体墙；(c)双肢墙；(d)多肢墙

图 3-17 为一高层建筑剪力墙结构的平面布置及剖面示意图，从图中可以看出，剪力墙结构是由一系列的竖向纵、横墙和平面楼板组合在一起的一个空间盒子式结构体系。

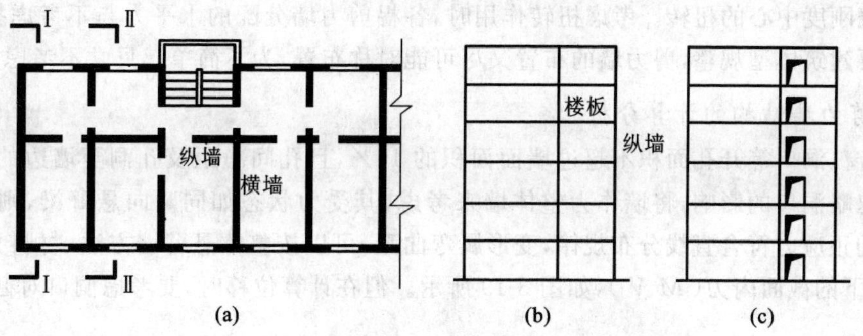

图 3-17 剪力墙结构平面布置及剖面示意图

(a)平面布置；(b)Ⅰ—Ⅰ剖面；(c)Ⅱ—Ⅱ剖面

高层建筑结构计算的基本假定及计算简图，可以按纵、横两个方向的平面抗侧力结构进行分析。为了方便，下面采用简单的图形说明问题。如图 3-18 所示，剪力墙结构在横向水平荷载作用下，只考虑横墙起作用，而“略去”纵墙的作用[图 3-18(b)]；在纵向水平荷载作用下，只考虑纵墙起作用，而略去横墙的作用[图 3-18(c)]。

需要指出的是，这里所谓“略去”另一方向剪力墙的影响，并非完全略去，而是将其影响体现在与它相交的另一方向剪力墙结构端部存在的翼缘，将翼缘部分作为剪力墙的一部分来计算。

在横向水平力作用时，剪力墙结构计算简图如图 3-18(b)所示。由于结构对 y 轴是对称布置的，如果荷载也是以 y 轴为对称轴的，则结构的刚度中心与质量中心是一致的。此时，同一楼层标高处，各榀剪力墙的变形是相同的。刚性楼板将各榀剪力墙连接在一起，并把水平荷载按各榀剪力墙的等效抗弯刚度向各剪力墙分配。

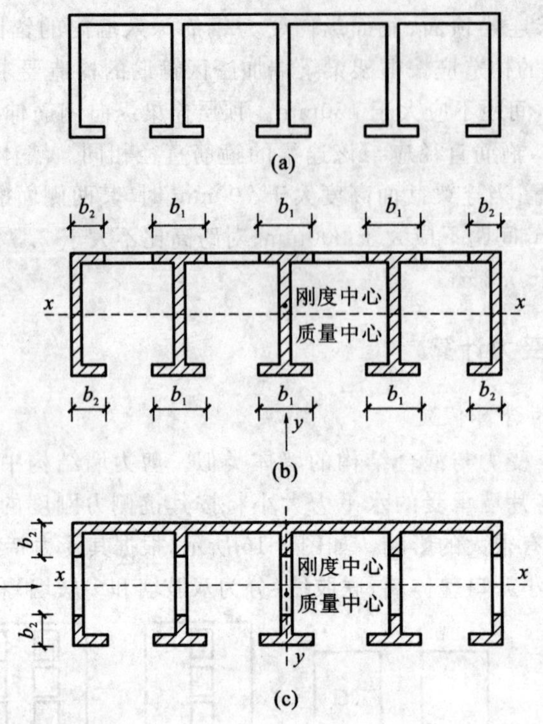

图 3-18 剪力墙结构的计算简图

(a)平面示意图;(b)横向地震力计算简图;(c)纵向地震力计算简图

当有 m 片墙时,第 i 片墙第 j 层分配到的剪力为 $V_{ij}=\dfrac{E_iI_{\mathrm{eq}i}}{\sum\limits_{i=1}^{m}E_iI_{\mathrm{eq}i}}V_{\mathrm{p}j}$,其中 $V_{\mathrm{p}j}$ 为由水平荷载引起的第 j 层的总剪力,$E_iI_{\mathrm{eq}i}$ 为第 i 片墙的等效抗弯刚度。

在纵向水平力作用时,剪力墙结构计算简图如图 3-18(c)所示。由于结构对 x 轴是不对称的,如果荷载对 x 轴是对称的,则结构的刚度中心与质量中心是不一致的,因而在水平力作用下,楼层平面不仅有沿 x 方向的位移,还有绕刚度中心的扭转。考虑扭转作用时,各榀剪力墙分配的水平力与不考虑扭转时有些不同。工程设计中,只要建筑体型规整,剪力墙的布置又尽可能对称布置,为了简单起见常不考虑扭转的影响。

3.3.3.2 剪力墙结构的计算分析

凡墙面上门窗、洞口等开孔面积不超过墙面面积的 15%,且孔间净距及孔洞至墙边的净距大于孔洞长边尺寸时,可以忽略洞口的影响,将墙作为整体墙来考虑,其受力状态如同竖向悬臂梁,则认为平面假定仍然适用,截面中的正应力符合直线分布规律,变形属弯曲型,可以按整体悬臂墙方法(材料力学公式)计算墙在水平荷载作用下的截面内力(M、V),如图 3-19 所示。但在计算位移时,要考虑洞口对截面面积及刚度的削弱。

等效截面面积 A_{q} 取无洞口截面的横截面面积 A 乘以洞口削弱系数 γ_0,即

$$\begin{cases}A_{\mathrm{q}}=\gamma_0A\\ \gamma_0=1-1.25\sqrt{A_{\mathrm{d}}/A_0}\end{cases}\tag{3-5}$$

式中 A ——剪力墙截面毛面积;

A_{d} ——剪力墙洞口总面积(立面);

A_0 ——剪力墙立面总墙面面积。

等效惯性矩 I_{q} 取有洞与无洞截面惯性矩沿竖向的加权平均值 $I_{\mathrm{q}}=\dfrac{\sum I_jh_j}{\sum h_j}$,式中的 I_j 为剪力墙沿竖向各段的惯性矩(有洞时扣除洞口的影响),h_j 为各段相应的高度。

计算位移时,由于截面比较宽,除弯曲变形外,宜考虑剪切变形的影响。如图 3-20 所示,在三种常用荷

载作用下，考虑弯曲和剪切变形后的顶点位移公式为

$$\Delta=\begin{cases}\dfrac{11}{60}\times\dfrac{V_0H^3}{EI_q}\left(1+\dfrac{3.64\mu EI_q}{H^2GA_q}\right) & \text{(倒三角形荷载)}\\ \dfrac{1}{8}\times\dfrac{V_0H^3}{EI_q}\left(1+\dfrac{4\mu EI_q}{H^2GA_q}\right) & \text{(均布荷载)}\\ \dfrac{1}{3}\times\dfrac{V_0H^3}{EI_q}\left(1+\dfrac{3\mu EI_q}{H^2GA_q}\right) & \text{(顶部集中荷载)}\end{cases}\tag{3-6}$$

式中 V_0——基底 $x=H$ 处的总剪力，即全部水平力之和；

G——剪切弹性模量；

μ——剪应力不均匀系数，矩形截面 $\mu=1.2$，括号内后一项即反映了剪切变形的影响。

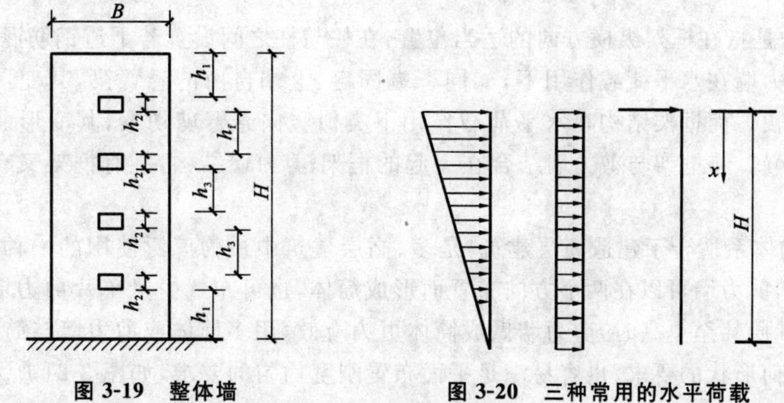

图 3-19 整体墙　　图 3-20 三种常用的水平荷载

为了计算方便，引入等效刚度 EI_{eq} 的概念，把剪切变形和弯曲变形综合成用弯曲变形的形式表达，写成

$$\Delta=\begin{cases}\dfrac{11}{60}\times\dfrac{V_0H^3}{EI_{eq}} & \text{(倒三角形荷载)}\\ \dfrac{1}{8}\times\dfrac{V_0H^3}{EI_{eq}} & \text{(均布荷载)}\\ \dfrac{1}{3}\times\dfrac{V_0H^3}{EI_{eq}} & \text{(顶部集中荷载)}\end{cases}\tag{3-7}$$

三种荷载下，EI_{eq} 分别为

$$EI_{eq}=\begin{cases}\dfrac{EI_q}{1+\dfrac{3.64\mu EI_q}{H^2GA_q}} & \text{(倒三角形荷载)}\\ \dfrac{EI_q}{1+\dfrac{4\mu EI_q}{H^2GA_q}} & \text{(均布荷载)}\\ \dfrac{EI_q}{1+\dfrac{3\mu EI_q}{H^2GA_q}} & \text{(顶部集中荷载)}\end{cases}\tag{3-8}$$

若进一步简化，则将三种荷载作用下的公式进行统一，式中系数取平均值，混凝土剪切模量 $G=0.4E$，则上面三式可写成

$$EI_{eq}=\frac{EI_q}{1+\dfrac{9\mu I_q}{H^2A_q}}\tag{3-9}$$

当有多片墙共同承受水平荷载时，总水平荷载也是按各片墙的等效刚度比例分配给各片墙的，即

$$V_{ij}=\frac{(E_iI_{eq})_i}{\sum\limits_{i=1}^{m}(E_iI_{eq})_i}V_{pj}\tag{3-10}$$

式中 V_{pj}——由水平荷载引起的第 j 层的总剪力；

$(E_i I_{eq})_i$——第 i 片墙的等效抗弯刚度；

V_{ij}——第 i 片墙第 j 层分配到的剪力。

3.4 框架-剪力墙结构

3.4.1 框架-剪力墙结构体系

框架-剪力墙结构是指在框架纵横方向的适当位置，在柱与柱之间设置若干道钢筋混凝土剪力墙所构成的结构体系。由于剪力墙在水平荷载作用下，如同下端固定、上端自由的悬臂梁，其变形为弯曲型，上部侧移比下部侧移增加得快。而框架结构在水平荷载作用下类似竖向悬臂剪切梁，其变形曲线为剪切型，上部位移比下部位移增加慢。将框架与剪力墙结合在一起的框架-剪力墙结构，既有框架又有剪力墙，既有剪切变形又有弯曲变形。

框架-剪力墙结构体系适合于建造高层建筑，是多、高层建筑中最为广泛使用的一种体系。当建造高度为20～30层的建筑时，剪力墙可以在两个方向布置而形成筒体，也可布置少量单片剪力墙，比较灵活。当建造高度增大至40～50层甚至更高时，剪力墙做成筒体更为有效，用多筒体或剪力墙与筒体结合常常可以满足建筑平面为各种几何形状的要求，也容易满足平面布置刚度均匀的要求，如图3-21所示。框架-剪力墙结构兼有框架结构布置灵活、延性好的优点和剪力墙刚度大、承载力大的优点。

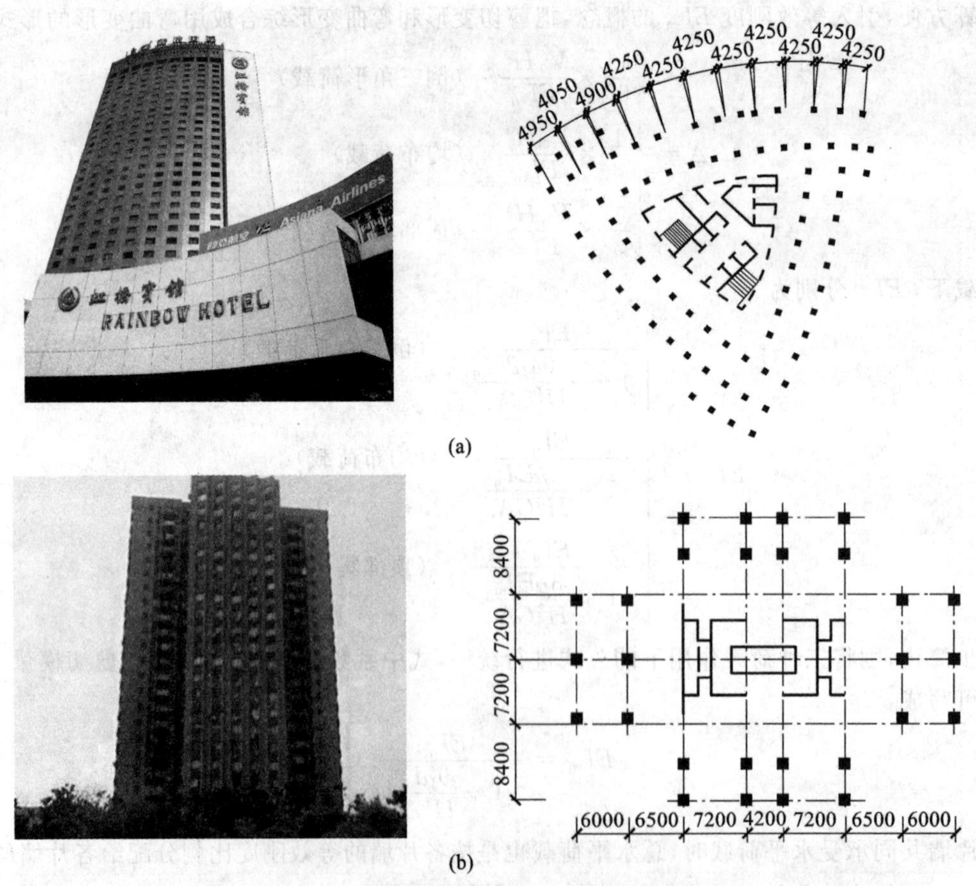

图 3-21 框架-剪力墙结构外景图及平面图

(a)上海虹桥宾馆；(b)上海雁荡大厦

框架-剪力墙结构中，框架为主要抗侧力体系，剪力墙作为辅助框架抗侧力不足的结构体系，因此剪力墙的布置数量要适当。若剪力墙布置得太少，将会导致框架负担太重，不仅框架截面和配筋过多，而且房屋的变形尺寸也大。若剪力墙布置得过多，则剪力墙的潜力得不到充分利用而浪费。根据工程经验，剪力墙截面面积为楼面面积的2%～4%为宜。

3.4.2 框架-剪力墙结构的抗震设计

3.4.2.1 结构的高度

对于框架-剪力墙结构，根据建筑所在地区而确定的地震烈度为6度、7度、8度(0.2g)、8度(0.3g)和9度，框架-剪力墙结构的最大适用高度分别为130m、120m、100m、80m和50m。

3.4.2.2 结构的布置

框架-剪力墙结构应设计成双向抗侧力体系。抗震设计时，结构两主轴方向均应布置剪力墙。框架-剪力墙结构布置主要有两种不同的组合方式。

(1)柱网和剪力墙正交布置

正交布置适用于房屋平面形状有矩形单元正交组合的情况，具体形式有一字形、L形、H形等。根据房屋纵、横轴线方向是否设置剪力墙，又可分为以下两种。

①横向设置剪力墙。

横向设置剪力墙时，房屋的横向刚度有刚接框架和剪力墙共同保证，纵向刚度仅由框架来保证。一般房屋由于横向较短，纵向较长，为了提高横向刚度，非抗震设计时多采用横向布置。把房屋的山墙和楼梯间、电梯间墙或内墙做成现浇钢筋混凝土以作为剪力墙，如图3-22所示。

②纵、横向均布置剪力墙。

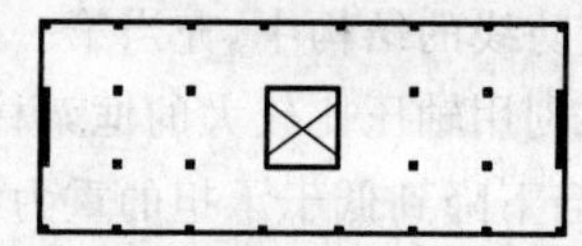

图3-22 横向设置剪力墙

在这种布置方式中，房屋的纵、横向刚度均由刚接框架和剪力墙共同保证。由于剪力墙双向布置，应尽可能把两个方向的剪力墙组合在一起，构成T形、□形、[形等。如图3-23(a)所示，剪力墙在平面内的位置应保留一定距离，可以有效地增强整个房屋的侧向刚度和抗扭刚度。如图3-23(b)所示，剪力墙的布置并不均匀，其侧向刚度和抗扭刚度均较差，因此不宜使用。在抗震设防区，一般都采用纵、横向均设置剪力墙的布置，另外结构横向刚度都较差时，也常采用双向布置。

(2)柱网和剪力墙不规则布置

当房屋平面形状任意时，剪力墙和柱网不能采用正交布置，可采用如图3-24所示的布置方式。

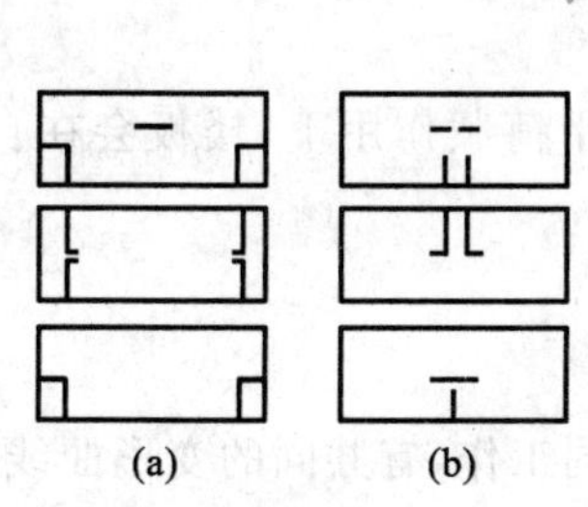

图3-23 纵、横向均布置剪力墙

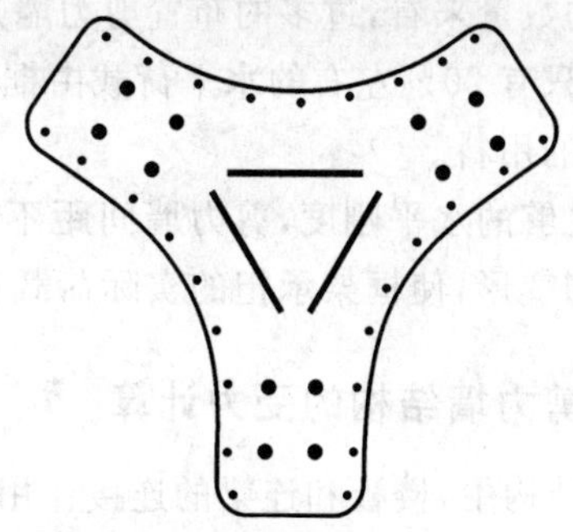

图3-24 建筑平面形状不规则时的柱网和剪力墙的布置方式

3.4.2.3 构件的截面

抗震墙的厚度不应小于160mm且不宜小于层高的1/20，底部加强部位的抗震墙厚度不应小于200mm且不宜小于层高的1/16。抗震墙的竖向和横向分布钢筋，配筋率均不应小于0.25%，钢筋直径不宜小于10mm，间距不宜大于300mm，并应双排布置，双排分布钢筋间应设置拉筋。

楼面梁与抗震墙平面外连接时，不宜支承在洞口连梁上。沿梁轴线方向宜设置与梁连接的抗震墙，梁的纵筋应锚固在墙内,也可在支承梁的位置设置扶壁柱或暗柱,并应按计算确定其截面尺寸和配筋。框架-剪力墙结构中的剪力墙应满足剪力墙结构中对剪力墙的配筋要求与构造要求。

3.4.2.4 结构的破坏模式

在整个结构工作中,变形通过水平刚度很大的楼板来协调成一致。变形协调后的框架-剪力墙结构的变形曲线(图3-25),上部位移较框架大而小于剪力墙,下部位移大于剪力墙而小于框架,二者之间产生相互作用。在上部楼层,框架阻止剪力墙位移,框架承担的水平力加大。而在下部楼层,剪力墙阻止框架位移,剪力墙承受了较多的水平力,对框架有利,从而使框架截面不再会因房屋高度的增加而加大很多。因此,框架-剪力墙结构受力十分合理,经济效果也优于框架结构和剪力墙结构,且构件上下受力相差较小,便于设计成统一的截面,有利于建筑施工的工业化。

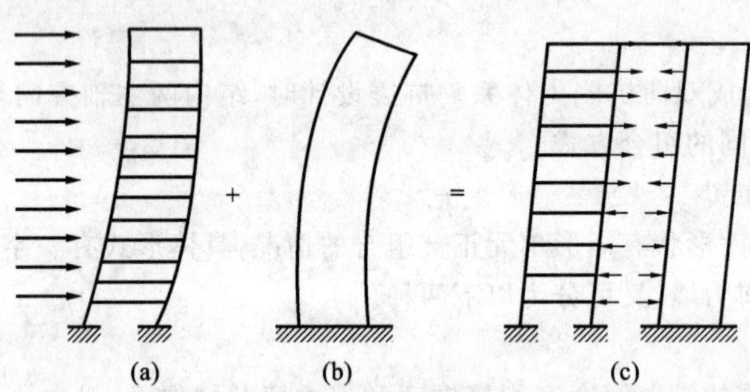

图3-25 在侧向力作用下框架-剪力墙结构的变形

在地震荷载作用下,房屋倒塌最直接的原因是承重构件竖向承载力下降到低于重力荷载的能力。在有多重防线的结构中,充当第一道防线的构件即使有损坏,也不会对整个结构的竖向构件承载力有很大影响。如果利用轴压比较大的框架柱充当第一道防线,框架柱在侧向力作用下损坏后,竖向承载力就会大幅度下降,当下降到低于承担的重力荷载时,就会危及整个结构的安全。在框架-剪力墙结构中,利用剪力墙结构作为结构的第一道防线,需要比一般的剪力墙有所加强,以保证整体结构在地震作用下的安全。

考虑平面形状或刚度变化在地震荷载等水平力作用下会产生不利的内力,横向剪力墙宜布置在靠近房屋区段的两端,可以有效增加整个结构的抗扭刚度,承担由地震作用等水平力产生的弯矩。楼、电梯间等竖井因楼板中断会造成刚度变化,宜尽量与靠近的抗侧力结构结合布置。

纵向剪力墙不宜集中布置在房屋的两端。纵向剪力墙如布置在较长房屋的两端且相距较远,并进行温度应力计算时,应采取施工缝等措施,以减少温度应力和收缩应力。

从剪力墙布置的数量来看,过多的布置剪力墙是不必要的,因为框架-剪力墙体系中,框架主要承担竖向荷载。通常情况下,只有20%左右的水平荷载由框架承担。因此,过多的布置剪力墙,并不能减少框架的受力,只能增加剪力墙的用料。

为保证楼板有足够的水平刚度,剪力墙间距不宜过大。否则在水平荷载作用下,楼板会在自身平面内发生弯曲变形和剪切变形,使框架承担的实际荷载比计算的大。

3.4.3 框架-剪力墙结构的受力计算

在框架-剪力墙结构中,楼板和连梁的连接作用使框架与剪力墙协同工作,有共同的变形曲线,因而在框架与剪力墙之间产生了相互作用的力,这些力自上而下并不是相等的,有时甚至会改变方向。

在以往的设计中,为了计算简单,常常假设剪力墙承担80%的水平力,框架承担20%的水平力。显然,这样没有考虑框架和剪力墙协同工作的特点,而是一律按固定的比例来分配水平力,结果不仅太粗糙,也是不合理的。所以,较准确的计算应考虑框架-剪力墙的协同工作,正确解决框架与剪力墙之间的相互作用力。

框架-剪力墙结构协同工作的计算方法很多,但主要分两大类:一类用矩阵位移法通过计算机进行求解;另一类是在基本假设基础上的简化计算方法。此处主要介绍工程中常用的一种借助图表曲线的简化计算方法。

3.4.3.1 框架-剪力墙结构的计算单元

由于水平荷载通过结构的抗侧刚度中心，楼盖仅发生沿荷载作用方向的平移。在荷载作用方向，每榀框架和每榀剪力墙在楼盖处具有相同的侧移，所承担的剪力与其抗侧刚度成正比，而与框架和剪力墙所处的平面位置无关。于是，可把所有框架等效成综合框架，把所有剪力墙等效成综合剪力墙，并将综合框架和综合剪力墙放在同一平面内分析。

框架-剪力墙结构的计算简图如图 3-26 所示，主要是确定如何合并总剪力墙、总框架，以及确定总剪力墙和总框架之间的连接和相互作用方式。剪力墙和框架之间的连接方式有铰接和刚接两种，当用刚接时，表示剪力墙平面的连梁对墙有转动约束，即能起连梁的作用；若用铰接，则表示楼盖连杆的作用。

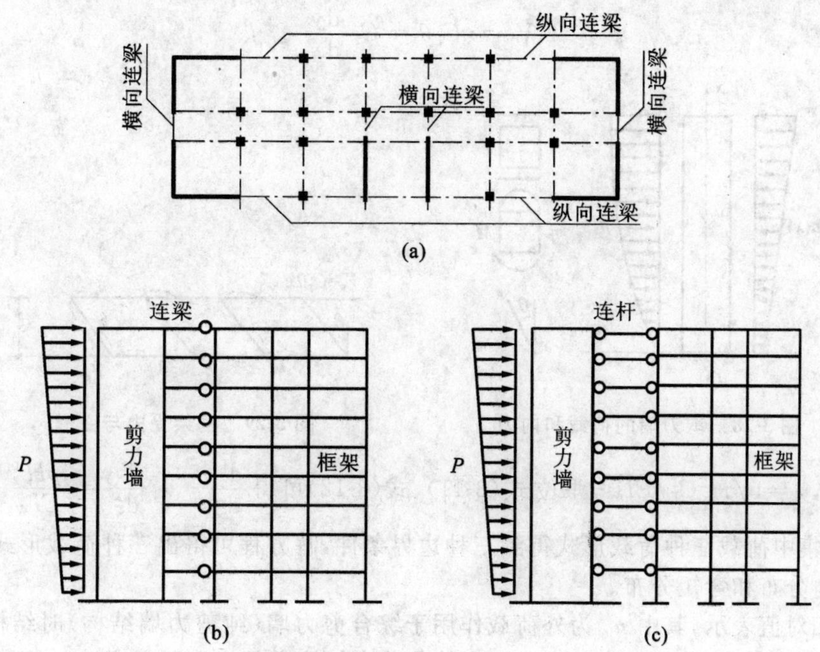

图 3-26 框架-剪力墙结构计算体系

(a)框架-剪力墙结构平面布置简图；(b)框架-剪力墙结构刚接体系；(c)框架-剪力墙结构铰接体系

3.4.3.2 框架-剪力墙结构的内力计算

总剪力墙抗弯刚度 EI_W，是每片墙抗弯刚度的总和，即 $EI_W = \sum_i EI_{eqi}$，EI_{eq} 为每片墙的等效抗弯刚度。

总框架是所有梁、柱单元的总和，总框架的抗剪刚度是所有框架柱抗剪刚度的总和。框架的抗剪刚度（或剪切刚度）是产生单位层间变形所需的剪力 C_F，C_F 可以由框架柱的 D 值求出来。总框架的抗剪刚度为

$$C_F = \sum_i C_{fi} = \sum_i \frac{V_i}{\Delta u_i / h} = \sum_i h \cdot D_i$$

框架-剪力墙铰接体系连续化的计算方法，可表达为计算简图 3-27(b)所示的悬臂墙和图 3-27(c)所示框架的协同工作。

对悬臂墙来说，除承受分布荷载 $p(x)$ 外，还承受框架给它的弹性反力 p_F，如图 3-28 所示。剪力墙的弯曲变形、内力和荷载间有如下的关系：

$$\begin{cases} M_W = EI_W \dfrac{d^2 y}{dx^2} \\ V_W = EI_W \dfrac{d^3 y}{dx^3} \\ p_W = p(x) - p_F = EI_W \dfrac{d^4 y}{dx^4} \end{cases} \tag{3-11}$$

对框架而言，当变形为 $\theta\left(\theta = \dfrac{dy}{dx}\right)$ 时，如图 3-29 所示，框架所受的剪力为

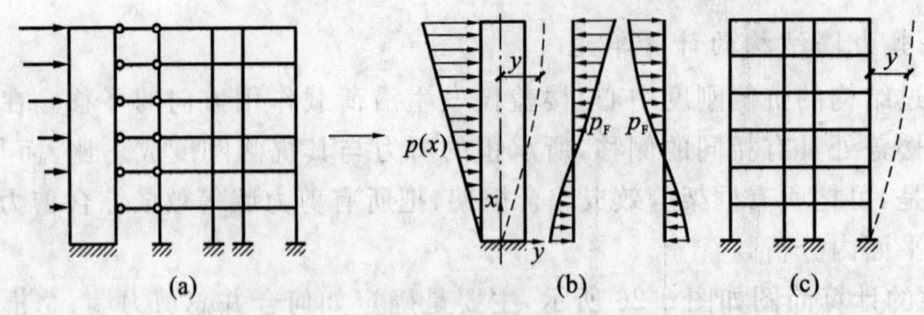

图 3-27 框架-剪力墙结构计算简图

(a)计算简图;(b)剪力墙计算简图;(c)框架计算简图

$$V_F = C_F\theta = C_F\frac{\mathrm{d}y}{\mathrm{d}x} \tag{3-12}$$

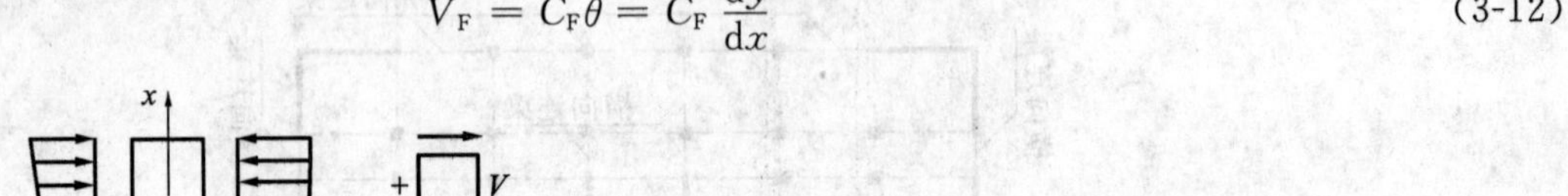

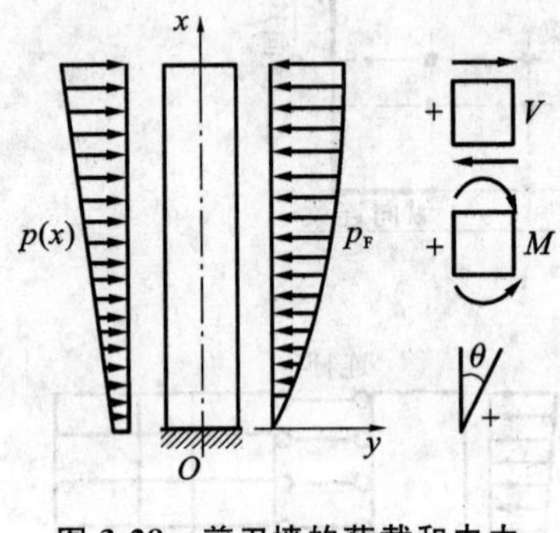

图 3-28 剪刀墙的荷载和内力

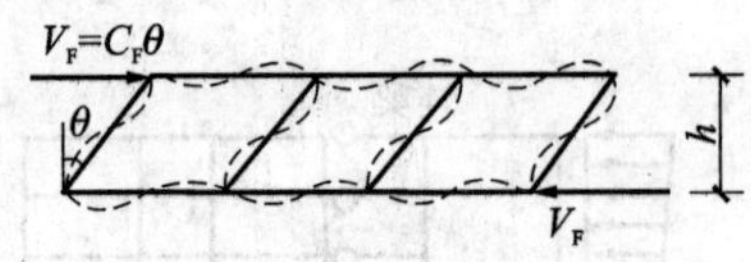

图 3-29 框架受力与变形

引入 $\xi = x/H$，$\lambda = \sqrt{H^2 C_F/EI_W}$，联立式(3-11)、式(3-12)可得 $\frac{\mathrm{d}^4 y}{\mathrm{d}\xi^4} - \lambda^2\frac{\mathrm{d}^2 y}{\mathrm{d}\xi^2} = \frac{pH^4}{EI_W}$。由均布荷载、倒三角分布荷载和顶点集中荷载三种荷载形式得到三种边界条件,解方程可得出三种荷载形式下框架-剪力墙结构的侧向位移、剪力分布和弯矩分布。

为了方便,用相对值表示,其中 u_0 为外荷载作用于综合剪力墙(纯剪力墙结构)时结构顶点的侧向位移值,M_0 为外荷载在结构底部产生的总力矩,V_0 为外荷载在结构底部产生的总剪力。框架-剪力墙结构的侧向位移值为

$$\frac{u}{u_0} = \begin{cases} \frac{8}{\lambda^4}\left\{\frac{1+\lambda\sinh\lambda}{\cosh\lambda}[\cosh(\lambda\xi)-1] - \lambda\sinh(\lambda\xi) + \lambda^2(\xi - 0.5\xi^2)\right\} & \text{(均布荷载)} \\ \frac{120}{11\lambda^5}\left\{\frac{\lambda + 0.5\lambda^2\sinh\lambda - \sinh\lambda}{\cosh\lambda}[\cosh(\lambda\xi)-1] + (0.5\lambda^2-1)[\lambda\xi - \sinh(\lambda\xi)] - \frac{\lambda^3\xi^3}{6}\right\} & \text{(倒三角形荷载)} \\ \frac{3}{\lambda^3}\left\{\frac{\sinh\lambda}{\cosh\lambda}[\cosh(\lambda\xi)-1] - \sinh(\lambda\xi) + \lambda\xi\right\} & \text{(顶点集中荷载)} \end{cases} \tag{3-13}$$

框架-剪力墙结构的弯矩分布为

$$\frac{M_W}{M_0} = \begin{cases} \frac{2}{\lambda^2}\left[\frac{1+\lambda\sinh\lambda}{\cosh\lambda}\cosh(\lambda\xi) - \lambda\sinh(\lambda\xi) - 1\right] & \text{(均布荷载)} \\ \frac{3}{\lambda^3}\left[\frac{\lambda + 0.5\lambda^2\sinh\lambda - \sinh\lambda}{\cosh\lambda}\cosh(\lambda\xi) - (0.5\lambda^2-1)\sinh(\lambda\xi) - \lambda\xi\right] & \text{(倒三角形荷载)} \\ \frac{1}{\lambda}\left[\frac{\sinh\lambda}{\cosh\lambda}\cosh(\lambda\xi) - \sinh(\lambda\xi)\right] & \text{(顶点集中荷载)} \end{cases} \tag{3-14}$$

框架-剪力墙结构的剪力分布为

$$\frac{V_W}{V_0} = \begin{cases} \frac{1}{\lambda}\left[-\frac{1+\lambda\sinh\lambda}{\cosh\lambda}\sinh(\lambda\xi) + \lambda\cosh(\lambda\xi)\right] & \text{(均布荷载)} \\ \frac{2}{\lambda^2}\left[-\frac{\lambda + 0.5\lambda^2\sinh\lambda - \sinh\lambda}{\cosh\lambda}\sinh(\lambda\xi) + (0.5\lambda^2-1)\cosh(\lambda\xi) + 1\right] & \text{(倒三角形荷载)} \\ -\frac{\sinh\lambda}{\cosh\lambda}\sinh(\lambda\xi) + \cosh(\lambda\xi) & \text{(顶点集中荷载)} \end{cases} \tag{3-15}$$

3.5 筒体结构

与剪力墙结构或框架结构相比，当有效地将材料用在外围时，可以获得最大的抗弯力臂，将外墙连接起来形成筒状结构，自然就成为一个筒体结构体系。筒体结构使建筑物具有更大的承载力及刚度，超出 30 或 40 层的高层建筑最好采用筒体结构抵抗侧向力。筒可以是矩形的、圆形的或其他规则形状的，在外墙上可以开圆形或矩形的窗洞，可以采用较为灵活的外平面布置方式。应当注意，当框筒像一个支承在基础上的竖直的悬臂梁那样弯曲时，框架局部弯曲将在柱间造成很大剪力滞后，此时应变分布就不符合直线关系，即平截面假定不再适用。

筒中筒概念提供了另一种很好的设计方案，此种结构外筒的截面宽度较大，可以非常有效地抵抗倾覆力，但是在筒上开洞会降低它的抗剪能力，特别在下面几层。另一方面，由于内筒开洞少，可以较好地抵抗层间剪力，但是与外筒相比，内筒相对细高，其抵抗倾覆的能力并不强。在实际工程中，则应根据实际工程的使用要求、技术条件等因素，选择合适的结构形式。

3.5.1 筒体结构体系

筒体结构体系因其具有较大的刚度，较强的抗侧移能力，能形成较大的使用空间，对于超高层建筑是一种经济有效的结构形式。根据筒体的布置、组成、数量的不同，筒体结构体系可分为框架-核心筒体系和筒中筒体系，如图 3-30 所示。

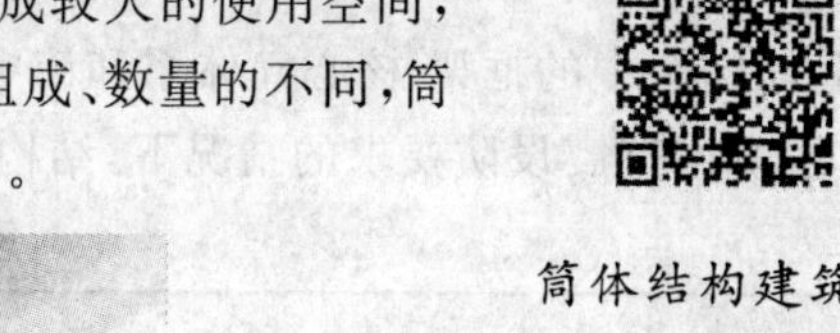

筒体结构建筑图

(a)

(b)

图 3-30 筒体结构

(a)上海金茂大厦(框架-核心筒体系)；(b)广州中信大厦(筒中筒体系)

当框架布置在周边且筒体布置在中间时，称为框架-核心筒体系。它是框架-剪力墙结构的一种特例，因为其外框架柱间距较大，柱数量一般不多，有时会很少，剪力墙组成的核心筒成为抵抗水平力的主要构件，实际上框架-核心筒结构的受力特点和框架-剪力墙结构相同，并与框架-剪力墙结构一样，具有协同工作的优点。

如果采用大截面框架柱，框架-核心筒结构的外框架柱间距可达 8～9m，甚至更大，而且布置方式较为灵活，因而允许有较大的窗户，建筑立面多变，可获得较好的外观。若采用无黏结预应力楼板等形式时，外框架与核心筒之间的距离可达 10m 以上，使用空间大而灵活，采光条件好。因此，框架-核心筒体系是高层公共建筑和办公用房的理想选择。在高度较大时可以设置伸臂,成为框架-核心筒-伸臂结构。框架-核心筒结构已成为近年来高层建筑,特别是超高层建筑中应用较为广泛的一种结构。

从材料的组成来看,框架-核心筒结构的外框架和内筒可以使用相同的材料,如外框架和内筒都采用钢筋混凝土结构。钢结构内筒一般都做成支撑结构,将支撑框架围成筒体,使其刚度大于外框架,形成框架与支撑内筒的协同工作。框架-核心筒还可采用混合结构,当外框架采用钢框架和组合框架时,称为混合结构。此时,需注意保证钢框架有足够的刚度,使其能与核心筒协同工作而形成对抵抗地震力有利的双重抗侧力体系。

筒中筒体系,是由内外设置的几个筒体,通过楼盖系统连接组成共同工作的结构体系,由密柱深梁框架布置在建筑周围组成框筒,由梁、柱和斜支撑形成桁架,并由数片带有斜杆的桁架布置在建筑周围形成桁架筒。

筒中筒结构一般由外筒及内筒组成,外筒为框筒和桁架筒。钢筋混凝土结构的内筒可以采用剪力墙围成的实腹筒,钢结构则采用内钢桁架筒或内框架筒。内筒可设置竖向交通井以及竖向管道井,内筒加强了结构的刚度,因而筒中筒结构的抗侧刚度和抗扭刚度更大,适合用于更高层的建筑。内外筒之间一般不设柱,它与框架-核心筒结构平面形式相似,但从受力分析来看,它们有较大区别,前者外围是筒体(框筒或桁架筒),后者一般为框架。

建筑布置时,一般把楼梯间、电梯间等服务性设施全部设置在核心筒内,而在内外筒之间则提供了环形的开阔空间,可满足建筑上自由分隔、灵活布置的要求。因此,筒中筒结构常被用于50层以上高层建筑,但由于其平面形式呆板、柱距较小,近年来较少使用。

3.5.2 筒体结构的抗震设计

筒体结构中的框架-核心筒体系和筒中筒体系的组成形式不同,当结构高度增加时,抗震性能会受到影响,故在不同抗震设防要求的情况下,结构的最大适用高度不同,如表3-5所示。

表3-5 筒体结构房屋适用的最大高度 (单位:m)

结构类型	烈度				
	6	7	8(0.2g)	8(0.3g)	9
框架-核心筒	150	130	100	90	70
筒中筒	180	150	120	100	80

注:括号内数值为设计基本地震加速度。

框架-剪力墙结构的核心筒、筒中筒结构中的内筒都是由剪力墙组成的,也都是结构主要的抗侧力构件,是抵抗地震荷载作用的第一道防线,其抗震构造措施要满足剪力墙的最小厚度、钢筋配置、轴压比限值等方面的要求,使筒体具有足够大的抗震能力。框架-核心筒结构的框架较弱,宜加强核心筒的抗震能力;核心筒连梁的跨高比一般比较小,墙的整体结构较强。因此核心筒角部的抗震构造措施应予以加强。

框架-核心筒中的的框架应承担一定的剪力,应满足承受地震剪力的规定,以避免外框架太弱。核心筒与框架之间的楼盖宜采用梁板体系;部分楼层采用平板体系时应有加强措施。除加强层及其相邻上下层外,按框架-核心筒计算分析的框架部分各层地震剪力的最大值不宜小于结构底部总地震剪力的10%。当小于10%时,核心筒墙体的地震剪力应适当提高,边缘构件的抗震构造措施应适当加强;任意一层框架部分承担的地震剪力不应小于结构底部总地震剪力的15%。

在布置框架-核心筒结构时,核心筒或内筒的外墙与外框架柱间的中距,非抗震设计大于12m,抗震设计大于10m,宜采取另设内柱等措施。核心筒宜贯通建筑物全高。核心筒的宽度不宜小于筒体总高的1/12,当筒体结构设置角筒、剪力墙或增强结构整体刚度的构件时,核心筒的宽度可适当减少。核心筒外墙的截面厚度不应小于层高的1/20及200mm,对一、二级抗震设计的底部加强部位不宜小于层高的1/16及200mm。框架-核心筒结构周边柱间必须设置框架梁。

筒中筒结构的布置应满足内筒和外筒之间的距离不大于 12m 的要求。当内外筒之间的距离较大时,可另设柱子作为楼面梁的支点,以减小楼盖结构的跨度。一般来说,内筒的边长为外筒相应边长的 1/3 为宜。内筒宜贯通建筑物全高,竖向刚度宜均匀变化。外筒柱宜用矩形或 T 形截面,长边位于外筒平面内。

3.5.3 筒体结构的受力计算

框架-核心筒体系是空间体系,严格地说,应该按空间结构进行计算。框架-核心筒结构的受力性能类似框架-剪力墙结构,在计算时,对于具有两个相互垂直对称轴的框架-核心筒结构,可以在两个方向分别将框架合并为综合框架,将箱形截面的筒体划分为平面剪力墙(带翼缘),然后合并成综合剪力墙,如图 3-31 所示,可按框架-剪力墙计算。

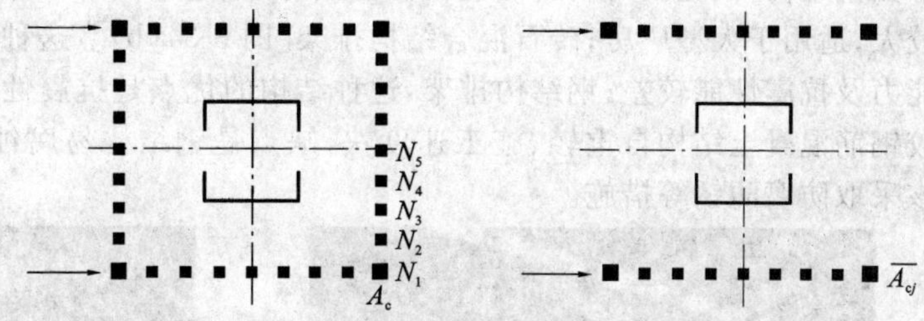

图 3-31 框架-核心筒结构计算简图

筒中筒结构在水平荷载下的内力和位移计算有等效平面法和等效连续体法。如图 3-32 所示,等效平面法是将外框筒简化为平面框架,内筒为在水平荷载方向带翼缘的剪力墙,整体结构按框架-剪力墙计算。等效连续体法是将外框筒简化为连续体,内筒一般为连续筒,因为对称荷载通过剪力中心只产生弯曲,可按普通梁计算。计算简图如图 3-33 所示,可用力法进行求解。

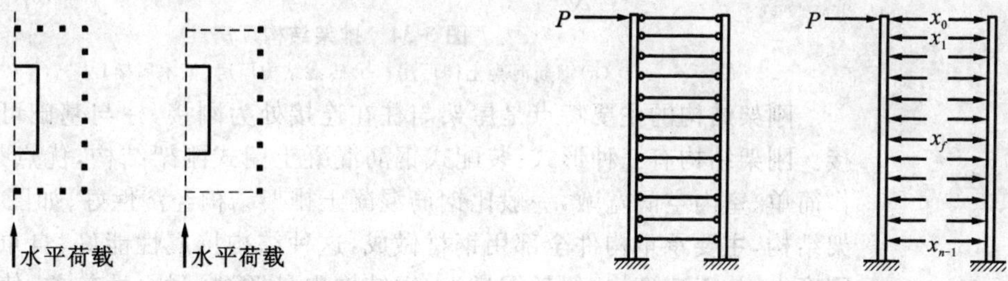

图 3-32 筒中筒结构计算简图(等效平面法)

图 3-33 筒中筒结构计算简图(等效连续体法)

3.6 单层工业厂房

工业建筑是指从事各类工业生产以及直接为生产服务的房屋,直接从事生产的房屋包括主要生产房屋、辅助生产房屋,这些常被称为厂房。工业建筑按照厂房的层数可以分为单层厂房、多层厂房和层数混合的厂房。

单层厂房是工业建筑中最普通的一种形式,主要用于跨度大、高度大、吊车吨位大的重型厂房及大型厂房,如炼钢车间、轧钢车间等大型冶金厂房,大型电机装配车间等重型机械制造厂房,以及大型造船厂、火力发电厂房、飞机制造车间等,也可以应用于一般厂房、仓库、超市、展览厅等。

单层厂房在这些工业建筑中的使用,决定了单层厂房首先要满足生产工艺的要求。另外厂房的内部空间大,骨架承载力大,多数的工业厂房采用钢筋混凝土骨架承重,特别高大的厂房或者有重型吊车或高温车间需要采用钢骨架承重,建筑构造复杂、技术管线多的厂房,要设置天窗及排水系统,还要有固定安装措施。

3.6.1 单层厂房的组成及受力特点

单层厂房图

排架结构,是目前单层厂房中最基本、最普遍的结构形式。它的主要特点是把屋架看成是一根刚度很大的横梁,屋架与柱子的连接为铰接,柱子与基础是刚接。排架的优点是其有一定的刚度和抗震能力,特别是当厂房平面布置规整、体型等高齐平,使得刚度充分协调时,它的抗震性能可以大大提高。同时排架结构的构件为分开制作,然后装配而成的,有利于设计的标准化、构件的工业化和施工的机械化。

排架结构可以由一种材料或者多种材料组成,常见的有几种类型:装配式钢筋混凝土排架结构,这种结构是单层厂房中应用最广泛的一种,但其自重大、抗震性能不如钢结构;钢屋架与钢筋混凝土柱组成的排架[图3-34(a)],其屋面荷载降低、跨度较大,适用于大型厂房;砖石混合结构排架[图3-34(b)],这种结构构造简单,但承载能力及抗震性能较差;钢结构排架,这种结构的优点是抗震性能以及抗振动性能好,较钢筋混凝土结构自重轻、施工速度快,缺点是钢结构易腐蚀、耐火性差,使用时应该采取防腐防锈等措施。

(a)

(b)

图3-34 排架结构厂房

(a)钢筋混凝土柱厂房;(b)砖混结构厂房(钢木屋架)

刚架结构的主要特点是屋架与柱在连接处为刚接,柱与基础可设计为铰接或刚接。刚架结构有三种形式:装配式钢筋混凝土门式刚架结构,优点是构件种类少、制作简单、室内空间宽敞,一般比钢筋混凝土排架结构经济性好;如图3-35所示的钢刚架结构,主要承重构件全部用钢材做成,这种结构抗震性能好、自重轻、承载能力大、刚度大、施工速度快,但耗钢量大,钢结构也易锈蚀、耐火性较差,使用时应该采取相应的防护措施;板架合一结构,即屋面板与梁合为一体,常见结构形式有双T板、单T板、V形板等。

图3-35 钢刚架结构

钢筋混凝土单层工业厂房的基本组成如图3-36所示,通常由屋盖结构、吊车梁、排架柱、围护结构和基础组成,并相互连接成整体。

屋盖结构的主要作用是维护和承重,以及采光和通风等,一般由屋面板、屋架或屋面梁(包括屋盖支撑)组成,有时还设有天窗架、托架等。

吊车梁主要承受吊车传来的荷载,并将这些荷载传给排架柱。排架柱是排架结构工业厂房中最主要的受力构件,承受由屋架、吊车梁、外墙、支撑等传来的荷载,并将它们传给基础。

围护结构由外墙、连系梁、抗风柱及基础梁等构件组成。支撑包括屋盖支撑和柱间支撑,其主要作用是增加工业厂房结构的空间刚度和整体性,保证结构构件的稳定和安全,把风荷载、吊车水平荷载等传递到主要承重构件上。基础承受排架柱和基础梁传来的荷载并将它们传至地基。

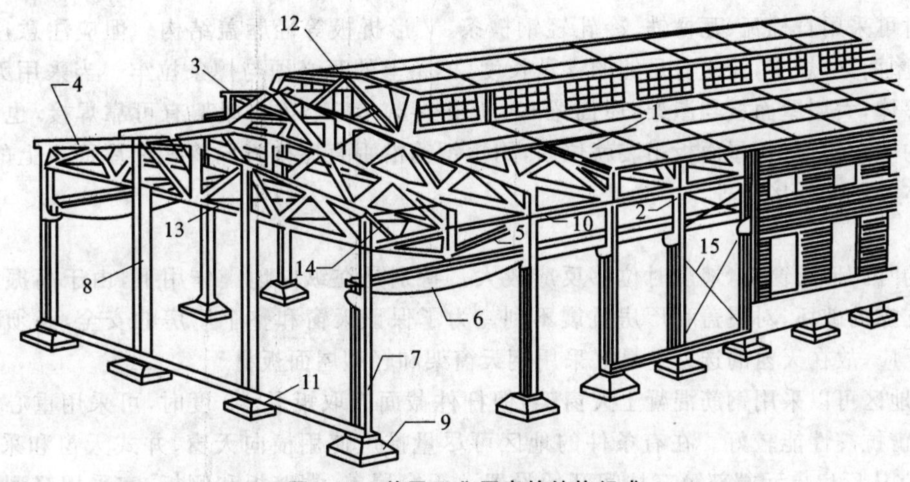

图 3-36 单层工业厂房的结构组成

1—屋面板；2—天沟板；3—天窗架；4—屋架；5—托架；6—吊车梁；
7—排架柱；8—抗风柱；9—基础；10—连系梁；11—基础梁；
12—天窗架垂直支撑；13—屋架下弦横向水平支撑；14—屋架端部垂直支撑；15—柱间支撑

3.6.2 结构布置的一般原则

依据概念设计的基本思想，结构良好的抗震性能首先取决于良好的结构体系及合理的结构布置。以下阐述单层钢筋混凝土厂房结构在结构布置中应注意的一般问题。

厂房结构和布置动画

(1)体形与抗震缝

单层厂房的平面布置应注意体形简单、规则，各部分结构刚度、质量均匀对称，尽量避免体形曲折复杂，凹凸变化，尽可能选用长方形平面体形。当生产工艺确有必要采用较复杂的平面布置时，应用抗震缝将其分成体形简单的独立单元。

厂房的竖向布置，体形也应简单，尽可能避免局部突出和设置高低跨。当高低跨的高差不大时(如钢筋混凝土多跨厂房高差小于 2m)，宜做成等高，否则应考虑高振型的影响。

厂房的毗连房屋沿厂房纵墙或山墙布置，而不宜布置在厂房角部和紧邻抗震缝处。对结构复杂的厂房，在侧向刚度或高差变化很大的部位，以及沿厂房侧边有贴建房屋时，宜设抗震缝。抗震缝的两侧应布置墙或柱。抗震缝的宽度按烈度和结构相邻部分可能产生的侧向位移确定。在厂房纵横跨交接处、大柱网厂房或不设柱间支撑的厂房，缝宽可采用 100～150mm，其他情况可采用 50～90mm；沉降缝和温度缝的宽度，均应符合抗震缝的要求。

两个主厂房之间的过渡跨，至少应有一侧采用抗震缝与主厂房脱开。厂房内上吊车的铁梯不应靠近抗震缝设置；多跨厂房各跨上吊车的铁梯不宜设置在同一横向轴线附近。厂房内工作平台宜与厂房主体结构脱开。

厂房的同一结构单元内，不应采用不同的结构形式；厂房端部应设屋架，不应采用山墙承重；厂房单元内不应采用横墙和排架混合承重。厂房各柱列的侧移刚度宜均匀，厂房的围护墙沿纵向宜均匀对称布置。砌体隔墙与柱宜脱开或采用柔性连接，并应采取措施确保墙体稳定，隔墙顶部应设置现浇钢筋混凝土压顶梁。

(2)屋盖体系

屋盖体系应尽可能选用轻屋盖，减轻屋盖重量就能减小地震作用，从而减轻支撑体系、连接构造以及承重结构构件在地震时造成的破坏。

屋盖体系一般可采用重心较低的预应力混凝土、钢筋混凝土屋架；跨度不大于 15m 时可采用钢筋混凝土屋面梁；跨度大于 24m，或 8 度Ⅲ、Ⅳ类场地和 9 度时应优先采用钢屋架；柱距为 12m 时，可采用预应力混凝土托架或托梁；当采用钢屋架时，亦可采用钢托架或托梁。

条件允许时可采用石棉瓦、瓦楞铁、冷轧轻钢檩条、V 形折板等轻屋盖结构。但应注意,有檩屋盖的檩条必须与屋架(屋面梁)焊牢,并应有足够的支承长度,檩条上的瓦必须与檩条拉牢。当采用无檩屋盖时,屋面构件应连成整体,大型屋面板与屋架(屋面梁)之间至少要有三个角与屋架有可靠焊接,也可采用四个角都与屋架焊接的切角构造,在屋面板吊装就位后,用短钢筋沿垂直屋架方向将相邻屋面板上的吊钩焊接,或者采用装配整体式屋面板接头等。

(3)天窗架

突出屋面的"门"形天窗架,地震时位移反应较大。特别是在纵向地震作用下,由于高振型的影响往往造成天窗架与支撑的破坏,对屋盖和厂房抗震不利。为了保证天窗和整个厂房的安全,必须减轻天窗屋盖的重量及地震反应,故在天窗的选型上最好采用钢天窗架和轻型屋面板材。

在 6~8 度地区可以采用钢筋混凝土天窗架,但杆件截面应取矩形。9 度时,可采用重心低的下沉式天窗,因为此类天窗抗震性能较好。在有条件的地区可尽量推广使用横向天窗、井式天窗和采光罩。8 度和 9 度时,天窗架宜从厂房单元端部第三柱间开始设置。天窗屋盖、端壁板和侧板,宜采用轻型板材。为了减小天窗侧板刚度对天窗变形的影响,不致在天窗立柱连接处形成刚性节点而产生应力集中,天窗架两侧的侧板或下挡与天窗立柱的连接宜采用螺栓连接。

(4)柱

对于一般单层厂房或较高大的厂房均可以采用钢筋混凝土柱。一般情况下,按抗震要求设计的钢筋混凝土柱,具有足够的抗震能力,震区实践也证明了这一点。

设计柱时,应提高其延性,使其在进入弹塑性工作阶段后仍具有足够的变形能力和承载力。确定柱截面时,要选取合适的刚度,过大的抗侧刚度对厂房抗震并不一定有利,相反会引起厂房横向周期的缩短而导致地震荷载的增大。

在 8~9 度地区,宜采用矩形、工字形截面柱或斜腹杆双肢柱,不宜采用薄壁开孔或预制腹板的工字形柱、平腹杆双肢柱以及管柱,因为这些形式的柱抗剪能力较差,震害较重。此外,柱底至室内地坪以上 50mm 范围内和阶形柱的上柱也宜采用矩形截面。

(5)围护墙体

钢筋混凝土单层厂房的围护结构,常采用砖墙或大型墙板方案。震害表明,厂房的外围砖墙在地震后普遍开裂,有的连同圈梁大面积倒塌,而大型墙板厂房则震害较轻,或震后基本完好。所以在有条件时,围护墙宜优先选用大型墙板或其他轻质板材。

当厂房外侧柱距为 12m 时,应采用轻质墙板或钢筋混凝土大型墙板。厂房高低跨处的封墙和厂房纵横向交接处的悬墙,宜采用轻质墙板。当高低跨处封墙采用砌体时,不应直接砌在低跨屋盖上。厂房砌体围护墙宜采用外贴式。

知识归纳

(1)结构的抗震概念设计要结合工程的实际情况进行考虑,主要有抗震设计目标、避免地面变形、选择有利房屋体型、选择合理的结构布置和恰当的结构材料、采用多道抗震防线和控制结构变形等方面。

(2)框架结构是由直线型受力构件梁与柱组成的一种结构体系,利用梁与柱的刚度来提供结构的变形能力,同时抵抗外界作用在结构内部引起的内力。进行抗震设计的框架结构,应具有良好的变形能力和合理的破坏模式,应设计成延性框架,并遵循"强柱弱梁""强剪弱弯"和"强节点、强锚固"等设计原则。

(3)用钢筋混凝土剪力墙承担竖向荷载和抵抗水平力的结构称为剪力墙结构。连梁设计是剪力墙抗震设计的重要环节。连梁设计时,应按"强剪弱弯"原则设计,尽量避免剪切破坏。

(4)框架-剪力墙结构是指在框架纵横方向的适当位置,在柱与柱之间设置若干道钢筋混凝土剪力墙所构成的结构体系。在框架-剪力墙结构的抗震设计中,应注意多道抗震防线功能的实现。

(5)在结构设计中,将外墙连接起来形成筒状结构,自然就成为一个筒体结构体系。筒体结构体系根据外框的形式可分为框架-核心筒体系和筒中筒体系。

独立思考

3-1 结构方案的选择需要注意哪些问题?

3-2 钢筋混凝土结构按施工方法的不同可分为哪几种形式?它们各自的优缺点有哪些?

3-3 什么是剪力墙结构?根据其受力特点,可以分为哪几种剪力墙结构?

3-4 框架-剪力墙结构相比剪力墙结构有哪些优点?

3-5 在筒体结构上开洞应注意哪些问题?

3-6 单层厂房的抗震设计需着重注意哪些构件?

4

空间结构的形式与受力特点

课前导读

内容提要

本章主要内容包括桁架结构、网架结构、网壳结构、悬索结构和张弦梁结构的几何特点、结构形式及选用原则，并通过相关的实例让学生对各种形式的结构体系有直观的认识。本章的教学重点是空间结构的几何特点以及结构形式，教学难点是结构形式的选用。

能力要求

通过本章的学习，学生应掌握空间结构的几何特点和结构形式，了解如何在实际工程中应该选用合理的结构体系。

数字资源

5分钟看完本章

4.1 桁架结构

4.1.1 桁架结构的特点

当建筑屋盖承重结构跨度越来越大时，若采用梁式结构作为承重构件，其截面尺寸和自重将变得不合理。分析梁式结构截面应力的分布情况可知，一根单跨简支梁受荷后的截面应力分布为受压区和受拉区，中和轴处应力为零，离中和轴越近应力越小[图 4-1(a)]。根据应力分布的特点，把横截面上的中间部分削减形成工字形截面[图 4-1(b)]，既可节省材料又可减轻自重。同理，如果把纵截面上的中间部分挖空形成空腹形式[图 4-1(c)]，同样可以达到节省材料和减轻自重的效果；挖空程度越大，材料越省，自重越轻；倘若大幅度挖空，中间剩下几根截面很小的连杆时，就成为所谓的“桁架”[图 4-1(d)]。涉及大跨度或重荷载时，特别是对于屋盖结构，桁架要比梁式结构更经济。

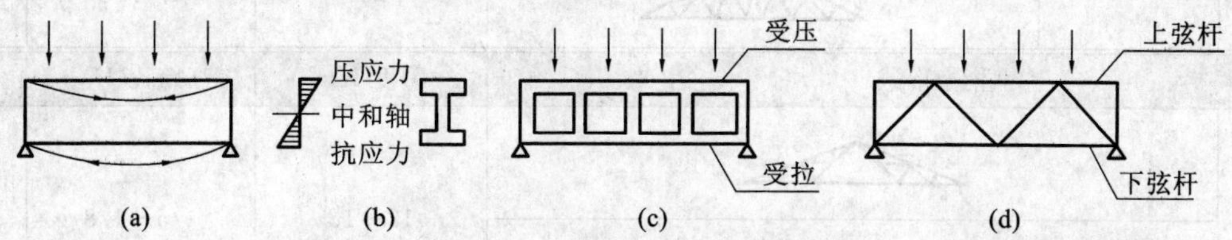

图 4-1 简支梁发展成桁架

由此可见，桁架是从梁式结构发展而来的，桁架实质是利用梁的截面几何特征的有利因素，即利用了构件截面的惯性矩 I 和抵抗矩 W 增大的同时，截面面积却减少。梁式构件截面的高度增大时，自重随之增加很多，但桁架却无此弊病，且桁架的上下弦之间距离越远越有利，适用于大跨结构。桁架结构应用范围很广，适用跨度范围(6～60m)也非常大，按照受力特点可分为平面桁架、立体桁架和空腹桁架。

4.1.2 平面桁架

平面桁架的外荷载与支座反力都作用在全部杆件轴线所在的结构平面内。桁架的杆件按三角形法则构成，为几何不变体系。桁架杆件相交的节点，一般都按铰接进行计算。

桁架杆件虽是轴向受力，但桁架总体仍摆脱不了弯曲的控制。在均布节点竖向荷载作用下，其上弦受压、下弦受拉，主要抵抗弯矩，而腹杆主要抵抗剪力。当荷载作用在节点上时，桁架的杆件内力与桁架的外形有着密切的关系。

桁架结构设计时，结构形式的选择需考虑受力的合理性和经济性，还需考虑屋面材料及坡度。屋面的防水材料将决定其最小的排水坡度。桁架结构的材料有木材、钢材、钢筋混凝土等，不同材料制造的桁架，其适用性能也会不同。根据以上因素，并结合建筑物的跨度、开间、荷载轻重等情况，选择桁架的形式。各类桁架的主要形式见表 4-1。

单跨桁架(跨度为 l)跨中高度 H 的大小直接影响桁架的刚度与经济性。当桁架高度 H 大时，虽弦杆受力小、变形小，但腹杆长细比大、易压曲、用料多。当高度 H 取值合理时，既能保证必要的刚度且又较经济，H 值一般为(1/15～1/10)l，详见表 4-1。

桁架沿其跨度划分为若干等份(个别为非等份)，每一份算为一个节间。为减少制作工作量与桁架的挠度、减少杆件与节点的数目，节间数目应减至最少限度，但节间杆长不宜过大，一般为 1.5～4m。

桁架为平面体系，出平面外容易失稳，因此需要在纵向设置空间支撑，由上弦水平支撑、下弦水平支撑及垂直支撑将上述桁架联结成稳定的空间体系。支撑一般设在有山墙房屋两端第二开间内，或无山墙(包括伸缩缝处无山墙)房屋两端第一开间内；房屋中部为每隔一定距离(小于等于 60m)设置一道，木屋架为每隔 20～30m 设置一道支撑。

表 4-1　　　　建筑平面形状的尺寸限值

钢筋混凝土桁架形式			跨度 l/m	高跨比 H/l	间距/m
组合屋架			12～15	1/6～1/7.5	
组合屋架		1:25 1:4	18	1/6.82	
钢筋混凝土桁架		1:12	18～24	1/6.32～1/7.74	
预应力混凝土桁架		1:15 1:5 1:15	18	1/6.43	
预应力混凝土桁架	折线形	1:2.5 1:4	18	1/6.82	
预应力混凝土桁架	折线形	1:2.5 1:4	24	1/7.08	

钢桁架形式	上弦节间数	H	跨度 l/m	高跨比 H/l	间距/m
芬克式			12～18	1/5～1/8	
下折式			12～18	1/5～1/8	
下折式			15～30	1/5～1/8	
梯形(1:15)	8	1	12	1/6～1/10	6
梯形(1:15)	10	1.2	15	1/6～1/10	6
梯形(1:15)	12	1.5	18	1/6～1/10	6
梯形(1:15)	16	1.8	24	1/6～1/10	6
梯形(1:15)	20	2.2	30	1/6～1/10	6
梯形 再分式			24～60	1/8～1/10	6
特殊形式					

4.1.3　立体桁架

平面钢桁架存在用钢量多、侧向刚度过小、支撑过多以及材料性能未尽其用的缺点，若使桁架本身具有足够的侧向刚度与稳定性，甚至简化或取消支撑，则能改善平面桁架的受力性能，由此便产生了立体桁架结构，如图 4-2 所示。立体桁架虽然是由空间立体交叉的杆件构成，但其受荷与传力仍是单向的，还不能称为“空间结构”。

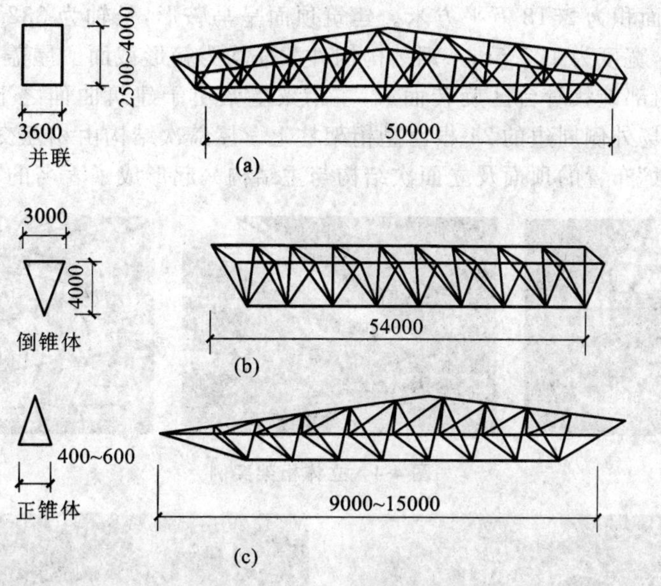

图 4-2 立体桁架

(a)北京军区体育馆;(b)内蒙古体育馆;(c)梭形桁架

立体桁架的最大优点是杆件少、能充分发挥材料性能、结构形式是立体的、平面外刚度大、自成稳定体系,利于吊装与使用。立体桁架省去了支撑构件,若再采用受力性能好的钢管杆件,则比平面桁架可省30%～50%钢材。如果节点采用钢管相贯连接,则会减少管材接头、节约用料。我国在球节点尚未普及前,由于制造平板型网架有困难,立体桁架具有相当显著的优越性。

立体桁架一般采用"一分为二"的办法构成,因此应避免杆件内力过小,由构造(长细比)要求决定截面尺寸,所以多应用于30～70m 的中大跨度结构体系中。对于9～15m 的小跨度,可采用梭形桁架结构。当建筑为长宽比 $L/B>1.5$ 的矩形平面时,采用立体桁架比较合理。

4.1.4 空腹桁架

由于使用上的需要,要在桁架高度内开门窗或在桁架高度内做设备层,需要设置穿行管道与人行道,或桁架暴露于室外需要适当的美观设计等原因,不允许桁架有斜腹杆而只设置竖腹杆,这种结构称为空腹桁架。无斜腹杆的空腹桁架,犹如镂空的梁,虽有桁架的形式,却与桁架不同。由于无斜腹杆,结构成了几何可变体,各杆相交的节点必须刚接,因此空腹桁架实质为刚架(图 4-3),各杆承受轴向力、弯矩与剪力。

空腹桁架可以是单层,也可以是多层,常用的跨度为15m、18m、24m、30m,高跨比和弧形屋架接近。它具有杆件少(无斜杆)、构造简单、节点配筋简单、施工方便、体型美观等优点,但一般在特殊需要下才采用。

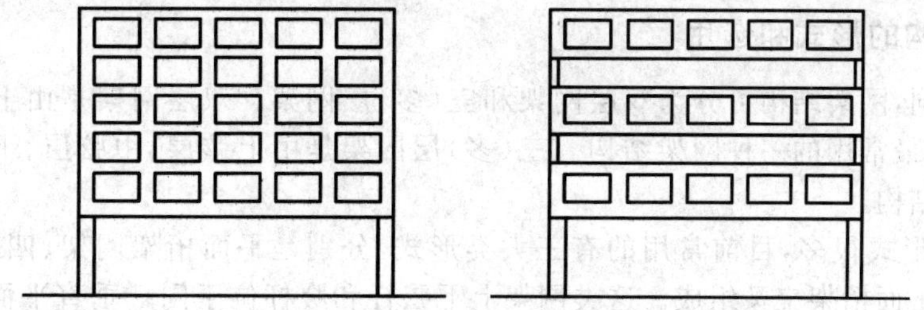

图 4-3 多层建筑的空腹桁架

4.1.5 建筑实例

桁架结构的构件简单、受力明确,尤其是立体桁架在大跨空间结构中有很好的经济效益与优良的力学性能,造型优美且施工方便,利于吊装和使用。如图 4-4 所示,其在火车站站台、机场航站楼等建筑中得到广泛应用。

在大型公共体育馆建筑中,桁架体系也有较多的应用。如图 4-5 所示,国家体育场是 2008 年北京奥运会的主体育场,工程建筑面积为2518万平方米。建筑顶面呈马鞍形,长轴为332.3m,短轴为297.3m,屋盖中间开洞长度为185.3m,宽度为127.5m。钢结构构件截面均为箱形截面。屋盖主结构由48榀高12 m的平面主桁架围绕体育场内部碗状看台区旋转而成,主桁架上弦位于建筑曲面之上,围绕屋盖中间的开口呈放射形布置,支撑在体育场外侧周边的24根巨型桁架柱上。屋盖次结构由相互交错且位于主结构上弦平面内的箱形构件组成,"任意"布置的顶面及立面次结构与主结构一起形成了著名的"鸟巢"建筑。

图4-4 立体桁架实例

图4-5 国家体育场桁架布置模型图和俯视图

4.2 网架结构

在形式众多的空间结构中,网架结构是当前发展最快的结构形式。它是将杆件按一定规律布置,通过节点连接而成的一种空间杆系结构。目前,网架结构中的杆件加工制作的机械化程度已经很高,并已全部工厂化,杆件之间的连接一般采用焊接或螺栓连接,非常适应建筑工业化、商品化的要求。网架结构的各杆件之间能够相互支撑、整体性强、稳定性好、空间刚度大,是一种良好的抗震结构形式,尤其对大跨度建筑其优越性更为显著。

4.2.1 网架结构的形式和选用

按弦杆层数的不同,网架结构可分为双层网架和三(多)层网架。双层网架是由上弦层、下弦层和腹杆层组成的空间结构,是最常用的一种网架结构。三(多)层网架是由上弦层、中弦层、下弦层、上腹杆层和下腹杆层等组成的空间结构。

双层网架结构的形式很多,目前常用的有三大类形式,分别是平面桁架网架、四角锥网架和三角锥网架。平面桁架网架由平面桁架交叉组成。这类网架上下弦杆和腹杆位于同一垂直平面内,一般可设计为斜腹杆受拉、竖杆受压,斜腹杆与弦杆夹角宜为40°～60°。如图4-6所示,常见的有四种形式,即两向正交正放网架、两向正交斜放网架、两向斜交斜放网架、三向网架。

四角锥体系网架是由许多四角锥按一定规律组成的,组成的基本单元为倒置四角锥。这类网架上下平面均为方形网格,下弦节点均在上弦网格形心的投影上,与上弦网格的四个节点用斜腹杆相连。若改变上下弦错开的平移值,或相对地旋转上下弦杆,并适当抽去一些弦杆和腹杆,即可获得各种形式的四角锥网架。如图4-7所示,常见的有六种形式,即正放四角锥网架、正放抽空四角锥网架、单向折线形网架、斜放四角锥网架、棋盘形四角锥网架、星形四角锥网架。

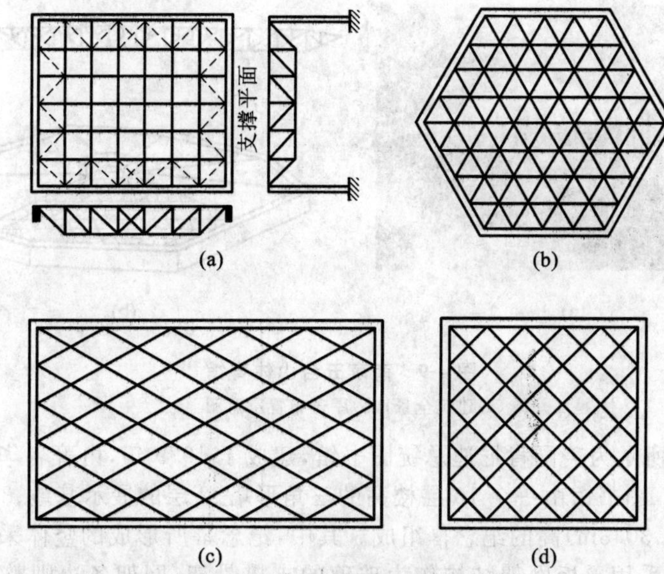

图 4-6 平面桁架系网架

(a)两向正交正放网架;(b)两向正交斜放网架;(c)两向斜交斜放网架;(d)三向网架

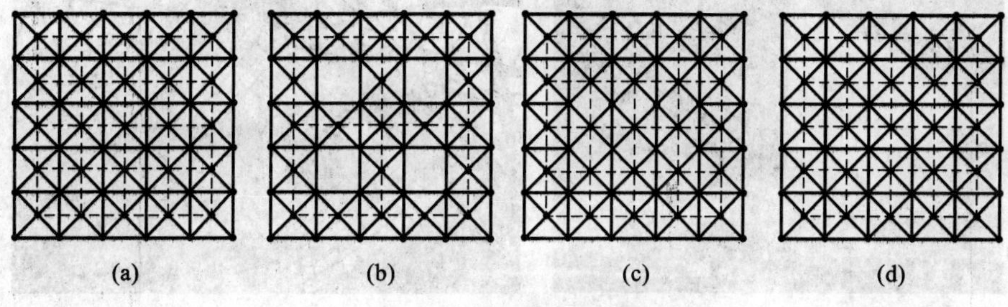

图 4-7 四角锥体系网架

(a)正放四角锥网架;(b)正放抽空四角锥网架;(c)单向折线形网架;(d)斜放四角锥网架

三角锥体系网架由倒置的三角锥组成,基本组成单元为三角锥。图 4-8(a)中锥底的三条边,即网架的上弦杆,组成正三角形,棱边即为网架腹杆,锥顶用杆件相连,即为网架下弦杆。三角锥体是组成空间结构几何不变的最小单元。随三角锥体布置不同,可获得各类三角锥网架,如图 4-8 所示,常见的有三种形式,即三角锥网架、抽空三角锥网架和蜂窝形三角锥网架。

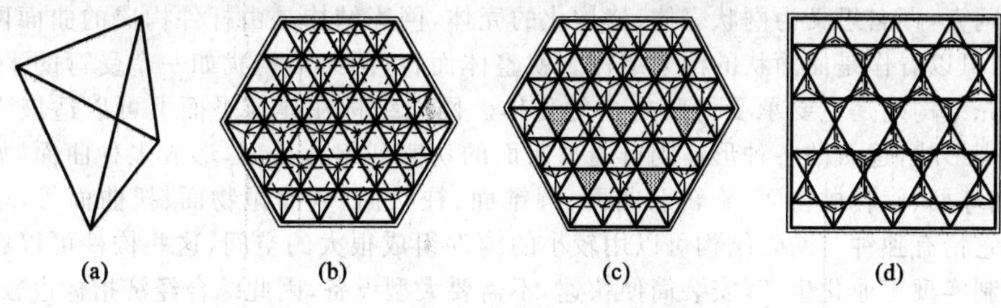

图 4-8 三角锥体系网架

(a)三角锥单元;(b)三角锥网架;(c)抽空三角锥网架;(d)蜂窝形三角锥网架

钢结构管桁架大贝壳施工动画

4.2.2 建筑实例

图 4-9 所示为南京五台山体育馆,其建筑面积为 17930m²,可容纳观众 8000 余人,分 36 个观赏区。该馆为长八角形平面,宽 76.8m、长 88.6m。如图 4-9 所示,屋顶采用三向交叉桁架平板网架,网架高 5m,采用钢管杆件球节点组装而成,网架周边支撑在外圈钢筋混凝土柱上。

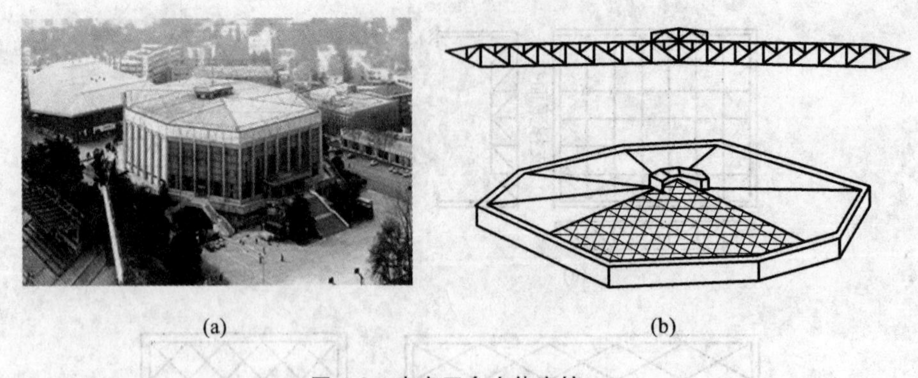

(a) (b)

图 4-9 南京五台山体育馆

(a)建筑全景;(b)屋盖布置示意图

图 4-10 所示为美国肯尼迪总统图书馆,建成于 1979 年,由著名华裔设计师贝聿铭主持设计。图书馆由一个 10 层楼高的三角形塔、2 层的展示基地、300 座的剧院和 110ft(1ft=0.3048m)高的纪念幕组成。其中,纪念幕所形成的竖体采用玻璃幕墙围合而成,幕墙采用平板网架结构作为玻璃的支撑骨架,网架各边则整体固定在结构主体外侧。

图 4-10 美国约翰·肯尼迪图书馆

4.3 网壳结构

网壳结构图

网壳,顾名思义为网状壳体、格构化的壳体,网壳结构是由杆件构成的曲面网格结构,可以看作是曲面状的网架结构。就整体而言,网架结构犹如一个受弯的平板,而网壳结构则是主要承受薄膜内力的壳体。网壳结构在建筑平面上可以适应多种不规则形状,建筑的各种形体则可通过曲面的切割和组合得到,形成多种曲面,如球面、椭球面、旋转抛物面、旋转双曲面、圆锥面、柱状面、双曲抛物面、扭曲面等,建筑师对它情有独钟。网壳结构可以用较小的构件组成很大的空间,这些构件可以在工厂预制实现工业化生产,安装简便快速,不需要大型设备,因此综合经济指标也较好。

4.3.1 网壳结构的形式和选用

网壳结构按网壳本身的构造可分为单层网壳和双层网壳。典型几何曲面网壳包括球面网壳、柱面网壳(筒网壳)、椭圆抛物面网壳(双曲扁网壳)、双曲抛物面网壳(鞍壳和扭壳)等。

(1)柱面网壳

柱面网壳的外形是圆柱面筒形,覆盖的平面为矩形,横向短边为端边(B),纵向长边为侧边(L)。如图 4-11所示,单层柱面网壳按照网格的形式划分为单向斜杆正交正放网格型、交叉斜杆正交正放网格型、联方网格型和三向网格型。

柱面网壳矢跨比越大，水平推力越小，所围合的建筑空间越大。对于两端支承的圆柱面网壳，矢高可取宽度的 1/6～1/3；而沿纵向边缘落地支承的，矢高可取为宽度的 1/5～1/2。双层圆柱面网壳的厚度可取为跨度的 1/50～1/20。

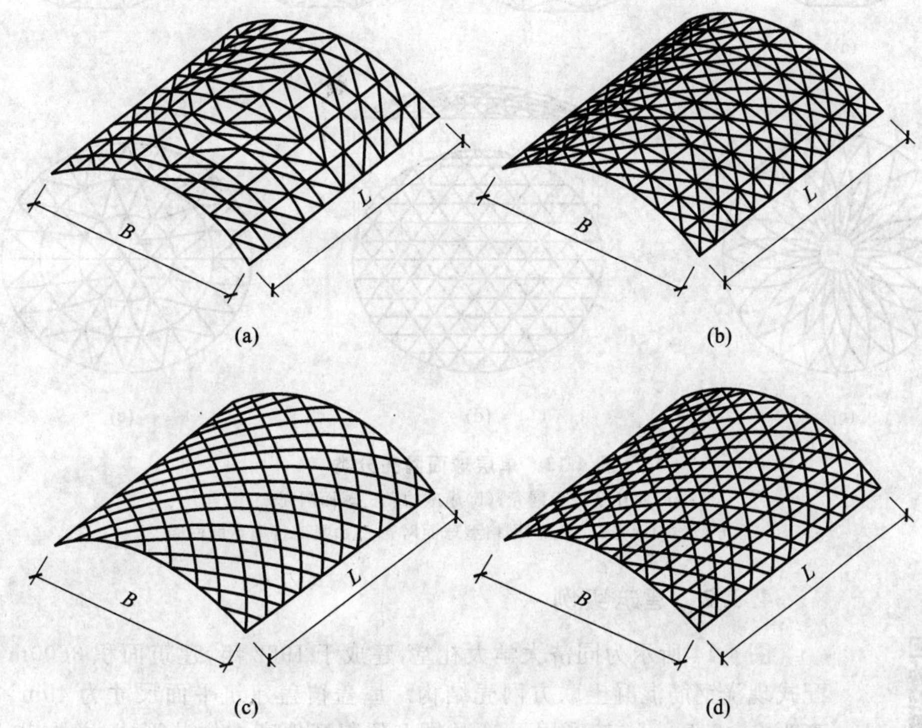

图 4-11　单层柱面网壳形式

(a)单向斜杆正交正放网格；(b)交叉斜杆正交正放网格；(c)联方网格；(d)三向网格

有时为了提高整体稳定性和刚度，可将单层柱面网壳部分区段变为双层柱面网壳。双层柱面网壳的形式主要有交叉桁架体系和角锥体系，如图 4-12 所示。

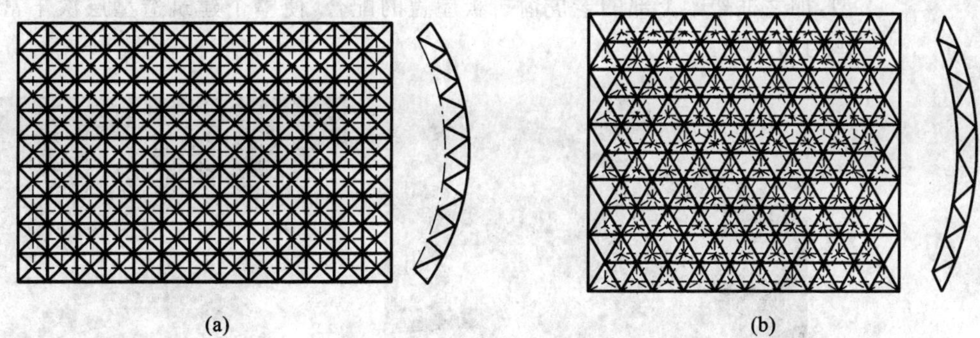

图 4-12　双层柱面网壳形式

(a)正放四角锥柱面网壳；(b)三角锥柱面网壳

圆柱面网壳结构适用于建筑平面为方形或接近方形的矩形平面。对于两端支承的圆柱面网壳，其建筑平面的宽度 B 与跨度 L 之比宜小于 1.0，即 $B/L<1$。对于单层圆柱面网壳，当支承在两端的横隔时，其跨度 L 不宜大于 30m；当纵向边缘落地支承时，其跨度不宜大于 25m。

(2)球面网壳

球面网壳可分单层球面网壳和双层球面网壳两大类。按照网格形式划分，单层球面网壳可以分为肋环型球面网壳、施威德勒(Schwedler)型(肋环斜杆型)球面网壳、联方型球面网壳、三向网格型球面网壳、凯威特型球面网壳，如图 4-13 所示。

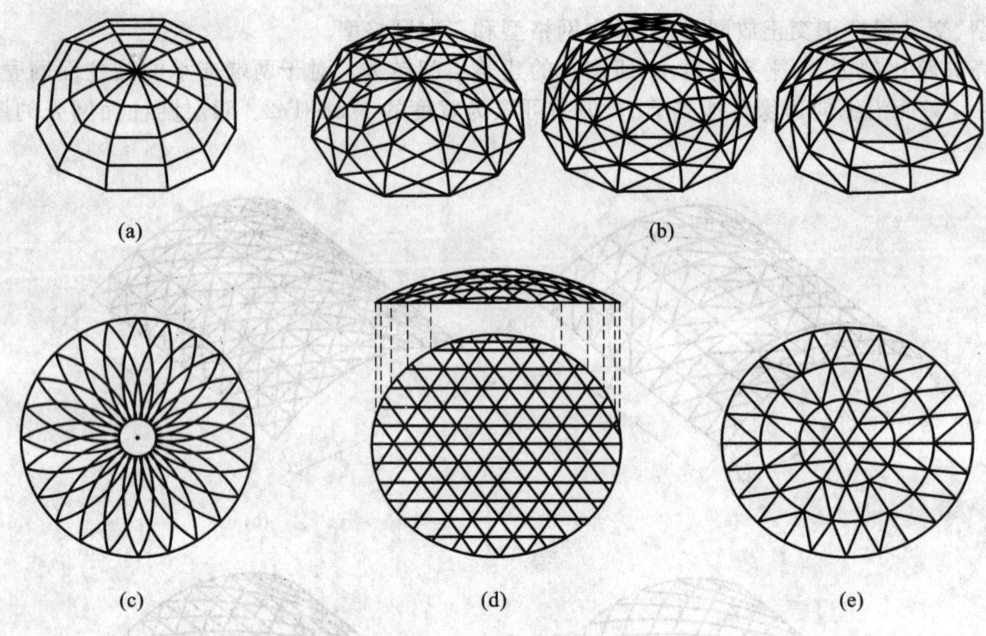

图 4-13 单层球面网壳分类

(a)肋环型球面网壳;(b)施威德勒型球面网壳;
(c)联方型球面网壳;(d)三向网格型球面网壳;(e)凯威特型球面网壳

4.3.2 建筑实例

顶壳吊装动画

图 4-14 所示为同济大学大礼堂,建成于 1962 年,建筑面积 3600m²,屋盖采用装配式现浇钢筋混凝土联方网壳结构。屋盖覆盖建筑平面尺寸为 40m×56m,网壳矢高为 8~8.5m,施工采用钢筋混凝土预制杆件高空拼装形式,并在节点采用现浇混凝土形式。网壳屋盖以跨度方向为支座,屋面荷载分别由联方网格型网壳的两个斜向拱的方向向下传递,落到建筑两侧的框架梁上。框架梁下设框架柱,并在框架梁外侧设斜柱墩辅助支承结构,最终将荷载传递给基础。该设计在造型上将单层筒网壳结构形成的屋盖拱形曲线延续至地面,并借助设置的若干斜柱墩与其形成序列造型,加之框架梁上部的老虎窗折板屋盖的配合,使整个建筑造型层次丰富、充满韵律感与力度美。

(a)

(b)

图 4-14 同济大学大礼堂

(a) 外景;(b) 内景

图 4-15 所示为中国国家大剧院,由法国著名设计师保罗·安德鲁设计。其位于北京长安街上,整个建筑造型简洁纯粹,仿佛一枚晶莹的巨蛋漂浮在人工湖面上。建筑占地 11.89 万平方米,总建筑面积为14.95 万平方米。大剧院地上部分被一重达 67.0t 的巨大穹顶覆盖,穹顶东西轴跨度为 212m、南北轴跨度为 144m,高46.28m,采用钢结构球形网壳,整体固定在地面环梁上。网壳主要为双层肋环型网格。

(a)

(b)

图 4-15　国家大剧院

(a)国家大剧院外景；(b)国家大剧院施工场景

4.4　悬索结构

4.4.1　悬索结构的构成与特点

悬索屋盖由索网、边缘构件、支承结构三部分组成，如图 4-16 所示。索网的网格尺寸(即索的间距)一般为 1～2m，普遍采用的钢索为钢绞线。边缘构件多是钢筋混凝土构件，可以是梁、拱或桁架等结构构件。支承结构则可以是钢筋混凝土的立柱或框架结构，采用立柱支承时，有时还要采取钢缆锚拉的设施。

悬索结构图

可以看出，边缘构件是悬索结构的边框，是悬索结构形式和屋盖建筑造型的关键所在。而索网就好像蒙在边缘构件上的一张蒙皮。

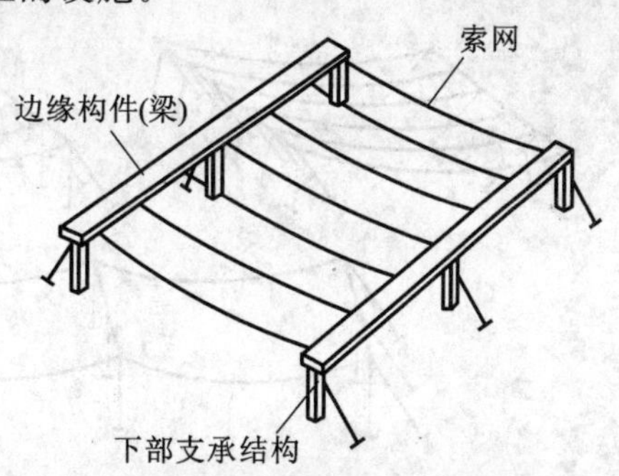

图 4-16　悬索屋盖的组成

索网是一中心受拉构件，其抗弯刚度可以完全不计。它的形状随荷载性质的不同而改变。当索没有外加荷载仅有自重作用时，它处于自然悬挂状态。当索受集中力 P 的作用时，它便会立即形成悬吊折线形，如图 4-17 所示。因此悬索的合理轴线形状随荷载作用方式而变化，与其相应简支梁弯矩图相似。悬索支座的水平力 H 的方向是向外的(拉力)，H 值的大小与索的下垂度 y 成反比。当荷载及跨度一定时(即 M_0 一定时)，y 越小，H 越大。

悬索结构是一种受力比较合理的建筑结构形式，将悬索结构与简支梁两者的受力情况进行对比，就可以看出这种合理性。简支梁在竖向荷载作用下，上纤维压应力的合力与下纤维拉应力的合力组成了截面的内力矩，合力间的距离即为内力臂，它总在截面高度的范围内，因此要提高梁的承载能力，就意味着要增加梁的高度。但在悬索结构中，钢索在自重下就自然形成了垂度，由索中拉力与支承水平力间的距离构成的内力臂，总在钢索截面范围以外，增加垂度也就加大了力臂，从而可以有效地减少索中拉力和钢索截面面积。

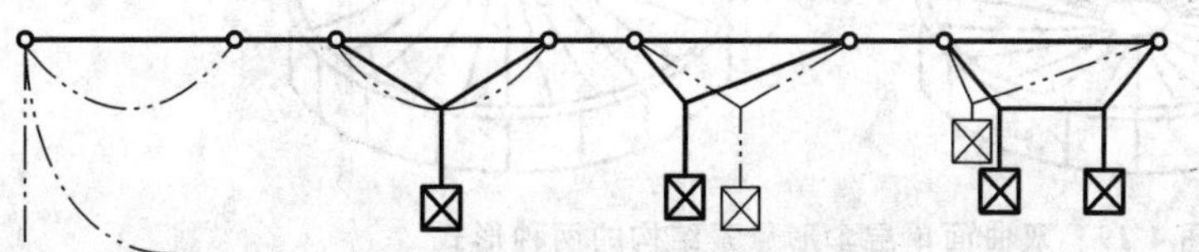

图 4-17　悬索在不同荷载下的变形

由于钢索自重很小,屋面构件一般也较轻,因而给施工架设带来了很大的方便。安装时不需要大型起重设备,施工时不需要脚手架,也不需要模板。这些都有利于加快施工进度,降低工程造价。因而,其与其他结构形式比较,施工费用相对较低。

悬索结构由于索网布置灵活,便于建筑造型,能适应多种多样的平面形状和外形轮廓,因而能较自由地满足各种建筑功能和表达形式的要求,使建筑与结构可以得到较完善的结合。这也是建筑师们乐于采用这种结构形式的重要原因。

4.4.2 悬索结构的主要形式

悬索结构的形式很多,根据索网、边缘构件和下部支承结构的不同配置,可以构成一系列形式各异的悬索结构。如果将悬索结构和其他结构形式结合,又可以进一步派生出许多形式新颖的结构体系。

(1)单层悬索结构

单层悬索结构由一系列按一定规律布置的单根悬索组成,悬索两端锚挂在稳固的支承结构上。单层悬索结构又根据所适用的建筑平面的不同,分为单曲面单层悬索结构和双曲面单层悬索结构。

单曲面单层悬索结构形成下凹的单曲率曲面,一般用于矩形平面的单跨建筑,有时也可用于多跨建筑或非矩形平面的个别工程中。它由许多平行的单根拉索组成,拉索两端悬挂在稳定的支承结构上,也可设置专门的锚索或端部水平结构来承受悬索的拉力,如图4-18所示。

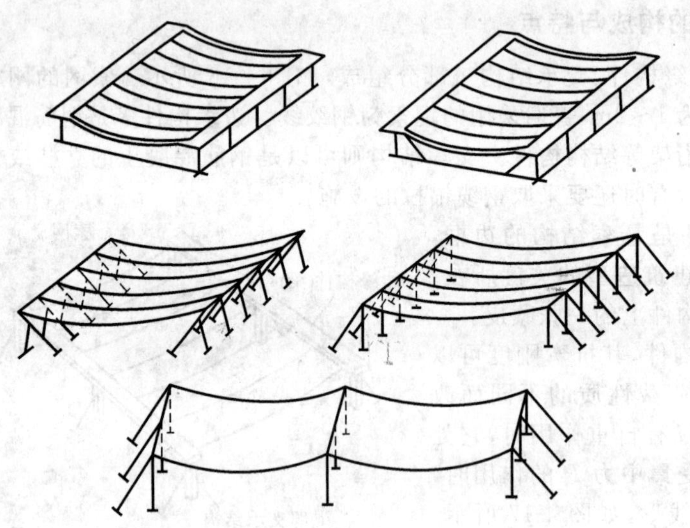

图4-18 单曲面单层悬索结构的几种形式

这种悬索结构的表面呈圆筒形,拉索两端支点可以等高,为了排水也可做成不等高。这种平行拉索体系常呈平面受力状态,索中拉力值与跨中垂度成反比。对于一定跨度的悬索结构,如垂度太小则曲面扁平,索中拉力将过大;如垂度太大则索中拉力减少,但支承结构的高度将随之增大。因此,适宜的垂跨比一般取为1/20～1/10。

双曲面单层悬索结构,常用于圆形平面的建筑,钢索由圆心向四周按辐射状布置,屋面形成一个下凹的旋转面。悬索支承在周边构件——受压圈梁上,中心可设置受拉的内环。显然,下凹的屋面不便于排水。所以,当房屋的中央容许设置支柱时,可利用支柱升起为悬索提供中间支承,形成伞形悬索结构,如图4-19所示。

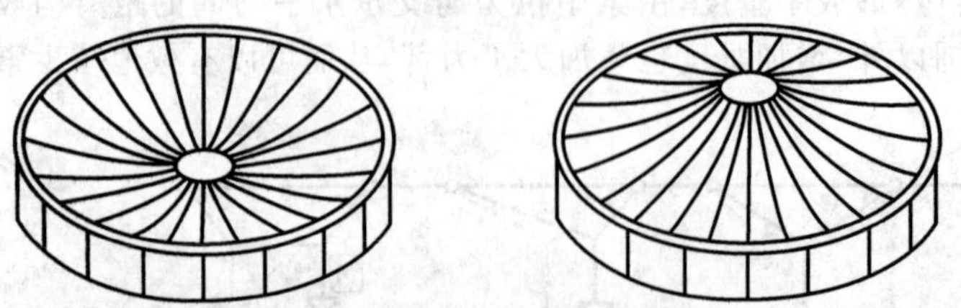

图4-19 双曲面单层伞形悬索结构的两种形式

在这一体系中,受拉内环采用钢制结构,充分发挥钢材的抗拉强度;受压外环一般采用钢筋混凝土结构,充分利用混凝土的抗压强度,材尽其用,经济合理,因而双曲面单层悬索结构可比单曲面单层悬索结构做到更大跨度。

然而,单层悬索结构的稳定性不好,所谓稳定性不好,一方面是悬索为一种可变体系,其平衡形式随荷载分布方式而变,另一方面是单层悬索结构的抗风能力较差。为使单层悬索体系屋盖具有必要的稳定性,一般须采用重屋面。利用较大的均布恒载使悬索始终保持较大的张紧力,以加强维持其原始形状的能力,同时较大的恒载也能较好地克服风力的卸载作用。但与此同时,重屋面使悬索的截面增大,支承结构的受力也相应增大,从而影响经济效果。

(2)双层悬索结构

解决悬索屋盖稳定性问题更有效的办法就是采用双层索系,与单层悬索结构一样,双层悬索结构也分为单曲面双层悬索结构和双曲面双层悬索结构。

单曲面双层悬索结构是在平行拉索体系的基础上增设一层反向曲率的钢索构成的。下凹曲面为承重索,上凸曲面为稳定索,每对承重索和稳定索一般位于同一竖平面内,二者之间通过受拉钢索或受压撑杆连接,构成犹如屋架形式的平面体系,常称为索桁架。图 4-20 所示为单曲面双层悬索结构的一些可能形式。

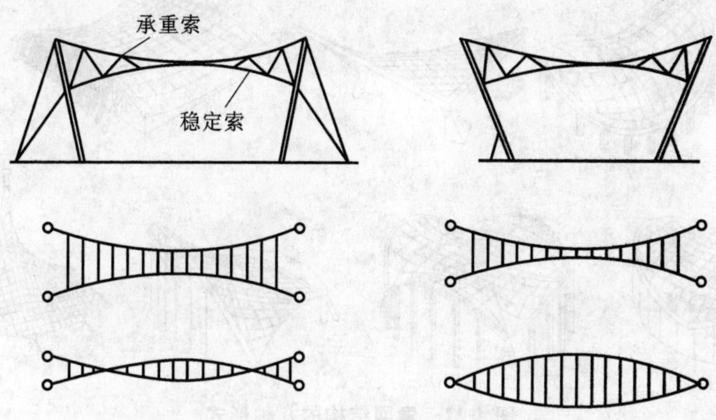

图 4-20 单曲面双层悬索结构的几种形式

设置稳定索不只是为了抵抗风吸力的作用。由于设置相反曲率的稳定索和相应的系杆,就有可能对体系施加预应力,使承重索和稳定索内始终保持足够大的拉紧力,提高了整个体系的稳定性。此外,由于存在预张力,稳定索能同承重索一起抵抗竖向荷载的作用,从而提高整个体系的刚度。它多用于矩形平面的单跨建筑。

双曲面双层悬索结构是在双曲面单层悬索结构的基础上,增设一层按辐射状布置的稳定索而形成的,其周围支承在周边构件(一道或两道受压圈梁)上,中心则设置受拉内环,如图 4-21 所示。由于增设了一层稳定索,屋面刚度进一步提高,抗风、抗震性能有所增强,这为悬索结构采用轻型屋面提供了条件。这也是在圆形平面建筑中应用较多的一种悬索结构。

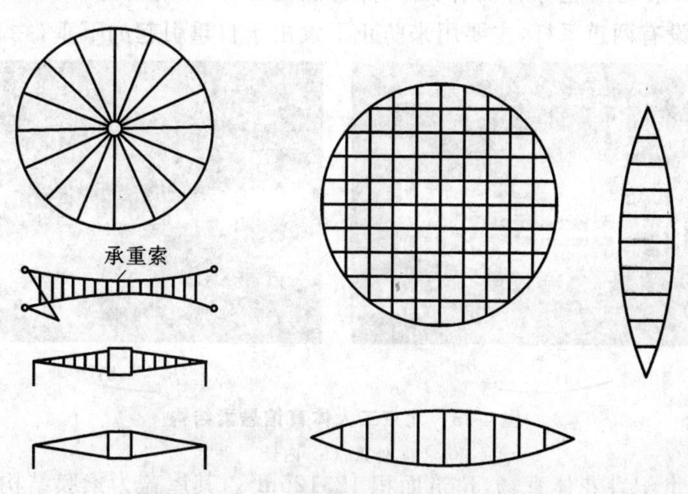

图 4-21 双曲面双层悬索结构的几种形式

(3)索网结构

索网结构通常是由两组相互正交、曲率相反的钢索直接交叉组成的,这种索网形成由正、负高斯曲率构成的双曲抛物面,所以也常被称为鞍形索网。两组钢索中,下凹者为承重索(主索),上凸者为稳定索(副索),两组钢索在交点处相互连接。

索网的周边构件受力较大,即使做成曲线形状,也常会产生相当大的弯矩,因而需要有强大的截面。其实,边缘构件除用以锚固索网,承受索网轴力引起的压力和弯矩的作用外,还可以通过调整边缘构件的结构形式,获得建筑造型多样化的效果。

对索网结构必须施加预应力,以提高体系的稳定性和刚度。由于存在曲率相反的两组索,对其中任意一组或同时对两组进行张拉,均可实现预应力。不难看出,索网结构的工作原理同双层索系极为相似。当预应力值足够大时,索网结构具有相当好的稳定性和刚度,因而可采用轻屋面。鞍形索网体系形式多样(图 4-22),易于适应各种建筑功能和建筑造型方面的要求,屋面排水也较易处理,再加上前面谈到的工作性能上的优点,使这种结构体系在近年来获得了相当广泛的应用。

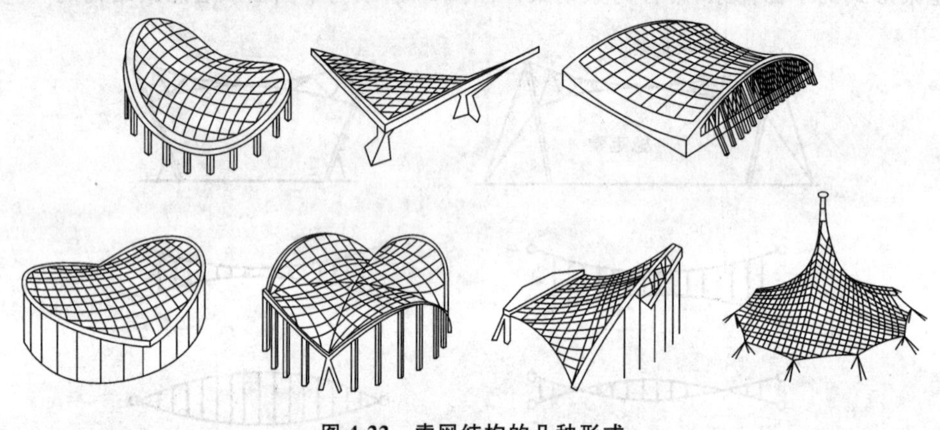

图 4-22 索网结构的几种形式

4.4.3 建筑实例

悬索结构以钢索作为主要的承重构件,能够充分地利用材料的强度,利用钢索特殊的材料特性,可以建造出造型各异的建筑,且索网结构施工方便,在大型体育结构中有广泛的应用。

图 4-23 所示为北京工人体育馆,建筑面积 42000m²。其屋盖为圆形平面,直径 94m,采用车辐式双层悬索体系,主要由双层索、中心钢环和周边混凝土环梁三部分组成。下索采用 72Φ5mm 平行钢丝束,共 144 根,垂跨比为 1/15.7;上索采用 40Φ5mm 平行钢丝束,共 144 根,拱跨比为 1/19。为尽量减小对环梁截面的削弱,上下索在平面上相间布置。中心钢环直径 16m,高 11.0m,由钢板和型钢焊成,承受由于索力作用而产生的环向拉力,并在上下索之间起撑杆的作用。周边混凝土环梁截面为 2m×2m,主要承受轴压力(达 23000kN)。上下索之间设有两道系杆,主要用来防止下索由于自重引起的下垂,并非受力构件。

(a) (b)

图 4-23 北京工人体育馆悬索结构

(a)外景;(b)内景

图 4-24 所示为佛山世纪莲花体育场,建筑面积 123125m²。其屋盖为索膜结构,设计标高为 49m,内环

拉索设计标高约为 36m，索膜结构展开面积约为 $72482m^2$，该体育场屋盖索网的平面布置如图 4-24 所示。屋盖索膜结构由外环和内环组成，外环外径为 310m，包括上压环、下压环和腹杆，均为钢构件；内环外径为 125m，为 10 根全封闭钢绞线(直径小于 90mm)。外环钢结构与内环拉索在径向通过 40 根脊索相连，而谷索、脊索之间又通过悬挂索相连。该屋盖结构通过 40 根预应力钢筋混凝土立柱与下部结构相连。

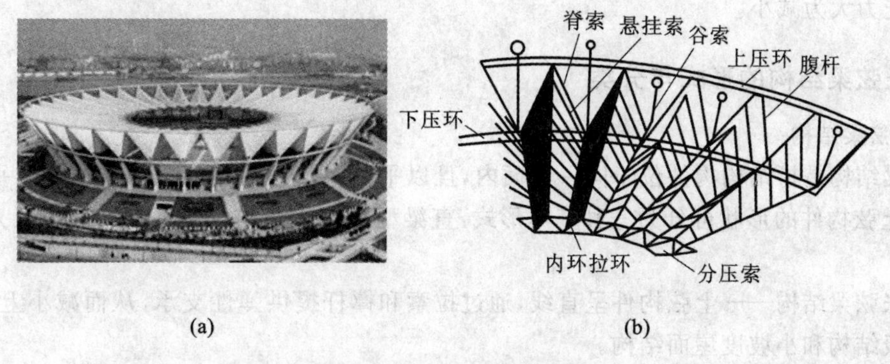

图 4-24 佛山世纪莲花体育场屋盖索网结构

(a) 外景；(b) 结构构件示意图

4.5 张弦梁结构

4.5.1 张弦梁结构的构成与特点

张弦梁结构最早是由日本大学教授 M. Saitoh 提出的，是一种区别于传统结构的新型杂交屋盖体系。张弦梁结构是一种由刚性构件上弦、柔性拉索、中间连以撑杆形成的混合结构体系，其结构组成是一种新型自平衡体系，是一种大跨度预应力空间结构体系，也是混合结构体系发展中的一个比较成功的创造性体系。张弦梁结构体系简单、受力明确、结构形式多样，充分发挥了刚柔两种材料的优势，具有良好的应用前景。

张弦梁结构(图 4-25)上弦刚性构件可以是实腹式梁，也可以是格构式桁架，据此对不同的张弦梁结构可称作张弦梁或张弦桁架。当梁或桁架的轴线为曲线并且支座可以提供水平约束时，又可称之为索拱体系。目前此类索拱体系的工程应用发展较为快速。

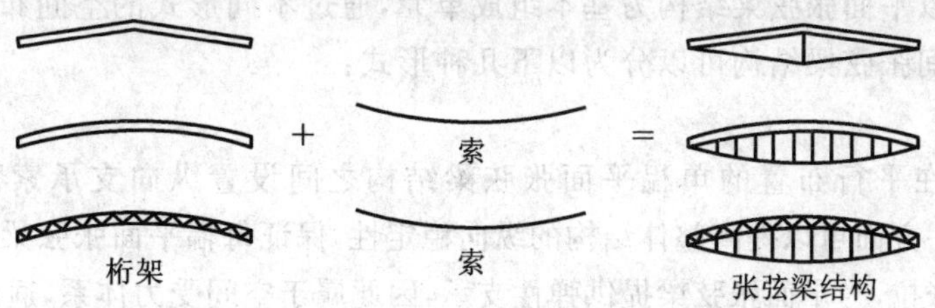

图 4-25 张弦梁结构的基本构成

目前，普遍认为张弦梁结构的受力机理为通过在下弦拉索中施加预应力使上弦压弯构件产生反挠度，使结构在荷载作用下的最终挠度得以减少，而撑杆对上弦的压弯构件提供弹性支撑，改善结构的受力性能。一般上弦的压弯构件采用拱梁或桁架拱，在荷载作用下拱的水平推力由下弦的抗拉构件承受，减轻拱对支座产生的负担，减少滑动支座的水平位移。由此可见，张弦梁结构可充分发挥高强索的强抗拉性能，从而改善整体结构受力性能，使压弯构件和抗拉构件取长补短，协同工作，达到自平衡，充分发挥了每种结构材料的作用。

所以，张弦梁结构在充分发挥索的受拉性能的同时，由于具有抗压抗弯能力的桁架或拱而使体系的刚度和稳定性大为加强，并且由于张弦梁结构是一种自平衡体系，使得支撑结构的受力大为减少。

张弦梁结构在保证充分发挥索的抗拉性能的同时，由于引进了具有抗压和抗弯能力的桁架或梁而使体系的刚度和稳定性大为增强;桁架或梁与张拉的索构成的受力体系,实际上不存在整体失稳的可能性,因而其强度可以得到充分利用,而不似单独工作的桁架或梁那样需要有特别大的截面;张弦梁结构是体外布索的预应力梁或桁架,通过预应力改善结构的受力性能;张弦梁结构与预应力双索体系(由承重索、相反曲率的稳定索及两者之间的联系杆共同组成的平面预应力体系)比较,张弦梁结构所需的预拉力要小得多,因而使支承结构的受力大为减小。

4.5.2 张弦梁结构的形式与分类

(1)平面张弦梁结构

平面张弦梁结构是指结构构件位于同一平面内,且以平面内受力为主的张弦梁结构。平面张弦梁结构(图 4-26)根据上弦构件的形状可分为三种基本形式:直梁型张弦梁结构、拱形张弦梁结构、人字拱形张弦梁结构。

①直梁型张弦梁结构——上弦构件呈直线,通过拉索和撑杆提供弹性支承,从而减小上弦构件的弯矩,主要适用于楼板结构和小坡度屋面结构。

②拱形张弦梁结构——具有拉索和撑杆为上弦构件提供弹性支承以减小拱上弯矩的特点,此外,由于拉索张力可以与拱推力相抵消,一方面充分发挥了上弦拱的受力优势,另一方面充分利用了拉索抗拉强度高的优点,适用于大跨度甚至超大跨度的屋盖结构。

③人字拱形张弦梁结构——主要用下弦拉索来抵消人字拱两端推力,通常其起拱较高,所以适用于跨度较小的双坡屋盖结构。

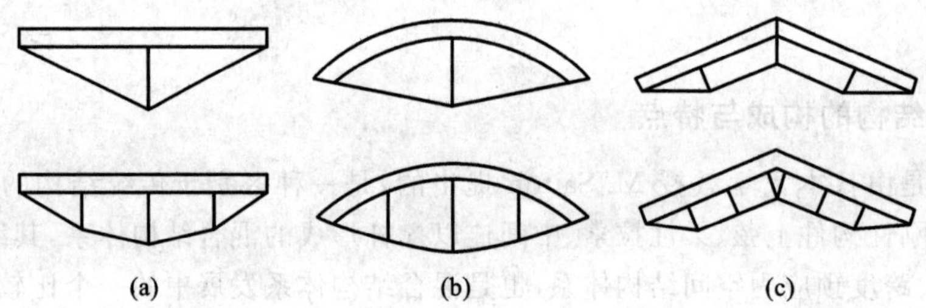

图 4-26 平面张弦梁结构的基本形式

(a)直梁形张弦梁结构;(b)拱形张弦梁结构;(c)人字拱形张弦梁结构

(2)空间张弦梁结构

空间张弦梁结构是以平面张弦梁结构为基本组成单元,通过不同形式的空间布置所形成的以空间受力为主的张弦梁结构。空间张弦梁结构可以分为以下几种形式:

①单向张弦梁结构。

单向张弦梁结构是在平行布置的单榀平面张弦梁结构之间设置纵向支承索而形成的空间受力体系(图 4-27)。纵向支承索一方面可以提高整体结构的纵向稳定性,保证每榀平面张弦梁的平面外稳定,另一方面通过对纵向支承索进行张拉,为平面张弦梁提供弹性支承,因此属于空间受力体系,适用于矩形平面的屋盖。

②双向张弦梁结构。

双向张弦梁结构是由单榀平面张弦梁结构沿纵横向交叉布置而成的空间受力体系(图 4-28)。该体系属于纵横向受力的空间受力体系,适用于矩形、圆形及椭圆形等多种平面的屋盖。

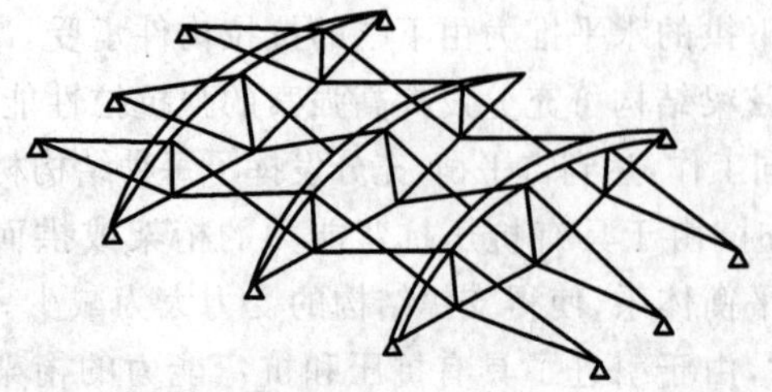

图 4-27 单向张弦梁结构

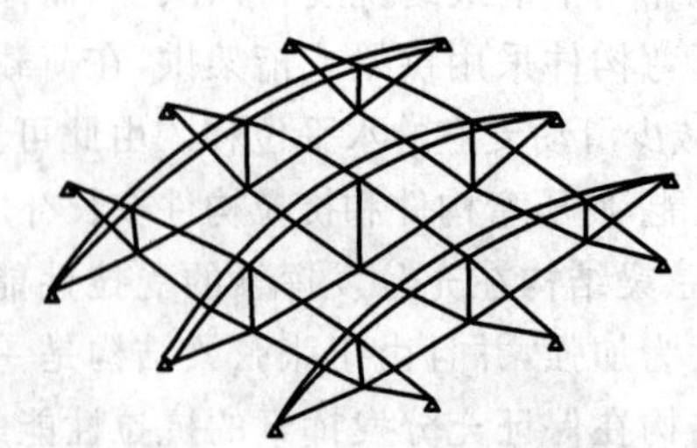

图 4-28 双向张弦梁结构

③多向张弦梁结构。

多向张弦梁结构是将平面张弦梁结构沿多个方向交叉布置而成的空间受力体系(图 4-29)。该结构形式适用于圆形平面和多边形平面的屋盖。

④辐射式张弦梁结构。

辐射式张弦梁结构是由中央按辐射状放置上弦梁(拱),梁下设置撑杆用环向索或斜索连接而形成的空间受力体系(图 4-30),适用于圆形平面或椭圆形平面屋盖。

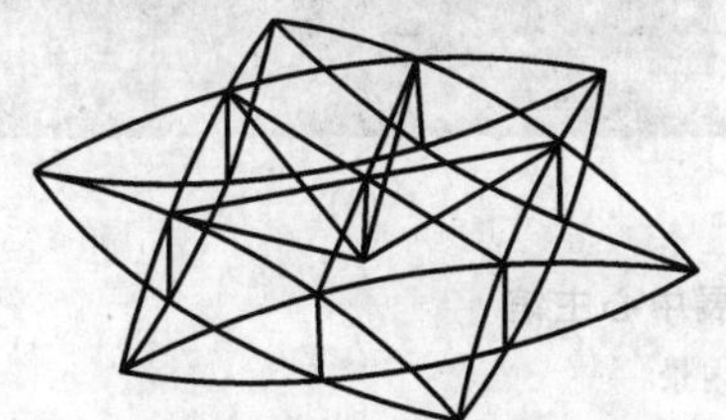

图 4-29　多向张弦梁结构

图 4-30　辐射式张弦梁结构

从目前已建工程来看,张弦梁结构的上弦构件通常采用实腹式构件(包括矩形钢管、H 型钢等)、格构式构件(平面桁架或立体桁架)等。从构件材料上看,上弦构件基本采用钢构件,也有采用混凝土构件的;撑杆通常采用圆钢管;下弦拉索以采用高强半平行钢丝束居多,少数项目中采用钢绞线。

从结构形式来看,张弦梁结构的工程应用大多采用平面张弦梁结构。其原因是平面张弦梁结构的形式简洁,建筑师乐于采用。

4.5.3　建筑实例

1999 年建成的上海浦东国际机场航站楼工程,是国内首次采用张弦结构的工程,其进厅、售票大厅、商场和登机廊 4 个单体建筑均采用张弦梁屋盖体系,其中售票大厅的张弦梁屋盖跨度最大(图 4-31),水平投影跨度达 82.6m,每榀张弦梁纵向间距为 9m,跨中高度为 11m,两端分别支承在钢斜柱和混凝土框架上。该张弦梁结构上下弦均为圆弧形,上弦构件由 1 根矩形管和 2 根方管组成(其中主弦为 400mm×600mm 焊接矩形钢管,两侧副弦为 300mm×300mm 方钢管,主副弦之间以短钢管相连),腹杆为 325mm 圆钢管,下弦拉索采用 5×24*l* 平行钢丝束。

(a)

(b)

图 4-31　上海浦东国际机场航站楼

(a) 外景;(b) 内景

哈尔滨国际会议展览体育中心主馆(图 4-32)总建筑面积约为 22 万平方米,由国际展览中心、综合训练馆及体育馆组成。哈尔滨会展主馆中部全长 510m,由相同的 35 榀张弦桁架(跨度为 128m,跨中高度为 14m)覆盖,桁架间距为 15m,共分成 5 个矩形空间。每榀张弦桁架重约 145t,上弦为倒三角形拱形桁架,采用 Q345 无缝钢管,下弦为直径 180mm 的 3977mm 高强度低松弛镀锌钢丝束(抗拉强度为 1570MPa),外包 PE 护套。上弦桁架跨中最大初始反拱值为 98.8mm,在荷载作用下的最大跨中位移为 520mm。屋盖结构的折合用钢量为 67kg/m^2。

(a) (b)

图 4-32 哈尔滨会展中心主馆

(a)外景;(b)内景

知识归纳

(1)桁架结构根据受力特点不同可分为平面桁架、立体桁架和空腹桁架。桁架结构选型时,应考虑其受力的合理性、屋面材料和坡度材料的选用,并结合建筑物的跨度、开间和荷载的大小,选择合理的桁架形式。

(2)网架是由按一定规律布置的杆件,通过节点铰接而成的空间多向桁架结构。网架结构的各杆件之间起相互支撑作用,因此整体性强,稳定性好,空间刚度大,是一种抗震性能优越的结构形式,尤其对大跨度建筑,其优越性更为显著。在节点荷载作用下,网架的杆件主要承受轴力,能够充分发挥材料的强度,因此比较节省钢材。

(3)网壳,即为网状壳体,是格构化的壳体。网壳结构是由杆件构成的曲面网格结构,可以看作是曲面状的网架结构。网壳根据其构造可分为柱面网壳、球面网壳等形式,通过精心设计可使网壳主要承受压力,受力合理,且形式美观,施工方便,在实际工程中有较多的应用。

(4)悬索屋盖的组成包括索网、边缘构件、支承结构三部分。悬索结构的主要结构形式有单层悬索结构、双层悬索结构和索网结构。悬索结构充分利用了材料强度,其施工方便且造型多样化,在大跨建筑中获得了广泛的应用。

(5)张弦梁结构是一种由刚性构件上弦、柔性拉索、中间连以撑杆形成的混合结构体系,其结构组成是一种新型自平衡体系,属预应力大跨钢结构形式。张弦梁结构主要包括平面张弦梁结构和空间张弦梁结构。

独立思考

4-1 桁架结构分为哪几种?各有什么特点?

4-2 双层网架可以分为哪三大类?

4-3 网架和网壳结构之间有什么区别和联系?

4-4 悬索结构在大跨建筑中应用广泛,作为结构体系它有哪些特点?

4-5 张弦梁结构的结构形式有哪几种?

4-6 国内外有哪些著名的建筑选用了空间张弦梁结构?

5 建筑材料

课前导读

内容提要

本章主要内容包括材料的基本力学性能指标，包括强度、变形、弹塑性和延性等；介绍了混凝土和建筑用钢的物理力学性能，钢筋与混凝土黏结的受力性能及其共同工作对混凝土结构与构件的影响，以及砌体的组成与力学性能。本章的教学重点为混凝土、建筑用钢、砌体材料的基本力学性能，教学难点为混凝土的变形。

能力要求

通过本章的学习，学生应了解材料的基本力学性能指标以及各个指标的含义，了解混凝土强度及荷载作用下混凝土的变形情况，熟悉建筑用钢的种类以及各种砌体的类别，具有建筑设计过程中熟悉使用建筑材料的能力。

数字资源

5分钟看完本章

5.1 材料的基本力学性能指标

建筑物的梁和柱等构件一般由固体材料制成。固体材料具有抵抗破坏的能力,但这种能力又是有限度的,称为材料的强度。在外力作用下,固体材料的尺寸和形状会发生变化,称为变形。

(1)内力与应力

构件因受外力作用而变形,其内部各部分之间因相对位置改变而引起的相互作用就是内力。构件截面上内力和外力的平衡关系,不能说明分布内力系在截面内某一点处的强弱程度,为此引入内力集度的概念。如图5-1所示,在构件的 $m—m$ 截面上,围绕 C 点取微面积 ΔA,ΔA 上分布内力的合力为 ΔF,ΔF 的大小和方向与 C 点的位置和 ΔA 的大小有关。

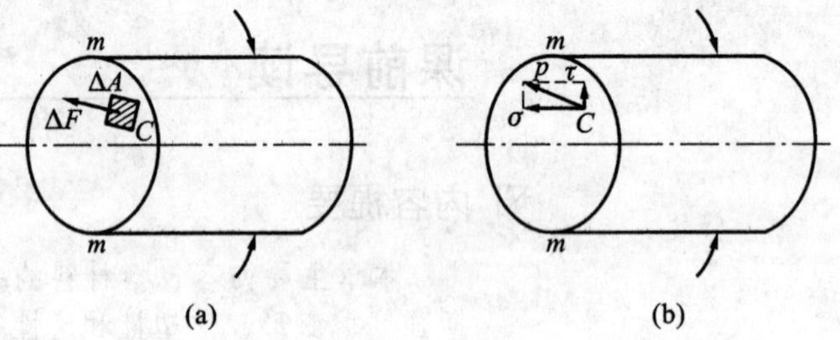

图5-1 杆件应力

(a)平均应力;(b)应力

在图5-1(a)中,矢量 p_m 表示在 ΔA 范围内单位面积上内力的平均集度,称为平均应力,即 $p_m=\dfrac{\Delta F}{\Delta A}$。随着 ΔA 的逐渐缩小,p_m 的大小和方向都将逐渐变化。当 ΔA 趋于0时,p_m 的大小和方向都将趋于一定极限 p,p 称为 C 点的应力,即 $p=\lim\limits_{\Delta A\to 0}p_m=\lim\limits_{\Delta A\to 0}\dfrac{\Delta F}{\Delta A}$,如图5-1(b)所示。它是分布内力系在 C 点的集度,反映了内力系在 C 点的强弱程度。矢量 p 一般来说既不与截面垂直,也不与截面相切。通常把应力 p 分解成垂直于截面的分量 σ 和切于截面的分量 τ,σ 称为正应力,τ 称为切应力。在法定计量单位中,应力的单位是Pa,称为帕斯卡,简称帕,$1\text{Pa}=1\text{N/mm}^2$,工程中通常使用MPa,其值为 $1\text{MPa}=10^6\text{Pa}$。构件截面上的内力与应力是材料对外力作用的力学反应。

(2)变形与应变

如图5-2所示,一个构件可以看成是由若干单元体组成,应变定义为每一单元体的变形量除以该单元体的长度 ΔL。可见,应变是无量纲的——长度/长度,通常用%,毫应变用 10^{-3}、微应变用 10^{-6} 等来量度。由于应变是变形的微观表达,在应力与应变间存在一定的联系。相应地,存在两种类型的应变——与正应力对应的正应变和与剪应力对应的剪应变。正应变是单元体两端的相对侧向位移除以其本身的长度,即 $\varepsilon=\Delta/\Delta L$。剪应变是一个角度量,反映了单元体倾斜的程度,即单元体偏离直角的程度 $\gamma=\Delta/\Delta L$。

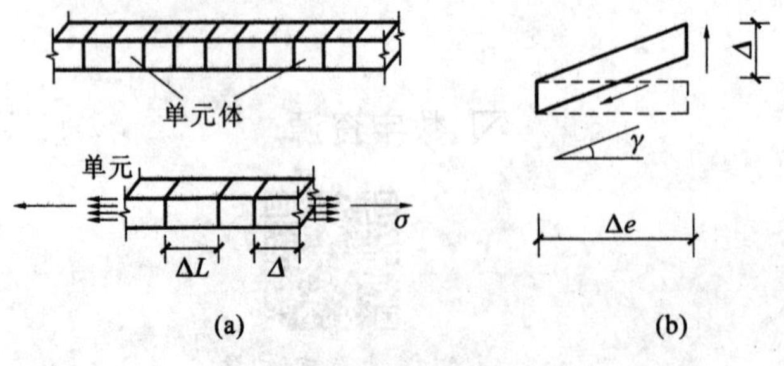

图5-2 杆件应变

(a)正应变;(b)剪应变

杆件在轴向力作用下，除了发生轴向变形外，还将发生横向变形。泊松比 μ 是指杆件在轴向力作用下，横向拉应变与纵向压应变的比例关系，即 $\mu=\dfrac{\Delta b/b}{\Delta L/L}$，如图 5-3 所示，也称横向变形系数，它是反映材料横向变形的弹性常数。

(3)弹性与塑性

弹性是指物体在外力作用下发生形变，当外力撤去后能恢复原来大小和形状的性质。如图 5-4 所示，钢材所受的外力在小于 A 点对应的力时，外力撤销后能够恢复原来的大小和形状；钢材所受的外力大于 A 点对应的力之后，外力撤销后不能完全恢复原状，外力作用在 A 点时的限度称为弹性极限，也称为比例极限。

塑性是指材料在某种给定外力作用下产生永久变形而不破坏的能力。对大多数的工程材料，当其外力低于比例极限时，力与变形呈线性关系，表现为弹性形变，即当移走荷载后，其形变也完全消失。当外力超过弹性极限后，如图 5-4 中超过 C 点之后发生的变形包括弹性变形和塑性变形两部分，当外力撤销后塑性变形不消失。

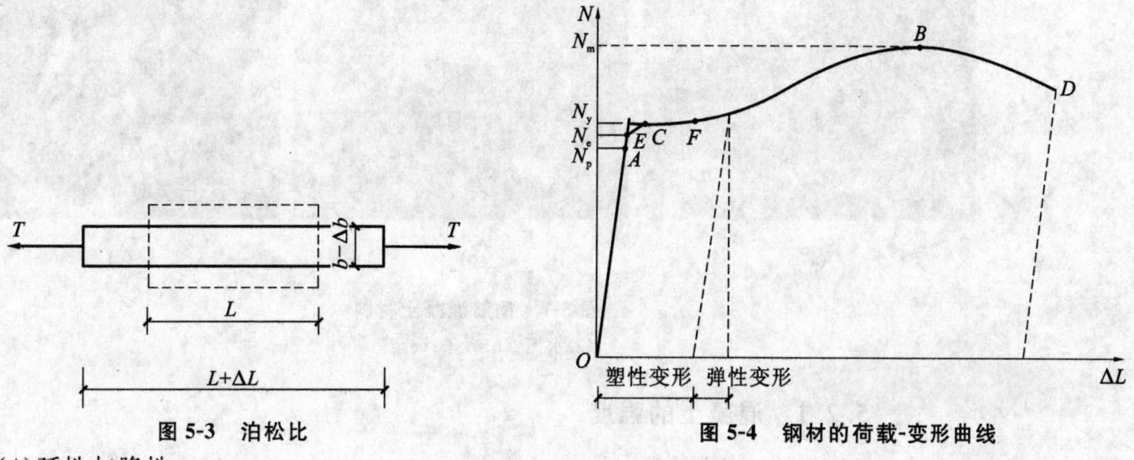

图 5-3 泊松比

图 5-4 钢材的荷载-变形曲线

(4)延性与脆性

延性反映了材料在不丧失强度的情况下持续变形的能力。脆性是指材料在外力作用下仅产生很小的变形即断裂破坏的性质。如图 5-5 所示，应力-应变曲线反映延性材料持续变形能力强于脆性材料。

(5)材料的刚度

刚度是指材料抵抗变形的能力，一般用弹性模量和剪切变形模量度量，可以通过对该材料制成的一个试件加载，量测荷载和变形的关系来确定。如图 5-6 所示，常用的刚度试验方法是在试验机上，对于拉伸横截面积为 A (mm^2)的板带状或者棒状试件，量测所施加的拉力 T (kN)以及初始长度为 L(mm)的试件的伸长量 ΔL(mm)，按式(5-1)确定弹性模量，即

$$E=\frac{T/A}{\Delta L/L}\times 100\% \tag{5-1}$$

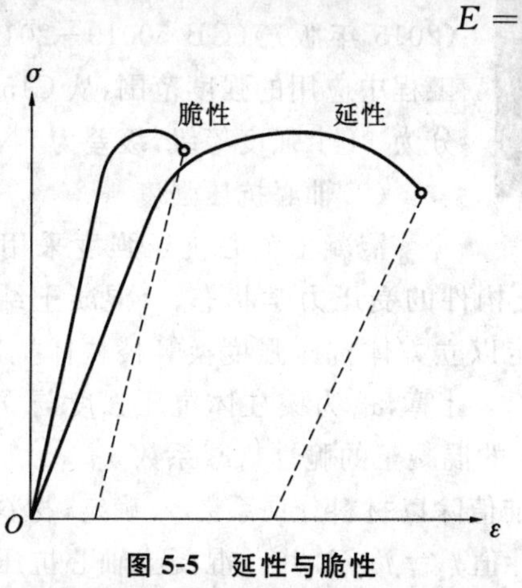

图 5-5 延性与脆性

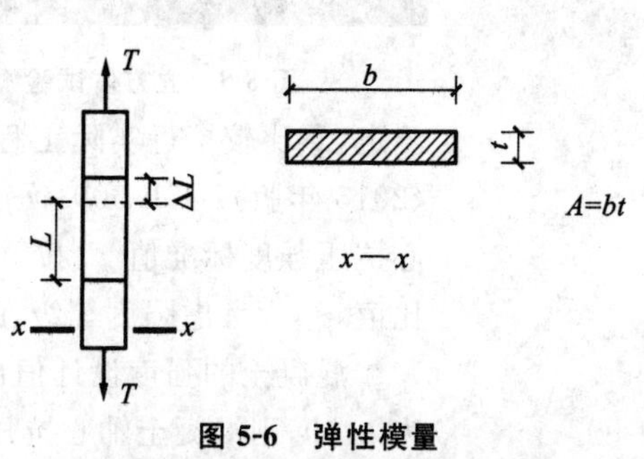

图 5-6 弹性模量

剪切变形模量是指材料在剪切应力作用下，在弹性变形比例极限范围内，剪切应力 τ (MPa)与剪切应变 γ (弧度)的比值，其计算公式按式(5-2)确定，即

$$G=\frac{\tau}{\gamma}\times 100\% \tag{5-2}$$

5.2 混 凝 土

混凝土是指由胶凝材料将集料胶结成整体的工程复合材料的统称。通常讲的混凝土是指用图 5-7 所示的水泥作胶凝材料，砂、石作集料，与水(加或不加外加剂和掺和料)按一定比例配合，经搅拌、成型、养护而得的水泥混凝土，也称普通混凝土，它广泛应用于土木工程。

(a) (b) (c)

图 5-7 钢筋混凝土材料

(a)水泥；(b)砂子；(c)石

5.2.1 混凝土的强度

(1)混凝土强度等级

我国混凝土强度等级用符号 C 表示，是用立方体抗压强度标准值来划分的。具体确定方法如下：用边长为 150mm 的立方体的标准试件，如图 5-8 所示，在标准条件下[温度为(20±3)℃，相对湿度在 90%以上的标准养护室中]养护 28d，按照标准试验方法测得的具有 95%保证率的立方体抗压强度，计算符号用 $f_{cu,k}$ 表示，如 C30 表示 $f_{cu,k}=30N/mm^2$。《混凝土结构设计规范(2015 年版)》(GB 50010—2010)根据实际工程中应用的强度范围，从 C15 到 C80 共划分为 14 个强度等级，级差为 $5N/mm^2$。

立方体抗压强度视频

图 5-8 立方体试验

(2)轴心抗压强度

混凝土轴心抗压强度采用棱柱体试件测定，它比较接近实际工程中混凝土构件的受压力学状态。《混凝土结构设计规范(2015 年版)》(GB 50010—2010)规定以立方体抗压强度换算棱柱体抗压强度，即轴心抗压强度标准值 f_{ck} 按 $0.88\alpha_{c1}\alpha_{c2}f_{cu,k}$ 计算，α_{c1} 为棱柱体抗压强度与立方体强度之比值，α_{c2} 为考虑强度等级在 C40 以上的混凝土的脆性折减系数 α_{c2}。

混凝土的强度设计值由强度标准值除以材料分项系数 γ_c 确定，材料分项系数取为 1.40，则混凝土轴心抗压强度设计值 $f_c=f_{ck}/1.40$。混凝土轴心抗压强度标准值与设计值见表 5-1。

表 5-1　　混凝土轴心抗压强度标准值与设计值　　(单位:N/mm²)

强度	混凝土强度等级													
	C15	C20	C25	C30	C35	C40	C45	C50	C55	C60	C65	C70	C75	C80
f_{ck}	10.0	13.4	16.7	20.1	23.4	26.8	29.6	32.4	35.5	38.5	41.5	44.5	47.4	50.2
f_c	7.2	9.6	11.9	14.3	16.7	19.1	21.1	23.1	25.3	27.5	29.7	31.8	33.8	35.9

(3)轴心抗拉强度

混凝土构件的开裂、裂缝、变形,以及受剪、受扭、受冲切等承载力均与抗拉强度有关。混凝土的抗拉强度很低,一般只有抗压强度的5%～10%,且不与抗压强度成正比,即当混凝土强度等级提高时,抗拉强度的增加不及抗压强度增加得快。

混凝土受拉的标准试验目前还未统一,《混凝土结构设计规范(2015年版)》(GB 50010—2010)规定轴心抗拉强度标准值 f_{tk} 按 $0.88\times0.395f_{cu,k}^{0.55}(1-1.645\delta)^{0.45}\alpha_{c2}$ 计算,其中系数0.395和指数0.55为轴心抗拉强度与立方体抗压强度的折算关系。同轴心抗压强度设计值类似,混凝土轴心抗拉强度设计值 $f_t=f_{tk}/1.40$。混凝土轴心抗拉强度标准值与设计值见表5-2。

表 5-2　　混凝土轴心抗拉强度标准值与设计值　　(单位:N/mm²)

强度	混凝土强度等级													
	C15	C20	C25	C30	C35	C40	C45	C50	C55	C60	C65	C70	C75	C80
f_{tk}	1.27	1.54	1.78	2.01	2.20	2.39	2.51	2.64	2.74	2.85	2.93	2.99	3.05	3.11
f_t	0.91	1.10	1.27	1.43	1.57	1.71	1.80	1.89	1.96	2.04	2.09	2.14	2.18	2.22

5.2.2 混凝土的变形

(1)混凝土的弹性模量

如图5-9所示,混凝土受压时,从应力-应变曲线的原点(图中的 O 点)作切线,其斜率为混凝土的原点模量,称为弹性模量,用 E_c 表示。目前还没有统一的试验方法确定混凝土弹性模量。《混凝土结构设计规范(2015年版)》(GB 50010—2010)规定,混凝土的弹性模量可按表5-3确定。混凝土的剪切变形模量 G_c 可按相应弹性模量值的40%确定。

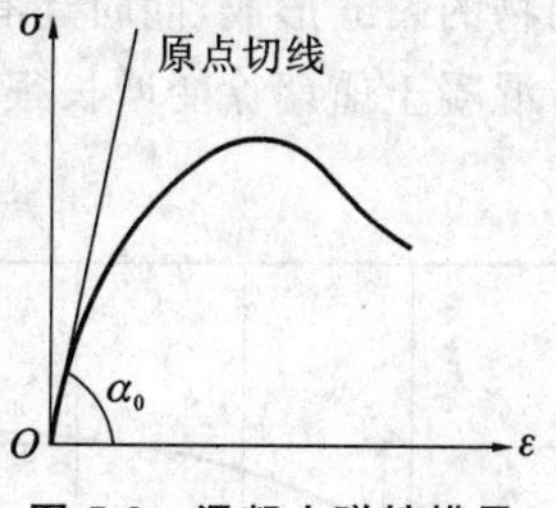

图 5-9　混凝土弹性模量

表 5-3　　混凝土的弹性模量　　(单位:×10⁴ N/mm²)

混凝土强度等级	C15	C20	C25	C30	C35	C40	C45	C50	C55	C60	C65	C70	C75	C80
E_c	2.20	2.52	2.80	3.00	3.15	3.25	3.35	3.45	3.55	3.60	3.65	3.70	3.75	3.80

(2)在短期荷载作用下混凝土的变形

混凝土是一个弹塑性体,在外力作用下既产生可以恢复的弹性变形,又产生不可恢复的塑性变形。混凝土应力-应变曲线的形状和特征可以表现混凝土内部结构的力学变化。典型的混凝土单轴受压应力-应变曲线如图5-10所示。

上升段 OC 分为三段,从加载至应力为 $(0.3\sim0.4)f_c$ 的 A 点为第一阶段,由于这时应力较小,混凝土的变形主要是骨料与水泥结晶体受力产生的弹性变形,而水泥胶体的黏性流动以及初始微裂缝变化的影响一般很小,所以应力-应变关系接近直线,称 A 点为比例极限点。超过 A 点,进入裂缝稳定扩展的第二阶段,至临界点 B,临界点 B 的应力可以作为长期抗压强度的依据。此后,试件中所积蓄的弹性应变能保持大于裂缝发展所需要的能量,从而形成裂缝快速发展的不稳定状态直至峰点 C,这一阶段为第三阶段,这时的峰值应力 σ_{max} 通常作为混凝土棱柱体的抗压强度 f_c,相应的应变称为峰值应变 ε_0,其值在0.0015～0.0025波动,通常取为0.002。

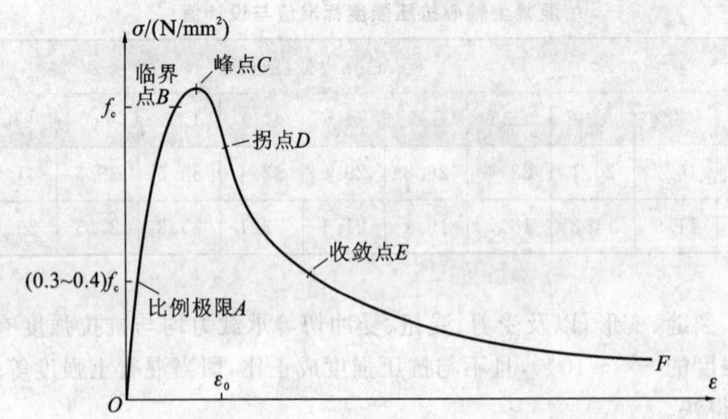

图 5-10 混凝土应力-应变曲线

下降段 CE 是混凝土到达峰值应力后裂缝继续扩展、贯通，从而使应力-应变关系发生变化，内部结构的整体受到越来越严重的破坏，赖以传递荷载的传力路线不断减少，试件的平均应力强度下降，所以应力-应变曲线向下弯曲，直到凹向发生改变，曲线出现“拐点”。超过“拐点”后，曲线开始凸向应变轴，这时，只靠骨料间的咬合力、摩擦力与残余承压面来承受荷载。随着变形的继续增加，应力-应变曲线逐渐凸向水平轴方向发展，此段曲线中曲率最大的一点 E 称为收敛点。从收敛点 E 开始以后的曲线称为收敛段，这时贯通的主裂缝已经很宽，内聚力几乎耗尽，对无侧向约束的混凝土，收敛段 EF 已失去结构意义。

(3)在长期荷载作用下混凝土的变形

在荷载的长期作用下，混凝土的变形随时间的增加而增加，即在应力不变的情况下，混凝土的应变随时间而增长，这种现象称为混凝土的徐变。混凝土的典型徐变曲线如图 5-11 所示，在低应力时，徐变有利于防止结构物的裂缝形成，同时还有利于结构的内力重分布；但徐变使得结构变形增大，在高应力时会导致构件破坏。混凝土前期徐变增长很快，6 个月可达最终徐变的 70%～80%，其后徐变缓慢增长。

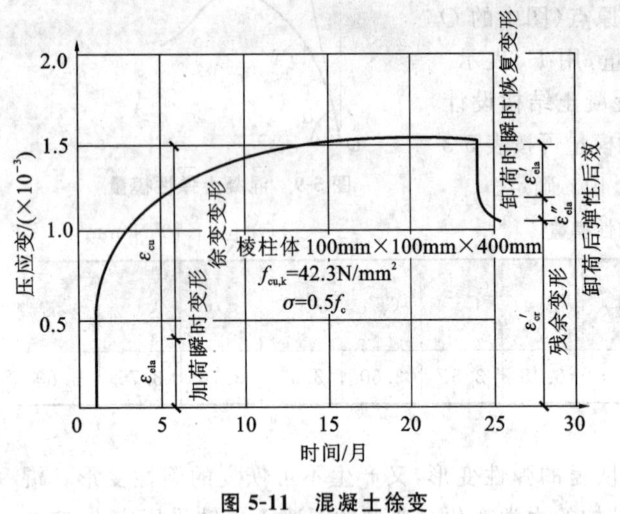

图 5-11 混凝土徐变

影响混凝土徐变的因素很多，其中主要的影响因素如下：

①施加初应力的大小。当初应力较小时，徐变大致与应力成正比，称为线性徐变，徐变随加载时间的延长而逐渐增加，在初期增长很快，以后逐渐减缓以至停止；当初应力较大时，徐变的增长较应力的增长更快，称为非线性徐变；当初应力过高时，非线性徐变往往不收敛，从而导致混凝土的破坏。

②加载时混凝土的龄期。加载时的混凝土龄期越短，即混凝土构件成形的时间越短，徐变越大。

③养护和使用条件下的温湿度。加载前混凝土养护的温度越高，湿度越大，徐变就越小。加载期间温度越高，湿度越低，徐变就越大。

④混凝土的组成成分。混凝土中水泥用量越多，徐变越大。

⑤结构尺寸。结构尺寸越小，徐变越大，所以增大试件横截面可以减少徐变。

(4)混凝土的收缩与膨胀

混凝土在空气中结硬时体积减小的现象称为收缩；在水中或处于饱和湿度情况下结硬时体积增大的现象称为膨胀。一般情况下混凝土的收缩值比膨胀值大很多，并且混凝土的膨胀对混凝土结构往往是有利的，所以分析研究收缩和膨胀现象以收缩为主。如图 5-12 所示，混凝土的收缩随着时间的增长而增加，结硬初期收缩较快，一般在前 1 个月完成收缩量的 50%，3 个月后增长缓慢，两年后趋于稳定，最终收缩应变值为 $(2\sim5)\times10^{-4}$ mm，一般取为 3×10^{-4} mm。

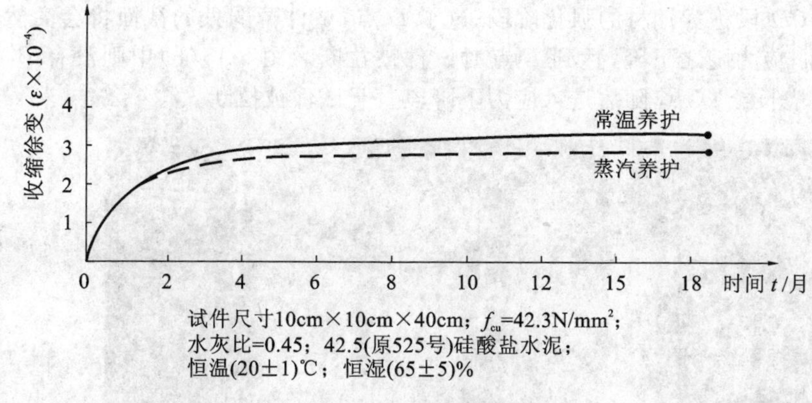

图 5-12 混凝土的收缩

5.3 建筑用钢

钢是指含碳量为0.02%～2%的铁碳合金。人类对钢的应用和研究历史相当悠久，但是直到19世纪贝氏炼钢法发明前，钢的制取都是一项高成本、低效率的工作，图5-13所示为铁矿石经高炉成生铁，生铁再精炼成钢的过程。当今，钢以其低廉的价格和可靠的性能成为世界上使用最多的材料之一，是建筑业、制造业和人们日常生活中不可或缺的成分。

(a)

(b)

(c)

图 5-13 钢的冶炼

(a)铁矿石；(b)生铁；(c)钢锭

5.3.1 钢材的力学性能

钢材在各种作用下所表现出的各种特征，如弹性、塑性、强度，称为钢材的力学性能。钢材的主要力学性能指标有五项，即抗拉强度、伸长率、屈服强度、冷弯性能和冲击韧性，都可通过试验得到。钢材的单向均匀受拉应力-应变曲线提供了前三项力学性能指标。

低碳钢拉伸试验视频

(1)强度与变形

钢材的强度和变形性能可以用拉伸试验得到的应力-应变曲线来说明，例如，图5-14所示为钢筋的拉伸试验。一般低碳钢的应力-应变曲线，有明显的流幅。而对于高碳钢则没有明显的流幅。

图5-15(a)是有明显流幅钢材的应力-应变曲线。从图中可以看到，应力值在A点以前，应力与应变成比例变化，与A点对应的应力称为比例极限；过A点后，应变较应力增长快，到达B'点后钢材开始塑流，B'点称为屈服上限，它与加载速度、截面形式、试件表面光洁度等因素有关，通常B'点是不稳定的；待B'点降至屈服下限B点，这时应力基本不增加，而应变急剧增长，曲线接近水平线。曲线延伸至C点，B点到C点水平距离的大小称为流幅或屈服台阶；将B点的应力作为钢材的屈服强度；过C点以后，应力又继续上升，说明钢材的抗拉能力又有所提高；随着曲线上升到最高点D，相

应的应力称为钢材的抗拉强度，CD 段称为钢材的强化阶段；过了 D 点，试件薄弱处的截面将会突然显著缩小，发生局部颈缩，变形迅速增加，应力随之下降，达到 E 点时试件被拉断。图 5-15(b)中则没有 B' 点到 C 点的屈服台阶，曲线从 O 点一直增长至 D 点，随后进入应力下降段直至试件被拉断。

图 5-14 钢筋拉伸试验

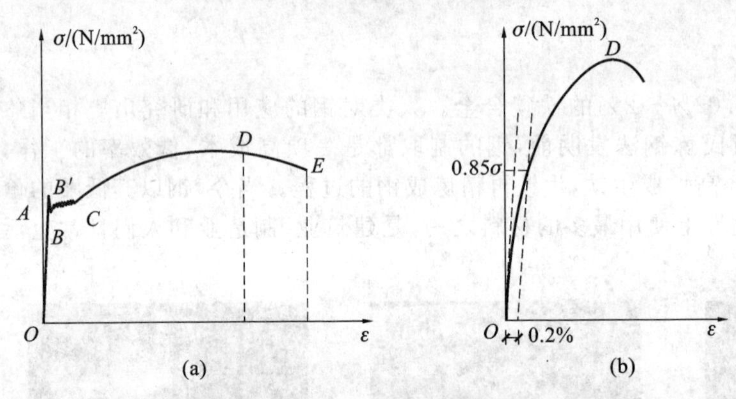

图 5-15 钢材的应力-应变曲线

(a)有明显流幅的钢材应力-应变曲线；(b)无明显流幅的钢材应力-应变曲线

由于钢材的应力到达屈服点后，会产生很大的塑性变形，所以对有明显流幅的钢材，以钢材屈服强度作为承载力计算依据，而将抗拉强度作为结构的安全储备。在抗震结构中，考虑到受拉钢材可能进入强化段，故要求其屈服强度与抗拉强度的比值(称为屈强比)不大于 0.8，以保证结构的变形能力。

对没有明显流幅或屈服点的预应力钢丝、钢绞线和热处理钢筋等，规定在构件承载力设计时，取极限抗拉强度 σ_b 的 85%作为条件屈服强度。

(2)塑性

钢材的塑性一般是指当应力超过屈服点后，能产生显著的残余变形(塑性变形)而不立即断裂的性质。衡量钢材塑性的主要指标是伸长率 δ 和断面收缩率 ψ。

伸长率是指试件拉断后原标距的伸长值与原标距的比值(以百分率表示)，见式(5-3)：

$$\delta = \frac{l_2 - l_1}{l_1} \times 100\% \tag{5-3}$$

式中 l_1 ——试件原标距长度，一般取 $5d$，d 为试件直径，mm；

l_2 ——试件拉断后的标距长度，mm；

δ ——伸长率，%，当 $l_1 = 5d$ 时记为 δ_5。

相对于无明显屈服点的钢材，有明显屈服点的钢材具有较大的伸长率，伸长率大的钢材塑性好，拉断前有明显预兆；伸长率小的钢材塑性差，破坏会突然发生，呈脆性特征，这种脆性破坏对于建筑材料应尽量避免发生。

断面收缩率 ψ 是指试件拉断后，颈缩区的断面面积缩小值与原断面面积比值的百分率，按式(5-4)计算：

$$\psi = \frac{A_0 - A_1}{A_1} \times 100\% \tag{5-4}$$

式中 A_0——试件原来的断面面积，mm^2；

A_1——试件拉断后的断面面积，mm^2。

(3)冷弯性能

冷弯试验视频

冷弯性能是指钢材在冷加工(常温下加工)产生塑性变形时，对产生裂缝的抵抗能力。钢材的冷弯性能是用冷弯试验来检验钢材承受规定弯曲程度的弯曲变形性能，并显示其缺陷的程度，图 5-16 所示是钢筋的冷弯试验。

图 5-16 钢筋冷弯试验

(4)冲击韧性

衡量钢材抗冲击性能的指标是钢材的韧性，它反映了钢材在塑性变形和断裂过程中吸收能量的能力。钢材的韧性与塑性有关而又不同于塑性，是强度与塑性的综合表现。韧性指标用冲击韧性值 a_k 表示，通过冲击试验获得，如图 5-17 所示。它是判断钢材在冲击荷载作用下是否出现脆性破坏的主要指标之一。冲击韧性值按式(5-5)确定：

$$a_k = \frac{A_k}{A_n} \tag{5-5}$$

式中 a_k——冲击韧性值，J/cm^2；

A_k——冲击功，J，由刻度盘上读出；

A_n——试件缺口处净截面面积，cm^2。

图 5-17 钢材冲击试验

5.3.2 钢筋

目前，我国建筑钢筋按加工工艺可分为热轧钢筋、冷拉钢筋、热处理钢筋和钢丝等，如图 5-18 所示，为热轧钢筋及钢丝。

国产常见普通热轧钢筋的级别、性能和特点如下：

①HPB300 级钢筋，即热轧光面钢筋 300 级，属Ⅰ级钢，符号 A。其是由碳素钢 300(Q300)经热轧而成的光面圆钢筋，大量用于钢筋混凝土板和小型构件的受力钢筋以及各种构件的构造钢筋。

(a)

(b)

图5-18 热轧钢筋与钢丝
(a)热轧钢筋;(b)钢丝

②HRB335级钢筋,即热轧带肋钢筋335级,属Ⅱ级钢,符号B。其主要是由低合金钢筋热轧而成的钢筋。为增加钢筋与混凝土之间的黏结力,其表面外形轧制成等高肋,现在生产的外形均为月牙肋。

③HRB400级钢筋,即热轧带肋钢筋400级,属新Ⅲ级钢,符号C。这是我国近年来对现已废止的《混凝土结构设计规范》(GBJ 10—1989)规定的Ⅲ级钢筋经过改进生产出来的品种,又称为新Ⅲ级钢筋。

④RRB400级钢筋,即余热处理钢筋400级,属于Ⅲ级钢,符号C^R。RRB系列余热处理钢筋由轧制钢筋通过高温淬水、余热处理提高强度。其延性、可焊性、机械连接性能及施工适应性降低,一般可用于对变形性能及加工性能要求不高的构件中,如基础、大体积混凝土、楼板、墙体以及次要的中小结构构件等。

⑤HRB500级钢筋,指强度标准值为500MPa的热轧带肋钢筋,符号D,是我国通过对钢筋成分的微合金化而开发出来的一种强度高、延性好的钢筋新品种。

各级别普通钢筋强度设计值如表5-4所示。

表5-4 各级别普通钢筋强度设计值 (单位:N/mm^2)

牌号	符号	抗拉强度设计值 f_y	抗压强度设计值 f'_y
HPB300	Φ	270	270
HRB335	$\underline{Φ}$	300	300
HRB400	Φ	360	360
RRB400	$Φ^R$	360	360
HRB500	Φ	435	410

5.3.3 建筑钢结构用钢

(1)钢材的种类

建筑钢结构中采用的钢材主要有两类,即碳素结构钢和低合金高强度结构钢,普通碳素结构钢在钢结构构件中应用广泛,同时也用于生产优质钢丝绳和连接用紧固件。另外,铸钢、厚度方向性能钢板、耐候钢等在有特殊要求的结构部件中也有应用。

①碳素结构钢。

《碳素结构钢》(GB/T 700—2006)规定将普通碳素结构钢分为Q195、Q215、Q235、Q255、Q275五种牌号,其中Q是屈服强度中"屈"字汉语拼音的首字母,后接的阿拉伯数字表示屈服强度的大小,单位为N/mm^2。阿拉伯数字越大,则含碳量越大,强度与硬度越大,塑性越低。由于碳素结构钢冶炼容易,成本低,并有良好的各种加工性能,所以使用较广泛。其中Q235在使用、加工和焊接方面的性能都比较好,是钢结构常用钢材之一。

碳素结构钢质量等级分为A、B、C、D四级,由A到D表示质量由低到高。不同质量等级对冲击韧性(即夏比V形缺口试验)和化学成分的要求是有区别的。

根据脱氧程度不同,钢材分为沸腾钢、镇静钢、半镇静钢和特殊镇静钢,并用汉字拼音首字母分别表示为F、Z、b和TZ。对Q235来说,A、B两级的脱氧方法可以是F、Z和b; C级只能是Z;D级只能是TZ。Z和TZ在牌号表示时可以省略。

②低合金高强度结构钢。

低合金高强度结构钢是在普通碳素钢的冶炼过程中添加少量几种合金元素，合金总量低于5%，使钢的强度明显提高的结构钢，故称为低合金高强度结构钢。《低合金高强度结构钢》(GB/T 1591—2008)规定低合金高强度结构钢分为Q295、Q345、Q390、Q420、Q460五种，阿拉伯数字表示该钢种屈服强度的大小，单位为N/mm^2。其中Q345、Q390和Q420是钢结构常用的品种。

低合金高强度结构钢质量等级分为A、B、C、D、E五级，由A到E表示质量由低到高。不同质量等级对冲击韧性以及对碳、硫、磷、铝的含量的要求是有区别的。低合金高强度钢根据脱氧方法分为镇静钢或特殊镇静钢。

不同牌号钢材的强度设计值可按表5-5确定。

表5-5 钢材的强度设计值 （单位：N/mm^2）

牌号	厚度或直径/mm	抗拉、抗压和抗弯 f	抗剪 f_v	端面承压（刨平顶紧）f_{ce}	钢材名义屈服强度 f_y	极限抗拉强度最小值 f_u
Q235	≤16	215	125	325	235	370
	>16～40	205	120		225	370
	>40～60	200	115		215	370
	>60～100	200	115		205	370
Q345	≤16	300	175	400	345	470
	>16～40	295	170		335	470
	>40～63	290	165		325	470
	>63～80	280	160		315	470
	>80～100	270	155		305	470
Q390	≤16	345	200	415	390	490
	>16～40	330	190		370	490
	>40～63	310	180		350	490
	>63～80	295	170		330	490
	>80～100	295	170		330	490
Q420	≤16	375	215	440	420	520
	>16～40	355	205		400	520
	>40～63	320	185		380	520
	>63～80	305	175		360	520
	>80～100	305	175		360	520
Q460	≤16	410	235	470	460	550
	>16～40	390	225		440	550
	>40～63	355	205		420	550
	>63～80	340	195		400	550
	>80～100	340	195		400	550

注：表中厚度是指计算点的钢材厚度，对轴心受拉和轴心受压构件是指截面中较厚板件的厚度。

(2)钢材的规格

建筑钢结构所用钢材主要为热轧成型的钢板、型钢及冷弯成型的薄壁型钢。

①热轧钢板。

热轧钢板分厚钢板及薄钢板两种，如图5-19所示。厚钢板常用来组成焊接构件和连接钢板；薄钢板主要用来制造冷弯薄壁型钢及建筑维护构件与楼面板。钢板的供应规格如下：厚钢板厚度4.5～60mm，宽度600～3000mm，长度4～12m；薄钢板厚度0.35～4mm，宽度500～1500mm，长度0.5～4m。

(a) (b)

图 5-19 钢板

(a)厚钢板;(b)薄钢板

②热轧型钢。

建筑钢结构常用的型钢是角钢、工字钢、槽钢、H型钢和T型钢、钢管等。角钢是截面形状主要为直角形的型钢,有等边和不等边两种(图5-20)。等边角钢以一肢的宽度和肢厚表示,不等边角钢以两肢的宽度和肢厚表示。角钢可以用来组成独立的受力构件,或作为受力构件之间的连接零件。

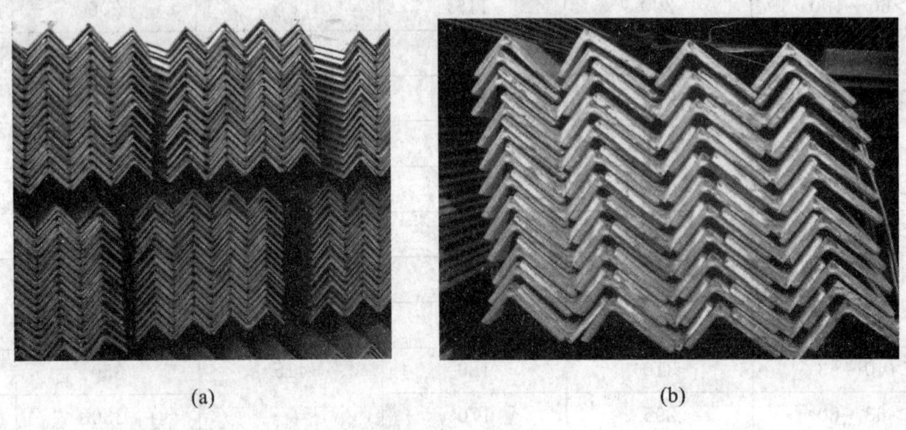

(a) (b)

图 5-20 角钢

(a)等边角钢;(b)不等边角钢

工字钢也称钢梁,是截面为工字形的长条钢材,如图5-21所示,有普通工字钢和轻型工字钢两种,普通工字钢和轻型工字钢的翼缘由根部向边上逐渐变薄,有一定的角度,其型号是用其腰高厘米数的阿拉伯数字来表示。普通工字钢和轻型工字钢的两个主轴方向的惯性矩相差较大,不宜单独用作受压构件,而宜用作平面内受弯的构件,或由工字钢和其他型钢组成组合构件或格构式构件。

槽钢是截面形状为凹槽形的长条状钢材,有普通槽钢和轻型槽钢两种,轻型槽钢的翼缘相比普通槽钢的翼缘宽而薄,回转半径大,质量相对而言轻一些,图5-22所示为普通槽钢。槽钢伸出肢较长,可用于屋盖檩条,承受斜弯曲或双向弯曲。另外,槽钢翼缘内表面的斜度较小,安装螺栓比工字钢容易。

图 5-21 工字钢

图 5-22 普通槽钢

H型钢分为热轧和焊接两种,热轧H型钢分为宽翼缘(HW)、中翼缘(HM)、窄翼缘(HN)和H型钢柱(HP)四类,焊接H型钢由平钢板用高频焊接组合而成。目前,H型钢已广泛应用于高层结构、轻型工业厂房和大型工业厂房中。T 型钢由 H 型钢剖分而成，可分为宽翼缘剖分 T 型钢(TW)、中翼缘剖分 T 型钢(TM)和窄翼缘剖分 T 型钢(TN)三类。图 5-23 和图 5-24 所示分别为 H 型钢和 T 型钢。

图 5-23 H 型钢

图 5-24 T 型钢

钢管按横断面形状可分为圆钢管和异形钢管。圆钢管有热轧无缝钢管和焊接钢管两种，焊接钢管由钢板卷焊而成，又分为直缝焊钢管和螺旋焊钢管两类。异形钢管是指各种非圆环形断面的钢管。钢管常用于网架与网壳结构的受力构件，厂房和高层结构的柱子，有时在钢管内浇筑混凝土，形成钢管混凝土柱。图 5-25所示为不同外径与壁厚的圆钢管与异形钢管。

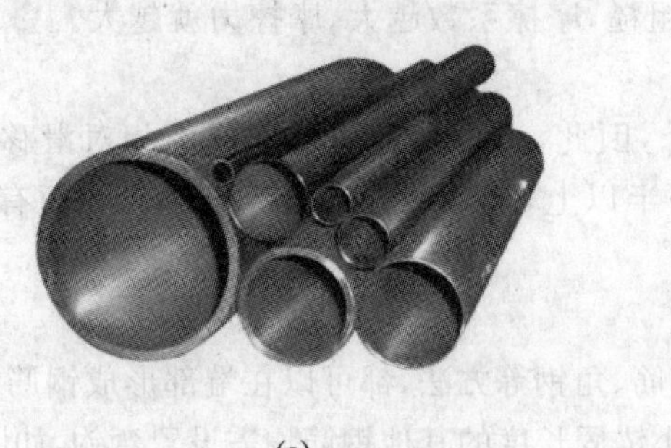

(a)

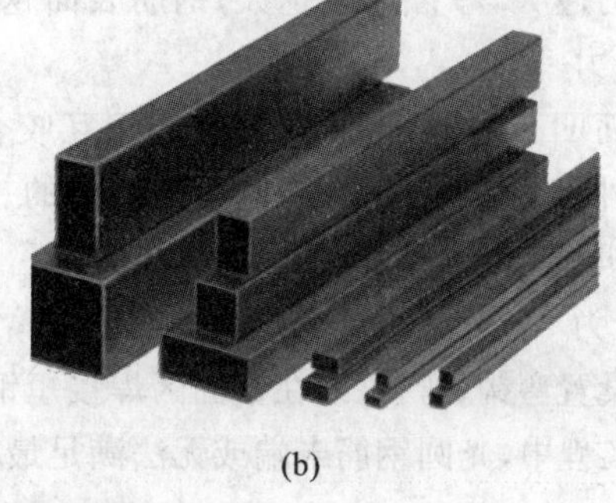

(b)

图 5-25 钢管

(a) 圆钢管；(b)异形钢管

③冷弯薄壁型钢。

冷弯薄壁型钢是由厚度为 1.5～12mm 的薄钢板经冷弯或模压制成。薄壁型钢的截面形式和尺寸均可按受力特点合理设计，能充分利用钢材的强度，节约钢材，在轻型钢结构中得到广泛应用。压型钢板是冷弯薄壁型钢的另一种形式，它是用厚度为 0.4～2mm 的钢板、镀锌钢板或彩色涂层钢板经冷轧而成的波形板，用作轻型屋面、墙面等构件。

(3)钢材选用原则

选用钢材既要使结构满足安全可靠的要求，又要尽最大可能节约钢材和降低造价。不同的使用条件应当有不同的质量要求。在一般结构中，不宜轻易地选用优质钢材，而在重要的结构中，更不能盲目选用质量很差的钢材。选用钢材是否合适，不仅是一个经济问题，也关系结构的安全和使用寿命。

选用钢材时，还应考虑结构的特性，如结构的类型和重要性、荷载的性质、连接方法、结构的工作温度和构件的受力性质。

5.4 混凝土与钢材的黏结

钢筋和混凝土两种力学性能不同的材料能够结合在一起，在荷载、温度等外界条件下共同工作，除了因为它们有几乎相同的线膨胀系数外，主要是混凝土硬化后，钢筋与混凝土之间产生了良好的黏结力，将它们牢固结合在一起。通常把单位截面面积上沿钢筋轴向的力称为黏结力。为了保证钢筋不被从混凝土中拔出或压出,与混凝土更好地共同工作,还要求钢筋有良好的锚固能力。在钢筋端部加弯钩、弯折或在锚固区焊接短钢筋、角钢等,均可以提高锚固能力。黏结和锚固使钢筋和混凝土形成整体,是它们共同工作的基础。

5.4.1 黏结的作用

钢筋和其周围混凝土之间的黏结应力根据受力性质的不同,可分为裂缝间的局部黏结应力和钢筋末端的锚固黏结应力两种。裂缝间的局部黏结应力是在相邻的两个开裂截面之间产生的,局部黏结应力使相邻两个裂缝之间的混凝土参与受拉。局部黏结应力的丧失会使构件的刚度降低和裂缝开展。钢筋和混凝土的黏结力可以分为以下4个部分。

(1)化学胶结力

化学胶结力是指钢筋和混凝土之间的化学吸附力,也称胶结力。这种化学吸附力很小,一旦钢筋和混凝土接触面发生相对滑移时,这种胶结力就会消失。

(2)摩擦力

在混凝土凝结过程中以及凝结以后,混凝土产生收缩,使混凝土将钢筋紧紧握裹,钢筋和混凝土之间存在相互挤压作用,因此,当钢筋和混凝土之间产生相对滑移趋势时,就存在摩擦力。混凝土的收缩量越大,接触面上的压应力越大,摩擦力就越大;钢筋表面越粗糙,摩擦系数越大,摩擦力就越大。

(3)机械咬合力

由于钢筋表面凹凸不平,钢筋和混凝土相互咬合,因此,当钢筋和混凝土产生相对滑移趋势时,就存在机械咬合力。这种机械咬合力很大,占总黏结力的一半以上,是黏结力的主要来源。表面有螺纹、刻痕等的钢筋比光圆钢筋机械咬合力大。

(4)附加咬合力

在钢筋端部设置弯钩、弯折,或在锚固区焊接短钢筋、角钢等方法,都可以在端部形成钢筋和混凝土之间的附加咬合力。在工程中,光圆钢筋末端或无法满足最小锚固长度的其他钢筋均需设置弯钩,如图5-26所示。

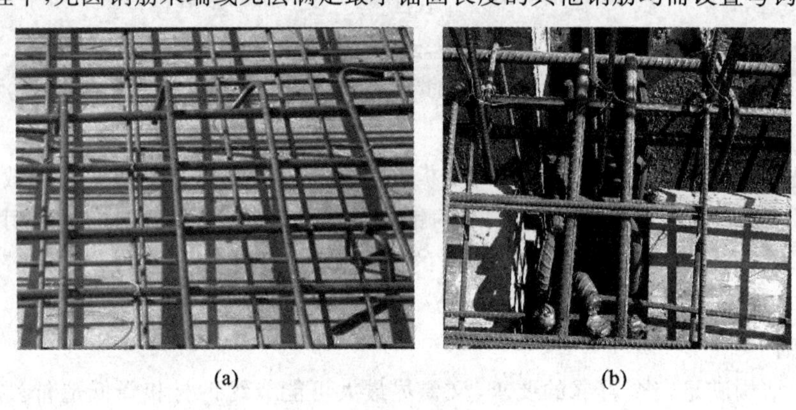

(a) (b)

图5-26 设置弯钩钢筋

(a)板钢筋端部;(b)梁钢筋端部

5.4.2 保证黏结力的措施

由于钢筋与混凝土之间需要足够的黏结力,所以制订出如下结构措施保证钢筋混凝土构件正常工作。

①应保证足够的锚固长度 l_a、搭接长度 l_l,相关规定见《混凝土结构设计规范(2015年版)》(GB 50010—2010)。

②在钢筋面积相同的情况下,应选取直径小的钢筋和变形钢筋,选取直径小的钢筋既增加了局部黏结作用,又减少了使用时构件的裂缝宽度。

③保持一定的混凝土保护层厚度和必要的钢筋净距离,使钢筋周围有足够厚度的混凝土来保证黏结力的发挥。

④横向钢筋的存在限制了径向裂缝的发展,使黏结强度得到提高。因此,在较大直径钢筋区段和搭接长度范围内,应设置一定数量的横向钢筋,如箍筋加密等。

5.5 砌 体

5.5.1 砌体的组成

砌体是由不同尺寸和形状的块材用砂浆砌筑而成的整体。因此，砌块的排列方式应使它们能较均匀地承受外力（主要是压力），否则不仅会降低砌体的受力性能，还会削弱甚至破坏建筑物的整体受力性能。

砌体材料图

按照砌体的作用、砌法及材料的不同，砌体可分为承重砌体与非承重砌体；实心砌体与空心砌体；砖砌体、砌块砌体及石砌体；无筋砌体与配筋砌体等。图5-27所示为砖砌体、砌块砌体以及石砌体砌筑成的墙体。

(a)

(b)

(c)

图5-27 砌体种类

(a)砖砌体；(b)砌块砌体；(c)石砌体

砌体中的块材必须合理排列，采用合理的组砌方法。如果块材排列不合理，各皮块材间的竖向灰缝重合于几条垂直线上，则这些竖向灰缝将砌体分割为彼此无联系或联系很弱的几个部分，不能相互传递压力和其他内力，并且不利于砌体的整体受力，从而削弱甚至破坏建筑物的整体工作。砖砌体常用一顺一丁、梅花丁或三顺一丁等组砌方法（图5-28），砌块砌体应分皮错缝搭砌。中型砌块上下皮搭砌长度不得小于砌块高度的1/3，且不应小于150mm；小型砌块上下皮搭砌长度不得小于90mm。

(1)块材

图5-28 组砌方法

目前我国常用的块材有烧结普通砖（黏土砖和硅酸盐砖）、非烧结硅酸盐砖和承重黏土空心砖、小型空心砌块和粉煤灰中型实心砌块。

块材的强度等级是块材力学性能的基本标志。根据标准试验方法得到的以MPa表示的块材抗压强度平均值称为该块材的强度等级。对于实心砖，由于其厚度较小，为防止在砖砌体中过早断裂，在确定强度等级时，必须综合考虑其抗压强度和抗折强度，同时满足抗压和抗折强度的五块平均值和单块最小值四项指标。若四项指标中有一项不满足砖的产品强度标准《烧结普通砖》（GB 5101—2003），就要降低强度等级。而其他块材的强度等级则仅由其抗压强度确定。空心块材的强度等级是由试件荷载值除以受压毛面积确定的，因此，在设计计算时不需要再考虑孔洞的影响。

(2)砂浆

砂浆的作用是在砌体中将单个块材连成整体,砂浆在砌筑过程中平铺在块材上、下表面,使块体应力分布较为均匀,同时砂浆填满块材间的缝隙,能减少砌体的透气性,从而提高砌体的隔热、防水和抗冻性能。

常用的砂浆按其成分可分为:①纯水泥砂浆,具有硬化快、强度高、耐久性好的特点,但和易性差,适用于水中及潮湿环境中的砌体;②有塑性掺和料的水泥石灰混合砂浆或水泥黏土混合砂浆,适用于非地下水以下的砌体;③纯石灰、石膏或黏土砂浆,和易性虽好,但硬化慢、强度低、抗水性差,仅适用于地面以上一般建筑物中的砌体,其中黏土砂浆仅适用于气候干燥地区的低层建筑及临时性辅助房屋。

砂浆的强度等级用70.7mm×70.7mm×70.7mm钢模做成的砂浆立方体,在温度为(20±2)℃、相对湿度为90%以上的条件下养护28d的抗压强度值确定。砌筑砂浆按抗压强度划分为M20、M15、M10、M7.5、M5、M2.5六个强度等级。

砂浆的强度除受砂浆本身的组成材料及配比影响外,还与基层的吸水性能有关。流动性、保水性好的砂浆便于砌筑,且能使砌体得到较高的强度。水泥石灰砂浆和水泥黏土砂浆的流动性和保水性都比较好。

5.5.2 砌体的力学性能

(1)砌体的受压破坏特征

砌体的受压破坏特征以砖砌体受压破坏为例说明。砖砌体标准试件的尺寸为240mm×370mm×720mm,在轴心荷载作用下受荷至破坏可分为三个阶段。

①从加荷开始到荷载达到50%~70%破坏荷载之前,观察不到砌体裂缝;荷载加到破坏荷载的50%~70%时,在砌体的单块砖内出现第一条竖向或略呈倾斜的裂缝,从加荷开始到砌体内个别砖块开裂为第一阶段,如图5-29(a)所示。

②继续增加荷载,裂缝不断扩展,同时产生新的裂缝,单块砖内的个别裂缝逐渐连接起来,形成贯通数皮砖的竖向裂缝,称为第二阶段,如图5-29(b)所示。

③当荷载增加到破坏荷载的80%~90%以后,裂缝随荷载的增加而迅速发展,形成几条贯通的竖向裂缝,将砌体分割成几个宽度为半砖大小的小柱体,砌体明显向外鼓出。各小柱受力不均匀,最后由于某些小柱的失稳或压碎而导致整个砌体的破坏,如图5-29(c)所示。

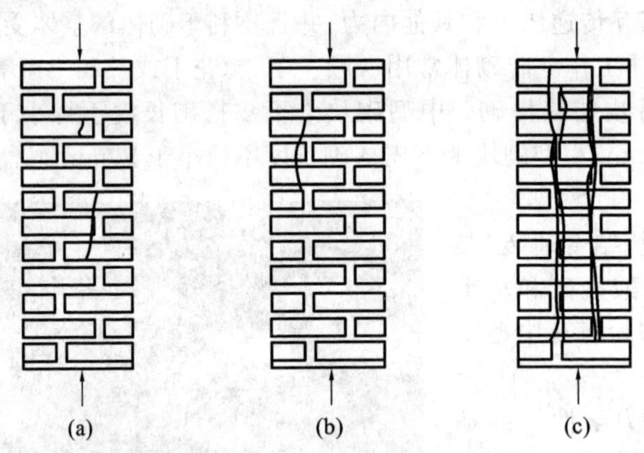

图5-29 标准砖砌体的破坏过程

砌体承受长期轴心荷载时,当荷载达到短期破坏荷载的80%~90%时,即使荷载不再增加,裂缝也随时间的增加而不断发展,直到砌体破坏。

试验表明,用各种块材砌筑的受压砌体都有与标准砖砌体相近的破坏过程。

(2)砌体轴心受压时的应力状态

砌体中砖石和砂浆的受力状态十分复杂,除受压应力外,还受如下其他应力:

①砌体中砖石受弯曲应力、剪应力。

由于砖的外形尺寸不可能十分平整,铺设砂浆的厚度不可能非常均匀,因而在轴心受压时,每块砖石不再是均匀受压,除压应力外,砖石还承受弯曲应力和剪应力。

②砌体中砖石受附加水平拉应力。

在砌体中，砖石和砂浆具有不同的弹性模量和横向变形系数，同时砖石和砂浆之间存在着黏结和摩擦作用。砌体轴心受压后，由于砂浆的横向变形大于砖石的横向变形，所以二者的变形协调作用会在砖石中产生附加的水平拉应力，而砂浆处于三维受压状态。

③竖向灰缝处的应力集中。

由于砌体中竖向灰缝一般都不饱满以及砂浆收缩等原因，砌体的连续性受到破坏，导致竖向灰缝处的应力集中，即在竖向灰缝上下端产生拉应力和剪应力的应力集中现象。

(3)影响砌体强度的因素

由砌体受压应力状态分析可知，块材在砌体中受有压应力、弯曲应力、剪切应力及附加应力等复杂应力的作用，使得块材的抗压强度在砌体中不能充分发挥。因此，所有影响块材抗压强度、抗弯、抗剪力及复杂应力大小的诸多因素都会影响砌体的强度，大致有以下几个方面：

①块材的强度。

砌体的抗压强度主要取决于块材强度，块材的强度等级越高，砌体强度越高。

②砂浆的强度和变形性能。

砂浆的强度和变形性能对砌体强度有显著的影响。当砂浆强度提高时，砌体强度提高，但随着砂浆强度等级的提高，影响逐渐减小。

③块材高度和块材外形的影响。

块材高度越大，块材抵抗弯矩和剪力等不利内力的能力就越强，同时砌体水平灰缝减少，砂浆层横向变形的不利影响也相对减小，砌体的抗压强度得到相应提高。块材外形对砌体强度也有明显的影响，块材外形平整、规则，砌体中块材产生的不利应力减小，砌体强度提高。

④砂浆的和易性、保水性。

砂浆的和易性、保水性好，容易保证砌筑质量，使灰缝的厚度、密实性比较均匀，砂浆的饱满度较高，从而可改善块材在砌体中的受力状态，提高砌体的抗压强度。

⑤砌筑质量。

砌筑质量反映在灰缝的质量上，即灰缝厚度的均匀性和饱满程度。砌筑质量好，砌体抗压强度就高。

(4)砌体的抗拉、抗弯和抗剪强度

①抗拉强度。

砌体在轴心拉力作用下，构件一般沿齿缝截面破坏，如图 5-30(b)中粗实线所示。此时砌体的抗拉强度主要取决于块材与砂浆连接面的黏结强度，并与齿缝破坏面水平灰缝的总面积有关。由于块材与砂浆间的黏结强度取决于砂浆的强度等级，故此时砌体的轴心抗拉强度可由砂浆的强度等级确定。砌体还可能发生的受拉破坏有沿通缝受拉破坏[图 5-30(a)]和沿块材及竖缝破坏[图 5-30(c)中的Ⅰ—Ⅰ截面]。

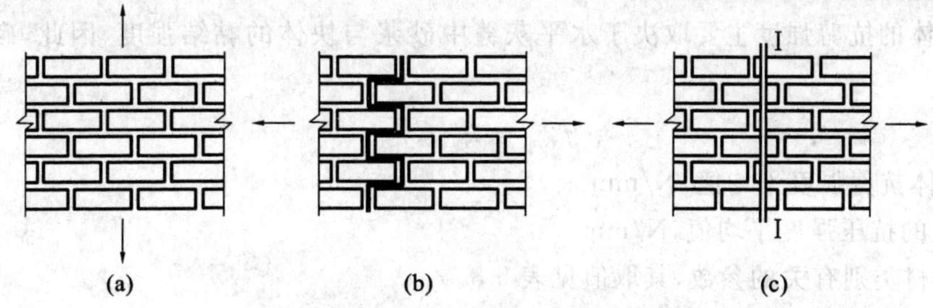

图 5-30 砌体的受力方向和可能发生的破坏截面

当块材强度等级较低，而砂浆的强度等级又较高时，砌体则可能沿块材与竖向灰缝截面破坏。此时，砌体的轴心抗拉强度取决于块材的强度等级。为了防止沿块材与竖向灰缝截面的受拉破坏，需提高块材的最低强度等级。

砌体沿齿缝截面破坏的轴心抗拉强度平均值计算公式为

$$f_{t,m} = k_2 \sqrt{f_2} \tag{5-6}$$

式中 $f_{t,m}$ ——砌体轴心抗拉强度平均值，N/mm²；

f_2 ——砂浆的抗压强度平均值，N/mm²；

k_2 ——与块材类别有关的参数，其取值见表5-6。

表5-6 砌体轴心抗拉强度平均值计算参数

序号	砌体类型	k_2
1	烧结普通砖、烧结多孔砖砌体	0.141
2	蒸压灰砂砖、蒸压粉煤灰砖砌体	0.090
3	混凝土砌块砌体	0.069
4	毛石砌体	0.075

②抗弯强度。

与轴心抗拉时相同，沿齿缝截面受弯破坏主要发生于灰缝黏结强度低于块体本身抗拉强度的情况，故与砂浆的强度等级有关；沿水平通缝截面受弯破坏主要取决于砂浆与块体之间的法向黏结强度，故也与砂浆的强度等级有关；沿块体与竖向通缝截面受弯破坏发生于灰缝黏结强度高于块体本身抗拉强度的情况，故主要取决于块体的强度等级。《砌体结构设计规范》(GB 50003—2011)提高了块体的最低强度等级，从而防止了沿块体与竖向灰缝截面的受弯破坏。

砌体沿齿缝与沿通缝截面受弯破坏时的弯曲抗拉强度平均值计算公式为

$$f_{tm,m}=k_4\sqrt{f_2} \tag{5-7}$$

式中 $f_{tm,m}$ ——砌体弯曲抗拉强度平均值，N/mm²；

f_2 ——砂浆的抗压强度平均值，N/mm²；

k_4 ——与块材类别有关的参数，其取值见表5-7。

表5-7 砌体弯曲抗拉强度平均值计算参数

序号	砌体类型	k_4	
		沿齿缝截面破坏	沿通缝截面破坏
1	烧结普通砖、烧结多孔砖砌体	0.250	0.125
2	蒸压灰砂砖、蒸压粉煤灰砖砌体	0.180	0.090
3	混凝土砌块砌体	0.081	0.056
4	毛石砌体	0.113	—

③抗剪强度。

砌体结构中常遇到的受剪构件有门窗过梁、拱过梁以及墙体的过梁等，砌体结构的受剪与受压一样是砌体结构的另一种重要受力形式。

单纯受剪时砌体的抗剪强度主要取决于水平灰缝中砂浆与块体的黏结强度，因此，砌体的抗剪强度平均值计算公式为

$$f_{v,m}=k_5\sqrt{f_2} \tag{5-8}$$

式中 $f_{v,m}$ ——砌体抗剪强度平均值，N/mm²；

f_2 ——砂浆的抗压强度平均值，N/mm²；

k_5 ——与块材类别有关的参数，其取值见表5-8。

表5-8 砌体抗剪强度平均值计算参数

序号	砌体类型	k_5
1	烧结普通砖、烧结多孔砖砌体	0.125
2	蒸压灰砂砖、蒸压粉煤灰砖砌体	0.090
3	混凝土砌块砌体	0.069
4	毛石砌体	0.188

《砌体结构设计规范》(GB 50003—2011)不区分沿齿缝截面与沿通缝截面破坏的抗剪强度是因为砂浆

与块体之间的法向黏结强度很低(即取前者强度等于后者强度),而且在实际工程中砌体竖向灰缝内的砂浆往往又不饱满。

知识归纳

(1)混凝土的立方体抗压强度是衡量混凝土强度的基本指标,用 $f_{cu,k}$ 表示。我国规范规定采用立方体抗压强度作为评定混凝土强度等级的标准。混凝土轴心抗压强度能更好地反映混凝土构件的实际受力情况,用混凝土棱柱体试件测得的抗压强度称为混凝土的轴心抗压强度,用 f_c 表示。混凝土的抗拉强度也是其基本力学指标之一,混凝土构件的开裂、裂缝宽度、变形验算,以及受剪、受扭、受冲切等承载力的计算均与抗拉强度有关。

混凝土在荷载的长期作用下随时间增长而增长的变形称为徐变,影响混凝土徐变的因素可分为内在因素、环境影响和应力条件三类。徐变将使构件的变形增加,在钢筋混凝土截面引起应力重分布。

(2)反映钢筋受拉力学性能的基本指标主要有屈服强度、延伸率和强屈比。钢筋的强度和变形性能可以用拉伸试验得到的应力-应变曲线来说明。屈服强度是钢筋强度的设计依据;对于无明显屈服点钢筋,设计中一般取残余应变为0.2%时所对应的应力作为强度设计指标。

钢材的塑性是指当应力超过屈服点后,钢材能产生显著的残余变形(塑性变形)而不立即断裂的性质,衡量钢材塑性的主要指标是伸长率和断面收缩率。冷弯性能是指钢材在冷加工(常温下加工)产生塑性变形时,对产生裂缝的抵抗能力。

(3)钢筋和混凝土能够共同工作,是依靠钢筋和混凝土之间的黏结应力。钢筋和混凝土的黏结力主要由胶结力、摩擦力、机械咬合力和附加咬合力四部分组成。影响钢筋与混凝土黏结强度的因素主要有钢筋表面形状、混凝土强度、保护层厚度、钢筋浇筑位置等。为了保证钢筋与混凝土之间的可靠黏结,钢筋必须有一定的锚固长度。

(4)砌体是由不同尺寸和形状的块材用砂浆砌筑而成的整体。由砌体受压应力状态分析可知,块材在砌体中承受复杂的应力作用,使得块材的抗压强度在砌体中不能充分发挥。因此,所有影响块材抗压强度的诸多因素都会影响砌体的整体强度。

独立思考

5-1 混凝土的立方体抗压强度是如何确定的?

5-2 混凝土的强度等级是怎样划分的?

5-3 什么是混凝土的收缩和徐变?两者有何本质区别?

5-4 建筑用钢筋有哪些品种和等级?在结构中如何选择它们?

5-5 什么是屈服强度?什么是条件屈服强度?

5-6 钢筋和混凝土之间的黏结力是如何产生的?保证黏结力的措施有哪些?

5-7 钢材的力学性能有哪些?什么是钢材的塑性?

5-8 钢材是如何选用的?

5-9 砌体的受压破坏特征有哪些?影响砌体强度的因素有哪些?

6

钢筋混凝土结构基本原理

课前导读

内容提要

本章主要内容包括钢筋混凝土受弯构件正截面、斜截面的破坏过程，受弯构件的刚度与裂缝的计算以及梁和板的构造要求，受压构件的破坏过程和构造要求。本章的教学重点为受弯构件正截面、斜截面的破坏过程和受压构件的破坏过程，教学难点为受弯构件与受压构件承载力的计算。

能力要求

通过本章的学习，学生应熟悉受弯构件与受压构件的承载力的验算，并了解梁、板、柱等结构基本构件的构造要求。

数字资源

5分钟看完本章

6.1 钢筋混凝土的一般概念

钢筋混凝土是由钢筋和混凝土两种不同的材料组成的，如图 6-1(a)、(b)所示。在钢筋混凝土结构中，针对混凝土抗压能力较强而抗拉能力很弱，以及钢筋抗拉能力很强的特点，利用混凝土主要承受压力而钢筋主要承受拉力，使两者共同工作以满足工程结构的承载力要求。

混凝土所用的砂、石一般易于就地取材，还可有效利用矿渣、粉煤灰等工业废料，与钢结构相比可以降低造价。密实的混凝土具有较高的强度，同时钢筋被混凝土包裹不易锈蚀，而具有良好的耐久性。由于混凝土包裹在钢筋外面，发生火灾时钢筋不会很快达到软化温度导致结构整体破坏，与裸露的木结构和钢结构相比，混凝土结构的耐火性更好。现浇钢筋混凝土结构有良好的整体性，有利于抵抗振动和爆炸冲击波，同时，根据建筑功能需要，首先立模，形成构件外形，然后吊放钢筋骨架，最后浇筑养护成型，可以较容易地浇筑成形状规则和尺寸各异的结构构件。然而由于钢筋混凝土结构自身重力和刚度较大，不适于建造大跨结构[图 6-1(c)]和复杂高层建筑结构[图 6-1(d)]，也给运输和施工吊装带来困难。另外，钢筋混凝土结构抗裂性较差，受拉和受弯等构件在正常使用时往往带裂缝工作，一些不允许出现裂缝或对裂缝宽度有严格限制的结构不适用，需采用预应力混凝土结构。

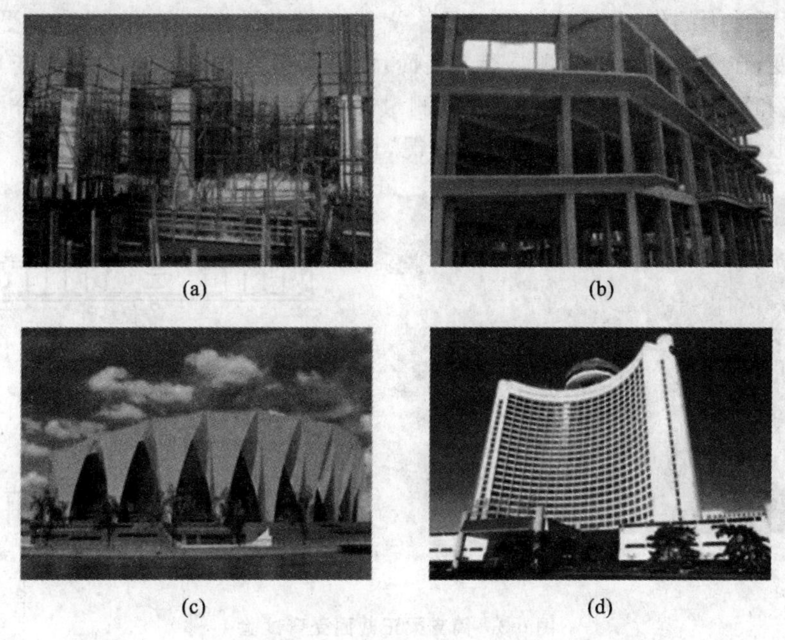

(a) (b) (c) (d)

图 6-1 钢筋混凝土建筑

(a)施工中的钢筋混凝土结构；(b)钢筋混凝土框架结构；
(c)大跨结构(上海东方体育中心)；(d)高层建筑结构(北京国际饭店)

6.2 受弯构件正截面承载力计算

在钢筋混凝土结构中，受弯构件是最基本的受力构件之一，其中梁和板是最典型的受弯构件。一般情况下，受弯构件正截面(与构件中性轴相垂直的截面)上有弯矩和剪力共同作用时轴力可以忽略不计，其截面以中性轴为界限，一部分受压而另一部分受拉，二者形成内力矩以抵抗外力。图 6-2(a)所示为交错桁架结构示意图,空腹桁架以两端柱为支座,支承楼板传来的荷载。当楼面荷载作用在空腹桁架结构上时,如图6-2(b)所示,整个桁架向下弯曲,是典型的受弯构件,上弦压力与下弦拉力形成弯矩抵抗弯曲变形。

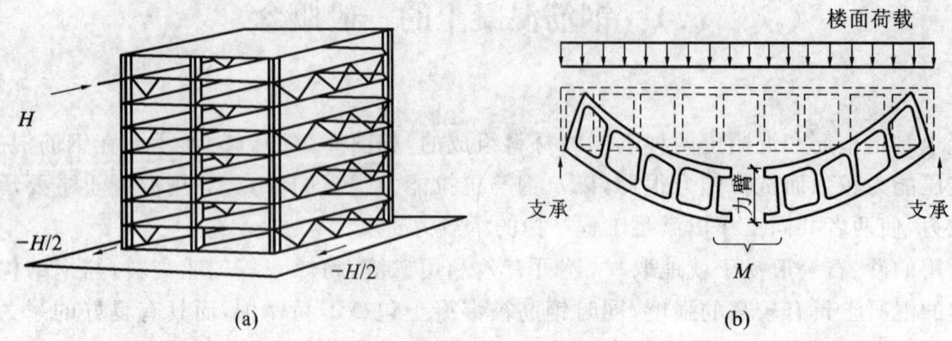

图6-2 受弯构件示意图

(a)交错式桁架结构;(b)空腹桁架受弯示意图

6.2.1 受弯构件正截面破坏形态

钢筋混凝土简支梁的正截面受弯试验如图6-3(a)所示。试验装置中千斤顶将压力作用于转换钢梁上,通过钢梁的两个支座传力实现对试验梁的两点对称加载,即在梁两侧跨度三分之一处形成一对大小相等、方向竖直向下的集中力 F。由图6-3(b)所示试验简图对应的弯矩图和剪力图可知,两个集中力 F 之间的梁跨中截面只受弯矩而无剪力的作用,称为纯弯区段。浇筑混凝土梁试件前,在梁跨中受力主筋表面布置应变片,以测量钢筋应变;在梁跨中截面外侧混凝土表面,沿截面高度均匀布置若干应变片,以测量跨中混凝土的应变。在梁支座和跨中位置各布置位移计,以测量支座沉降和跨中变形。荷载分级施加,相应记录各测点的应变、跨中变形,观察梁的变形和裂缝开展情况,直至梁破坏为止。

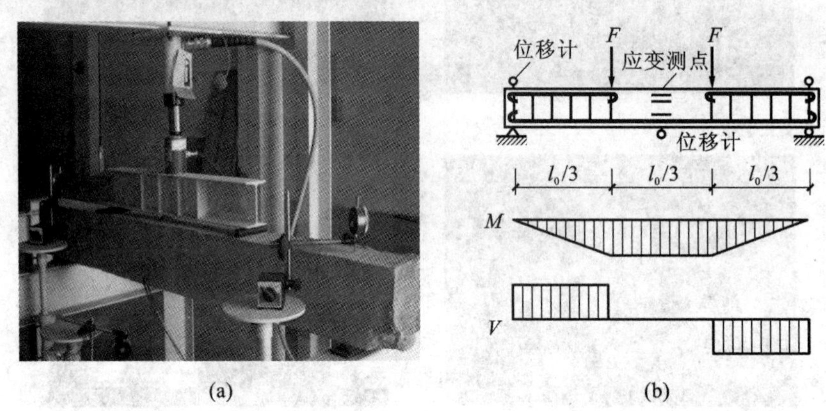

图6-3 简支梁正截面受弯试验

(a)试验照片;(b)试验简图

试验表明,由于纵向受拉钢筋配筋率 ρ 的不同,如图6-4所示,受弯构件正截面受弯破坏有适筋破坏、超筋破坏和少筋破坏三种。纵向受拉钢筋的配筋率 ρ 在一定程度上表示了正截面上纵向受拉钢筋与混凝土之间的面积比率,它是对梁的受力性能有很大影响的一个重要指标,纵向钢筋的配筋率按式(6-1)确定:

$$\rho=\frac{A_s}{bh_0}\times 100\% \tag{6-1}$$

式中 A_s ——纵向受力钢筋截面面积,mm^2。

b ——截面的宽度,mm。

h_0 ——截面的有效高度,mm。如图6-5所示,h 为截面高度,a_s 为截面上所有纵向受拉钢筋的合力点至构件受拉边缘的距离,则 $h_0=h-a_s$。

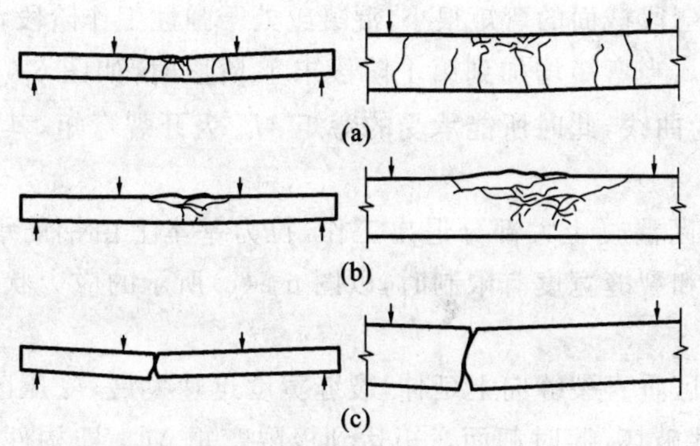

图 6-4 梁的三种破坏形态

(a)适筋破坏;(b)超筋破坏;(c)少筋破坏

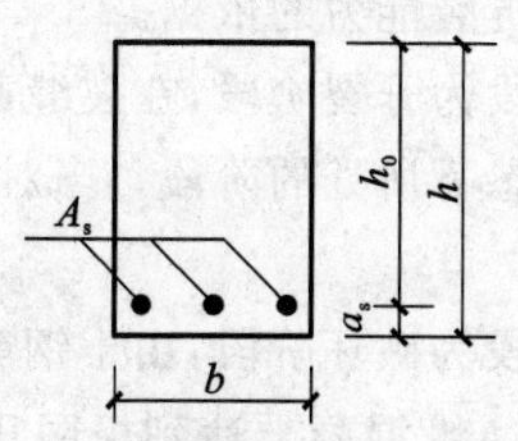

图 6-5 单筋矩形截面示意图

(1)适筋梁破坏

当梁的受力钢筋面积配置适量($\rho_{\min}\leqslant\rho\leqslant\rho_{\max}$),其破坏过程可分为三个工作阶段,如图 6-6 所示。

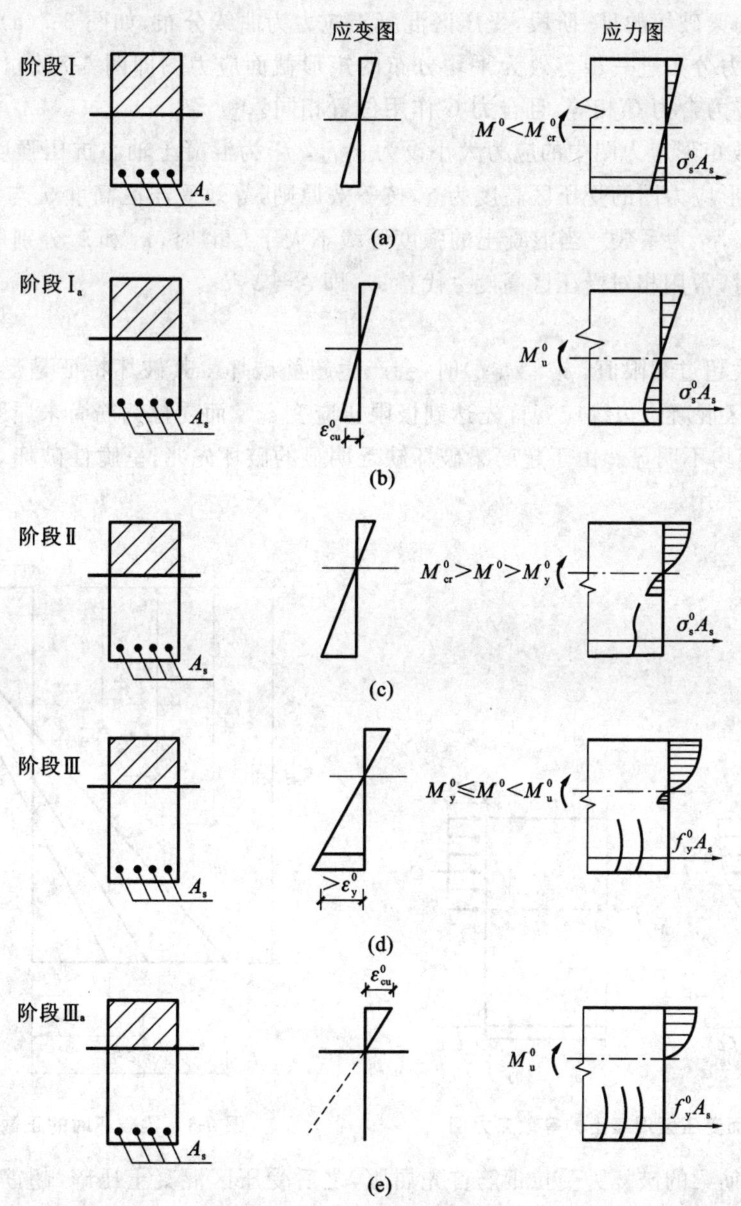

图 6-6 钢筋混凝土梁在各受力阶段的应变、应力图

第Ⅰ阶段为未裂阶段，开始施加荷载时，纯弯段截面的弯矩很小，混凝土处于弹性工作阶段，如图6-6(a)所示，截面应力很小，沿截面高度呈三角形分布。当弯矩增加到第Ⅰ阶段末Ⅰ$_a$阶段时，如图6-6(b)所示，受拉区塑性变形明显发展，拉应力分布逐渐变化为曲线，此时所能承受的弯矩M_{cr}^0为开裂弯矩，其应力分布图是计算构件抗裂能力的依据。

第Ⅱ阶段为开裂阶段，在裂缝截面处，受拉区混凝土大部分退出工作，拉力基本上由钢筋承担，是构件正常使用状态下所处的阶段。当对构件的变形和裂缝宽度有限制时，以图6-6(c)所示的应力状态作为计算依据。

第Ⅲ阶段为破坏阶段，由于钢筋屈服，受拉区垂直裂缝向上延伸，裂缝宽度迅速发展，受压区高度减小，最后受压区边缘混凝土达到极限压应变时构件破坏，此时截面弯矩达到极限弯矩M_u^0，即构件达到极限状态。如图6-6(d)所示，Ⅲ$_a$阶段应力状态可作为构件正截面受弯承载力计算的依据。

由上可见，适筋梁的破坏特征是受拉钢筋首先达到屈服，然后受压区混凝土压碎，梁的裂缝和变形剧增，破坏有先兆，故称为“塑性破坏”。在适筋梁中，钢筋和混凝土两种材料强度均得到充分利用，因而可作为设计依据。

在钢筋混凝土适筋梁破坏的Ⅲ$_a$阶段，受压区混凝土应力为曲线分布，如图6-7(a)所示。为便于分析计算，将受压区混凝土应力分布进一步等效为平均分布的矩形截面应力图即图6-7(b)。所谓“等效”，是指两个应力分布图形的压应力合力C相等，且合力C作用位置相同。

图6-7(b)所示等效矩形应力图中的应力大小设为$\sigma_1 f_c$，f_c为混凝土轴心抗压强度设计值，σ_1为等效矩形应力图系数；等效矩形应力图的受压区高度为x，按等效原则，等效受压区高度x与实际的受压区高度x_0之间的关系为$x=\beta_1 x_0$，β_1为系数。当混凝土的强度等级不大于C50时，α_1和β_1分别取为1.0和0.8。在承载力计算或配筋设计时，常用相对受压区高度ξ代替x，即$\xi = x/h_0$。

(2)超筋梁破坏

当梁的配筋量很大超过某限值($\rho > \rho_{max}$)时，会产生超筋破坏。其破坏特征是受压区混凝土首先被压碎，此时图6-8中受压区混凝土边缘应变首先达到极限压应变ε_{cu}，而受拉钢筋尚未屈服，其应变小于屈服应变ε_y，裂缝宽度和挠度均不明显。由于超筋梁破坏缺乏明显的破坏先兆，呈脆性破坏，材料强度利用也不充分，所以设计时应限制采用。

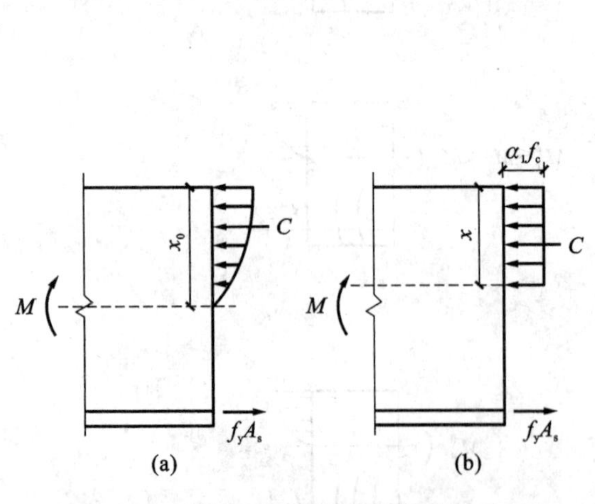

图6-7 矩形截面受压区混凝土的等效应力图

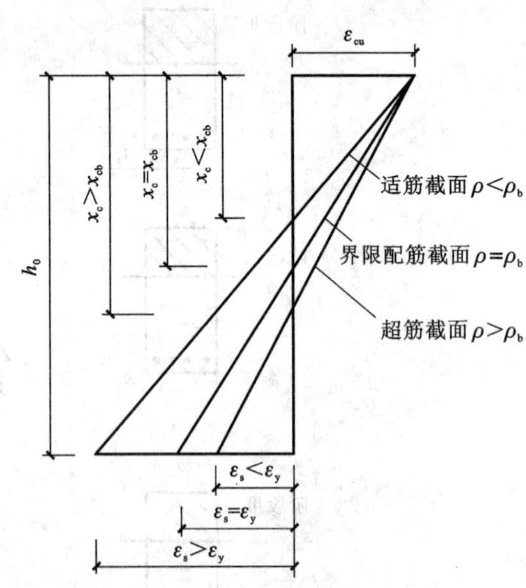

图6-8 梁破坏时的正截面平均应变图

如图6-8所示，适筋梁的破坏为受拉钢筋首先屈服，之后受压区混凝土压碎，超筋梁的破坏为受压区混凝土首先压碎而受拉钢筋未屈服。显然，两种破坏模式之间存在有一个界限配筋率ρ_b可使钢筋应变达到屈服应变ε_y的同时混凝土受压区边缘纤维应变也恰好达到极限压应变ε_{cu}，此时等效受压区高度x将达到其界

限受压区高度 x_b。由于钢筋拉力等于混凝土压力，故 $f_yA_s=\alpha_1 f_c bx_b$，即 $\rho_b=\dfrac{A_s}{bh_0}=\dfrac{\alpha_1 f_c x_b}{f_y h_0}$，该临界破坏形态称为“界限破坏”，即适筋梁与超筋梁的界限。此时，界限配筋率 ρ_b 即为纵筋最大配筋率 ρ_{max}，按式(6-2)计算：

$$\rho_{max}=\alpha_1\xi_b\frac{f_c}{f_y} \tag{6-2}$$

式中 ξ_b——相对界限受压区高度，它是正截面钢筋屈服与混凝土受压区边缘达极限应变同时发生时，界限受压区高度 x_b 与截面有效高度 h_0 的比值，$\xi_b=x_b/h_0$；

f_c——混凝土轴心抗压强度设计值，N/mm²；

f_y——普通钢筋抗拉强度设计值，N/mm²。

(3)少筋梁破坏

当梁的配筋量很低（$\rho<\rho_{min}$）时，会产生少筋破坏，其破坏特征是构件一旦开裂，原来由混凝土承受的拉力便全部转移给纵向受拉钢筋承担，受拉钢筋内力骤然增加，但因钢筋数量太少，很快达到屈服甚至被拉断。这种破坏无明显预兆，属于脆性破坏，在设计中不允许采用。

少筋梁破坏的特点是“一裂就坏”，所以从理论上讲，纵向受拉钢筋的最小配筋率 ρ_{min} 应按适筋梁Ⅲ$_a$阶段的极限弯矩 M_u^0 与素混凝土梁的开裂弯矩相等的原则来确定。但是，考虑到混凝土抗拉强度的离散性以及收缩等因素的影响，所以，实际上最小配筋率 ρ_{min} 往往根据传统经验得出。

为了防止出现少筋梁“一裂就坏”的情况，适筋梁的配筋率应大于 $\rho_{min}h/h_0$。《混凝土结构设计规范(2015年版)》(GB 50010—2010)规定：①受弯构件、偏心受拉和轴心受拉构件，其单侧纵向受拉钢筋的配筋百分率不应小于0.2%和0.45 f_t/f_y 中的较大值；②卧置于地基上的混凝土板的受拉钢筋的最小配筋百分率可适当降低，但不应小于0.15%。

6.2.2 正截面承载力计算基本假定

正截面承载力应按下列基本假定进行计算：①截面应变保持平面；②不考虑混凝土的抗拉强度；③纵向受拉钢筋的极限拉应变取为0.01；④混凝土受压的应力与应变关系按下式确定：

当 $\varepsilon_c<\varepsilon_0$ 时

$$\sigma_c=f_c\left[1-\left(1-\frac{\varepsilon_c}{\varepsilon_0}\right)^n\right] \tag{6-3}$$

当 $\varepsilon_0\leqslant\varepsilon_c\leqslant\varepsilon_{cu}$ 时

$$\sigma_c=f_c \tag{6-4}$$

$$n=2-\frac{1}{60}(f_{cu,k}-50) \tag{6-5}$$

$$\varepsilon_0=0.002+0.5(f_{cu,k}-50)\times10^{-5} \tag{6-6}$$

$$\varepsilon_{cu}=0.0033-(f_{cu,k}-50)\times10^{-5} \tag{6-7}$$

式中 σ_c——混凝土压应变为 ε_c 时的混凝土压应力，N/mm²；

f_c——混凝土轴心抗压强度设计值，N/mm²；

ε_0——混凝土压应力达到 f_c 时，混凝土的压应变，当 ε_0 值小于0.002时，取为0.002；

ε_{cu}——混凝土正截面的极限压应变，当处于非均匀受压且按式(6-7)计算的值大于0.0033时，取为0.0033，当处于轴心受压时取为 ε_0；

$f_{cu,k}$——混凝土立方体抗压强度标准值，N/mm²；

n——系数，当计算的 n 值大于2.0时，取为2.0。

6.2.3 正截面承载力计算

基于正截面承载力计算的基本假定，由图6-9可得适筋梁破坏Ⅲ$_a$阶段中正截面的受力分析简图。

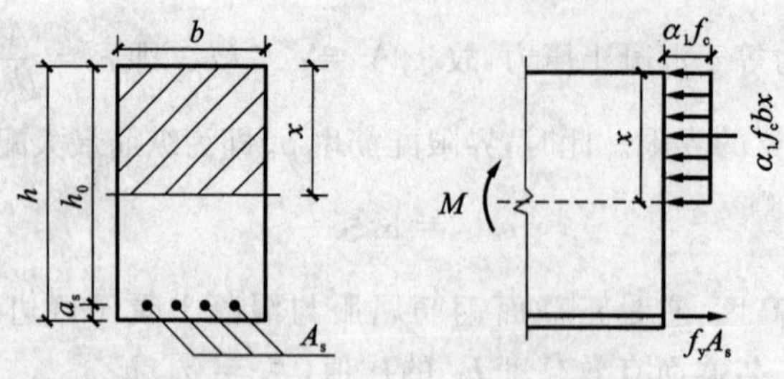

图 6-9 受弯构件正截面受弯承载力计算简图

当 $\sum x = 0$ 时：

$$\alpha_1 f_c bx = f_y A_s \tag{6-8}$$

当 $\sum M = 0$ 时：

$$M = \alpha_1 f_c bx\left(h_0 - \frac{x}{2}\right) \tag{6-9a}$$

$$M = f_y A_s\left(h_0 - \frac{x}{2}\right) \tag{6-9b}$$

式中 M——弯矩设计值，kN·m；

f_y——钢筋抗拉强度设计值，N/mm²；

A_s——纵向受力钢筋截面面积，mm²；

x——混凝土等效受压区高度，mm；

h_0——截面的有效高度，mm；

b——截面的宽度，mm。

为了防止出现超筋梁破坏和少筋梁破坏的情况，基本公式必须满足下列条件：①为了防止超筋梁破坏，应满足 $\rho \leqslant \rho_{max}$ 或 $x \leqslant \xi_b h_0$；②为了防止少筋梁破坏，应满足 $\rho \geqslant \rho_{min}$。

联立式(6-8)与式(6-9b)可求得 x 和 A_s，并进行配筋率验算。

式(6-9a)可写成

$$M = \alpha_1 f_c bx\left(h_0 - \frac{x}{2}\right) = \alpha_1 f_c b\xi h_0\left(h_0 - \frac{\xi h_0}{2}\right) = \alpha_1 f_c b\xi h_0^2(1 - 0.5\xi) \tag{6-10}$$

取

$$\alpha_s = \xi(1 - 0.5\xi) \tag{6-11}$$

则式(6-10)可写成

$$M = \alpha_s bh_0^2 \alpha_1 f_c \tag{6-12}$$

式中，$\alpha_s bh_0^2$ 可认为是截面在极限状态时的抵抗矩，因此可将 α_s 称为抵抗矩系数。

同理，式(6-9b)可写成

$$M = f_y A_s\left(h_0 - \frac{x}{2}\right) = f_y A_s\left(h_0 - \frac{\xi h_0}{2}\right) = f_y A_s h_0(1 - 0.5\xi) \tag{6-13}$$

取

$$\gamma_s = 1 - 0.5\xi \tag{6-14}$$

则式(6-13)可写成

$$M = f_y A_s h_0 \gamma_s \tag{6-15}$$

式中 γ_s——内力矩的力臂系数。

由式(6-11)可得

$$\xi = 1 - \sqrt{1 - 2\alpha_s} \tag{6-16}$$

代入式(6-14)可得

$$\gamma_s = \frac{1 + \sqrt{1 - 2\alpha_s}}{2} \tag{6-17}$$

上述受弯构件正截面的配筋计算也可按框图 6-10 进行，称为承载力系数计算法。

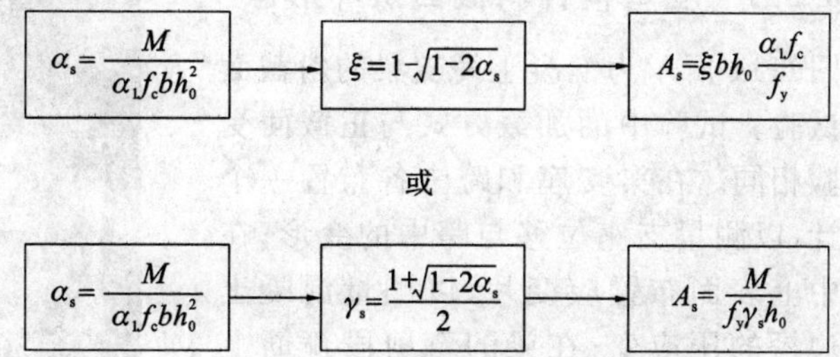

图 6-10 受弯构件正截面配筋计算步骤简图

【例 6-1】 某钢筋混凝土矩形梁的截面尺寸为 $b\times h=250\text{mm}\times 500\text{mm}$，混凝土强度等级为 C25，钢筋为 HRB335，梁所承受的弯矩设计值为 $M=100\text{kN}\cdot\text{m}$，环境类别为一类，试求纵向钢筋所需面积。

【解】 (1)方法一(联立平衡方程求解)

查表 5-1 可知，钢筋混凝土的强度等级为 C25，$f_c=11.9\text{N/mm}^2$，$\alpha_1=1.0$，查表 5-4 可得，HRB335 级钢筋，$f_y=300\text{N/mm}^2$，考虑到为一类环境，一排受拉钢筋，取 $a_s=35\text{mm}$，则

$$h_0=h-a_s=500-35=465(\text{mm})$$

①求 x 并验算适用条件 $x\leqslant\xi_b h_0$。

由式(6-8)求得 $x=79.0\text{mm}<\xi_b h_0=0.55\times 465=255.7(\text{mm})$，满足要求。

②求 A_s 并验算适用条件 $\rho\geqslant\rho_{\min}$。

将 $x=79.0\text{mm}$ 代入式(6-9b)，求得 $A_s=783.4\text{mm}^2$。

$$\rho_{\min}=\frac{0.45f_t}{f_y}=\frac{0.45\times 1.27}{300}=0.19\%$$

取 $\rho_{\min}=0.2\%$，则

$$\rho=\frac{A_s}{bh}=\frac{783.4}{(250\times 500)}=0.63\geqslant\rho_{\min}$$

满足要求。

(2)方法二(承载力系数计算法)

$$\alpha_s=\frac{M}{\alpha_1 f_c b h_0^2}=\frac{100\times 10^6}{1.0\times 11.9\times 250\times 465^2}=0.155$$

$$\xi=1-\sqrt{1-2\alpha_s}=0.17<\xi_b=0.55$$

$$\gamma_s=\frac{1+\sqrt{1-2\alpha_s}}{2}=0.96$$

故

$$A_s=\frac{M}{\gamma_s f_y h_0}=\frac{100\times 10^6}{0.95\times 300\times 465}=747(\text{mm}^2)$$

验算适用条件同上，两种算法的差异率为(783.4−747)/747=4.9%<5%，满足工程应用要求。

6.3 受弯构件斜截面承载力

钢筋混凝土受弯构件在剪力和弯矩共同作用的支座附近弯剪区段内，会沿着斜向裂缝发生斜截面受剪破坏或斜截面受弯破坏。因此，在保证受弯构件正截面承载力的同时，还要保证斜截面承载力，即斜截面受剪承载力和斜截面受弯承载力。工程设计中，斜截面受剪承载力是由计算来满足的，斜截面受弯承载力则是通过纵向钢筋和箍筋的构造要求来满足的。

6.3.1 受弯构件斜截面破坏形态

斜截面破坏形态视频

图 6-11 简支梁斜截面受剪试验照片

图 6-11 所示为混凝土简支梁的斜截面受剪试验。试验中的加载方式与正截面受弯试验相同。在梁支座和跨中各布置一个位移计,以测量支座位移与跨中的变形;在梁跨中上表面布置应变片,以测量混凝土受压边缘的压应变;在梁的弯剪段箍筋上布置应变片,以测量箍筋的应变;在梁的弯剪段侧面布置应变片,以测量混凝土斜截面弯剪段应变。荷载分级施加,记录各测点的应变、跨中变形,观察梁的变形和裂缝的开展,直至梁破坏为止。

试验表明,梁的斜截面受剪破坏形态与剪跨比 λ 有重要关系,根据剪跨比的不同,如图 6-12 所示,主要有斜压破坏、剪压破坏和斜拉破坏三种形态。

如图 6-13 所示,最外侧集中力到邻近支座的距离 a 称为剪跨,剪跨 a 与梁截面有效高度 h_0 的比值称为计算剪跨比,用 λ 表示。

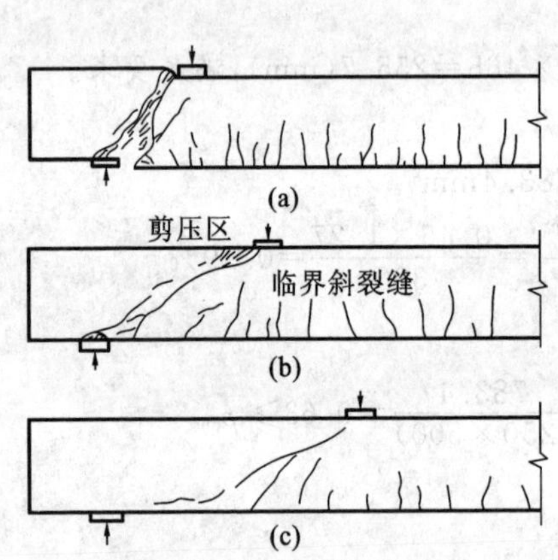

图 6-12 斜截面破坏形态

(a)斜压破坏;(b)剪压破坏;(c)斜拉破坏

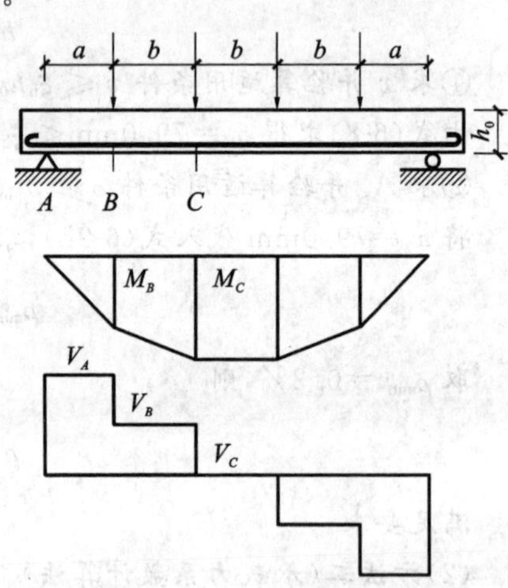

图 6-13 集中荷载作用的简支梁及其受力图

当梁受集中荷载时,其剪跨比为

$$\lambda = \frac{a}{h_0} \tag{6-18}$$

式中 a——剪跨,mm;

h_0——截面有效高度,mm。

当梁受均布荷载时,其剪跨比为

$$\lambda = \frac{M}{Vh_0} \tag{6-19}$$

式中 M——所计算截面的弯矩,kN·m;

V——所计算截面的剪力,N。

剪跨比实质上反映了正应力与剪应力的相对比值,在一定程度上也反映了截面上弯矩与剪力的比值,对梁的斜截面受剪破坏形态和斜截面受剪承载力有着极为重要的影响。

(1)斜压破坏

斜压破坏主要发生在以下两种情况。

①当梁的剪跨比较小($\lambda < 1$)即剪弯区段剪力相对较大、弯矩相对较小时,多发

生斜压破坏。如图 6-12(a)所示，发生破坏时，首先在梁腹部出现若干大体相互平行的斜裂缝，这些斜裂缝将梁腹部分割为若干个倾斜的受压小柱，进而使柱体混凝土受压酥裂，导致梁剪切破坏。破坏时腹筋未达到屈服强度，此时，梁的斜压破坏强度主要取决于混凝土斜压柱体的抗压能力。

②在剪跨比适中或较大的梁中，由于配置的箍筋过多，箍筋尚未达到屈服强度而斜压柱体的混凝土已被压碎，导致梁发生斜压破坏。这种情况下，箍筋的材料强度没能充分利用，显然是不经济的。

(2)剪压破坏

当梁的剪跨比适中($1<\lambda\leqslant 3$)时，多发生剪压破坏。如图 6-12(b)所示，随着荷载的增加，开始先出现一些垂直裂缝和由垂直裂缝延伸出来的细微的斜裂缝；当荷载增加到一定程度时，在数条斜裂缝中，将出现一条较长、较宽的主要裂缝称为临界斜裂缝；荷载再继续增加，临界斜裂缝不断向上延伸，使与其相交的箍筋达到屈服，同时，剪压区混凝土在剪应力和压应力共同作用下达到极限强度而破坏。这种破坏是由于箍筋先屈服而后混凝土被压碎，属脆性破坏，但材料强度利用充分，破坏有先兆，故可作为抗剪强度计算的依据。

(3)斜拉破坏

当梁的剪跨比较大($\lambda>3$)，或梁内箍筋配置过少时，一般发生斜拉破坏。发生破坏时，斜裂缝一旦出现，便迅速向集中荷载作用点延伸，并很快形成临界裂缝，混凝土断裂成两部分而破坏。整个破坏过程急速而突然，破坏荷载与出现斜裂缝时的荷载相当接近，破坏前梁的变形很小，往往只有一条斜裂缝，这种破坏无明显的预兆，表现出显著的脆性特征。

6.3.2 斜截面承载力计算

斜截面受力分析如图 6-14 所示，梁斜截面承受的总剪力由剪压区混凝土、与斜裂缝相交的箍筋、与斜裂缝相交的弯起钢筋三部分组成。

根据平衡条件，可建立斜截面承载力计算公式如下：

$$V\leqslant V_c+V_s+V_{sb} \tag{6-20}$$

式中 V——构件斜截面上的最大剪力设计值，N；

V_c——混凝土剪压区受剪承载力设计值，N；

V_s——与斜裂缝相交的箍筋受剪承载力设计值，N；

V_{sb}——与斜裂缝相交的弯起钢筋受剪承载力设计值，N。

$$V_s=f_{yv}\frac{A_{sv}}{s}h_0 \tag{6-21}$$

式中 f_{yv}——箍筋抗拉强度设计值，N/mm^2；

A_{sv}——同一截面内箍筋各肢的截面面积总和，$A_{sv}=nA_{sv1}$，其中 n 为在同一截面内箍筋的肢数，A_{sv1} 为单肢箍筋的截面面积。

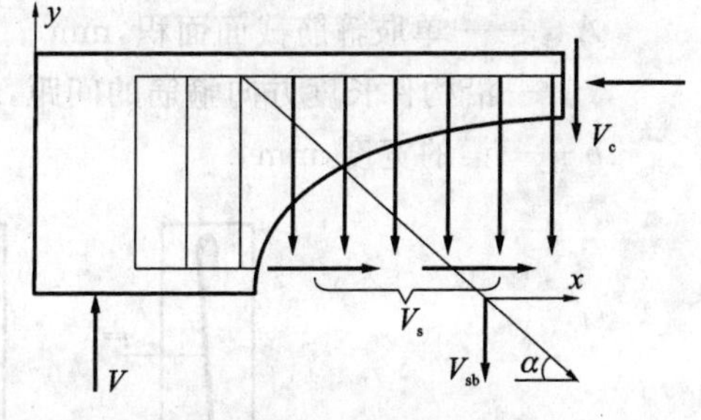

图 6-14 受剪承载力组成

$$V_{sb}=0.8f_yA_{sb}\sin\alpha_s \tag{6-22}$$

式中 A_{sb}——与斜裂缝相交配置在同一弯起平面内弯起钢筋的截面面积，mm^2；

α_s——弯起钢筋与构件纵向轴线的夹角；

0.8——弯起钢筋受力不均匀系数。

对于均布荷载作用下矩形截面梁斜截面受剪承载力 V_c，按下式计算：

$$V_c=0.7f_tbh_0 \tag{6-23}$$

式中 f_t——混凝土轴心抗拉强度设计值，N/mm^2。

对于集中荷载作用下矩形截面梁，包括作用有多种荷载，其中集中荷载对支座截面或节点边缘所产生的剪力值占总剪力的75%以上的情况，斜截面受剪承载力 V_c 按下式计算：

$$V_c=\frac{1.75}{\lambda+1}f_tbh_0 \tag{6-24}$$

式中 λ——计算截面处的剪跨比，$\lambda=a/h_0$，a 取最外侧集中荷载作用点至支座截面或节点边缘的距离。当 $\lambda<1.5$ 时，取 $\lambda=1.5$；当 $\lambda>3.0$ 时，取 $\lambda=3.0$。

当梁截面尺寸过小，而剪力较大时，梁往往发生斜压破坏，这时，即使增大箍筋面积也无济于事，因此，

设计时应避免斜压破坏。同时为了防止梁在使用阶段斜裂缝过宽,必须对矩形截面梁的截面尺寸作如下规定:

当 $\frac{h_0}{b} \leqslant 4.0$ 时

$$V \leqslant 0.25\beta_c f_c bh_0 \tag{6-25}$$

当 $\frac{h_0}{b} \geqslant 6.0$ 时

$$V \leqslant 0.2\beta_c f_c bh_0 \tag{6-26}$$

当 $4.0 < \frac{h_0}{b} < 6.0$ 时,按直线内插法取用。

式中 V ——构件斜截面上的最大剪力设计值,N。

b ——矩形截面宽度,mm。

h_0 ——矩形截面取有效高度,mm。

β_c ——混凝土强度影响系数,当混凝土强度不超过C50时,取 $\beta_c = 1.0$;当混凝土强度为C80时,取 $\beta_c = 0.8$;其间按线性内插法取用。

在设计时,如果不能满足式(6-25)或式(6-26)的要求,必须加大截面尺寸或提高混凝土强度等级,直至满足要求为止。

最小配箍率的限制。梁内箍筋的配筋率是指沿梁长,在箍筋的一个间距范围内,箍筋各肢的全部截面面积与混凝土水平截面面积的比值。因此,梁内箍筋的配筋率为

$$\rho_{sv} = \frac{A_{sv}}{bs} = \frac{nA_{sv1}}{bs} \tag{6-27}$$

式中 A_{sv} ——同一截面内箍筋各肢截面面积的总和,N/mm^2;

n ——同一截面内箍筋的肢数,如图6-15所示;

A_{sv1} ——单肢箍筋截面面积,mm^2;

s ——沿构件长度方向箍筋的间距,mm;

b ——梁的宽度,mm。

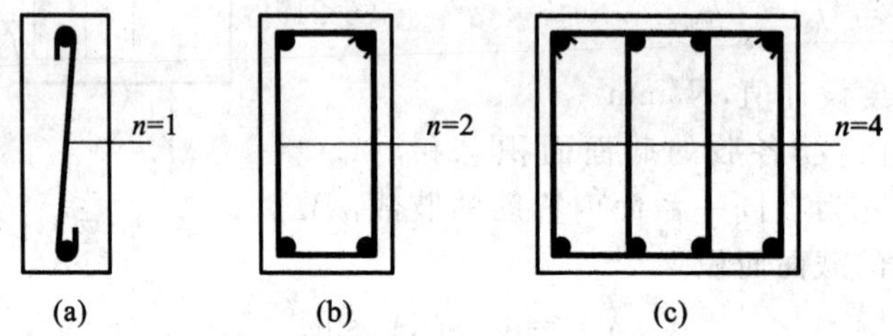

图6-15 箍筋的肢数

(a)单肢箍;(b)双肢箍;(c)四肢箍

箍筋配量过少,一旦斜裂缝出现,箍筋中突然增大的拉应力很可能达到屈服强度,造成裂缝的加速开展,甚至箍筋被拉断,而导致斜拉破坏。为了避免这类破坏,规定了配箍率的下限值,即最小配箍率为

$$\rho_{sv} = \frac{nA_{sv1}}{bs} \geqslant \rho_{sv,min} = 0.24\frac{f_t}{f_{yv}} \tag{6-28}$$

【例6-2】 某钢筋混凝土矩形截面梁承受均布荷载,截面尺寸为 $b \times h = 200mm \times 400mm$,混凝土强度等级为C20,箍筋采用HRB335,已配双肢Φ8@200,安全等级为二级,环境类别为一类,试求该梁所能承受的最大剪力设计值 V;若梁净跨 $l_n = 4.26m$,如图6-16所示,求按受剪承载力计算的梁所能承担的均布荷载设计值 q(不考虑箍筋的构造要求;箍筋直径为8mm,$A_{sv1} = 50.3mm^2$)。

【解】 查表5-1、表5-2可知 $f_c = 9.6N/mm^2$,$f_t = 1.10N/mm^2$,查表5-4可知 $f_{yv} = 300N/mm^2$。

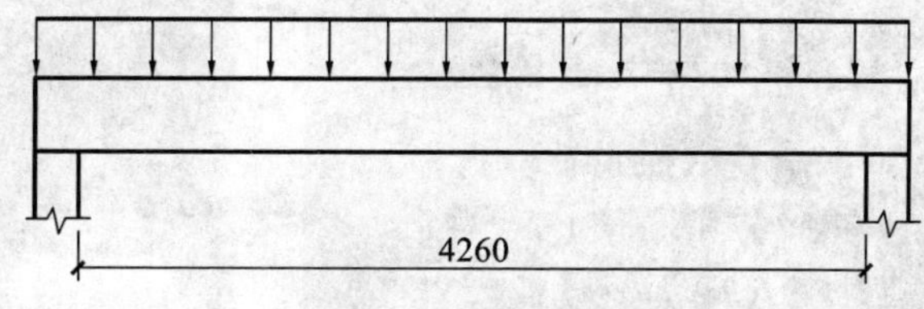

图 6-16 梁示意图

设 $a_s=40$mm，则 $h_0=h-a_s=400-40=360$(mm)。

计算截面总剪力 V，由式(6-20)得

$$V=V_c+V_s=0.7f_tbh_0+f_{yv}\frac{A_{sv}}{s}h_0=0.7\times1.1\times200\times360+300\times\frac{2\times50.3}{200}\times360$$
$$=109764(\text{N})=109.8\text{kN}$$

复核梁截面尺寸及配筋率，得

$$h_0=360\text{mm},\quad \frac{h_0}{b}=\frac{360}{200}=1.8<4,\quad \beta_c=1.0$$

由式(6-25)得

$0.25\beta_cf_cbh_0=0.25\times1\times9.6\times200\times360=172800(\text{N})\approx173\text{kN}>V=109.8\text{kN}$，符合要求。

由式(6-28)得

$$\rho_{sv,\min}=0.24\frac{f_t}{f_{yv}}=0.24\times\frac{1.1}{210}=0.088\%$$

$$\rho_{sv}=\frac{nA_{sv1}}{bs}=\frac{2\times50.3}{200\times200}=0.25\%>\rho_{sv,\min}$$

满足要求。

梁所能承受的最大剪力设计值 $V=109.8$kN。

按受剪承载力计算的梁所能承担的均布荷载设计值为

$$q=\frac{2V}{l_n}=\frac{2\times109.8}{4.26}=51.53(\text{kN/m})$$

6.4 受压构件承载力计算

钢筋混凝土结构中的受压构件一般是指以承受轴向压力为主的构件，如图 6-17(a)所示，框架柱是建筑物中典型的受压构件，其他如图 6-17(b)所示受压腹杆，图 6-17(c)所示钢筋混凝土墙体和图 6-17(d)所示基础桩等也是受压构件。

受压构件可分为轴心受压构件和偏心受压构件两种。当纵向力作用在截面重心上时称为轴心受压；当纵向力作用偏离构件截面重心时称为偏心受压；当构件上有弯矩 M 和轴力 N 共同作用时，可看成在偏心距 $e_0=M/N$ 处作用有轴向压力的偏心受压构件。偏心受压构件按照偏心压力作用在截面上的作用位置可分为单向偏心受压构件[图 6-18(a)]和双向偏心受压构件[图 6-18(b)]。

在实际结构中理想的轴心受压构件并不存在，通常由于荷载作用位置的偏差、制作尺寸不准确、混凝土的非均匀性和配筋不对称等原因，构件存在着初始偏心。但在设计等跨多层框架的中柱及桁架的受力腹杆等构件时，因为偏心距很小，一般忽略不计，近似按轴心受压构件计算。

轴心受压构件按照配筋方式不同，有两种基本形式：配有纵筋及普通箍筋柱和配有螺旋式焊环式间接箍筋的柱。配有纵筋及普通箍筋的柱的截面形式，一般为正方形或矩形，纵筋沿截面四周对称放置；配有纵筋和螺旋箍筋的柱，截面形状多为圆形和八边形。纵筋外围设有连续环绕的间距较密的螺旋箍筋。

图 6-17 受压构件

(a)框架柱;(b)桁架腹杆;(c)钢筋混凝土剪力墙;(d)基础桩

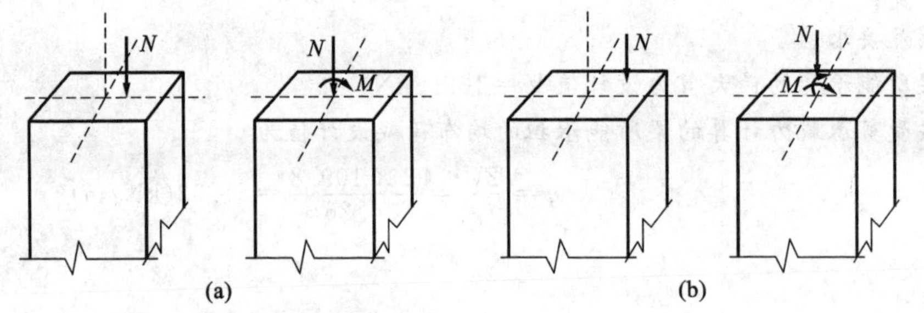

图 6-18 偏心受压构件的力的作用位置

(a)单向偏心受压;(b)双向偏心受压

6.4.1 轴压力作用下柱的破坏形态

轴心受压柱破坏形态图

图 6-19(a)所示为钢筋混凝土柱的偏心受压破坏试验。如图 6-19(b)所示,试验通过千斤顶将压力直接作用在钢筋混凝土柱上,在柱两端和中部侧向表面各布置一个位移计,以测量试验柱端部和中部的侧向位移;在柱中部截面受压区边缘布置应变片,以测量试验柱中部受压区混凝土应变;在柱中部受力主筋上布置应变片,以测量受力主筋的应变;在柱中部侧面,沿截面高度均匀布置若干应变片,以测量跨中混凝土的应变。荷载分级施加,记录各测点的应变、柱的中部和端部的侧向位移,观察柱的开裂荷载和开裂后裂缝的开展情形。

试验表明,当柱长度不同时,会发生两种破坏,即短柱破坏和长柱破坏。通常用长细比反映短柱和长柱的力学性能,定义矩形截面柱的长细比为 l_0/b,其中 l_0 为柱的计算长度,b 为截面的短边长度。当长细比 $l_0/b \leqslant 8$ 时,称为短柱;当 $l_0/b > 8$ 时,称为长柱。

柱的计算长度的意义是将具有端部约束的杆件等效成承载力相同而长度不同的铰支杆,构件的计算长度 l_0 与构件支承情况、荷载分布情况及自身构件尺寸有关。

(a)

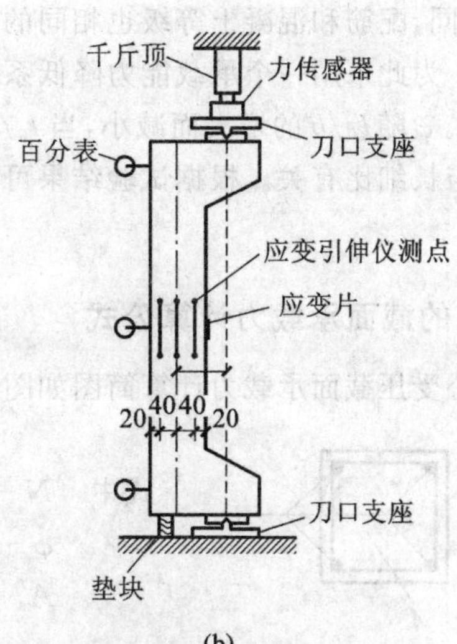

(b)

图 6-19　钢筋混凝土柱的偏心受压破坏试验

(a) 试验照片；(b)试验装置简图

《混凝土结构设计规范(2015 年版)》(GB 50010—2010)对此作了以下简化规定：一般多层房屋中梁柱为刚接的框架结构，各层柱的计算长度 l_0 取值如下：现浇式楼盖中底层柱 $l_0=1.0H$，其余各层柱 $l_0=1.25H$；装配式楼盖的底层柱 $l_0=1.25H$，其余各层柱 $l_0=1.5H$。其中，对底层柱 H 取基础顶面到一层楼盖顶面之间的距离；对其余各层柱，H 取上、下两层楼盖顶面之间的距离，即层高。

(1)短柱破坏

配有纵筋和箍筋的短柱，在轴心荷载作用下，整个截面的应变基本上是均匀分布的。当荷载较小时，混凝土和钢筋都处于弹性阶段。随着荷载的继续增加，混凝土侧向变形增大，截面边缘纤维应力首先达到混凝土的抗拉强度，柱中开始出现微细裂缝。之后由于钢筋的弹性模量 E_s 大于混凝土的弹性模量 E_c（约 10 倍），钢筋的应力增长很快，柱纵筋应力首先达到钢筋抗拉强度 f_y 而屈服，随后混凝土应力达到抗压强度 f_c 而被压碎，柱中开始出现微细裂缝，在临近破坏荷载时，柱四周出现明显的纵向裂缝，箍筋间的纵筋发生压屈，向外凸出，混凝土被压碎，整个柱子破坏，如图 6-20 所示。

发生短柱破坏时，混凝土的压应变值取混凝土棱柱体受压时最大极限应变 0.002，相应的应力达轴心抗压强度 f_c，而钢筋的应力 $\sigma_s=0.002E_s=0.002\times2\times10^5=400(\mathrm{N/mm^2})$，故当钢筋的屈服强度 $f_y\geqslant400\mathrm{N/mm^2}$ 时，钢材的强度不能被充分利用。

(2)长柱破坏

对于长细比较大的柱子，由各种偶然因素造成的初始偏心距不能忽视。随着荷载的增大，侧向挠度也加大，构件在发生压缩变形的同时还发生弯曲变形，最后构件在轴向压力和附加弯矩的共同作用下破坏。如图 6-21 所示，破坏时，首先是凹面受压混凝土被压碎，纵向钢筋被压屈向外鼓出，混凝土保护层剥落；同时凸面受拉，混凝土产生水平裂缝，侧向挠度急剧增大，柱子破坏。

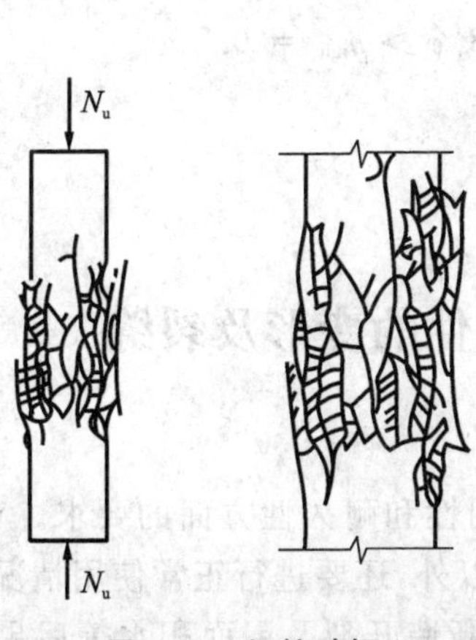

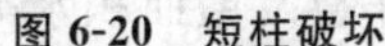

图 6-20　短柱破坏

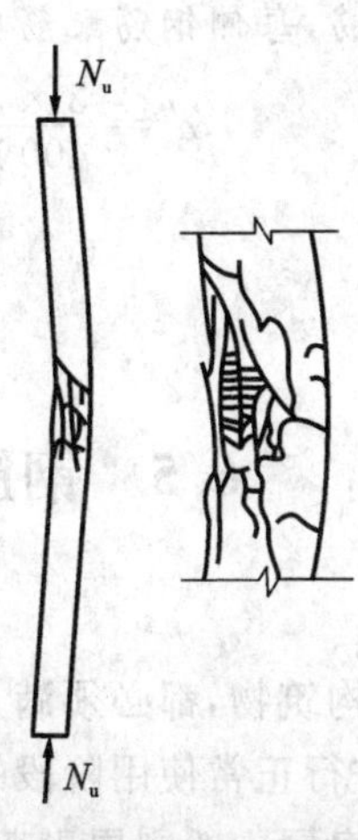

图 6-21　长柱破坏

两根横截面尺寸相同,配筋和混凝土等级也相同的长柱和短柱相比较,长柱的破坏荷载小于短柱,且柱子越细长,小得就越多。为此采用一个承载能力降低系数 φ 来反映长柱承载能力较短柱降低的程度,故称 φ 为稳定系数,显然 $\varphi \leqslant 1$。φ 随 l_0/b 的增大而减小,当 $l_0/b \leqslant 8$ 时,$\varphi = 1$,可以不计纵向弯曲的影响。试验研究表明,稳定系数主要与长细比有关。根据试验结果可拟合出 φ 和 l_0/b 之间的关系,由 l_0/b 值可直接求出 φ 的大小。

6.4.2 轴心受压的截面承载力计算公式

根据上面分析,轴心受压截面承载力计算简图如图 6-22 所示,计算公式为

$$N \leqslant 0.9\varphi(f_c A + f'_y A'_s) \tag{6-29}$$

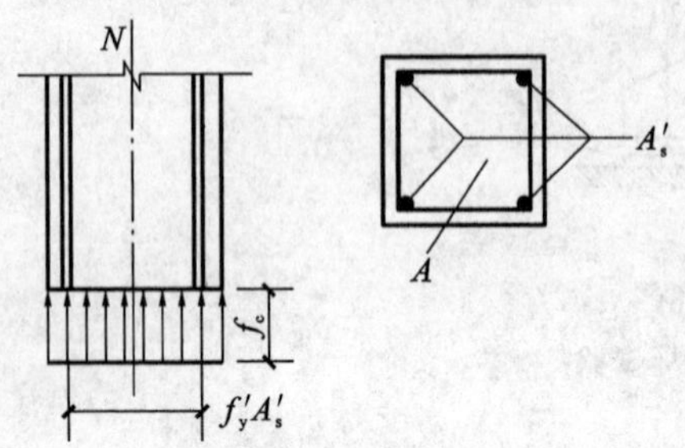

图 6-22 正截面受压承载力计算简图

式中 N——设计轴向压力,N;

φ——钢筋混凝土构件的稳定系数;

A'_s——全部纵向受压钢筋的截面面积,mm^2;

A——构件截面面积,mm^2,当纵向钢筋配筋率大于 3% 时,式中的 A 应为($A - A'_s$);

0.9——可靠度调整系数。

【例 6-3】 某现浇多层钢筋混凝土框架结构,底层中柱按轴心受压构件计算,柱高 $H = 6.4\text{m}$,承受轴向压力设计值 $N = 2450\text{kN}$,混凝土的强度等级为 C30,钢筋为 HRB335,截面尺寸为 400mm×400mm,试配置纵筋和箍筋。

【解】 查表 5-1 得 $f_c = 14.3\text{N/mm}^2$,查表 5-4 得 $f'_y = 300\text{N/mm}^2$。

现浇楼盖的框架底层柱的计算长度为

$$l_0 = 1.0H = 1.0 \times 6400 = 6400(\text{mm})$$

柱的长细比及稳定系数为

$$\frac{l_0}{b} = \frac{6400}{16} = 16, \quad \varphi = 0.87$$

由式(6-29)得

$$A'_s = \frac{\dfrac{N}{0.9\varphi} - f_c A}{f'_y} = \frac{\dfrac{2450 \times 10^3}{0.9 \times 0.87} - 14.3 \times 400^2}{300} = 2803.3(\text{mm}^2)$$

可选配 8Φ22(面积为 3041mm^2)钢筋。

$$\rho_{\min} = 0.6\% < \rho = \frac{A_s}{bh} = \frac{3041}{400 \times 400} = 1.9\% < \rho_{\max} = 5\%$$

满足要求。

截面每侧有 3 根钢筋,每侧钢筋配筋率为

$$\rho' = \frac{3 \times 380.1}{400 \times 400} = 0.713\% > \rho'_{\min} = 0.2\%$$

满足要求。

6.5 钢筋混凝土构件的变形及裂缝

设计任何建筑物和构筑物,都必须满足安全性、适用性和耐久性方面的要求。对于需要控制变形和裂缝的结构构件,除了要进行正常使用阶段的承载力计算以外,还要进行正常使用情况下的变形和裂缝验算。因为过大的变形会造成房屋内粉刷层剥落、填充墙和隔断墙开裂及屋面积水等后果;在多层精密仪表车间

中，过大的楼面变形可能会影响产品的质量；水池、油罐等结构开裂会引起渗漏现象；过大的变形和裂缝也将使用户在心理上产生不安全感。

6.5.1 受弯构件的挠度

钢筋混凝土受弯构件的变形计算是指对挠度进行验算，按荷载标准组合并考虑长期作用影响的挠度最大值应小于受弯构件的挠度限值。钢筋混凝土是不匀质的非弹性材料，因而混凝土受弯构件的截面抗弯刚度是变量。

在钢筋混凝土受弯构件的变形验算中所用到的截面抗弯刚度，是指构件在其长度范围内的平均截面抗弯刚度（以下简称刚度）；考虑到荷载作用时间的影响，有短期刚度 B_s 和长期刚度 B 的区别，且两者都随弯矩的增大而减小，随配筋率的降低而减小。

(1)截面抗弯刚度

从理论上讲，钢筋混凝土受弯构件的截面抗弯刚度应取为图 6-23 中 M-ϕ 曲线上相应点处切线的斜率 $\mathrm{d}M/\mathrm{d}\phi$ 。但这样做既有困难，也不实用。在混凝土结构设计中，关于截面抗弯刚度可分别采用简化方法：①对要求不出现裂缝的构件，可近似地把混凝土开裂前的 M-ϕ 曲线视为直线，它的斜率就是截面抗弯刚度，取为 $0.85E_cI_0$ ，I_0 是换算截面惯性矩，即是将钢筋面积乘以钢筋与混凝土弹性模量的比值换算成混凝土面积后，保持截面重心位置不变与混凝土面积一起计算的截面惯性矩。②验算正常使用阶段构件挠度时，由于钢筋混凝土受弯构件正常使用时是带裂缝工作的，此时正截面承担的弯矩为其最大受弯承载力试验值 M_u 的 50%～70%。为工程应用方便，《混凝土结构设计规范（2015 年版）》（GB 50010—2010）定义在 M- ϕ 曲线上 $0.5M_u$ ～$0.7M_u$ 区段内，任一点与坐标原点 O 相连的割线斜率 $\tan\alpha$ 为截面抗弯刚度，记为 B。由图 6-23 知，α 随弯矩值的增大而减小，故截面抗弯刚度是随弯矩的增大而减小的。因此，$B=\tan\alpha=M/\phi, M=(0.5\sim0.7)M_u$。

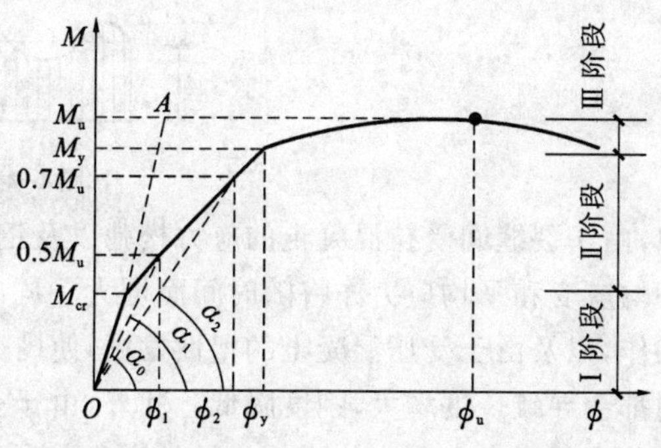

图 6-23 适筋梁弯矩-曲率（M-ϕ）关系曲线

(2) 短期刚度

图 6-24 描述了裂缝出现后的第Ⅱ阶段，在纯弯段内测得的钢筋和混凝土的应变情况：①沿梁长，受拉钢筋的拉应变和受压边缘混凝土的压应变（如图 6-24 中的 ε_{ck}）都是不均匀分布的，裂缝截面处最大，裂缝间为曲线变化；②沿梁长，中和轴高度呈波浪形变化，裂缝截面处中和轴高度最小；③如果量测范围比较长（不小于 750mm），则各水平纤维的平均应变沿梁截面高度的变化符合平截面假定。

根据平均应变符合平截面的假定，可得平均曲率

$$\phi=\frac{1}{r}=\frac{\varepsilon_{sm}+\varepsilon_{cm}}{h_0} \tag{6-30}$$

式中 r ——与平均中性轴相应的平均曲率半径，mm；

ε_{sm}，ε_{cm} ——纵向受拉钢筋重心处的平均拉应变和受压区边缘混凝土的平均压应变，在此处，第二个下标字母 m 表示平均值；

h_0 ——截面的有效高度，mm。

因此，短期刚度为

$$B_s=\frac{M_k}{\phi}=\frac{M_kh_0}{\varepsilon_{sm}+\varepsilon_{cm}} \tag{6-31}$$

式中 M_k ——按荷载标准组合计算的弯矩值，kN · m。

(3)长期刚度

在荷载长期作用下，构件截面抗弯刚度将会降低，致使构件的挠度增大。在实际工程中，总是有部分荷载长期作用在构件上，因此计算挠度时必须采用长期刚度 B。

在荷载长期作用下，受压混凝土将发生徐变，即荷载不增加而变形却随时间增长。在配筋率不高的梁

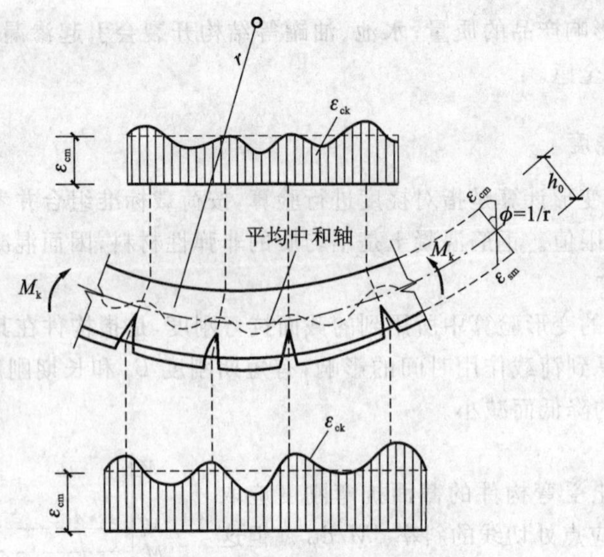

图 6-24 纯弯曲段内的平均应变

中，由于裂缝间受拉混凝土的应力松弛以及钢筋的滑移等因素，使受拉混凝土不断退出工作，因而受拉钢筋平均应变和平均应力亦将随时间而增大。同时，由于裂缝不断向上发展，使其上部原来受拉的混凝土退出工作，以及由于受压混凝土的塑性发展，使内力臂减小，也将引起某些钢筋应变和应力的增大。以上这些原因都会导致挠度增大、刚度降低。此外，由于受拉区与受压区混凝土的收缩不一致，使梁发生翘曲，亦会导致曲率的增大和刚度的降低。凡是影响混凝土徐变和收缩的因素都将影响刚度的降低，使构件挠度增大。

对于受弯构件，《混凝土结构设计规范(2015 年版)》(GB 50010—2010)要求按荷载标准组合并考虑荷载长期效应影响的刚度 B 进行计算，并建议用荷载准永久组合对挠度增大的影响系数来考虑荷载长期效应对刚度的影响。受弯构件的长期刚度可按下式计算：

$$B=\frac{M_k}{M_q(\theta-1)+M_k}B_s \tag{6-32}$$

式中 M_k ——按荷载效应标准组合计算的弯矩，kN·m。

M_q ——按荷载效应准永久组合计算的弯矩，kN·m。

θ ——荷载效应准永久组合对挠度增大的影响系数。对钢筋混凝土构件，θ 值按下列规定取用：当 $\rho'=0$ 时，$\theta=2.0$；当 $\rho'=\rho$ 时，$\theta=1.6$；当 ρ' 为中间值时，θ 值按直线内插法计算。对翼缘位于受拉区的 T 形截面，θ 应增加 20%。

6.5.2 构件的裂缝

裂缝根据形成原因可以分为两大类：由荷载引起的裂缝和由变形因素(非荷载)引起的裂缝，如由材料收缩、温度变化、混凝土碳化(钢筋锈蚀膨胀)以及地基不均匀等原因引起的裂缝，如图 6-25 所示。很多裂缝往往是几种因素共同作用的结果。

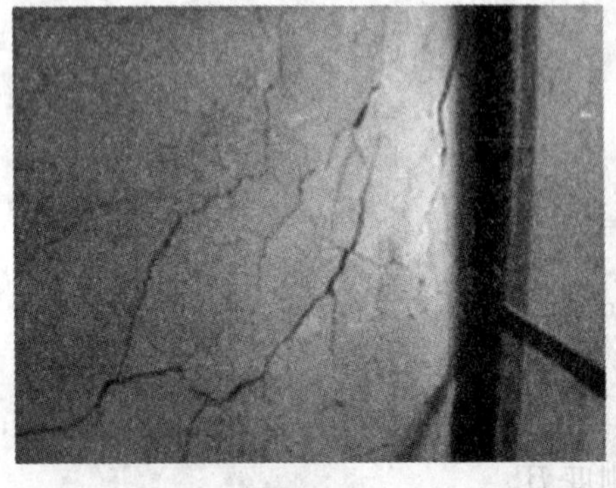
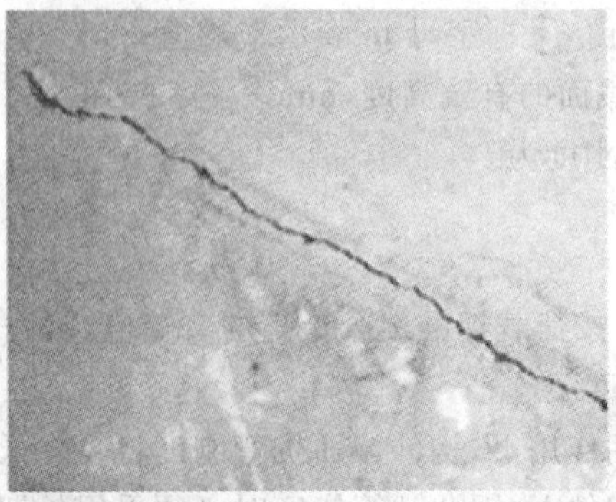

图 6-25 裂缝示例

确定最大裂缝宽度限值，主要考虑两个方面的原因：一是外观要求，二是耐久性要求，并以后者为主。从外观要求考虑，裂缝过宽将给人以不安全感，同时也影响对结构质量的评价。满足外观要求的裂缝宽度限值，与人们的心理反应、裂缝开展长度、裂缝所处位置，乃至光线条件等因素有关，难以取得完全统一的意见。目前有些研究者提出可取 0.25～0.3mm。

根据试验资料的分析，并考虑纵向受拉钢筋表面形状的影响，平均裂缝间距的计算公式为

$$l_{cr} = \beta\left(1.9c + 0.08\frac{d_{eq}}{\rho_{te}}\right) \tag{6-33}$$

式中 β——系数，对轴心受拉构件，取 $\beta=1.1$；对其他受力构件，取 $\beta=1$。

c——最外层纵向受拉钢筋外边缘至受拉区底边的距离，mm。当 $c<20$mm 时，取 $c=20$mm；当 $c>65$ mm 时，取 $c=65$mm。

ρ_{te}——按有效受拉混凝土截面面积计算的纵向受拉钢筋配筋率，在最大裂缝宽度计算中，$\rho_{te}=\frac{A_s}{A_{te}}$，当 $\rho_{te}<0.01$ 时，取 $\rho_{te}=0.01$。

A_{te}——有效受拉混凝土截面面积，mm²。对轴心受拉构件取构件截面面积；对受弯、偏心受压和偏心受拉构件，取腹板截面面积与受拉翼缘截面面积之和的 1/2。

A_s——纵向受拉钢筋的截面面积，mm。

d_{eq}——纵向受拉钢筋的等效直径，mm，$d_{eq}=\frac{\sum n_i d_i^2}{\sum n_i v_i d_i}$。

d_i——第 i 种纵向受拉钢筋的直径，mm。

n_i——第 i 种纵向受拉钢筋的根数。

v_i——第 i 种纵向受拉钢筋的相对黏结特性系数，对带肋钢筋，取 $v_i=1.0$；对光面钢筋，取 $v_i=0.7$。

由于混凝土的质量不均匀，裂缝的间距有疏有密，每条裂缝开展的宽度有大有小，离散性是很大的。验算宽度是否超过允许值，应以最大裂缝宽度为准。混凝土的最大裂缝宽度为

$$\omega_{max} = \alpha_{cr}\psi\frac{\sigma_{sk}}{E_s}\left(1.9c + 0.08\frac{d_{eq}}{\rho_{te}}\right) \tag{6-34}$$

$$\psi = 1.1 - \frac{0.65f_{tk}}{\rho_{te}\sigma_{sk}} \tag{6-35}$$

式中 α_{cr}——构件受力特征系数，对轴心受拉构件取 2.7；对偏心受拉构件取 2.4；对受弯和偏心受压构件取 2.1。

σ_{sk}——按荷载准永久组合计算的钢筋混凝土构件纵向受拉钢筋应力，N/mm²。

f_{tk}——混凝土轴心抗拉强度标准值，N/mm²。

ψ——裂缝间纵向受拉钢筋应变不均匀系数。当 $\psi<0.2$ 时，取 $\psi=0.2$；当 $\psi>1.0$ 时，取 $\psi=1.0$；对直接承受重复荷载的构件，$\psi=1.0$。

E_s——钢筋的弹性模量，N/mm²。

6.5.3 减少挠度和裂缝宽度的有效措施

(1)刚度的提高

影响受弯构件刚度的因素有弯矩、纵筋配筋率与弹性模量、截面形状和尺寸、混凝土强度等级，在长期荷载作用下的刚度还随时间的增加而降低。在上述因素中，梁的截面高度影响最大。提高受弯构件弯曲刚度的措施有提高混凝土强度等级；增加纵向钢筋的数量；选用合理的截面形状(如 T 形、I 形等)；增加梁的截面高度，此为最有效的措施。

(2)裂缝宽度的控制

试验表明，裂缝宽度与钢筋应力近似呈线性关系；当构件内受拉纵筋截面相同时，采用细而密的钢筋则会增大钢筋表面积，因而使黏结力增大，裂缝宽度变小；带肋钢筋的黏结强度较光面钢筋大得多，可减小裂缝宽度；构件受拉区的纵筋配筋率越大，裂缝宽度越小。

增大钢筋截面积、在钢筋截面面积不变的情况下，采用较小直径的钢筋、变形钢筋，提高混凝土强度等级、增大构件截面尺寸和减小混凝土保护层厚度均可有效控制裂缝宽度。

6.6 一般构造要求

6.6.1 梁的构造要求

(1)截面选取

钢筋混凝土结构中梁的截面形式较多，如矩形、T 形和 I 形等。在选择梁截面形式时，应根据不同要求采用不同的形状。在整体结构中，为了方便施工，常用矩形和 T 形截面，如图 6-26 所示。

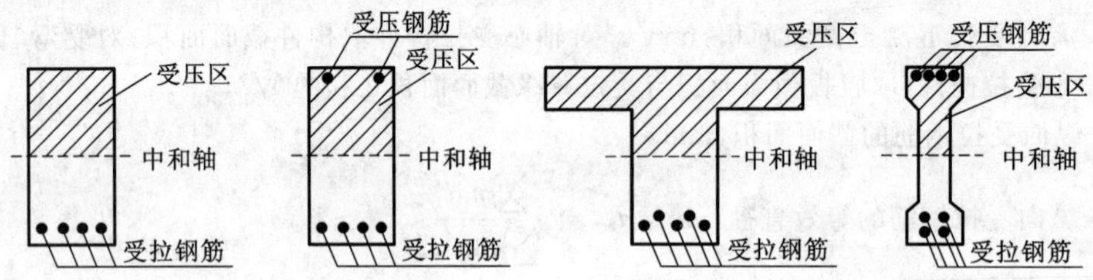

图 6-26 梁的截面形式

矩形梁截面的高宽比值通常为 2.0～3.5。在选择梁的高宽比时，除考虑梁的受力性能外，还与构造及使用等方面的要求有关。梁腰一般不宜开洞，如需开洞，洞的位置不能设在混凝土受压区，同时要进行抗剪强度验算，因为即使设于受拉区的洞不影响正截面强度，但由于减小了混凝土截面面积，故会影响斜截面抗剪能力。

(2)梁的配筋

纵向受力钢筋应尽可能地沿梁宽均匀排列，通常可排成一排或两排，钢筋间应有足够的净距，以便混凝土能四面包住钢筋，如图 6-27 所示。梁中常用纵向受力钢筋的直径为 10～28mm，根数不得少于两根。梁内受力钢筋的直径宜尽可能相同。

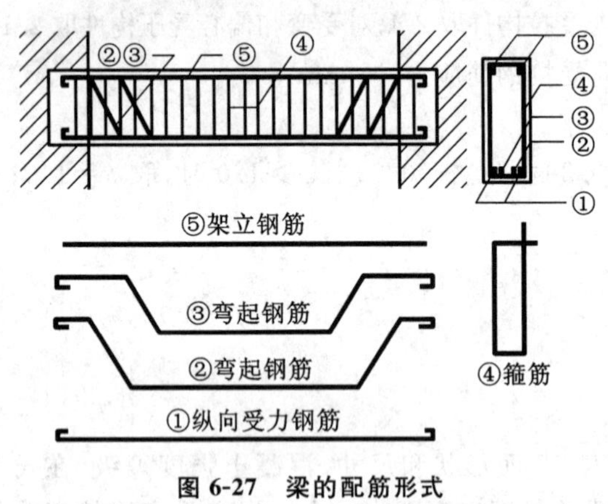

图 6-27 梁的配筋形式

弯起钢筋是将纵向钢筋弯起成型的，它们的中间段和纵向受力钢筋一样可以承受弯矩，弯起段可以承受剪力，弯起的水平段有时还可以用来承受支座处的负弯矩。

架立钢筋的主要作用是固定箍筋的正确位置和形成钢筋骨架。对于架立钢筋，当梁的跨度小于 4m 时，直径不宜小于 8mm；当梁的跨度为 4～6m 时，直径不应小于 10mm；当梁的跨度大于 6m 时，直径不宜小于 12mm。

梁侧构造钢筋又称腰筋，设置在梁的两个侧面，其作用是承受梁侧面温度变化及混凝土收缩所引起的应力，并抑制混凝土裂缝的开展。当梁高超过 700mm 时，在梁的侧面沿高度每隔 300～400mm 应设置一根直径不小于 10mm 的纵向构造钢筋；当梁高超过 1600mm 时，纵向构造钢筋的直径不宜小于 12mm。

梁的截面高度大于 300mm 时，一般沿梁全长设置箍筋；截面高度为 150～300mm 时，可仅在梁端部各 1/4 跨度范围内设置箍筋；截面高度小于 150mm 时，可不设置箍筋。当梁截面高度不大于 800mm，箍筋直径不宜小于 6mm；当截面高度大于 800mm，箍筋直径不宜小于 8mm。梁中配有按计算设置的纵向受压钢筋时，箍筋直径不应小于 $d/4$(d 为纵向受压钢筋的最大直径)。对地震设防区，梁在支座旁的至少 $h/4$(h 为梁的截面高度)范围内箍筋不应小于 8mm，间距为 100mm。

(3)建筑模数

梁截面的尺寸要与模板尺寸相配，现浇楼盖中，梁的肋高等于梁高减板厚。用木模时，模数为 20mm 和 30mm，矩形梁宽及 T 形梁肋宽的尺寸级别为 100mm、120mm、150mm、180mm、200mm、220mm、250mm、300mm，300mm 以上级差为 50mm；矩形及 T 形梁高的尺寸级别为 250mm，300mm 等，级差为 50mm，800mm 以上的级差为 100mm。

6.6.2 板的构造要求

现浇钢筋混凝土板的最小厚度不应小于《混凝土结构设计规范(2015 年版)》(GB 50010—2010)规定的数值。对于民用建筑楼板，一般不小于 60mm。

板内的受力钢筋直径通常采用 6mm、8mm、10mm。当板厚度 $h \leqslant 40$mm 时，可用 4mm、5mm，受力钢筋的间距一般不小于 70mm；当板厚 $h \leqslant 150$mm 时，不宜大于 200mm；当板厚 $h > 150$mm 时，不宜大于$1.5h$，且在板内每米的宽度内不应少于 4 根。

板的分布钢筋按构造配置，如图 6-28 所示，其作用是将集中荷载更好地传递给受力钢筋，在浇筑混凝土时起固定受力钢筋位置及抵抗收缩和温度变化所产生的拉应力的作用。分布钢筋截面面积不应小于单位长度上受力钢筋截面面积的 15%，且每米长度内不宜少于 4 根。

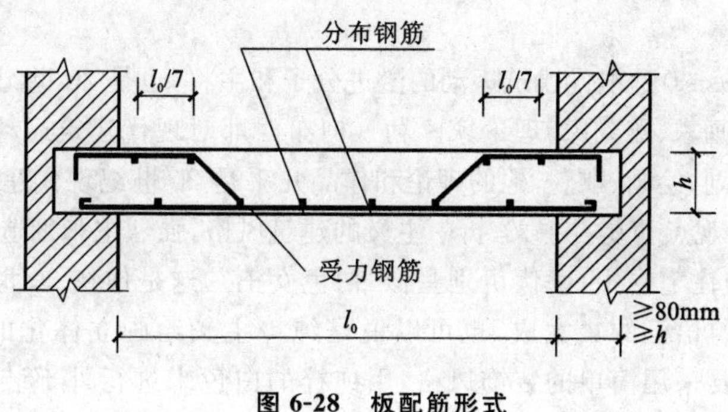

图 6-28 板配筋形式

6.6.3 柱的构造要求

(1)截面选取

方形柱的截面尺寸不宜小于 250mm×250mm。为了避免矩形截面轴心受压构件长细比过大，承载力降低过多，常取 $l_0/b \leqslant 30$，$l_0/h \leqslant 25$。此处 l_0 为柱的计算长度，b 为矩形截面短边边长，h 为长边边长。此外，为了施工支模方便，柱截面尺寸宜使用整数，柱边长 800mm 及 800mm 以下的宜取 50mm 的倍数，柱边长 800mm 以上的可取 100mm 的倍数。

(2)柱的配筋

轴心受压构件、偏心受压构件全部纵筋的配筋率不应小于 0.6%；同时，一侧钢筋的配筋率不应小于 0.2%。轴心受压构件的纵向受力钢筋应沿截面的四周均匀放置，钢筋根数不得少于 4 根。钢筋直径不宜小于 12mm，通常在 16～32mm 范围内选用。为了减少钢筋在施工时可能产生的纵向弯曲，宜采用较粗的钢筋。从经济、施工以及受力性能等方面来考虑，全部纵筋配筋率不宜超过 5%。

为了能箍住纵筋，防止纵筋压曲，柱中箍筋应做成封闭式，其间距在绑扎骨架中不应大于 $15d_{min}$，在焊接骨架中则不应大于 $20d_{min}$(d_{min}为纵筋最小直径)，且不应大于 400mm，也不应大于构件横截面的短边尺寸。箍筋直径不应小于 $d_{max}/4$(d_{max}为纵筋最大直径)，且不应小于 6mm。当纵筋配筋率超过 3%时，箍筋直径不应小于 8mm，其间距不应大于 $10d_{min}$(d_{min}为纵筋最小直径)，且不应大于 200mm。当截面短边不大于 400mm 且纵筋不多于 4 根时，可不设置复合箍筋，如图 6-29(a)所示；当构件截面各边纵筋多于 3 根时，应设置复合箍筋，如图 6-29(b)所示。当采用绑扎骨架时，间距不大于 $15d_{min}$(d_{min}为纵筋最小直径)且不大于 400mm。一般情况下间距为 100～200mm。柱箍筋一般采用构造配置，不作计算。

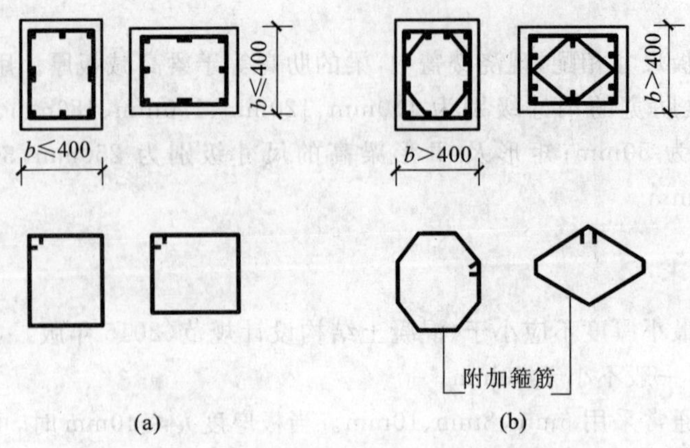

图 6-29 方形、矩形截面箍筋形式

6.7 工程实例

勒·柯布西耶(Le Corbusier)是现代建筑运动的激进分子和主将,也是20世纪最重要的建筑师之一。他不仅是建筑师、规划师,而且是画家、雕刻家、理论家。勒·柯布西耶对现代建筑运动的贡献是全面的,从理论到实践,包括建筑设计、城市规划、绘画、雕塑,他的理论和作品几乎是20世纪现代建筑成就的缩影。他激烈否定19世纪以来因循守旧的建筑观点和复古主义、折中主义的建筑风格,强烈主张创造表现新时代的新建筑。

在勒·柯布西耶设计的住宅当中,萨伏伊别墅似"白色女王",这是他在20世纪20年代"白色时代"最后的杰作,几乎是他独创的建筑语汇的集大成,也可以说是纯粹主义绘画立体化的结晶。萨伏伊别墅在建筑设计上主要有如下特点:主要采用简单的装饰风格,用纯粹的白色来进行外部装饰,并采用动态化的空间组织形式,尤其使用螺旋形的楼梯和坡道来组织空间,整体结构的外观呈现出一种强烈的雕塑感,如图6-30和图6-31所示。

图 6-30 萨伏伊别墅外景图

图 6-31 萨伏伊别墅的楼梯与坡道

从结构形式来说,萨伏伊别墅采用的是典型的钢筋混凝土框架结构。萨伏伊别墅宅基为矩形,长约22.5m,宽为20m,共3层。轮廓简单,像一个白色的方盒子被细柱支起。水平长窗平阔舒展,外墙光洁,无任何装饰,但光影变化丰富。由于整体采用了钢筋混凝土框架结构,平面和空间布局自由,空间相互穿插,内外彼此贯通。别墅虽然外形简单,但内部空间复杂,如同一个内部精巧镂空的几何体,又好像一架复杂的机器,而其外观轻巧,空间通透,装修简洁,与造型沉重、空间封闭、装修烦琐的古典豪宅形成了强烈对比。框架结构中梁、板、柱结构的自由组合与布置让勒·柯布西耶有了极大的发挥余地,看似简单的梁、板、柱在大师的手下发挥出各自的特点,共同组成一个完美的建筑。

作为典型的钢筋混凝土框架结构,梁、板、柱等基本构件巧妙组合,满足了建筑师各方面的要求。图6-32(a)为此结构的立体透视图,图6-32(b)、(c)为此结构构件受力计算简图,结合基本构件的计算公式,给出了框架结构的验算内容。

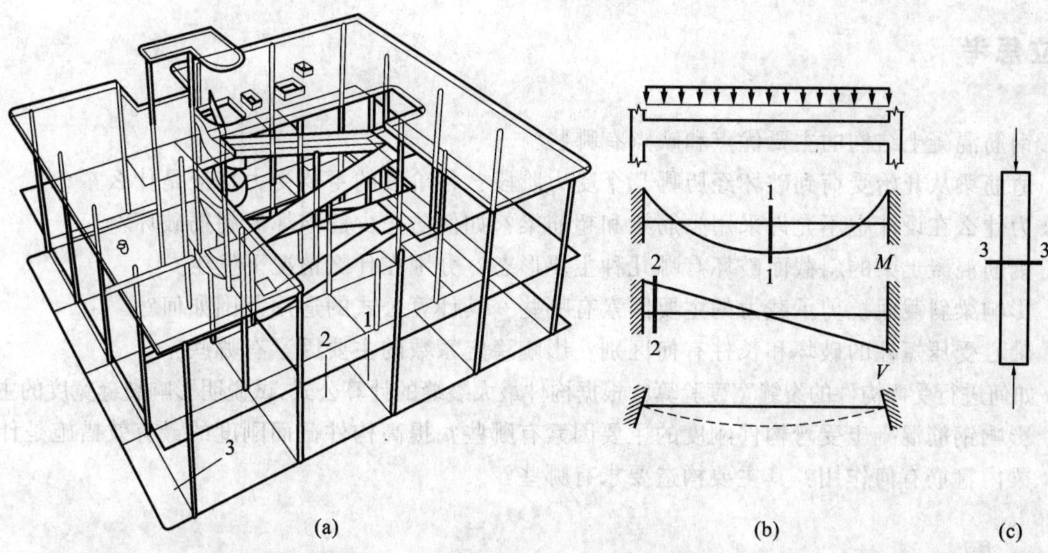

1.正截面受弯承载力计算[《混凝土结构设计规范(2015年版)》(GB 50010—2010)6.2.10条]:

$$M\leqslant\alpha_1 f_c bx\left(h_0-\frac{x}{2}\right)+f'_y A'_s(h_0-a'_s)-(\sigma'_{p0}-f'_{py})A'_p(h_0-a'_p)$$

为防止超筋和少筋破坏，应满足：$x\leqslant\xi_b h_0$和$x\geqslant 2a'$。

2.斜截面抗剪承载力计算[《混凝土结构设计规范(2015年版)》(GB 50010—2010)6.3.4条和6.3.5条]:

$$V\leqslant V_{cs}+0.8f_{yv}A_{sb}\sin\alpha_s=\alpha_{cv}f_t bh_0+f_{yv}\frac{A_{sv}}{S}h_0+0.8f_{yv}A_{sb}\sin\alpha_s$$

3.受压构件承载力计算[《混凝土结构设计规范(2015年版)》(GB 50010—2010)6.2.15条]:

$$N\leqslant 0.9\varphi(f_c A+f'_y A'_s)$$

其中φ为稳定系数，查《混凝土结构设计规范(2015年版)》(GB 50010—2010)表6.2.15可得。

4.受弯结构的挠度限值见《混凝土结构设计规范(2015年版)》(GB 50010—2010)3.4.3条,长期刚度[《混凝土结构设计规范(2015年版)》(GB 50010—2010)7.2.2条]为:

$$B=\frac{M_k}{M_q(\theta-1)+M_k}B_s$$

5.构件裂缝验算[《混凝土结构设计规范(2015年版)》(GB 50010—2010)7.1.2条]:

$$w_{max}=\alpha_{cr}\psi\frac{\sigma_s}{E_s}\left(1.9c+0.08\frac{d_{eq}}{\rho_{te}}\right)$$

图 6-32 萨伏伊别墅立体透视图及构件受力计算简图

(a)结构的立体透视图;(b),(c)结构构件受力计算简图

知识归纳

(1)受弯构件承载力极限状态的计算包括正截面受弯承载力计算以及斜截面受剪承载力计算。正截面受弯承载力计算公式是依据适筋梁受力的第Ⅲ阶段末的受力特征($Ⅲ_a$)通过力的平衡条件建立的;在进行正截面受弯承载力计算时,混凝土压应力图形采用等效矩形应力图,计算公式的适用范围是适筋梁,即在正截面受弯承载力极限状态下受拉钢筋屈服,受压混凝土边缘纤维达到极限压应变,因而要防止超筋破坏和少筋破坏的发生,在设计中不应采用超筋梁和少筋梁。

(2)受弯构件斜截面的主要破坏形态有斜拉破坏、剪压破坏和斜压破坏,这三种破坏形态都属于脆性破坏。影响斜截面受剪承载力的主要因素有剪跨比、混凝土强度、配箍率、箍筋强度以及纵向钢筋配筋率等。

(3)受弯构件还应满足正常使用极限状态的要求,按荷载效应组合并考虑荷载长期作用下的裂缝宽度、挠度计算值不应超过限值。提高构件截面刚度的有效措施是增加截面高度,减小裂缝宽度的有效措施是采用较小直径的钢筋和增加用钢量。

独立思考

6-1 钢筋混凝土结构的主要优点和缺点有哪些?

6-2 适筋梁从开始受荷到破坏经历哪几个受力阶段?各阶段的主要受力特征是什么?

6-3 为什么在设计中不允许采用少筋梁和超筋梁?如何防止少筋破坏或超筋破坏?

6-4 钢筋混凝土梁的斜截面破坏有哪几种主要形态?分别在什么情况下发生?

6-5 影响梁斜截面抗剪承载力的主要因素有哪些?其计算公式的适用范围如何?

6-6 轴心受压短柱的破坏和长柱有何区别?影响稳定系数的主要因素有哪些?

6-7 如何进行受弯构件的裂缝宽度验算?根据构件最大裂缝的计算公式,试说明影响裂缝宽度的主要因素。

6-8 影响钢筋混凝土受弯构件刚度的主要因素有哪些?提高构件截面刚度的最有效措施是什么?

6-9 梁内箍筋有何作用?其主要构造要求有哪些?

习 题

6-1 已知钢筋混凝土矩形截面梁的宽度为300mm,高度为600mm,安全等级为二级,环境类别为二a类,荷载产生的弯矩设计值$M=307.170\text{kN}\cdot\text{m}$,混凝土强度等级为C25,$\alpha_1=1.0$,钢筋为HRB335级,求所需的受拉钢筋截面面积$A_s$。

6-2 已知钢筋混凝土矩形截面简支梁,截面尺寸、支承情况及纵筋数量如图6-33所示,该梁承受的均布荷载设计值为96kN/m(包括自重),混凝土强度等级为C25,箍筋为HRB335级,纵筋为HRB400级,求所需配置箍筋数量。

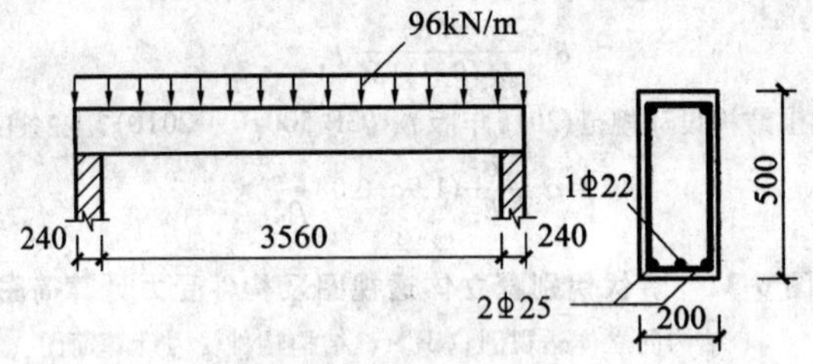

图6-33 构件计算

6-3 已知现浇多层钢筋混凝土框架结构的截面尺寸为300mm×300mm,底层中柱按轴心受压构件计算,柱高5m,计算高度$l_0=1.0H=5\text{m}$;柱内配有4根直径为16mm的HRB400钢筋($A_s'=804\text{mm}^2$)的纵筋,构件混凝土的强度等级为C30,箍筋为HRB335级钢筋,求该柱的受压承载力。

7

预应力混凝土结构的基本知识

课前导读

内容提要

本章主要内容包括预应力混凝土的一般概念，预应力混凝土的材料与施加预应力的方法，预应力混凝土的一般计算规定及其受力特点，并通过两个典型工程实例介绍了预应力混凝土在建筑结构中的广泛应用。本章的教学重点为了解预应力混凝土中预应力形成原理，教学难点为预应力混凝土的计算及受力特点。

能力要求

通过本章的学习，学生应掌握预应力混凝土的一般概念及其受力特点，了解预应力混凝土结构中预应力的建立方法。

数字资源

5分钟看完本章

7.1 预应力混凝土的概念

混凝土具有抗压强度高而抗拉强度低的特点,其极限拉应变较小,当混凝土的拉应变大于该值时,混凝土开裂,随着荷载的增加,裂缝宽度不断增大。普通钢筋混凝土受弯构件在使用时往往是带裂缝工作的。当混凝土开裂后,构件刚度逐渐降低,变形也逐渐增大。如果要限制构件的裂缝和变形,势必要加大构件截面尺寸和增加钢筋用量,但这显然是不合理的。

为了克服这些问题,很早就提出了预应力的概念。在混凝土结构中,预应力是指在结构尚未承受外荷载前,预先用某种方法对构件受拉区混凝土施加一定的预压应力,当构件承受外荷载产生拉应力时,必须先抵消这部分预压应力,而使结构构件在正常使用状态下不出现裂缝或推迟出现裂缝,从而提高结构的抗裂性能。图7-1(a)、(b)所示分别为通过先张法和后张法对混凝土施加预应力,以得到性能优良的预应力混凝土构件。先张法和后张法的具体施工方法详述见7.3节。

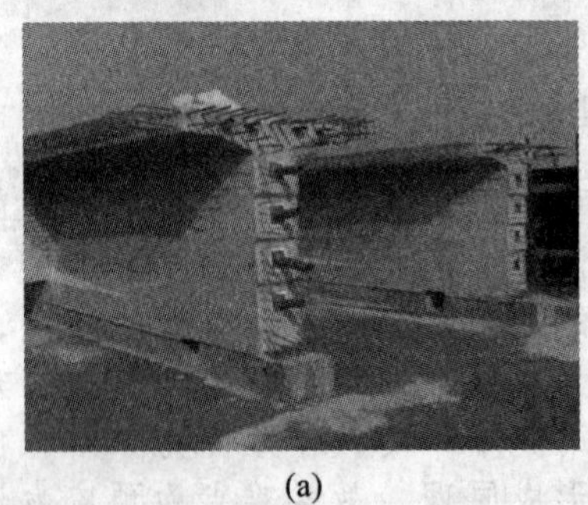

(a)

(b)

图7-1 预应力构件

(a)先张法构件;(b)后张法构件

预应力混凝土结构的主要优点是其能够充分利用材料性能,抗裂性好,刚度大,节省材料,自重轻和结构寿命长等,特别是能够节约材料和节省造价。预应力混凝土结构比普通钢筋混凝土结构节省20%~40%的混凝土和30%~60%的纵筋钢材,而与钢结构相比,则可节省一半的造价。同时,采用预应力混凝土结构还可提高工程质量。

通过对高强钢材预先施加较高的拉应力,可以使高强钢材在结构破坏前能够达到其屈服强度,充分利用高强钢材性能,可解决大跨度及重载结构的跨高比限值造成的使用净空的问题。

预压应力可使结构内力分布均匀,使结构在使用荷载下不开裂或减小裂缝宽度,改善结构的使用性能,提高结构的耐久性,增强结构的抗裂性和抗渗性,从而扩大了混凝土结构的使用范围。

预应力可使结构产生一定的反拱,因此,与同样尺寸的非预应力构件相比,施加预应力将使得构件的总挠度显著减小,即减小了结构变形,最后达到了混凝土结构的使用要求。

预应力混凝土的优点是与普通钢筋混凝土相比较而体现的,在发展的过程中仍会不断出现新问题需要逐步解决。预应力混凝土的缺点是生产工艺较复杂,对质量要求高,需要增加必要的专业设备,如张拉机具、灌浆设备等,这就增加了预应力混凝土结构的开工费用,对构件数量少的工程成本较高。

7.2 预应力混凝土材料

预应力混凝土构件中,建立混凝土预压应力是通过张拉钢筋来实现的。钢筋在预应力混凝土构件中,从张拉开始直至构件破坏,始终处于高应力状态,因此必然对预应力钢筋提出较高的质量要求,主要有以下几个方面:在预应力混凝土制作和使用过程中,预应力钢筋中预先施加的张拉应力会产生损失,为使得扣除应力损失后仍具有较高的张拉力,必须使用高强钢筋(丝)作预应力钢筋。如图 7-2 所示,张拉材料应使用强度为普通钢筋强度 3～5 倍的预应力钢筋;钢筋与混凝土应有足够的黏结强度,在预应力传递长度内,钢筋和混凝土之间的黏结强度是先张法构件建立预压应力和可靠自锚的保证;钢筋应具有良好的可焊性以及钢筋经过冷镦或热镦后不致影响原来的物理力学性能等;预应力钢筋应有一定的塑性和一定的延伸率;具有较高应力的预应力钢丝,当腐蚀存在时,将以更快的速度被腐蚀,这种现象称为应力腐蚀。因此,随着预应力混凝土结构在腐蚀环境如海洋结构等中的应用,应力腐蚀的研究开始多起来。

预应力混凝土构件对混凝土性能的要求有以下几个方面。

对构件施加的预应力也可以说是借助混凝土较高的抗压强度来弥补其抗拉强度的不足,因此采用的混凝土应具有较大的抗压强度,一般不低于 C40,使其能承受较高的预压应力,发挥高强钢筋的作用,同时有效地减小构件截面尺寸,减轻构件自重。

用于预应力结构的混凝土,不仅强度等级要高,而且应有很好的早期强度以便早日施加预应力,此外其密实性、抗冻性及其他物理力学性能都应较好。为此,必须选择快硬且高标号的水泥及强度较高的骨料,注意级配和降低水灰比。

用于预应力混凝土结构的混凝土应是 f_c =30～60MPa 的高强混凝土。如图 7-3 所示,如果使用低强度钢筋来施加拉力,由于容许应变小,当扣除混凝土的压缩量,有效压力就小了。为确保有效的预应力,在预应力混凝土结构中必须使用高强混凝土和高强钢材。

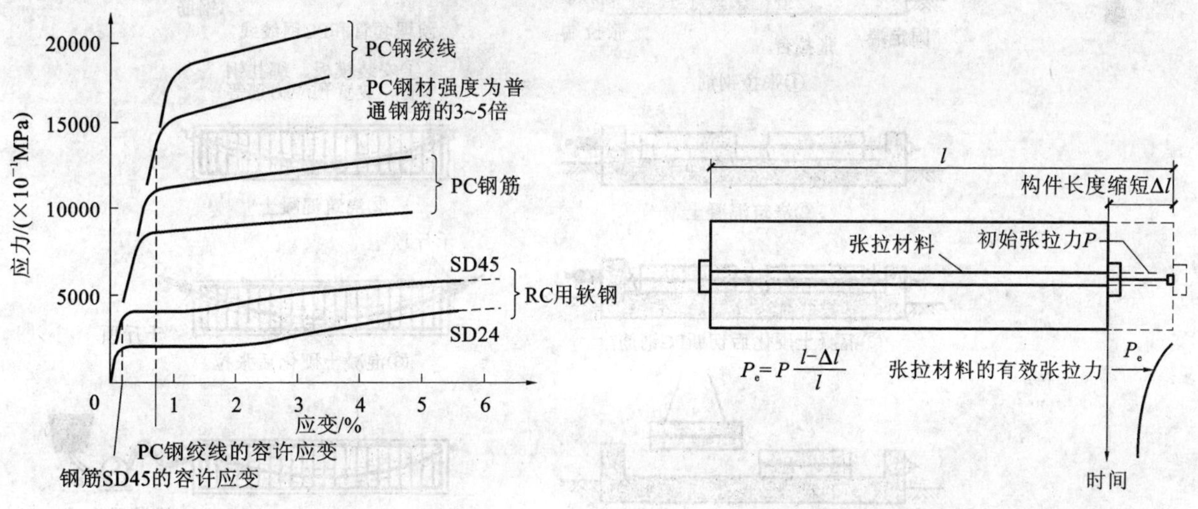

图 7-2 预应力钢筋应力-应变曲线

图 7-3 预应力混凝土结构的张拉

(注:用于预应力混凝土结构的混凝土应是 f_c=30～60MPa 的高强混凝土。)

7.3 施加预应力的方法

施加预应力的方法一般是靠张拉(或加热)纵向受拉钢筋(称为预应力钢筋)并将其锚固在混凝土构件内,依靠钢筋对构件的弹性压缩,使混凝土获得压应力。张拉钢筋采用千斤顶或其他张拉机具进行张拉。按照张拉钢筋与浇捣混凝土的先后顺序,建立预应力的方法可分为先张法和后张法。

7.3.1 先张法和后张法

(1)先张法

如图 7-4(a)所示,先张法的施工工序为:先在支座或钢模上布置钢筋,张拉钢筋并将其临时锚固在台座

先张法和
后张法图

或钢模上，再安装模板，绑扎非预应力钢筋，然后浇灌混凝土，待混凝土养护至设计规定的放张强度等级(一般不低于设计强度的75%)后切断或放松预应力钢筋，最后将预应力混凝土构件从槽中取出，进行安装。钢筋放松后将产生弹性回缩，但钢筋和混凝土之间的黏结力阻止其回缩，因而混凝土获得预应力。因此对于先张法的构件，预应力的传递是通过钢筋和混凝土的黏结力实现的。

先张法因靠自锚，不需锚具，工艺比较简单。但张拉台的造价较高，且张拉台往往固定在一处不易移动，因此，先张法适宜在工厂制作定型构件进行成批生产。

(2)后张法

如图7-4(b)所示，后张法的施工工序为：先安装模板，绑扎钢筋，并在构件中预埋套管和钢绞线，然后浇筑构件的混凝土，待混凝土达到设计规定允许张拉的强度等级(一般不低于构件设计强度等级的75%)后，将预应力钢筋穿入预埋套管中，在构件上进行张拉，然后用锚具将钢筋在构件端部锚固，从而对构件施加预应力。钢筋锚固后，应对孔道进行压力灌浆。

总的来说，后张法比较灵活，不需要专门的台座张拉钢筋，故适宜于现场生产或工厂预制现场拼装，但因需用锚具和构件要预留孔道，施工比较麻烦，成本较高，故此法多用于现场中型和大型构件的生产。

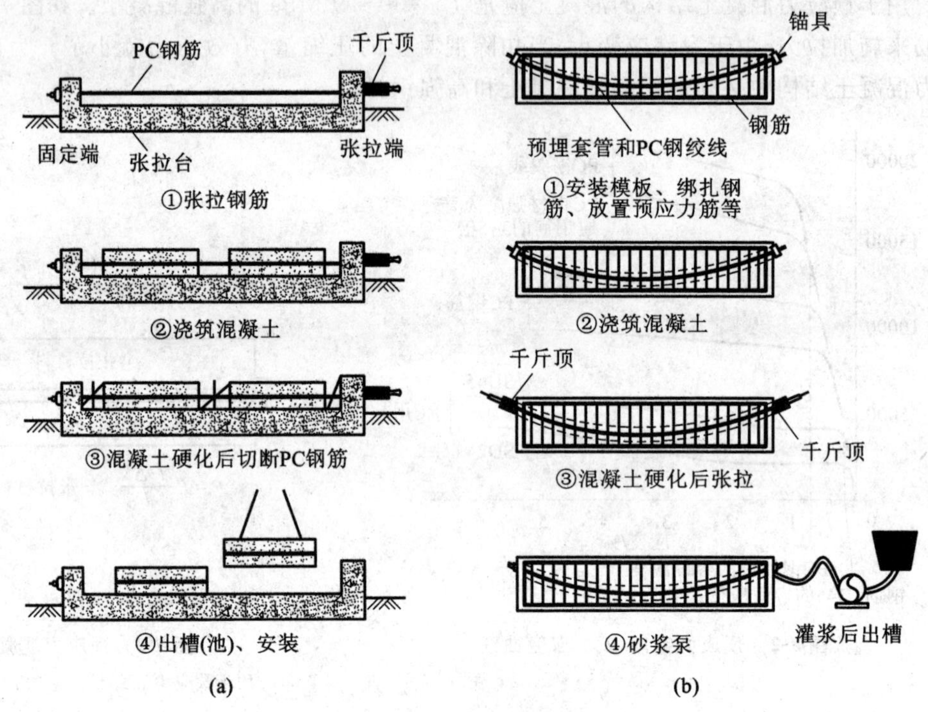

图7-4 预应力张拉方法

(a)先张法施工顺序；(b)后张法施工顺序

7.3.2 锚具

锚具是预应力混凝土构件锚固预应力钢筋的装置，它对在构件中建立有效预应力起着至关重要的作用。在先张法结构中，锚具用以临时固定预应力钢筋，张拉结束至混凝土达到要求的强度后，锚具即可取下，可重复使用。在后张法构件中，锚具长期固定在构件上传递预压力，是构件的组成部分，不能重复使用。常用的锚具有以下几种。

(1)锥塞式锚具

锥塞式锚具由带锥孔的锚环和锥形锚塞组成。如图7-5所示，此种锚具用于锚固钢丝束或钢绞线束，通常同时锚固12根直径为5mm、7mm、9mm的钢丝，或12根直径为 12mm、15mm 的钢绞线。锚张拉预应力钢筋时使用双作用千斤顶，这种千斤顶有两个油缸，分别起两种作用，一种作用是夹住钢筋进行张拉，另一种作用是张拉至控制应力后，反方向将锚塞顶入锚环，预应力钢丝或钢绞线就被夹紧在锚环和锚塞之间，不能再回缩到张拉前的长度。

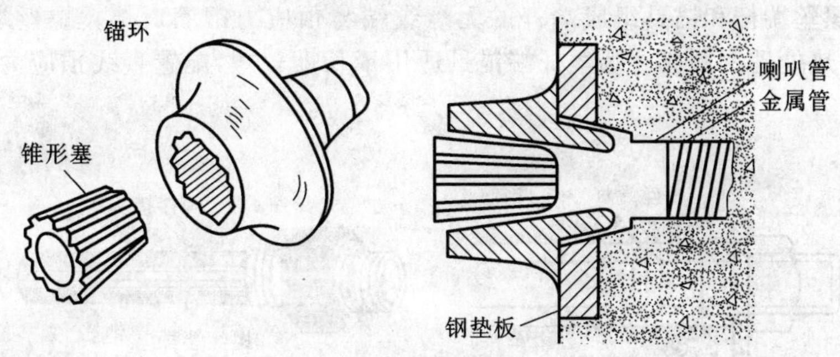

图 7-5 锥塞式锚具

(2)夹片式锚具

常见的夹片式锚具为 JM 型锚具、XM 型锚具和 QM 型锚具。如图 7-6 所示，是采用楔形夹片将预应力钢筋束或钢绞线楔紧锚固于锚环中。

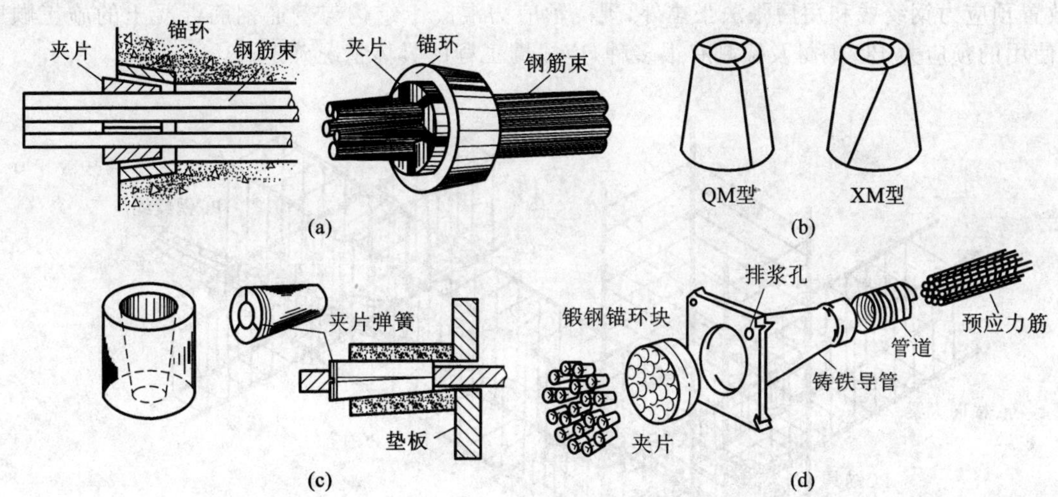

图 7-6 夹片式锚具

(a)JM12 型锚具；(b)XM 型与 QM 型锚具；(c)QM 型单孔锚具；(d)QM 型多孔锚具

(3)镦头锚具

如图 7-7 所示，镦头锚具是用于锚固钢丝束的。张拉端采用锚杯，固端采用锚板。先将钢丝端头镦粗成球形，穿入锚杯口内，边张拉边拧紧锚杯的螺帽。每个锚具可同时锚固到几根到一百多根直径为 5～7mm 的高强钢丝，也可用于单根粗钢筋。采用这种锚具时，要求钢丝的下料长度精度较高，否则会造成受力不均匀。

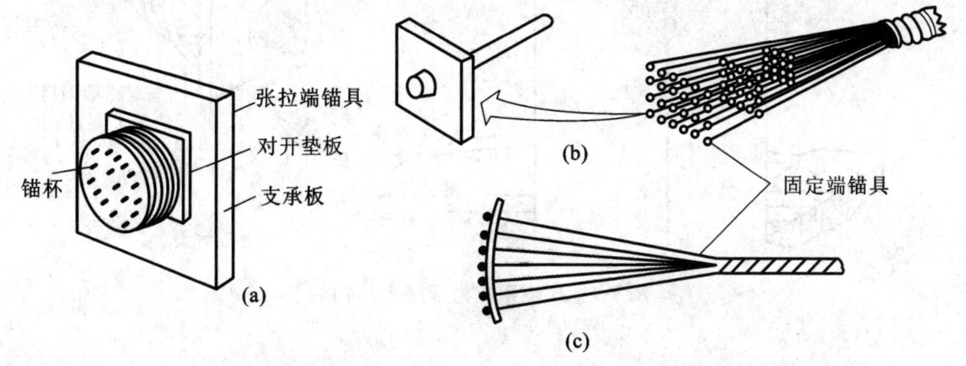

图 7-7 镦头锚具

(a)张拉端；(b)分散式固定端；(c)集中式固定端

(4)螺丝端杆锚具

如图 7-8 所示,螺丝端杆锚具主要用于预应力钢筋的拉端。锚固单根粗钢筋最常用的是螺丝端杆锚具,也可在张拉端采用螺丝端杆锚具。

螺丝端杆锚具由螺丝端杆和锚具组成端杆的无螺纹端与预应力钢筋对焊。螺丝端杆的强度高于预应力钢筋的强度,一般用热处理钢制成。螺丝杆端锚具适用于长度较短,配置直线预应力钢筋的构件,如预应力屋架的下弦杆等。

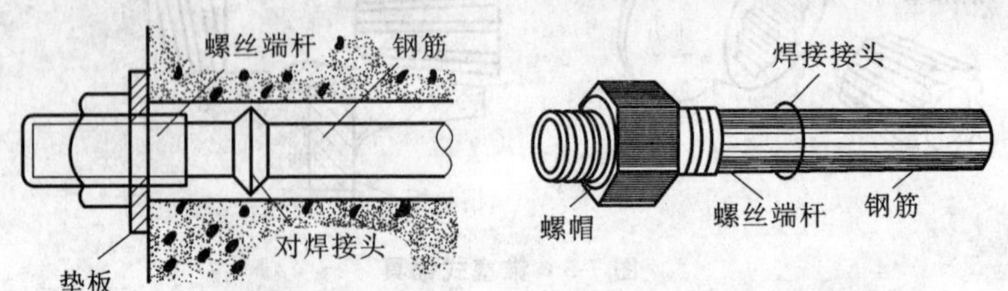

图 7-8　螺丝端杆锚具

对于一般建筑的楼板、墙、柱,多采用钢筋混凝土构件,只有大跨梁需要用预应力混凝土结构。如图 7-9 所示,除放置预应力钢绞线和用后张法张拉外,现浇预应力混凝土结构与普通钢筋混凝土的施工顺序相同。后张法中使用的预应力 PC 钢材及锚具有很多种,应根据工程的具体情况确定。

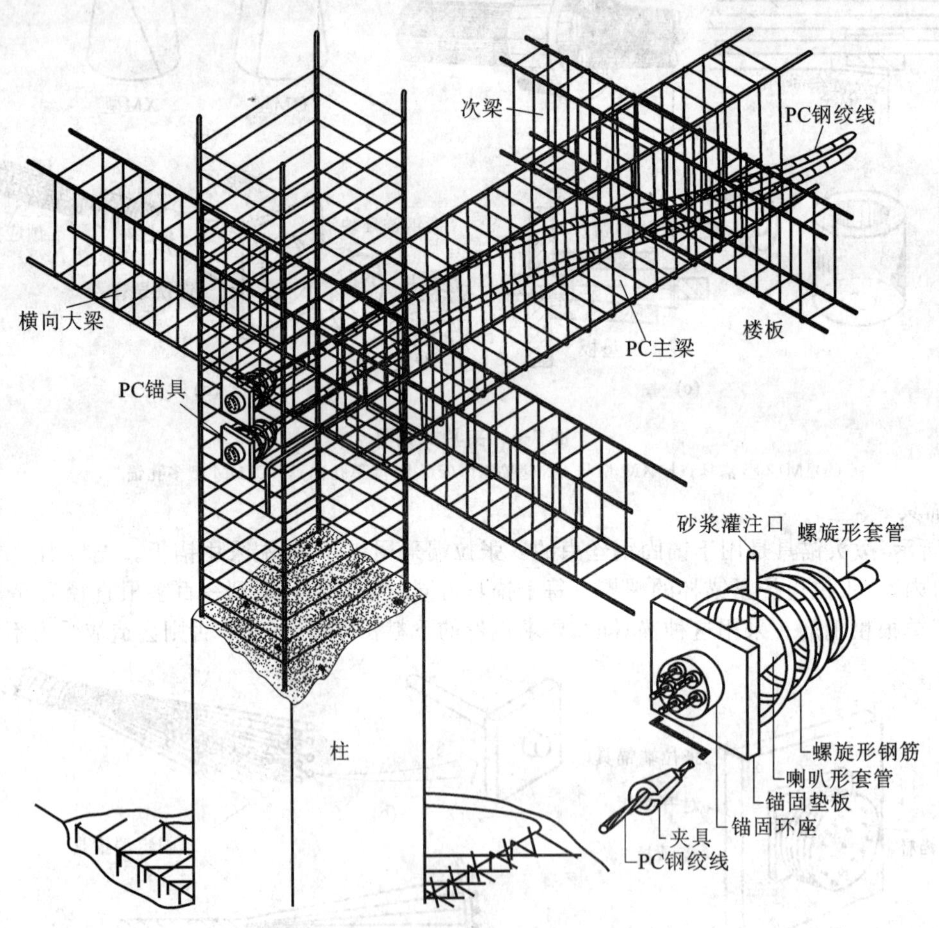

图 7-9　现浇预应力混凝土结构

7.4 预应力损失与预应力混凝土受力特点

7.4.1 预应力混凝土构件设计的一般规定

(1)张拉控制应力 σ_{con}

张拉控制应力是指张拉钢筋时张拉设备上的测力计所指示的总张拉力除以预应力钢筋截面面积得出的应力值,用 σ_{con} 表示。张拉控制应力的数值与预应力钢筋的强度标准值 f_{ptk} 有关。在一般情况下,张拉控制应力允许值见表 7-1。

表 7-1 张拉控制应力限值

钢种	张拉方法	
	先张法	后张法
消除应力钢丝、钢绞线	$0.75\ f_{ptk}$	$0.75\ f_{ptk}$
热处理钢筋	$0.70\ f_{ptk}$	$0.65\ f_{ptk}$

(2)预应力损失 σ_l

按照某一控制应力值张拉好的预应力钢筋,其初始拉应力会由于各种原因降低,这种预应力降低的现象称为预应力损失。引起预应力损失的原因有以下几个方面。

①张拉端锚具变形和钢筋内缩引起的预应力损失 σ_{l1}:在张拉钢筋时,一般总是先将钢筋一段锚固并在另一端张拉,待钢筋张拉到规定的控制应力后再将张拉端锚固。张拉端的锚具变形和钢筋内缩引起预应力钢筋应力的降低,此即 σ_{l1}。

②预应力钢筋与孔道壁之间的摩擦引起的预应力损失 σ_{l2}:这是后张法构件在张拉时由于预应力钢筋与孔道壁之间的摩擦而引起的。

③混凝土加热养护时,受张拉的钢筋与承受拉力的设备之间的温差引起的预应力损失 σ_{l3}:对长线生产的先张法构件,当对混凝土进行加热养护时,由于台座和钢筋之间存在温差 Δt,钢筋受热伸长,而台座之间距离不变,从而引起预应力损失,该项损失约为 $2\Delta t\ \mathrm{N/mm^2}$。

④预应力钢筋的应力松弛引起的预应力损失 σ_{l4}:这是由于钢筋在高拉应力状态下的塑性变形而产生的。

⑤混凝土的收缩、徐变引起的预应力损失 σ_{l5}:混凝土受预压应力后,徐变和收缩都导致构件长度缩短、预应力钢筋回缩而使其应力值降低。这项损失约占预应力总损失的一半以上。

⑥用螺旋式预应力钢筋做配筋的环形构件引起的预应力损失 σ_{l6}:这是由当直径 $d \leqslant 3\mathrm{m}$ 时,混凝土的局部挤压引起的预应力损失,其值取为 $30\mathrm{N/mm^2}$。

(3)预应力损失的组合

上述各项预应力损失对先张法和后张法构件各不同,其出现的先后也有差别。为了方便计算,预应力混凝土构件各阶段的预应力损失值需按表 7-2 的规定进行。

表 7-2 各阶段预应力损失值组合表

项次	预应力损失组合	先张法构件	后张法构件
1	混凝土预压前(第一批)损失 $\sigma_{pc\,\mathrm{I}}$	$\sigma_{l1}+\sigma_{l3}+\sigma_{l4}$	$\sigma_{l1}+\sigma_{l2}$
2	混凝土预压后(第二批)损失 $\sigma_{pc\,\mathrm{II}}$	σ_{l5}	$\sigma_{l4}+\sigma_{l5}+\sigma_{l6}$

当求得的预应力总损失值 σ_l 小于下列数值时,应按下列数值取用:先张法构件,$100\mathrm{N/mm^2}$;后张法构件,$80\mathrm{N/mm^2}$。

(4)减少预应力损失的措施

预应力损失越大,预应力的效果就越差。针对预应力损失产生的原因,在设计和施工时都应采取必要措施:选择变形和钢筋内缩小的锚具;对预应力钢筋进行超张拉;加热养护时,进行两阶段升温;选择级配好的骨料、强度较高的混凝土和高强水泥;降低水泥用量;减少水灰比等。

7.4.2 预应力混凝土构件和非预应力构件的比较

现对两种结构进行比较。一种是普通钢筋混凝土构件,另一种是截面尺寸、材料及配筋数量均与普通钢筋混凝土构件相同的预应力混凝土构件。通过两种构件的比较,说明预应力混凝土构件的受力特点如下:

①在非预应力构件中,构件开裂前钢筋的应力值很小,而在预应力构件中预应力钢筋一直处于高拉应力状态,充分利用了钢筋和混凝土两种材料的特性。

②预应力构件产生裂缝时的外荷载远比非预应力构件的大,即预应力构件的抗裂性能相比非预应力构件大为提高,同时提高了构件的刚度。

③由于两种构件破坏都是受拉钢筋达到抗拉强度而受压区混凝土被压碎,故此两种构件的承载力相同。

7.5 工程实例

近年来,我国大型建筑的发展很快,其中预应力混凝土结构由于其良好的结构性能等特点得到广泛的应用,结构形式也日趋多样化和复杂化,下面给出一些预应力混凝土的工程实例。

杭州市铁路新客站工程是杭州的城市大门。该客站建筑地下一层,地上两层(局部二层),建筑总面积为35629m²。其高架广场为新客站的组成部分,是新客站的立体交通广场。新火车站的城站广场采用高进低出的新型模式,二层进站,地下出站,实现强大的立体疏散功能;同时,为体现新大门端庄秀丽的风采和独特的景观标志,在造型上形成了台阶式与站房主楼相协调的形式,该广场的外景如图7-10所示。

一层地面广场要求构造通透、美观,故采用了16m×16m的大柱网。建筑师要求地面层顶板为8m×8m网格,使用清水混凝土,梁底净高5.9m,梁宽不大于500mm。二层高架广场上设有高架行车道、广场、进站通道、垂直绿化及商业和设备用房等,如图7-10所示。16m×16m大柱网的二层楼面荷载大,使用要求高,结构复杂。为有效控制梁的挠度和裂缝宽度,在16m×16m的双向框架梁上均采用了预应力技术。与节点处预应力束的空间交叉,给预应力的空间构造设计带来相当大的难度。如图7-11所示,该高架广场长268m,宽67m,平面布置较为复杂,采用了不同的结构处理方法,将广场划分为不同的结构区域,一部分为预应力混凝土框架结构,另一部分为普通钢筋混凝土结构。

图7-10 杭州铁路新客站广场外景

图7-11 杭州铁路新客站俯视图

广东国际大厦位于广州市中繁华的环市东路,是一座大规模的综合性商业和金融服务中心,建筑面积为180000m²,楼高200.18m。整体建筑为广州市第三高楼,酒店第一高楼,项目在广州具有极高知名度,是环市东区域乃至广州市的地标建筑,如图7-12(a)所示。

该大厦由63层的主塔楼,33层和30层的两幢副塔楼及环绕各塔楼的裙楼组成,均为现浇钢筋混凝土结构，如图 7-12 所示。主塔楼 63 层，建筑面积为 88000m²，为筒中筒结构，其平面接近正方形，外筒外边尺寸为 35.1m×37.0m，内筒为净尺寸 15.4m×21.4m 的矩形截面。

图 7-12(b)为广州国际大厦的平面图，此高层结构内外筒间的楼板尺寸较大，如按普通钢筋混凝土平板考虑，挠度基本满足要求，而长跨的抗裂度方面均不能满足要求，所以采用预应力平板楼盖以满足结构需要。为了保证构件的延性，并考虑锚具的可靠性和施工等因素，认为在地震区不宜用预应力钢筋作为主要受力钢筋，因而按照采用部分预应力的原则进行设计。

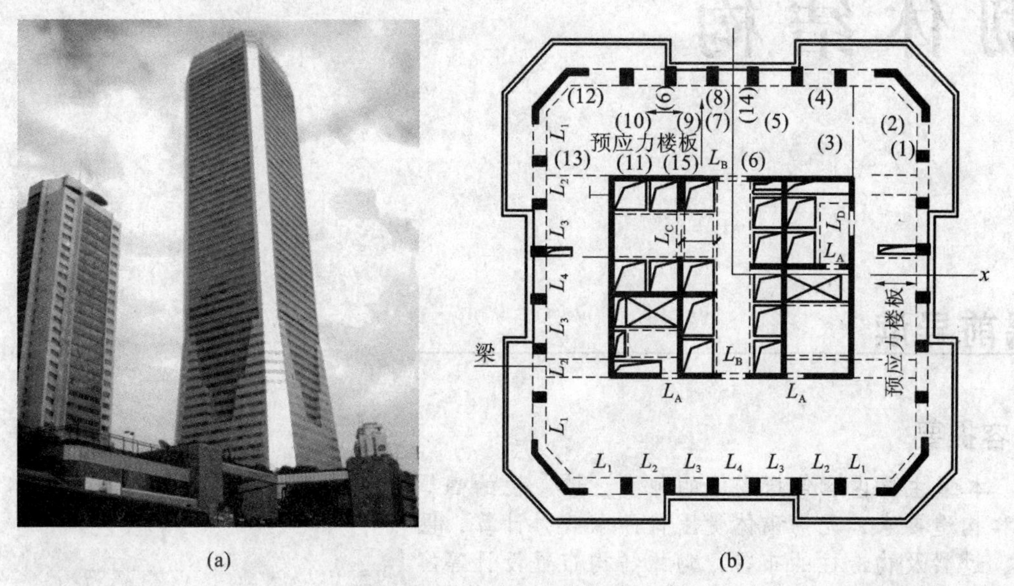

图 7-12 广州国际大厦

(a)外景图；(b)平面图

知识归纳

(1)对构件施加预应力，可以提高构件的刚度和抗裂度，改善构件正常使用阶段的性能，从本质上克服钢筋混凝土构件的缺点，并为使用高强度钢材和高强度混凝土创造了条件。

(2)施加预应力时张拉钢筋一般采用千斤顶或其他张拉工具，根据张拉钢筋与浇筑混凝土的先后顺序，可分为先张法和后张法两种。它们的张拉工艺和设备与一级锚固装置有所不同，不同的生产工艺和设备，其技术经济效果相差很大。

(3)预应力损失是预应力混凝土构件的特有现象，它将导致预应力效果的降低。先张法和后张法的预应力损失项和出现损失的阶段有所差别，减少预应力损失是提高预应力效果的重要途径。

独立思考

7-1 钢筋混凝土构件有哪些缺点？其根本原因何在？

7-2 预应力是如何施加的？

7-3 预应力混凝土构件对材料有何要求？

7-4 预应力损失有哪几种？先张法构件和后张法构件的预应力如何传递给混凝土？

7-5 如何采取措施减少预应力损失？

7-6 预应力混凝土构件有哪些受力特征？

8

砌体结构

课前导读

内容提要

本章主要内容包括砌体的种类，墙、柱的高厚比和构造要求，无筋砌体受压构件承载力计算，圈梁、过梁及构造柱的布置，砌体结构布置设计等。本章的教学重点为墙、柱的高厚比和构造要求，无筋砌体受压构件承载力计算；教学难点为过梁、墙梁、挑梁的承载力计算。

能力要求

通过本章的学习，学生应在了解砌体结构的历史及应用的基础上，掌握砌体的种类，墙、柱的高厚比和构造要求，了解无筋砌体受压构件承载力计算方法。

数字资源

5分钟看完本章

8.1 概　述

砌体结构原指用砖、石材和砂浆砌筑的结构，故称砖石结构，由于在工程中已采用砌块材料砌筑，故统称为砌体结构。

砌体结构在我国的应用非常广泛。5000 年前我国就有石砌祭坛和石砌围墙，3000 年以前有烧制的黏土瓦和铺地砖。秦朝建造的驰名中外的万里长城[图 8-1(a)]在砌体结构史上写下了光辉的一页。唐代的西安大雁塔[图 8-1(b)]、小雁塔等一大批古代流传下来的佛塔、城墙、砖砌穹拱和殿堂楼阁等砌体结构，为中华悠久的文明历史增添了异彩。

砌体结构在国外也有广泛的采用，埃及的金字塔[图 8-1(c)]，雅典的巴特农神庙[图 8-1(d)]，罗马的古城堡和教堂都是古代人类应用砌体结构的典范。19 世纪 20 年代水泥的发明使砂浆的强度大大提高，促进了砌体结构的发展。在早期欧美各国也建造了大量的多层砌体结构房屋和高层砌体结构房屋。多孔砖、硅酸盐砌块、混凝土空心砌块以及配筋砌体的采用，扩大了砌体结构应用的规模和范围。大量的民用住宅、小型工业厂房和桥梁等都采用了砌体结构，创造了砌体结构的辉煌业绩。

(a)　(b)　(c)　(d)

图 8-1　砌体结构实例

(a)万里长城;(b)西安大雁塔(c)埃及胡夫金字塔;(d)雅典巴特农神庙

8.2 构造要求

8.2.1 墙柱的高厚比验算

混合结构房屋中的墙、柱均是受压构件，除了须满足承载力要求外，还必须保证其稳定性。《砌体结构设计规范》(GB 50003—2011)(以下简称《砌体规范》)中规定用验算墙、柱高厚比的方法进行墙、柱稳定性的验算，这样可以保证在正常施工和正常使用的条件下，墙、柱具有足够的稳定性，在外部荷载作用下不发生失稳破坏；保证墙、柱在使用阶段具有足够的刚度，不致发生过大的挠曲变形；保证墙、柱有足够的厚度，使施工中难以避免的相对轴线偏差(如墙面鼓出、墙柱倾斜、柱轴线弯曲等)不致过大。

(1)允许高厚比

允许高厚比的限值$[\beta]$主要是根据实践经验规定的，它反映了在一定的时期内材料的质量和施工水平，《砌体规范》给出了不同砂浆的砌体允许高厚比，如表8-1所示。

表8-1 墙、柱允许高厚比$[\beta]$值

砂浆强度等级	墙	柱
M2.5	22	15
M5.0	24	16
≥M7.5	26	17

注：1. 毛石墙、柱允许高厚比按表中数值降低20%。

2. 组合砖砌体构件允许高厚比可按表中数值提高20%，但不大于28。

3. 砂浆尚未硬化的新砌砌体，允许高厚比对墙取14，对柱取11。

(2)高厚比验算

一般墙、柱的高厚比应按下式计算：

$$\beta=\frac{H_0}{h}\leqslant\mu_1\mu_2[\beta] \tag{8-1}$$

式中 $[\beta]$——墙、柱的允许高厚比，按表8-1采用。

H_0——墙、柱的计算高度，按表8-2采用。

h——墙厚或矩形柱与H_0相对应的边长。

μ_1——自承重墙允许高厚比的修正系数(当$h=240$mm时，$\mu_1=1.2$；当$h=90$mm时，$\mu_1=1.5$；90mm$<h<$240mm时，μ_1可按插入法取值。上端为自由端墙的允许高厚比，除按上述规定提高外，还可提高30%；对厚度小于90mm的墙，当双面用不低于M10的水泥砂浆抹面，包括抹面层的墙厚不小于90mm时，可按墙厚等于90mm验算高厚比)。

μ_2——有门窗洞口的墙允许高厚比的修正系数。

表8-2 受压构件的计算高度H_0

房屋类别			柱		带壁柱墙或周边拉结的墙		
			排架方向	垂直排架方向	$s>2H$	$H<s\leqslant 2H$	$s\leqslant H$
有吊车的单层房屋	变截面柱上段	弹性方案	$2.5H_u$	$1.25H_u$	$2.5H_u$		
		刚性、刚弹性方案	$2.0H_u$	$1.25H_u$	$2.0H_u$		
	变截面柱下段		$1.0H_l$	$0.8H_l$	$1.0H_l$		

续表

房屋类别			柱		带壁柱墙或周边拉结的墙		
			排架方向	垂直排架方向	$s>2H$	$H<s\leqslant 2H$	$s\leqslant H$
无吊车的单层和多层房屋	单跨	弹性方案	$1.5H$	$1.0H$	$1.5H$		
		刚弹性方案	$1.2H$	$1.0H$	$1.2H$		
	多跨	弹性方案	$1.25H$	$1.0H$	$1.25H$		
		刚弹性方案	$1.10H$	$1.0H$	$1.1H$		
	刚性方案		$1.0H$	$1.0H$	$1.0H$	$0.4s+0.2H$	$0.6s$

注：1. 表中 H_u 为变截面柱的上段高度，H_l 为变截面柱的下段高度。

2. 对于上端为自由端的构件，$H_0=2H$。

3. 独立砖柱，当无柱间支撑时，柱在垂直排架方向的 H_0 应按表中数值乘以 1.25 后采用。

4. s 为房屋横墙间距。

5. 自承重墙的计算高度应根据周边支承或拉接条件确定。

6. 表中的构件高度 H 应按下列规定采用：在房屋底层，为楼板顶面到构件下端支点的距离，下端支点的位置可取在基础顶面，当埋置较深且有刚性地坪时，可取室外地面下 500m 处；在房屋的其他层，为楼板或其他水平支点间的距离；对于无壁柱的山墙，可取层高加山墙尖高度的 1/2；对于带壁柱山墙可取壁柱处的山墙高度。

有门窗洞口的墙允许高厚比修正系数 μ_1 按式(8-2)计算：

$$\mu_2 = 1 - 0.4\frac{b_s}{s} \tag{8-2}$$

式中 b_s ——在宽度 s 范围内的门窗洞口宽度(图 8-2)；

s ——相邻窗间墙或壁柱之间的距离。

当按式(8-2)算得的 μ_2 小于 0.7 时，应取 0.7；当洞口高度等于或小于墙高的 1/5 时，可取 μ_2 等于 1.0。

(3)确定墙、柱计算高度 H_0 及允许高厚比 $[\beta]$ 应注意的问题

①当与墙连接得相邻两横墙间距离 $s\leqslant \mu_1\mu_2[\beta]h$ 时，墙的高度可不受式(8-1)的限制。

②变截面柱的高厚比可按上、下截面分别验算，其计算高度可按表 8-2 的规定采用；验算上柱的高厚比时，墙、柱的允许高厚比可按表 8-1 的数值乘以 1.3 后采用。

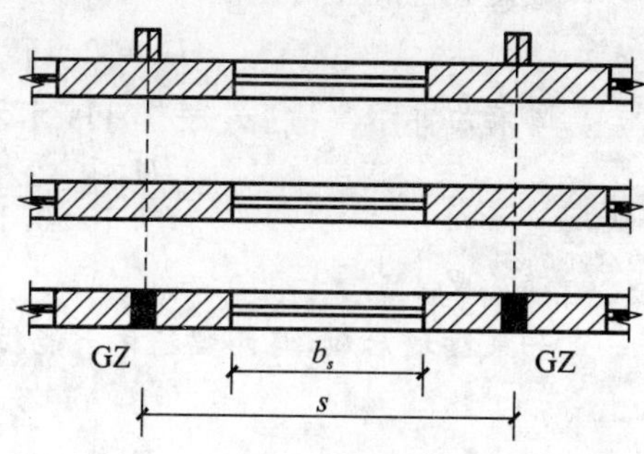

图 8-2 门窗洞口宽度示意图

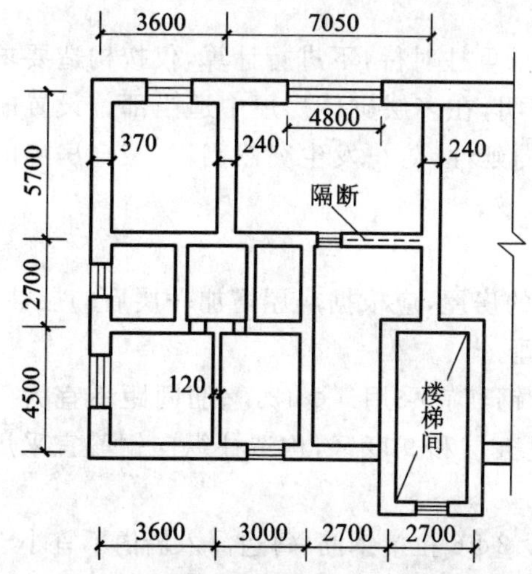

图 8-3 某砖混住宅楼底层平面图

【例 8-1】 某砖混住宅楼底层平面如图 8-3 所示。现浇钢筋混凝土楼盖，外墙为 370mm，内墙为 240mm，隔墙为 120mm，墙高 3.5m(从基础顶算起)，隔墙高 3m。承重墙砂浆 M5，隔墙砂浆 M2.5。验算墙体的高厚比。

【解】 该房屋属于刚性构造方案。

(1)大间外墙验算

$$s = 7.05\text{m} > 2H = 7.0\text{m}$$

查表 8-2 得

$$H_0 = 1.0H = 3.5(\text{m})$$

砂浆 M5，查表 8-1 得

$$[\beta] = 24$$

外墙为承重墙，则

$$\mu_1 = 1.0$$

$$\mu_2 = 1 - 0.4\frac{b_s}{s} = 1 - 0.4 \times \frac{4.8}{7.05} = 0.73 > 0.7\ \sqrt{b^2 - 4ac}$$

$$\beta = \frac{H_0}{h} = \frac{3.5}{0.37} = 9.46 < \mu_1\mu_2[\beta] = 1 \times 0.73 \times 24 = 17.5$$

满足要求。

(2)内横墙验算

内横墙取与楼梯间对应的横墙,不能认为隔断能成为横墙的支承。

$$s = 5.7 + 2.7 = 8.4(\text{m}), \quad H = 3.5\text{m}$$

所以 $s > 2H$,查表 8-2 得

$$H_0 = 1.0H = 3.5(\text{m})$$

内横墙无洞口,且为承重墙,所以

$$\mu_1 = \mu_2 = 1.0$$

$$\beta = \frac{H_0}{h} = \frac{3.5}{0.24} = 14.58 < [\beta] = 24$$

满足要求。

(3)隔墙高厚比验算

半砖隔墙的顶端施工中常用斜放砖顶住楼板,所以顶端可按不动铰支点考虑。如隔墙与纵墙同时砌筑,则

$$s = 4.5\text{m}, \quad H = 3.0\text{m}, \quad H < s < 2H$$

查表 8-2 得

$$H_0 = 0.45s + 0.2H = 0.4 \times 4.5 + 0.2 \times 3 = 2.4(\text{m})$$

隔墙为非承重墙,$\mu_1 = 1.44$,未开洞 $\mu_2 = 1.0$,查表 8-1 得,M2.5 时 $[\beta] = 22$,则

$$\beta = \frac{H_0}{h} = \frac{2.4}{0.12} = 20 < \mu_1\mu_2[\beta] = 1.44 \times 1 \times 22 = 31.68$$

满足要求。

如果隔墙后砌,与两端墙体未能拉结,则按 $s > 2H$ 考虑,此时查表 8-2 得

$$H_0 = 1.0H = 3.0(\text{m})$$

$$\beta = \frac{H_0}{h} = \frac{3.0}{0.12} = 25 < \mu_1\mu_2[\beta] = 1.44 \times 1 \times 22 = 31.68$$

仍然满足要求。

8.2.2 构造柱

构造柱是指夹在墙体中沿高度设置的钢筋混凝土小柱,不作为承重柱对待,不进行计算,仅按构造要求设置的柱。由于砌体结构房屋的整体性和抗震性较差,震害分析表明,在多层砌体房屋中适当部位设置的钢筋混凝土构造柱,能与圈梁共同工作,可以有效地增加房屋结构的延性,防止发生突然倒塌,减轻房屋的损坏程度。构造柱的设置和构造要求如下:

①构造柱设置部位,一般情况下应符合表 8-3 的要求。

②外廊式和单面走廊式的多层砖房、教学楼或医院等横墙较少的房屋,应根据房屋增加一层后的层数,按表 8-3 的要求设置构造柱,且单面走廊两侧的纵墙均应按外墙处理。

③构造柱最小截面可采用 240mm×180mm 尺寸,构造柱纵向钢筋宜采用 4ϕ12,箍筋间距不宜大于 250mm 且在柱上、下端宜适当加密;在 7 度区超过六层、8 度区超过五层和 9 度区,构造柱纵向钢筋宜采用 4ϕ14,箍筋间距不应大于 200mm。

④构造柱与墙连接处宜砌成马牙槎,并应沿墙高每隔 500mm 设 2ϕ6 拉接钢筋,每边深入墙内不宜小于 1m,如图 8-4 所示。

⑤构造柱与圈梁连接处,构造柱的纵筋应穿过圈梁,保证构造柱纵筋上下贯通。

⑥构造柱可不单独设置基础，但应伸入室外地面下 500mm，或与埋深小于 500mm 的基础圈梁相连，如图 8-5 所示。

表 8-3 **构造柱的设置部位**

房屋层数				设置部位	
6 度	7 度	8 度	9 度		
≤五	≤四	≤三		楼、电梯间四角，楼梯斜梯段上下端对应的墙体处； 外墙四角和对应转角； 错层部位横墙与外纵横交接处； 大房间内外墙交接处； 较大洞口两侧	隔 12m 或单元横墙与外墙交接处； 楼梯间对应的另一侧内横墙与外墙交界处
六	五	四	二		隔开间横墙（轴线）与外墙交接处； 出墙与内纵横交接处
七	六、七	五、六	三、四		内部（轴线）与外墙交接处； 内墙局部较小墙跺处； 内纵横与横墙（轴线）交接处

注：1. 较大洞口，内场指不小于 2.1m 的洞口；外墙在内外墙交接处已设置构造柱时允许适当放宽但洞测墙体应加强。

2. 当按本条第 2～5 层规定确定的层数超过表中范围，构造柱设置要求不低于表中相应烈度的最高要求且宜适当提高。

图 8-4 构造柱示意图

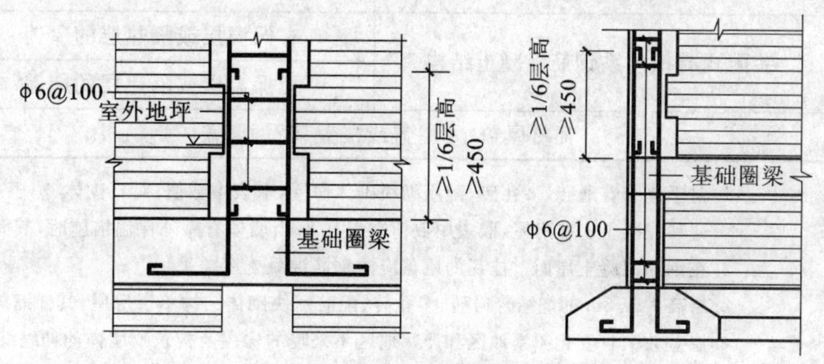

图 8-5 构造柱基础连接

8.2.3 一般构造要求

工程实践经验表明在砌体结构房屋设计中，除应对墙体截面承载力和高厚比进行验算外，还必须采取合理的构造措施，使房屋中的墙、柱和屋盖之间有可靠的拉结，以保证房屋有足够的耐久性和良好的整体工作性能，满足房屋的正常使用功能要求。根据我国长期的工程实践经验，在房屋设计中还必须满足以下的主要构造要求。

(1)截面最小尺寸

承重独立砖柱的截面尺寸不应小于 240mm×370mm，毛石墙的厚度不宜小于 350mm。毛料石柱截面的较小边长不宜小于 400mm。当有振动荷载时，墙、柱不宜采用毛石砌体。

(2)支撑和连接

跨度大于 6m 的屋架，砖砌体上跨度大于 4.8m 的梁，砌体和料石砌体上跨度大于 4.2m 的梁，以及毛石砌体上应设置混凝土或钢筋混凝土垫块。当墙中设有圈梁时，垫块与圈梁宜浇筑成整体。

当 240mm 厚的砖墙梁跨度大于或等于 6m、180mm 厚的砖墙梁跨度大于或等于 4.8m、砌块和料石墙梁跨度大于或等于 4.8m 时，其支撑处宜加设壁柱或采取其他措施对墙体予以加强。

预制钢筋混凝土板的支撑长度在墙上不宜小于 100mm，在钢筋混凝土圈梁上不宜小于 80mm。当利用板端拉结和混凝土灌缝时，其支撑长度可为 40mm，但板端缝宽应不小于 80mm，灌缝混凝土不宜低于 C20。

填充墙、柱上的吊车梁、屋架以及砖墙上跨度大于或等于 9m 的预制梁、砌块和料石砌体大于或等于 7.2m 的预制梁，其端部应采用锚固件与墙、柱上的垫块锚固。山墙处的壁柱宜砌至山墙顶部，山墙与屋面构件应可靠拉结。

(3)砌体中留槽洞或埋设管道时应符合的规定

不应在截面长边小于500mm的承重墙体、独立柱内埋设管线。墙体中应避免穿行暗线或预留、开凿沟槽,无法避免时应采取必要的加强措施或按削弱后的截面验算墙体的承载力。对受力较小或未灌孔的砌块砌体,允许在墙体的竖向孔洞中设置管线。

8.2.4 防止墙体开裂的措施

为了防止或减轻房屋在正常使用条件下由温差和砌体干缩引起的墙体竖向裂缝,应在墙体中设置伸缩缝。伸缩缝应设在因温度和收缩变形可能引起应力集中、砌体产生裂缝可能性最大的地方。伸缩缝的间距可按表8-4采用。

表8-4 砌体房屋伸缩缝的最大间距 (单位:m)

屋盖或楼盖类别		间距
整体式或装配整体式钢筋混凝土结构	有保温层或隔热层的屋盖、楼盖	50
	无保温层或隔热层的屋盖	40
装配式无檩体系钢筋混凝土结构	有保温层或隔热层的屋盖、楼盖	60
	无保温层或隔热层的屋盖	50
装配式有檩体系钢筋混凝土结构	有保温层或隔热层的屋盖	75
	无保温层或隔热层的屋盖	60
瓦材屋盖、木屋盖或楼盖、轻钢屋盖		100

注:1. 对于烧结普通砖、多孔砖、配筋砌块砌体房屋,取表中数值;对石砌体、蒸压灰砂普通砖、蒸压粉煤灰普通砖、混凝土砌块、混凝土普通和混凝土多孔房屋,取表中数值乘以0.8;当墙体有靠外保温措施时,其间距可取表中数值。

2. 在钢筋混凝土屋面上挂瓦的屋盖应按钢筋混凝土屋盖采用。

3. 层高大于5m的烧结普通砖、多孔砖、配筋砌块砌体结构单层房屋,其伸缩缝间距可按表中数值乘以1.3。

4. 温差较大且变化频繁地区和严寒地区不采暖的房屋及构筑物墙体的伸缩缝的最大间距,应按表中数值予以适当减小。

5. 墙体的伸缩缝应与结构的其他变形缝向重合,在进行立面处理时,必须保证缝隙的伸缩作用。

8.3 无筋砌体构件承载力计算

8.3.1 受压构件承载力的计算

对于无筋砌体受压构件,不论是轴心受压或偏心受压,也不论是短柱还是长柱,采用统一的承载力设计计算公式,即

$$N \leqslant \varphi f A \tag{8-3}$$

式中 N——轴向力设计值;

φ——高厚比β和轴向力的偏心矩e对受压构件承载力的影响系数;

f——砌体的抗压强度设计值;

A——截面面积,对各类砌体均应按毛截面计算。

影响系数φ是考虑在偏心荷载下长柱由于纵向弯曲引起的挠度,即轴向力的附加偏心距来确定的。

由于砌体材料的种类不同,构件的承载力有较大的差异,因此,在计算影响系数φ或查φ值表时,构件高厚比修正系数应按下式计算:

对矩形截面

$$\beta = \gamma_\beta \frac{H_0}{h} \tag{8-4}$$

对T形截面

$$\beta=\gamma_\beta\frac{H_0}{h_T} \tag{8-5}$$

式中 γ_β——不同砌体材料构件的高厚比修正系数，按表 8-5 采用；

H_0——受压构件的计算高度，按表 8-2 确定；

h——矩形截面轴向力偏心方向的边长，当轴心受压时为截面较小边长；

h_T——T 形截面的折算厚度，可近似按 3.5 i 计算，i 为截面回转半径。

表 8-5 **高厚比修正系数 γ_β**

砌体材料类别	γ_β
烧结普通砖、烧结多孔砖	1.0
混凝土及轻骨料混凝土砌块	1.1
蒸压灰砂砖、蒸压粉煤灰砖、细料石、半细料石	1.2
粗料石、毛石	1.5

注：对灌孔混凝土砌块，γ_β 取 1.0。

【例 8-2】 某一刚性方案的多层房屋中，底层层高 3.5m，一厚 190mm 的承重内横墙，采用 MU5（f = 1.19MPa）单排孔小型混凝土砖块和 M5 砂浆，对孔砌筑；双面石灰粗砂粉刷墙。已知作用在底层墙顶的荷载设计值为 118kN/m，横墙计算高度 H_0 = 3.42m。试验算其承载力（在 $e/h=0$ 的情况下，$\beta=18$ 时，$\varphi=0.67$；当 $\beta=20$ 时，$\varphi=0.62$）。

【解】 (1)求底部截面上的荷载

取 1m 墙长为计算单元，已知 190mm 空心混凝土砌体双面石灰粗砂粉刷的荷载标准值为 2.92kN/m² [从《建筑结构荷载规范》(GB 50009—2012)查得混凝土空心砌块自重为 11.8kN/m²]。按永久荷载效应控制的组合，取永久荷载分项系数 $\gamma_G=1.35$。墙底自重设计值为

$$1.35\times3.5\times2.92=13.80(\text{kN/m})$$

底部墙下部截面的荷载设计值为

$$N=118+13.80=131.80(\text{kN/m})$$

(2)求 φ 值

查表 8-5 得 $\gamma_\beta=1.1$，则

$$\beta=\gamma_\beta\frac{H_0}{h}=1.1\times\frac{3.42}{0.19}=19.8$$

由题干得 $\varphi=0.625$。

(3)验算

$$\varphi Af=0.625\times0.19\times1\times1.19\times10^3=141.3\ (\text{kN/m})>131.8\text{kN/m}(安全)$$

8.3.2 局部受压承载力计算

在实际工作中，往往在进行砌体安全截面受压验算时强度是足够的，但在局部承压面下砖处却出现砌体局部压碎的裂缝，这就是由于局部强度不足而造成的破坏现象。因此，在砌体结构设计时，应对所有局部受压部位进行验算。在此，仅介绍砌体局部均匀受压。

当大梁或屋架通过专门的支座或钢垫板，把支座反力均匀地传给砌体结构墙顶或柱顶的局部面积时，或当某个局部压力作用在局压面积上时，即属于砌体局部均匀受压。在房屋结构中，这种情况出现不多，但其设计计算方法可作为其余几种局部受压计算的基本依据。

根据对各种局部位置的试验结果，《砌体规范》提出砌体局部均匀受压承载力计算公式为

$$N_l\leqslant\gamma fA_l \tag{8-6}$$

$$\gamma=1+0.35\sqrt{\frac{A_0}{A_l}-1} \tag{8-7}$$

式中 N_l ——局部受压的面积上的轴向力设计值；

A_l ——局部受压面积；

γ ——砌体局部抗压强度提高系数；

A_0 ——影响砌体局部抗压强度的计算面积。

由式(8-6)不难看出，砌体的局部受压强度主要取决于砌体原有的轴心抗压强度和周围砌体对局部受压区的约束强度。一般来说，在砌体截面中心局部受压时，周围砌体的截面面积 A 与局部受压面积 A_l 的比值，即 A/A_l 越大，则周围砌体的约束作用就越强。因此，在 A/A_l 未超出某个限值的范围内，砌体的局部抗压强度随 A/A_l 的增加而提高，但 A/A_l 越大，提高的幅度越小。在实际工作中，局压面积绝大多数都可能不在砌体截面中心，根据不同情况，《砌体规范》规定了影响砌体局部抗压强度的计算面积 A_0。试验表明，当 A/A_l 达到一个较高的数值，使周围砌体的环向拉应力达到砌体沿水平方向的抗拉强度时，砌体会沿竖向突然劈裂。为避免这种情况的发生，《砌体规范》对 γ 值给予了限制。

8.3.3 轴心受拉构件

轴心受拉构件的承载力，应按式(8-8)计算：

$$N_t \leqslant f_t A \tag{8-8}$$

式中 N_t ——轴向拉力设计值；

f_t ——砌体轴心抗拉强度设计值，应按《砌体规范》采用。

8.3.4 受弯构件

受弯构件的抗弯承载力，应按式(8-9)计算：

$$M \leqslant f_{tm} W \tag{8-9}$$

式中 M ——弯矩设计值；

f_{tm} ——砌体的弯曲抗拉强度设计值，应按《砌体规范》采用；

W ——截面抵抗矩。

8.3.5 受剪构件

沿通缝或阶梯形截面破坏时，受剪构件的承载力应按式(8-10)计算：

$$V \leqslant (f_v + \alpha\mu\sigma_0) A \tag{8-10}$$

式中 V ——截面剪力设计值。

A ——水平截面面积，当有孔洞时，取净截面面积。

f_v ——砌体抗剪强度设计值，对灌孔的混凝土砌块砌体取 f_{vg}。

α ——修正系数(当 $\gamma_G=1.2$ 时，砖砌体取 0.60，混凝土砌块砌体取 0.64；当 $\gamma_G=1.35$ 时，砖砌体取 0.64，混凝土砌块砌体取 0.66)。

σ_0 ——永久荷载设计值产生的水平截面平均压应力。

f ——砌体的抗压强度设计值，σ_0/f 为轴压比，且不大于 0.8。

μ ——减压复合受力影响系数$\left(当\ \gamma_G=1.2\ 时，\mu=0.26-0.082\dfrac{\sigma_0}{f}；当\ \gamma_G=1.35\ 时，\mu=0.23-0.065\dfrac{\sigma_0}{f}\right)$。

8.4 圈梁、过梁、墙梁及挑梁

8.4.1 圈梁

在砌体结构房屋中，沿四周外墙及纵横墙内墙墙体中水平方向设置的连续封闭梁称为圈梁。位于房屋檐口处的圈梁称为檐口圈梁，位于标高 ±0.000 以下基础顶面处设置的圈梁，又称为地圈梁(图 8-6)。圈梁可分为钢筋混凝土圈梁和钢筋砖圈梁两种，但后者目前在工程中应用很少。

图 8-6 圈梁

混凝土圈梁的宽度宜与墙厚相同。当墙厚大于 240mm 时，其宽度不宜小于墙厚的 2/3，圈梁高度不应小于 120mm。

设置圈梁可增强房屋的整体刚度，防止由于地基不均匀沉降或较大振动荷载作用对墙体产生的不利影响。设置在基础顶面和檐口部位的圈梁对抵抗房屋不均匀沉降的效果好。圈梁的存在可减小墙体的计算高度，提高其稳定性。跨越门、窗洞口的圈梁，配筋若不少于过梁或适当增配一些钢筋时，还可兼作过梁。因此，设置圈梁是砌体结构墙体设计的一项重要构造措施。

(1)圈梁的布置

圈梁设置的位置和数量，应综合考虑房屋的地基情况、房屋类型及荷载特点等因素确定。一般情况下，砌体结构房屋可按下列原则设置现浇钢筋混凝土圈梁。

①单层食堂、车间、仓库等空旷的房屋圈梁设置。

砖砌体房屋，檐口标高为 5～8m 时，应在檐口设置一道圈梁，檐口标高大于 8m 时，应适当增设。

砌块及料石砌体房屋，檐口标高为 4～5m 时，应在檐口标高处设置一道圈梁，檐口标高大于 5m 时，应适当增设。

对有吊车或较大振动设备的单层工业房屋，除在檐口或窗顶标高处设置现浇钢筋混凝土圈梁外，还应在吊车梁标高处或其他适当位置增设。

②多层砌体工业与民用建筑圈梁的设置。

住宅、宿舍、办公楼等多层砌体民用房屋，层数为 3～4 层时，应在底层和檐口标高处各设置一道圈梁；当层数超过 4 层时，应在所有纵横墙上隔层设置。

多层砌体工业房屋，宜每层设置现浇钢筋混凝土圈梁。

设置墙梁的多层砌体房屋应在托梁、墙梁顶面和檐口标高处设置现浇钢筋混凝土圈梁，其他楼盖处宜在所有纵横墙上每层设置。

采用现浇钢筋混凝土楼(屋)盖的多层砌体结构房屋，当层数超过 5 层时，除在檐口标高处设置一道圈梁外，可隔层设置圈梁，并与楼(屋)面板一起现浇。未设置圈梁的楼面板嵌入墙内的长度不应小于 120mm，应沿墙配置不小于 2ϕ10 的通长筋。

(2)圈梁的构造要求

为使圈梁能更好地发挥其作用,圈梁必须符合以下构造要求:

①圈梁宜连续设置在同一水平面上,并形成封闭环状;当圈梁被门、窗洞口截断时,应在洞口上部增设相同截面的附加圈梁,附加圈梁与圈梁的搭接长度不应小于其垂直间距的2倍,且不小于1.0m,如图8-7所示。

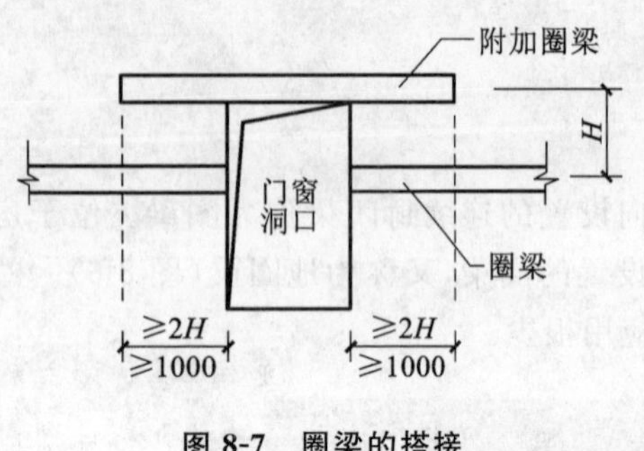

图8-7 圈梁的搭接

②在刚性方案房屋中,圈梁应与横墙加以连接。连接方式一般为将圈梁伸入横墙1.5～2m,或在该横墙上设置贯通圈梁。在刚性和弹性方案房屋中,圈梁应与屋架、大梁等构造连接。钢筋混凝土圈梁的纵向钢筋不宜少于4φ10。搭接长度按受拉钢筋的要求确定,箍筋间距不应大于300mm。

③圈梁兼作过梁时,过梁部分的配筋应按计算用量单独配置,实际配筋取过梁计算配筋和梁构造配筋的最大值。

④圈梁在纵、横墙交接处,应设置附加钢筋予以加强,设置连接构造。

8.4.2 过梁

过梁是设置在墙体门窗洞口上的构件,用来承受门窗洞口上部的墙体重量以及梁、板传来的荷载。过梁的形式有钢筋混凝土过梁、钢筋砖过梁、砖砌平拱和砖砌弧拱等,如图8-8所示。

图8-8 过梁的形式

(a)钢筋混凝土过梁;(b)钢筋砖过梁;(c)砖砌平拱;(d)砖砌弧拱

钢筋混凝土过梁一般采用预制,预制钢筋混凝土过梁具有施工方便、节省模板、抗震性能好等优点,应用广泛。在过梁底部水平灰缝内配置钢筋的过梁称为钢筋砖过梁。钢筋的直径不应小于5mm,也不宜大于8mm,间距不宜大于120mm,钢筋伸入支座砌体内的长度不宜小于240mm。砖砌过梁造价低廉,且节约钢筋和水泥,但整体性差,对振动荷载和地基不均匀沉降反应敏感,跨度也不宜过大。因此,对有较大振动或可能产生不均匀沉降的房屋,或当门窗洞口宽度较大时不能采用砖砌过梁,应采用钢筋混凝土过梁或钢筋砖过梁。

(1)过梁上的荷载

一般情况下,作用在过梁上的荷载有两种:过梁上墙体的重量和上部梁板传来的荷载。过梁和其上部墙体之间存在组合作用,在过梁上部的墙体中存在较显著的拱作用。当过梁上部墙体有足够高度时,施加在过梁上的竖向荷载将通过墙体内的拱作用直接传给支座。试验表明,当砌筑的高度接近宽度的一半,跨中挠度的增量将明显减小。此时,过梁上砌体的当量荷载相当于高度等于跨度 1/3 的墙体自重。

因此,过梁上的墙体荷载按以下取用:对砖砌体,当过梁上的墙体高度 $h_w < l_n/3$ 时(l_n 为过梁的净跨),应按墙体的均布自重采用;当墙体高度 $h_w \leqslant l_n/3$ 时,应按高度为 $l_n/3$ 墙体的均布自重采用(图 8-9)。对混凝土砌块砌体,当过梁上的墙体高度 $h_w < l_n/2$ 时,应按墙体的均布自重采用;当墙体高度 $h_w \geqslant l_n/2$ 时,应按高度为 $l_n/2$ 墙体的均布自重采用。

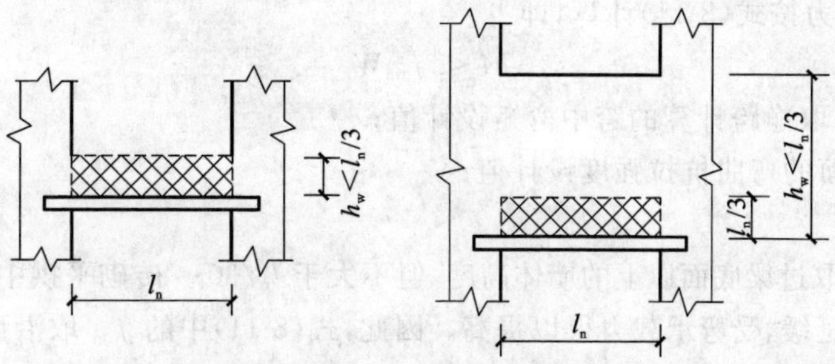

图 8-9 过梁上墙体荷载

关于梁板荷载的传递,试验结果表明,当在砌体高度等于跨度的 80%左右的位置施加外荷载时,过梁的挠度变化很微小。因此认为,在高度等于跨度的位置上施加外荷载时,荷载将全部通过拱作用传递,而不由过梁承受。对中型砌块砌体,由于块体高度较大,当过梁上墙体皮数过少时,将难以产生良好的卸荷效应。因此,考虑到上述的拱作用,对过梁上部梁板传来的荷载按以下取用(图 8-10):对砖砌体和小型砌块砌体,当梁、板下的墙体高度 $h_w < l_n$ 时,应计入梁、板传来的荷载,当梁、板下的墙体高度 $h_w \geqslant l_n$ 时,可不考虑梁、板荷载;对中型砌块砌体,当梁、板下的墙体高度 $h_w < l_n$ 或 $h_w < 3h_b$(h_b 为包括灰缝厚度在内的每皮砌体的高度)时,按梁、板传来的荷载采用,当梁板下墙体高度 $h_w \geqslant l_n$ 或 $h_w < 3h_b$ 时,可不考虑梁、板荷载。

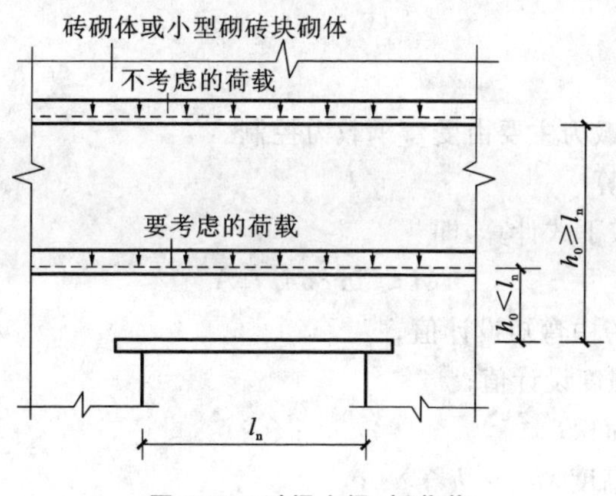

图 8-10 过梁上梁、板荷载

(2)过梁的承载力计算

过梁受弯矩和剪力作用。当过梁受拉区的拉应力超过材料的抗拉强度时,则在跨中受拉区会出现垂直裂缝;当支座处斜截面的主拉应力超过材料的抗拉强度时,在靠近支座处会出现斜裂缝,在砌体材料中表现为阶梯形斜裂缝,如图 8-10 所示。

砖砌平拱和砖砌弧拱过梁在跨中开裂后,会产生水平推力。此水平推力由两端支座处的墙体承受。当此时墙体的灰缝抗剪强度不足时,会导致支座滑动而破坏,如图 8-11 所示,这种破坏在房屋端部较易发生。

由过梁的破坏形式可知,应对过梁进行受弯、受剪承载力验算,对砖砌平拱和砌砖弧拱还应按水平推力来验算端部墙体的受剪承载力。

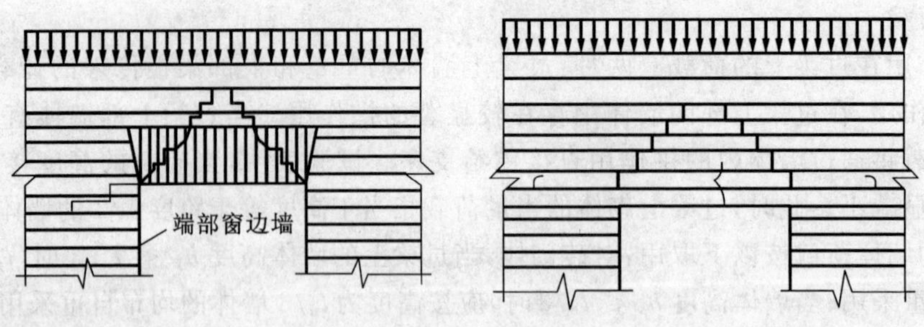

图 8-11 过梁的破坏特征

(3)砖砌平拱的承载力计算

砖砌平拱的受弯承载力按式(8-11)计算,即

$$M \leqslant f_{tm} W \tag{8-11}$$

式中 M——按简支梁并取净跨计算的跨中弯矩设计值;

f_{tm}——沿齿缝截面的弯曲抗拉强度设计值;

W——截面抵抗矩。

过梁的截面计算高度取过梁底面以上的墙体高度,但不大于 $l_n/30$ 。砖砌平拱中由于存在支座水平推力,过梁垂直裂缝的发展得以延缓,受弯承载力得以提高。因此,式(8-11)中的 f_{tm} 取沿齿缝截面的弯曲抗拉强度设计值。

砖砌平拱的受剪承载力按式(8-12)计算,即

$$V \leqslant f_v b z \tag{8-12}$$

$$z = \frac{I}{S} \tag{8-13}$$

式中 V——剪力设计值;

f_v——砌体的抗剪强度设计值;

z——内力臂,当截面为矩形时取 $z = 2h/3$;

b,h——截面的宽度和高度;

I——截面惯性矩;

S——截面面积矩。

一般情况下,砖砌平拱的承载力主要由受弯承载力控制。

(4)钢筋砖过梁的承载力计算

钢筋砖过梁的受弯承载力按下式计算,即

$$M \leqslant 0.85 h_0 f_y A_s \tag{8-14}$$

式中 M——按简支梁计算的跨中弯矩设计值;

f_y——受拉钢筋的抗拉强度设计值;

A_s——受拉钢筋的截面面积;

h_0——过梁截面的有效高度,$h_0 = h - a_s$;

a_s——受拉钢筋重心至截面下边缘的距离;

h——过梁的截面计算高度,取过梁底面以上的墙体高度,但不大于 $l_n/3$,当考虑梁、板传来的荷载时,则按梁、板下的高度采用。

钢筋砖过梁的受剪承载力计算与砖砌平拱相同。

(5)钢筋混凝土过梁的承载力计算

钢筋混凝土过梁的承载力应按钢筋混凝土受弯构件计算。过梁的弯矩按简支梁计算,计算跨度取 $(l_n + a)$ 和 $1.05l_n$ 二者中的较小值,其中 a 为过梁在支座上的支承长度。在验算过梁下砌体局部受压承载力时,可不考虑上层荷载的影响。由于过梁与其上砌体共同工作,构成刚度很大的组合深梁,其变形非常小,故其有效支承长度可取过梁的实际支承长度,并取应力图形完整系数 $\eta = 1.0$ 。

8.4.3 墙梁

在多层混合结构房屋中，为了满足使用要求，往往要求底层有较大的空间，如底层为商店、上层为住宅的商店-住宅楼，底层为饭店、上层为旅馆的饭店-旅馆楼等。工程中常用的做法是在底层钢筋混凝土梁或底层框架梁上砌筑砖墙，上部各层的楼面及屋面荷载将通过砖墙及支撑在砖墙上的钢筋混凝土楼面梁或框架梁(称托梁)传递给底层的承重墙或柱。大量试验证明，托梁与其上部一定高度范围内的墙体形成一个能共同工作的组合深梁，通常称这种组合深梁为墙梁。与多层钢筋混凝土框架结构相比，墙梁节省钢材和水泥，造价低，因此应用广泛。

墙梁按支撑情况分为简支墙梁、连续墙梁和框支墙梁，按墙梁承受荷载情况可分为自承重墙梁(图 8-12)和承重墙梁(图 8-13)。承重墙梁除了承受托梁和托梁以上的墙体自重外，还承受由屋盖或楼盖传来的荷载。自承重墙梁仅承受托梁和托梁以上的墙体自重。

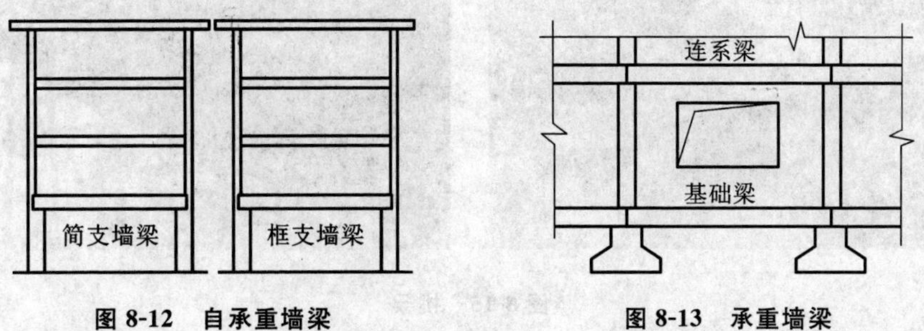

图 8-12 自承重墙梁　　　图 8-13 承重墙梁

为了保证墙梁的安全使用，对墙梁应分别进行托梁使用阶段正截面承载力和斜截面受剪承载力计算、墙体受剪承载力和托梁支座上部砌体局部受压承载力计算，以及施工阶段托梁承载力验算。自承重墙梁可不验算墙体受剪承载力和砌体局部受压承载力。

墙梁的计算简图如图 8-14 所示。

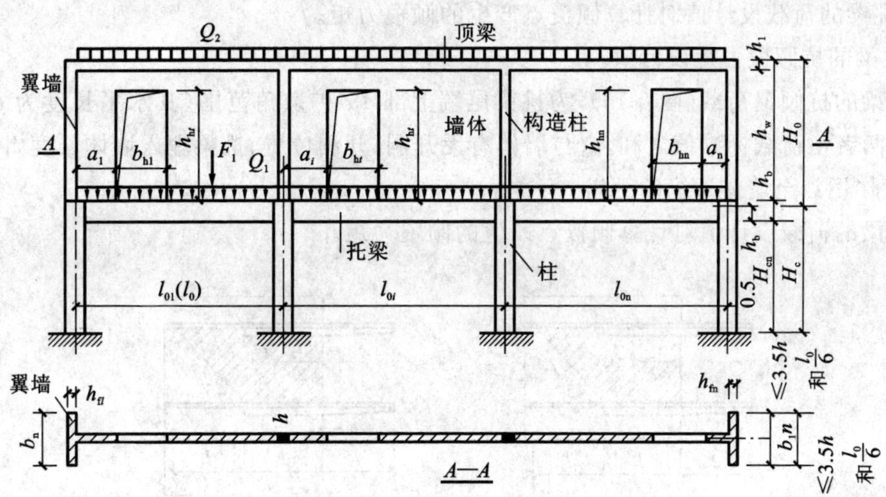

图 8-14 墙梁的计算简图

墙体框支墙梁的上部砌体房屋，以及设有承重的简支墙梁或连续墙梁的房屋，应满足刚性方案房屋的要求。

墙梁计算高度范围内的墙体厚度，对砖砌体不应小于 240mm，对混凝土小型砌块砌体不应小于 190mm。墙梁洞口上方应设置混凝土过梁，其支承长度不应小于 240mm；洞口范围内不应施加集中荷载。

对承重墙梁，应按圈梁要求在墙梁计算高度顶面和每层纵横墙墙顶现浇混凝土顶梁，并且应与其他同一标高处的圈梁拉通，这对于连续墙梁尤其重要。

承重墙梁的支座处应设置落地翼墙，翼墙厚度，对砖砌体不应小于 240mm，对混凝土砌块砌体不应小于 190mm，翼墙厚度不应小于墙梁墙体厚度的 3 倍，并应与墙梁墙体同时砌筑。当不能设置幕墙时，应设置落地且上、下贯通的构造柱。

当墙梁墙体在靠近支座1/3跨度范围内开洞时，支座处应设置落地且上、下贯通的构造柱，并应与每层圈梁连接。墙梁计算高度范围内的墙体，每天可砌高度不应超过1.5m，否则，应加设临时支撑。通过墙梁砌体的施工临时通道的洞口宜开设在跨中 $l_{0i}/3$ 的范围内，其高度不应大于 $5h_w/6$。

8.4.4 挑梁

一端挑出另一端嵌固于墙体内的钢筋混凝土梁称为挑梁(图8-15)，挑梁与墙体共同工作。在悬挑力和墙体荷载作用下，可能发生挑梁倾覆破坏、挑梁下砌体局部受压破坏和挑梁钢筋混凝土结构破坏。挑梁的设计计算就是针对上述三种破坏形式而进行的。

图8-15 挑梁

(1)砌体墙中钢筋混凝土挑梁的抗倾覆验算

砌体墙中钢筋混凝土挑梁的抗倾覆应按下式验算：

$$M_{ov} \leqslant M_r \tag{8-15}$$

$$M_r = 0.8G_r(l_2 - x_0) \tag{8-16}$$

式中 M_{ov}——挑梁的荷载设计值对计算倾覆点产生的倾覆力矩。

M_r——挑梁的抗倾覆力矩设计值。

G_r——挑梁的抗倾覆荷载(图8-16)，为挑梁尾端上部45°扩散角范围(其水平长度为 l_3)内砌体与楼面两者恒荷载标准值之和，它与墙体有无开洞、开洞位置、挑梁埋入墙体长度 l_1 和 l_3 有关。

l_2——G_r 作用点至墙体边缘的距离。

l_1——挑梁的荷载设计值对计算倾覆点产生的倾覆力矩。

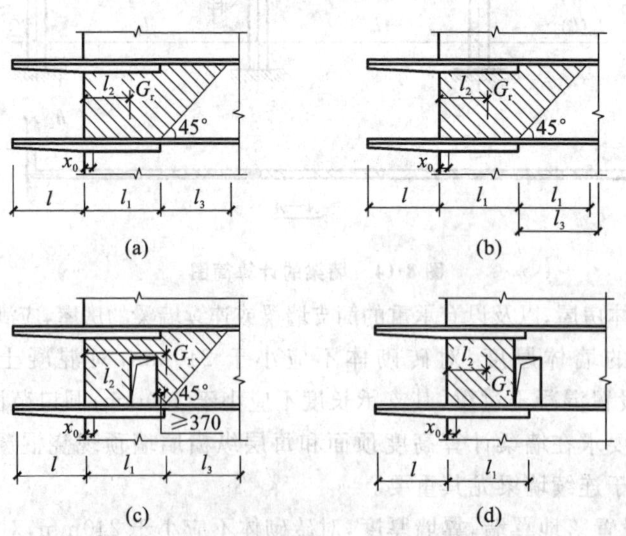

图8-16 挑梁的抗倾覆荷载

(a) $l_3 \leqslant l_1$ 时；(b) $l_3 > l_1$ 时；(c)洞在 l_1 之内；(d)洞在 l_1 之外

x_0——计算倾覆点至墙外边缘的距离，按下列规定采用：当 $l_1 \geqslant 2.2h_b$ 时，$x_0 \geqslant \sqrt[4]{h_b^3}$，也可近似采取 $x_0 = 0.3h_0$，且不大于 $0.13l_1$；当 $l_1 < 2.2h_b$ 时，$x_0 = 0.13l_1$。

h_b——挑梁的截面高度。

(2)挑梁下砌体的局部受压承载力验算

挑梁下的砌体，局部受压比较大，应进行局部受压承载力验算，验算简图见图 8-17。

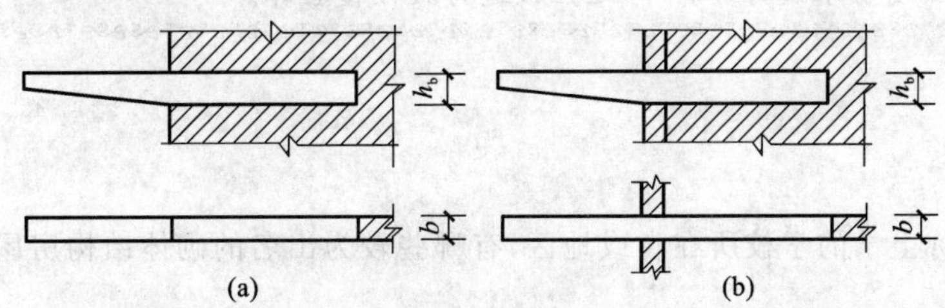

图 8-17　挑梁的验算简图

(a)挑梁支承在一字墙上；(b)挑梁支承在丁字墙上

挑梁下的支承压力可按下式进行验算：

$$N_l \leqslant \eta\gamma f A_l \tag{8-17}$$

式中　N_l——挑梁下的支承压力，可取 $N_l = 2R$，R 为挑梁的倾覆荷载设计值，可近似取挑梁根部剪力；

η——梁端底部压应力图形的完整系数，可取 $\eta = 0.7$；

γ——砌体局部抗压强度提高系数，对图 8-17(a)可取 1.25，对图 8-17(b)可取 1.5；

A_l——挑梁下砌体局部受压面积，可取 $A_l = 1.2bh_b$，b 为挑梁的截面宽度，h_b 为挑梁的截面高度。

(3)挑梁承载力计算

由于挑梁倾覆点不在墙边而在墙内离墙边 x_0 处，挑梁最大弯矩设计值 M_{max} 在接近 x_0 处，最大剪力设计值 V_{max} 在墙边，其承载力可近似按下式计算：

$$M_{max} = M_{ov} \tag{8-18}$$

$$V_{max} = V_0 \tag{8-19}$$

式中　V_0——挑梁的荷载设计值在挑梁墙外边缘处截面产生的剪力。

(4)挑梁的构造要求

挑梁设计除应符合《混凝土结构设计规范(2015 年版)》(GB 50010—2010)的有关规定外，还应满足下列要求：

①纵向受力钢筋至少应有 1/2 的钢筋面积伸入梁尾端，且不少于 2ϕ12。其他钢筋深入支座长度不应小于 $2l_1/3$。

②挑梁埋入砌体长度 l_1 与挑出长度 l 之比宜大于 1.2；当挑梁上无砌体时，l_1 与 l 之比宜大于 2。

知识归纳

(1)墙、柱高厚比验算的目的是保证墙、柱在施工阶段和使用阶段的稳定性。验算的基本条件是墙、柱的计算高度 H_0 与墙厚或柱的边长之比应小于《砌体规范》规定的允许高厚比$[\beta]$。一般的墙厚比验算为 $H_0/h \leqslant \mu_1\mu_2[\beta]$。

(2)砌体在局部受压时，由于未直接受到砌体对直接受压砌体的约束作用以及力的扩散作用，使砌体的局部受压强度提高。局部受压强度用局部抗压强度提高系数 γ 乘以砌体抗压强度 f（即 γf）表示。为了避免砌体截面较大而局压面积过小时引起的劈裂破坏，应限制 γ 不能过大（$\gamma \leqslant \gamma_{max}$）。

(3)过梁按照所采用材料的不同分为砖砌平拱、砖砌弧拱、钢筋砖过梁和钢筋混凝土过梁等。砖砌平拱跨度不应超过1.2m;钢筋砖过梁跨度不应超过1.5m。对有较大震动荷载或可能产生不均匀沉降的房屋,应采用钢筋混凝土过梁。

(4)钢筋混凝土挑梁是嵌入砌体结构的悬臂构件。挑梁除了应进行正截面受弯和斜截面受剪承载力计算外,还应该进行抗倾覆验算。

独立思考

8-1 你的家庭或你上学的学校所在省或地区,有哪些较为出名的砌体结构房屋或建筑?它们有哪些特点?

8-2 为什么要验算墙柱的高厚比?写出验算公式,说明各参数意义。当不满足要求时怎样处理?

8-3 圈梁的结构作用有哪些?

8-4 挑梁弯矩最大点和计算倾覆点是否在墙的边缘?为什么?

8-5 圈梁的构造要求有哪些?

8-6 砌体局部均匀受压承载力如何计算?砌体局部抗压强度提高系数与哪些因素有关?

8-7 过梁的破坏形式有哪些?

9

钢结构构件

课前导读

◸ 内容提要

本章主要内容包括钢结构的一般概念，钢结构的连接形式、钢构件类型，轴心受力构件的强度计算、整体稳定和局部稳定计算，受弯构件和压（拉）弯构件的强度计算，压弯构件的整体稳定和局部稳定计算。本章的教学重点为受弯构件和拉（压）弯构件的强度、刚度、整体稳定和局部稳定计算，教学难点为压弯构件的整体稳定和局部稳定计算。

◸ 能力要求

通过本章的学习，学生应掌握钢结构构件的强度验算方法，了解轴心受力构件、受弯构件、拉（压）弯构件的计算方法，整体稳定、局部稳定的概念和计算方法。

◸ 数字资源

5分钟看完本章

9.1 钢结构的一般概念

我国古代金属结构建筑技术在世界上处于领先地位，早在公元前50年就建成了跨度达百米的铁索桥，而欧美直到十八世纪才建成了第一座铸铁桥(1777—1781)；又如我国公元825年(唐宝历元年)建成的甘露寺铁塔和公元1061年(宋代)在湖北荆州玉泉寺建成的玉泉寺铁塔，领先于法国在1889年建成的埃菲尔铁塔，如图9-1所示。由于我国长期处于封建主义统治之下，束缚了生产力的发展，1840年鸦片战争以后，更沦为半封建半殖民地国家，工业落后，古代在铁结构方面的技术优势早已丧失殆尽。一直到1907年才建成了钢铁厂，但年产钢只有0.85万吨。

而同时期，欧美等地涌现了大批的钢铁建筑，第一座依照现代钢框架结构原理建造起来的高层建筑是芝加哥家庭保险公司大楼(1883—1885年建造)，如图9-2所示，共10层，它的外形依然保持着古典的风格。

新中国成立后，随着经济建设的发展，钢结构曾起过重要作用，如第一个五年计划期间，我国建设了一大批钢结构厂房、桥梁。但由于受到钢产量的制约，在其后的很长一段时间内，钢结构仅被使用在其他结构不能代替的重大工程项目中，这在一定程度上影响了建筑钢结构的发展。自1978年我国实行改革开放政策以来，经济建设获得了飞速的发展，钢产量逐年增加，并于1989年建成了第一栋高层钢结构民用建筑——长富宫，如图9-3所示。我国自1996年钢产量超过1亿吨以来，一直位列世界钢产量的首位，2003年更达到创纪录的2.2亿吨，逐步改变着钢材供不应求的局面。我国的钢结构技术政策，也从“限制使用”改为积极合理地推广应用。所有这些，为钢结构在我国的快速发展创造了条件。

图9-1 法国埃菲尔铁塔

图9-2 芝加哥家庭保险公司大楼

图9-3 长富宫

9.2 钢结构连接

钢结构连接主要应用于板件组合成的构件(图9-4)以及构件间拼装成的整体结构(图9-5)。钢结构连接设计的好坏将直接影响钢结构的质量和经济性。钢结构连接的一部分在钢结构制造厂完成，称为工厂连接，还有一部分在建造现场工地上完成，称为工地连接。

图 9-4 板件组合

图 9-5 构件拼装

在钢结构施工图中要求按照相关规定标明焊缝形式、尺寸和辅助要求。在此介绍几个表示焊缝的基本符号，焊缝按横截面形状，如角焊缝用◺表示，V 形焊缝用 V 表示。补充符号是为了补充说明焊缝的某些特征而采用的符号，如⊏表示三面围焊，如图 9-6所示，▶表示现场焊缝。

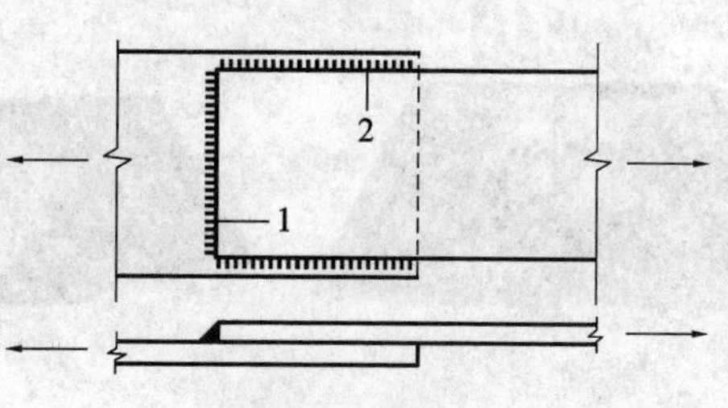

图 9-6 三面围焊

1—正面角焊缝；2—侧面角焊缝

钢结构的连接方式包括焊接连接和螺栓连接，历史上曾出现过销钉、螺栓、铆钉和焊缝等连接方式，如图 9-7 所示。由于焊接技术的进步和高强度螺栓连接的广泛应用，铆钉和销钉连接已基本被焊缝连接和螺栓连接所代替。

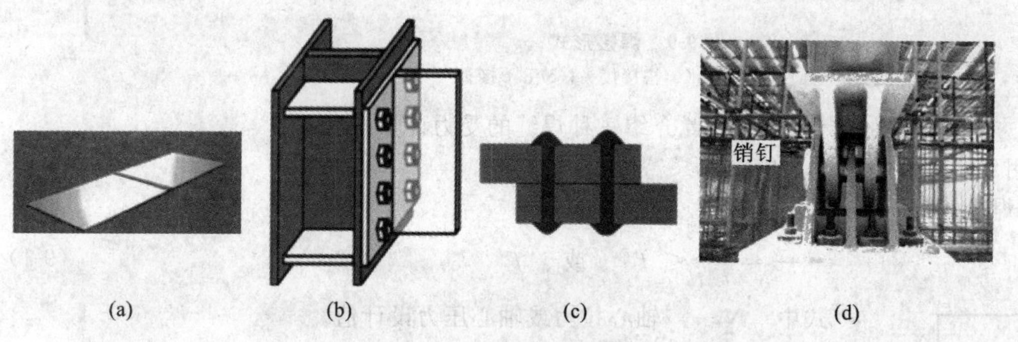

图 9-7 钢结构连接方式

(a)焊接连接；(b)螺栓连接；(c)铆钉连接；(d)销钉连接

9.2.1 焊接连接

钢结构的焊接连接方法甚多，按照焊接工艺可分为手工电弧焊、自动(或半自动)埋弧焊和气体保护焊等，如图 9-8 所示。它们都是利用电弧产生的热能使连接处的焊件钢材局部熔化，并加添焊接时由焊条或焊丝熔化的钢液，冷却后共同形成焊缝而使两焊件构成一体，因而钢结构的焊缝连接是钢材熔化后经冶金反应而形成焊件钢材分子间的接合。

与螺栓连接相比，焊缝连接不需要钻孔，截面无削弱；也不需要额外的连接件，构造简单，但是，施焊时局部高温会使构件板件产生变形，产生焊接残余应力，焊接完成后需要对构件变形进行机械校正，所以，焊缝连接一般均在工厂完成，施工现场应尽量避免施焊。

焊缝连接形式视频

焊缝接头按照位置的不同主要分为对接接头、搭接接头和 T 形接头三种形式，如图 9-9 所示。

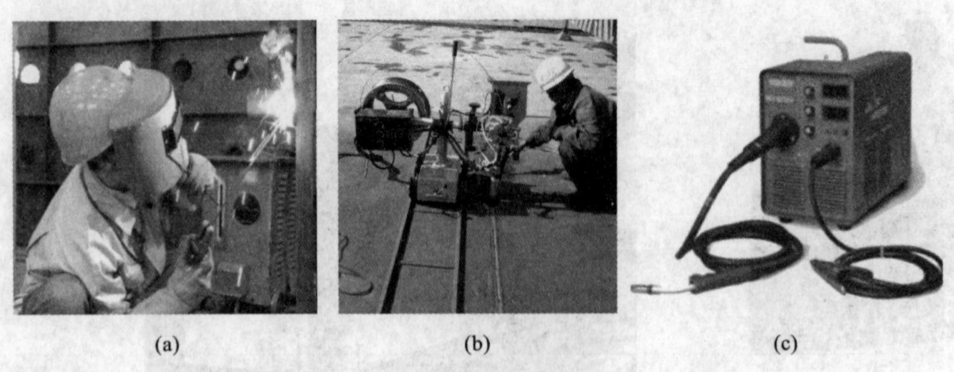

图 9-8 焊接方法

(a)手工电弧焊;(b)半自动埋弧焊;(c)气体保护焊机器

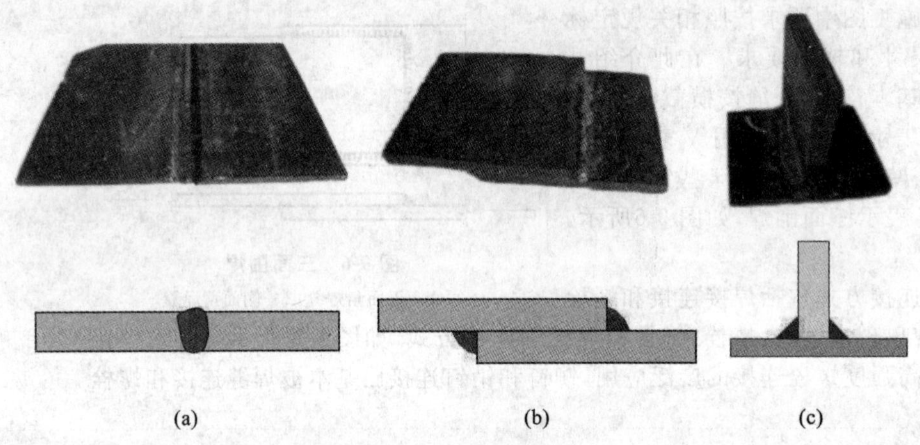

图 9-9 焊接形式

(a)对接接头;(b)搭接接头;(c)T形接头

根据板件的受力方向与焊缝的位置关系,在此介绍三种焊缝的受力计算。

(1)轴心受力作用下的对接焊缝

轴心受力的对接焊缝(图 9-10)按下式计算:

$$\sigma=\frac{N}{l_{w}t}\leqslant f_{t}^{w} \quad 或 \quad f_{c}^{w} \tag{9-1}$$

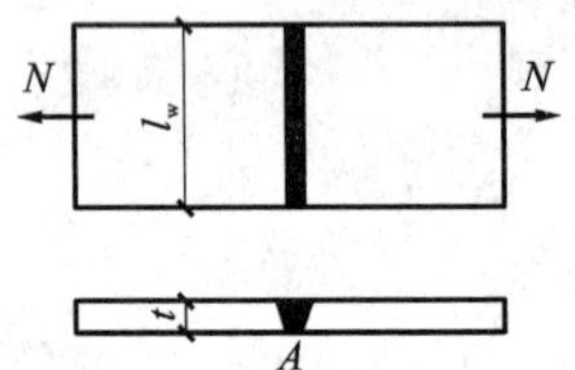

图 9-10 轴心受力的对接焊缝的连接

式中 N——轴心拉力或轴心压力设计值。

l_{w}——焊缝的计算长度,当采用引弧板时,取焊缝的实际长度。当未采用引弧板时,每条焊缝取实际长度减去 $2t$。

t——在对接焊缝中为连接件的最小厚度;在 T 形连接中为腹板厚度。

f_{t}^{w},f_{c}^{w}——对接焊缝的抗拉、抗压强度设计值,见表 9-1。

表 9-1 **焊缝的强度设计值** (单位:N/mm²)

焊接方法和焊条型号	构件钢材		对接焊缝				角焊缝
	牌号	厚度或直径/mm	抗压 f_{c}^{w}	焊接质量为下列等级时,抗拉 f_{t}^{w}		抗剪 f_{v}^{w}	抗拉、抗压和抗剪 f_{f}^{w}
				一级、二级	三级		
自动焊、半自动焊和 E43 型焊条的手工焊	Q235 钢	≤16	215	215	185	125	160
		>16~40	205	205	175	120	
		>40~60	200	200	170	115	
		>60~100	190	190	160	110	

续表

焊接方法和焊条型号	构件钢材		对接焊缝				角焊缝
	牌号	厚度或直径/mm	抗压 f_c^w	焊接质量为下列等级时，抗拉 f_t^w		抗剪 f_v^w	抗拉、抗压和抗剪 f_f^w
				一级、二级	三级		
自动焊、半自动焊和E50型焊条的手工焊	Q345钢	≤16	310	310	265	180	200
		>16～35	295	295	250	170	
		>35～50	265	265	225	155	
		>50～100	250	250	210	145	
自动焊、半自动焊和E55型焊条的手工焊	Q390钢	≤16	350	350	300	205	220
		>16～35	335	335	285	190	
		>35～50	315	315	270	180	
		>50～100	295	295	250	170	
	Q420钢	≤16	380	380	320	220	220
		>16～35	360	360	305	210	
		>35～50	340	340	290	195	
		>50～100	325	325	275	185	

注：1. 自动焊和半自动焊所采用的焊丝和焊剂，应保证其熔敷金属的力学性能不低于《埋弧焊用碳钢焊丝和焊剂》(GB/T 5293—1999)和《埋弧焊用低合金钢焊丝和焊剂》(GB/T 12470—2003)中相关的规定。

2. 焊缝质量等级应符合《钢结构焊接规范》(GB 50661—2011)的规定。其中厚度小于8mm钢材的对接焊缝，不应采用超声波探伤确定焊缝质量等级。

3. 对接焊缝在受压区的抗弯强度设计值取 f_c^w，在受拉区的抗弯强度设计值取 f_t^w。

4. 附表中厚度是指计算点的钢材厚度，对轴心受拉和轴心受压构件是指截面中较厚板件的厚度。

【例 9-1】 试验算图9-11所示钢板的对接焊缝的强度。钢板宽度为200mm，板厚为14mm，轴心拉力设计值 $N=400\text{kN}$，钢材为Q235，手工焊，焊条为E43型，焊缝质量标准为三级，施焊时不加引弧板。

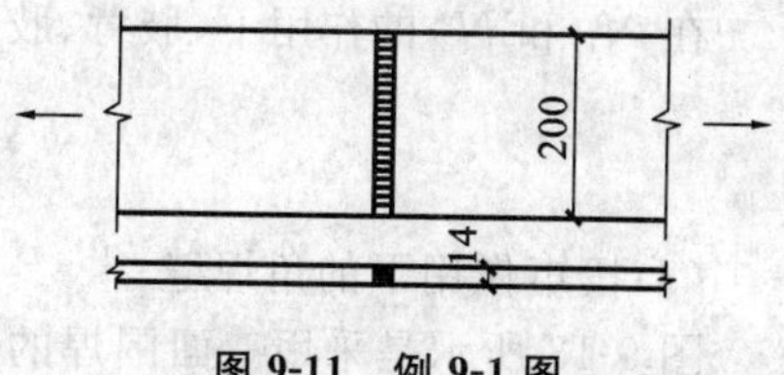

图 9-11 例 9-1 图

【解】 由于施焊时未加引弧板，计算焊缝长度 l_w 时应考虑起焊和落焊时的焊缝缺陷，故

$$l_w=200-2\times14=172(\text{mm})$$

焊缝正应力为

$$\sigma=\frac{400\times10^3}{172\times14}=166.1(\text{N/mm}^2)<f_t^w=185\text{N/mm}^2$$

满足要求。

(2)轴心受力作用下的角焊缝

在钢桁架中，角钢腹杆和节点板的连接一般可采用三面围焊，如图9-12所示。

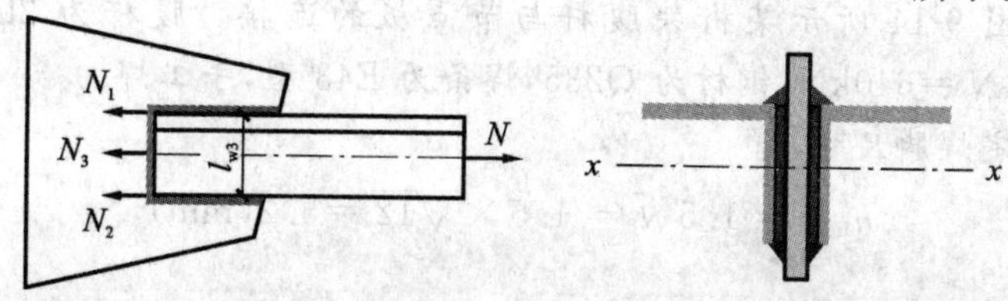

图 9-12 角钢与连接板的焊缝形式

当采用三面围焊时,可选定正面角焊缝的焊脚尺寸 h_{f3},求出正面角焊缝所分担的轴心力 N_3,即

$$N_3 = 0.7h_{f3}\sum l_{w3}\beta_f f_f^w \tag{9-2}$$

式中 h_{f3}——轴心拉力或轴心压力设计值;

$\sum l_{w3}$——正面角焊缝的计算长度之和。

通过平衡条件可以解得肢背和肢尖侧焊缝受力为

$$N_1 = K_1 N - \frac{1}{2}N_3 \tag{9-3}$$

$$N_2 = K_2 N - \frac{1}{2}N_3 \tag{9-4}$$

式中 K_1,K_2——内力分配系数,取值如表9-2所示。

表9-2 角钢上角焊缝的内力分配系数

角钢类型	连接形式	内力分配系数	
		肢背 K_1	肢尖 K_2
等肢角钢		0.70	0.30
不等肢角钢短肢连接		0.75	0.25
不等肢角钢长肢连接		0.65	0.35

在 N_1 和 N_2 的作用下,肢背、肢尖角焊缝的计算公式为

$$\tau_f = \frac{V_{fz}}{A_e} = \frac{N}{h_e\sum l_w} \leqslant f_f^w \tag{9-5}$$

(3)扭矩作用下的角焊缝

图9-13所示是采用三面围焊的搭接连接在扭矩 T 作用下的角焊缝。计算公式为

$$\sqrt{\left(\frac{\sigma_A^T}{\beta_f}\right)^2 + (\tau_A^T)^2} \leqslant f_f^w \tag{9-6}$$

式中 σ_A^T——焊缝有效截面上距形心的最远点的应力沿 y 轴分解的应力。

τ_A^T——焊缝有效截面上距形心的最远点的应力沿 x 轴分解的应力。

β_f——正面角焊缝的强度设计值增大系数。对承受静力荷载和间接承受动力荷载的结构,$\beta_f = 1.22$;对直接承受动力荷载的结构,$\beta_f = 1.0$。

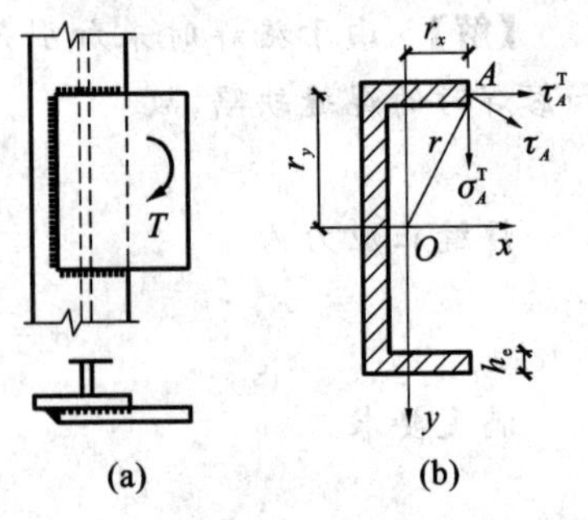

图9-13 扭矩作用下角焊缝的应力

【例9-2】 试设计如图9-14所示某桁架腹杆与节点板的连接。腹杆为2L110×10,节点板厚度为12mm,承受静荷载设计值 $N=640$kN,钢材为Q235,焊条为E43型,手工焊。

【解】 按构造要求确定焊脚尺寸,得

$$h_{fmin} = 1.5\sqrt{t} = 1.5\times\sqrt{12} = 5.2(\text{mm})$$

肢尖焊脚尺寸为

$$h_{fmax} = 10-(1\sim 2) = 9\sim 8(\text{mm})$$

取 $h_f=8$mm。

肢背焊脚尺寸为

$$h_{fmax} = 1.2t = 1.2 \times 10 = 12(\text{mm})$$

同肢尖一样取 $h_f = 8\text{mm}$。

取 $h_{f3} = 8\text{mm}$，端焊缝承载力为

$$N_3 = h_e \sum l_{w3} \beta_f f_f^w$$

$$= 0.7 \times 8 \times 2 \times 110 \times 1.22 \times 160 = 240.5(\text{kN})$$

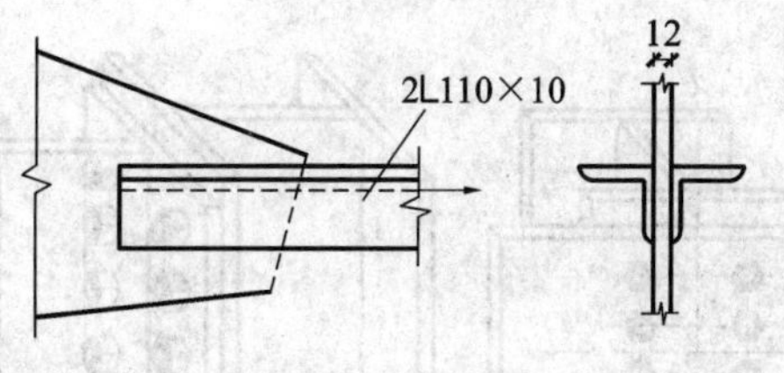

图 9-14 例 9-2 图

此时肢背、肢尖焊缝受力为

$$N_1 = K_1 N - \frac{N_3}{2} = 448 - \frac{240.5}{2} = 327.8(\text{kN})$$

$$N_2 = K_2 N - \frac{N_3}{2} = 192 - \frac{240.5}{2} = 71.8(\text{kN})$$

则肢背、肢尖所需焊缝计算长度为

$$l_{w1} = \frac{N_1}{2h_e f_f^w} = \frac{327.8 \times 10^3}{2 \times 0.7 \times 8 \times 160} = 182.9(\text{mm})$$

$$l_{w2} = \frac{N_2}{2h_e f_f^w} = \frac{71.8 \times 10^3}{2 \times 0.7 \times 8 \times 160} = 40(\text{mm})$$

肢背、肢尖的实际焊缝长度为

$$l_1 = l_{w1} + h_f = 182.9 + 8 = 190.9(\text{mm})$$

取 200mm；

$$l_2 = l_{w2} + h_f = 40 + 8 = 48(\text{mm})$$

取 50mm。

9.2.2 螺栓连接

螺栓连接视频

用于钢结构连接的螺栓分为两种，即普通螺栓和高强螺栓，如图 9-15 所示。普通螺栓的产品等级分为 A、B、C 三级。其中 A 级和 B 级螺栓材料的抗拉强度分别不小于 500N/mm^2 和 800N/mm^2，属于高强度钢材；而高强螺栓不仅必须用高强度钢材制作，而且安装手段也有特殊要求。在安装过程中使用特制的扳手，能保证螺杆中具有规定的预应力，从而迫使连接的板件接触面上有规定的预压力。为提高螺杆中应有的预拉力值，此种螺栓必须用高强度钢制造，因而得名。

(a)

(b)

图 9-15 螺栓类型

(a)普通螺栓；(b)高强螺栓

普通螺栓连接按受力情况又分为抗剪螺栓连接、抗拉螺栓连接和同时承受剪拉的螺栓连接，如图 9-16 所示。高强螺栓连接按受力分为高强螺栓承压型连接和高强螺栓摩擦型连接。各类螺栓连接在实际工程中的效果用肉眼看没有明显区别。

螺栓在构件上的排列方式有并列和错列两种，如图 9-17 所示。并列时螺栓布置紧凑，连接板尺寸小，但螺栓孔对截面的削弱较大。错列时螺栓布置松散，连接板尺寸大，但可以减少螺栓孔对截面的削弱。螺栓排列的几何尺寸如表 9-3 所示。

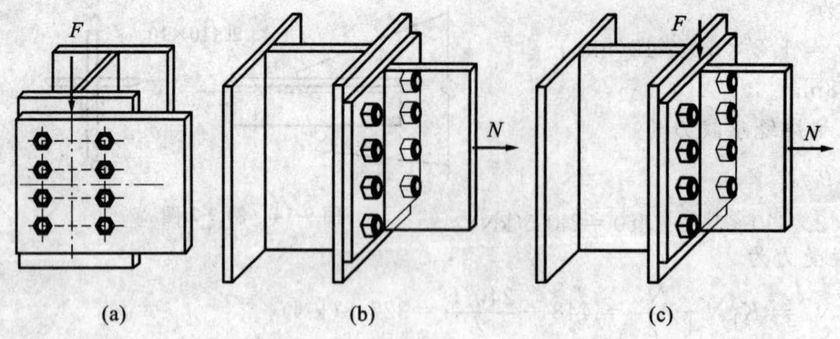

图 9-16 螺栓连接的受力形式

(a)抗剪螺栓连接;(b)抗拉螺栓连接;(c)同时承受剪拉的连接

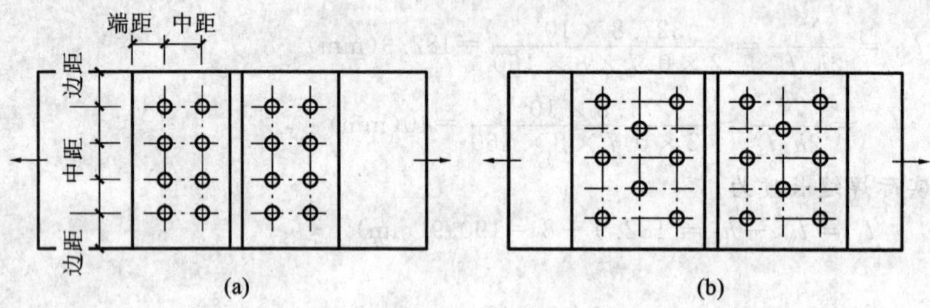

图 9-17 钢板上的螺栓排列

(a)并列;(b)错列

表 9-3 **螺栓或铆钉的最大、最小容许距离**

名称	位置和方向			最大容许距离(取两者中的较小值)	最小容许距离
中距	外排(垂直内力方向或顺内力方向)			$8d_0$ 或 $24t$	$3d_0$
	中间排	垂直内力方向		$16d_0$ 或 $24t$	
		顺内力方向	构件受压力	$12d_0$ 或 $18t$	
			构件受拉力	$16d_0$ 或 $24t$	
	沿对角线方向			—	
边距/端距	顺内力方向			$4d_0$ 或 $8t$	$1.2d_0$
	垂直内力方向	剪切边或手工气割边			$1.5d_0$
		轧制边、自动气割或锯割边	高强度螺栓		
			其他螺栓或铆钉		$1.2d_0$

注:1. d_0 为螺栓或铆钉的孔径,t 为外层较薄板件的厚度。

2. 钢板边缘与刚性构件(如角钢、槽钢等)相连的螺栓或铆钉的最大间距,可按中间排的数值采用。

在此通过介绍普通螺栓抗剪及抗拉连接及摩擦型高强螺栓连接的受力计算,对构件螺栓连接的受力状态加深理解。

(1)普通螺栓连接计算

在普通螺栓连接的抗剪连接[图 9-16(a)]中,螺栓的承载力设计值应该取受剪承载力设计值和承压承载力设计值中的较小值 $N_{\min}^{b}$。

受剪承载力设计值:

$$N_v^b = n_v \frac{\pi d^2}{4} f_v^b \tag{9-7}$$

承压承载力设计值:

$$N_c^b = d \sum t \cdot f_c^b \tag{9-8}$$

式中 n_v——螺栓受剪面数目，单剪 $n_v=1$，双剪 $n_v=2$，四剪 $n_v=4$，如图 9-18 所示；

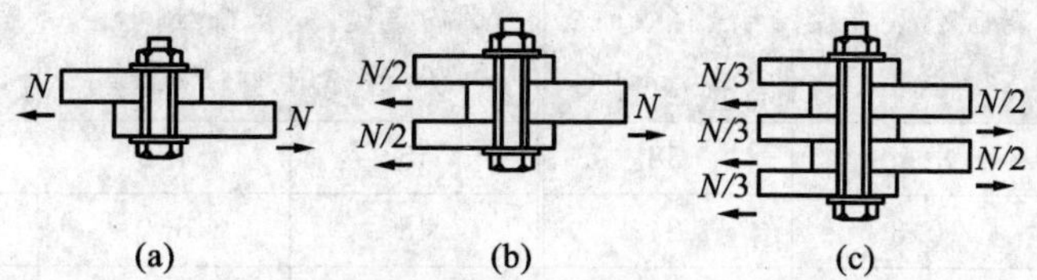

图 9-18 剪切面数目

(a)单剪；(b)双剪；(c)四剪

d——螺栓杆直径，对铆接取铆钉孔径 d_0；

$\sum t$——在同一方向承压的构件较小总厚度；

f_v^b, f_c^b——螺栓的抗剪、抗压强度设计值，见表 9-4。

表 9-4 **螺栓连接的强度设计值** （单位：N/mm^2）

螺栓的性能等级、锚栓和构件钢材的牌号		普通螺栓						锚栓	承压型连接高强度螺栓		
		C级螺栓			A、B级螺栓						
		抗拉 f_t^b	抗剪 f_v^b	承压 f_c^b	抗拉 f_t^b	抗剪 f_v^b	承压 f_c^b	抗拉 f_t^b	抗拉 f_t^b	抗剪 f_v^b	承压 f_c^b
普通螺栓	4.6级、4.8级	170	140	—	—	—	—	—	—	—	—
	5.6级	—	—	—	210	190	—	—	—	—	—
	8.8级	—	—	—	400	320	—	—	—	—	—
锚栓	Q235钢	—	—	—	—	—	—	140	—	—	—
	Q345钢	—	—	—	—	—	—	180	—	—	—
承压型连接高强度螺栓	8.8级	—	—	—	—	—	—	—	400	250	—
	10.9级	—	—	—	—	—	—	—	500	310	—
构件	Q235钢	—	—	305	—	—	405	—	—	—	470
	Q345钢	—	—	385	—	—	510	—	—	—	590
	Q390钢	—	—	400	—	—	530	—	—	—	615
	Q420钢	—	—	425	—	—	560	—	—	—	655

注：1. A级螺栓用于 $d\leqslant 24$mm 和 $l\leqslant 10d$ 或 $l\leqslant 150$mm（按较小值）的螺栓；B级螺栓用于 $d>24$mm 和 $l>10d$ 或 $l>150$mm（按较小值）的螺栓。d 为公称直径，l 为螺杆公称长度。

2. A、B级螺栓孔的精度和孔壁表面粗糙度，C级螺栓孔的允许偏差和孔壁表面粗糙度，均应符合《钢结构工程施工质量验收规范》（GB 50205—2001）的要求。

在实际工程中，由于结构的自重和外荷载过大，一般来说，一个螺栓不能承担外荷载的作用，往往需要多个螺栓共同承载。

当外力通过螺栓群形心[图 9-16(a)]时，假定诸螺栓平均分担剪力，螺栓所需数目应为

$$n=\frac{N}{N_{\min}^b} \tag{9-9}$$

在普通螺栓连接的抗拉连接[图 9-16(b)]中，外力将被连接的构件拉开而使螺栓受拉，最后螺杆可能会被拉断。

对于普通螺栓的抗拉承载力设计值按下式计算

$$N_t^b=\frac{\pi d_e^2}{4}f_t^b \tag{9-10}$$

式中 d_e——螺栓的有效直径，见表 9-5；

f_t^b——螺栓与锚栓的抗拉强度设计值。

表 9-5 螺栓的有效面积

螺栓直径 d/mm	螺纹间距 P/mm	螺栓有效直径 d_e/mm	螺栓有效面积 A_e/mm²	螺栓直径 d/mm	螺纹间距 P/mm	螺栓有效直径 d_e/mm	螺栓有效面积 A_e/mm²
10	1.5	8.59	58	45	4.5	40.78	1305
12	1.8	10.36	84	48	5.0	43.31	1472
14	2.0	12.12	115	52	5.0	47.31	1757
16	2.0	14.12	157	56	5.5	50.84	2029
18	2.5	15.65	192	60	5.5	54.84	2361
20	2.5	17.65	245	64	6.0	58.37	2675
22	2.5	19.65	303	68	6.0	62.37	3054
24	3.0	21.19	352	72	6.0	66.37	3458
27	3.0	24.19	459	76	6.0	70.37	3887
30	3.5	26.72	560	80	6.0	74.37	4342
33	3.5	29.72	693	85	6.0	79.37	4945
36	4.0	32.25	816	90	6.0	84.37	5588
39	4.0	35.25	975	95	6.0	89.37	6270
42	4.5	37.78	1120	100	6.0	94.37	6991

注：表中的螺栓有效面积值是按式 $A_e=\frac{\pi}{4}\left(d-\frac{13}{24}\sqrt{3}p\right)^2$ 算得的。

当外力通过螺栓群形心[图 9-16(b)]时，假定诸螺栓均匀受拉，此时所需螺栓数目的计算公式为

$$n \geqslant \frac{N}{N_t^b} \tag{9-11}$$

在普通螺栓剪拉连接[图 9-16(c)]中，根据单剪和单拉螺栓数目计算公式以及工程经验初选螺栓数目，当排列好螺栓后，选择最外边缘最不利的螺栓进行验算，应满足下列两个公式：

$$\sqrt{\left(\frac{N_v}{N_v^b}\right)^2+\left(\frac{N_t}{N_t^b}\right)^2} \leqslant 1 \tag{9-12}$$

$$N_v \leqslant N_c^b \tag{9-13}$$

式中 N_v，N_t ——一个螺栓承受的剪力和拉力；

N_v^b，N_t^b，N_c^b ——一个螺栓的抗剪、抗拉和承压承载力设计值。

当螺栓排列完毕后，由于螺栓孔削弱了板件的截面，为防止板件在净截面上被拉断，需要验算净截面的强度，即

$$\sigma=\frac{N}{A_n} \leqslant f \tag{9-14}$$

当式(9-12)～式(9-14)均满足时，说明初选螺栓数目足够，如果计算得到此时螺栓连接处的承载力富余许多，则需减少螺栓数目以达到经济效益，并重新计算。

(2)高强度螺栓连接计算

在摩擦型高强螺栓的抗剪连接[图 9-16(a)]中，其设计准则是剪力不得超过最大摩擦阻力。对于摩擦型高强螺栓，其受剪承载力设计值为

$$N_v^b = 0.9 n_f \mu P \tag{9-15}$$

式中 n_f ——传力摩擦面数目；

μ ——摩擦面的抗滑移系数，如表 9-6 所示；

P ——一个高强螺栓的预拉力，如表 9-7 所示；

0.9——抗力分项系数的倒数。

表 9-6 摩擦面的抗滑移系数

在连接处构件接触面的处理方法	构件的钢号		
	Q235 钢	Q345 钢、Q390 钢	Q420 钢
喷砂(丸)	0.45	0.50	0.50
喷砂(丸)后涂无机富锌漆	0.35	0.40	0.40
喷砂(丸)后生赤锈	0.45	0.50	0.50
钢丝刷清除浮锈或未经处理的干净轧制表面	0.30	0.35	0.40

表 9-7 一个高强度螺栓的预拉力 P (单位:kN)

螺栓的性能等级	螺栓公称直径/mm					
	M16	M20	M22	M24	M27	M30
8.8 级	80	125	150	175	230	280
10.9 级	100	155	190	225	290	355

摩擦型高强螺栓的抗剪承载力设计值求得后,仍然按照式(9-9)计算螺栓的数量,其中 N_{min}^{b} 取式(9-15)算得的 N_{v}^{b}。

对摩擦型高强螺栓连接的构件净截面强度验算,要考虑由于摩擦阻力作用,一部分剪力由孔前接触面传递,按照规定,孔前传力占螺栓传力的 50%。这样截面处净截面传力为

$$N' = N\left(1 - 0.5\frac{n_1}{n}\right) \tag{9-16}$$

在摩擦型高强螺栓的抗拉连接[图 9-16(b)]中,其抗拉承载力设计值为

$$N_{t}^{b} = 0.8P \tag{9-17}$$

式中 P——螺栓的预拉力。

在摩擦型高强螺栓剪拉连接[图 9-16(c)]中,螺栓数目确定方法同普通螺栓,摩擦型高强螺栓需满足

$$\frac{N_v}{N_v^b} + \frac{N_t}{N_t^b} \leqslant 1 \tag{9-18}$$

式中 N_v, N_t——某个高强度螺栓所承受的剪力和拉力;

N_v^b,N_t^b——一个高强度螺栓的抗剪、承压和抗拉设计值。

对摩擦型高强螺栓连接处的强度应按下列公式计算:

$$\sigma = \frac{N}{A} \leqslant f \tag{9-19}$$

$$\sigma = \left(1 - 0.5\frac{n_1}{n}\right)\frac{N}{A_n} \leqslant f \tag{9-20}$$

式中 n——在节点或拼接处,构件一端连接的高强度螺栓数目;

n_1——所计算截面(最外列螺栓处)上高强螺栓的数目;

A——构件的毛截面面积。

【例 9-3】 图 9-19 所示为双拼接板拼接的轴心受力构件,截面为 200mm×200mm,承受轴心拉力设计值 N=1000kN,钢材为 Q235 钢,采用 8.8 级的 M22 高强度螺栓,连接处构件接触面经喷砂处理,试采用高强度螺栓摩擦型设计此连接。

【解】 一个螺栓抗剪承载力设计值为

$$N_v^b = 0.9 n_f \mu P = 0.9 \times 2 \times 0.45 \times 150 = 121.5(\text{kN})$$

连接一侧所需螺栓数为

$$n = \frac{N}{N_v^b} = \frac{1000}{121.5} = 8.23(个)$$

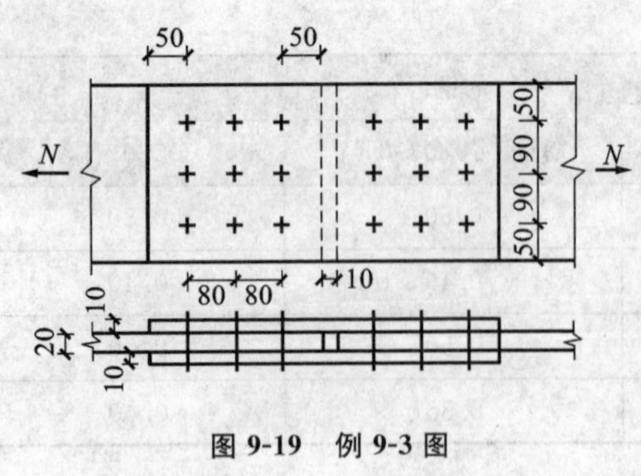

图 9-19 例 9-3 图

用 9 个,螺栓排列如图 9-19 所示。

构件毛截面强度验算:

$$\sigma=\frac{N}{A}=\frac{1000\times10^3}{280\times20}=178.6(\mathrm{N/mm^2})<f=205\mathrm{N/mm^2}$$

构件净截面强度验算,钢板在边列螺栓处的截面最危险。取螺栓孔径比螺栓杆径大 2.0mm,则

$$N'=N\left(1-0.5\frac{n_1}{n}\right)=1000\times\left(1-0.5\times\frac{3}{9}\right)=833.3(\mathrm{kN})$$

$$A_n=t(b-n_1d_0)=2\times(28-3\times2.4)=41.6(\mathrm{cm^2})$$

$$\sigma=\frac{N'}{A_n}=\frac{833.3\times10^3}{41.6\times10^2}=200.3(\mathrm{N/mm^2})<f=205\mathrm{N/mm^2}$$

满足要求。

9.3 轴心受力构件

轴心受力构件分轴心受拉构件和轴心受压构件两类,前者简称为拉杆,后者简称为压杆。轴心受力构件广泛应用于各种平面和空间桁架(包括塔架和网架)中,是组成桁架的主要承重构件,如图 9-20 所示。此外,各种支撑系统中的构件也都是按轴心受力考虑的,如图 9-21 所示。

(a)

(b)

图 9-20 轴心受力构件建筑

(a)塔架结构;(b)网架结构

图 9-21 支撑体系

轴心受力构件的截面形式有很多种。选型时应该注意:①形状应力求简单,以减少制造工作量;②截面宜具有对称性,使构件具有良好的工作性能;③要便于与其他构件连接;④在同样截面面积下应具有较大的惯性矩;⑤尽可能使构件在截面的两个主轴方向为等刚度,即 $l_x=l_y$。

9.3.1 轴心受力构件的破坏现象

拉杆的破坏主要是钢材屈服或被拉断,两者都属于强度破坏,如图 9-22 所示。

压杆的破坏则主要是由于构件失去整体稳定性(或称屈曲,

图 9-23)或组成压杆的板件局部失去稳定性(图 9-24),当构件上有螺栓孔等使截面有较多削弱时,也可能因强度不足而破坏。因此,对压杆通常要计算构件的整体稳定性和截面的强度,而对拉杆,则只需计算截面强度。这些计算内容,都属于按承载力极限状态计算,计算时应采用荷载的设计值。

图 9-22 轴心受拉构件支撑强度破坏

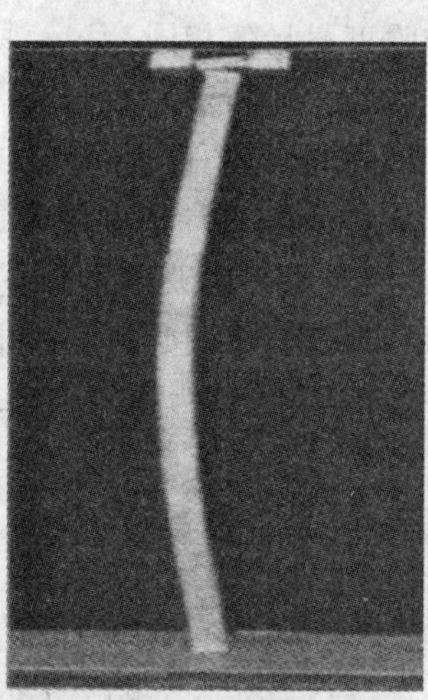

图 9-23 轴心受压构件的稳定破坏

图 9-24 轴心受压构件的局部稳定破坏

9.3.2 轴心受拉构件的承载力计算

前面已讲到,轴心受拉构件只需要计算截面强度。所谓的强度是指构件截面上的应力有多大,是否满足承载力极限状态的要求。在轴心受拉构件的计算中,由于荷载通过截面的形心,因而截面上的应力可认为是均匀分布的,这当然是在理想情况下才适用。

轴心受力构件以全截面平均应力不超过 f_y 为强度极限状态。设计时强度计算应保证构件净截面上的平均应力 σ 不超过钢材的强度设计值 f。对于毛截面,其轴心受力构件的强度计算见式(9-19),对于净截面,其轴心受力构件的强度计算见式(9-14)。

【例 9-4】 如图 9-25 所示,由 2L75×5(面积为 7.41cm×2cm)组成的水平放置的轴心拉杆。轴心拉力设计值为 270kN,只承受静力作用,计算长度为 3m。杆端有一排直径为 20mm 的螺栓孔。钢材为 Q235 钢。计算时忽略连接偏心和杆件自重的影响。验算其强度。

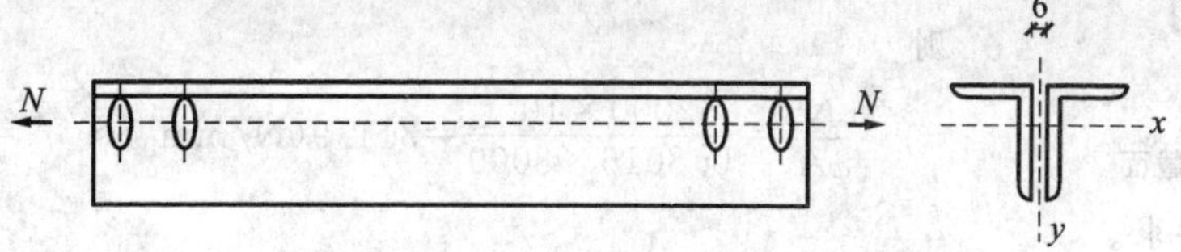

图 9-25 例 9-4 图

【解】 对 Q235 钢材,强度设计值 $f=215\text{N/mm}^2$,毛截面面积 $A=741\times2=1482(\text{mm}^2)$,则净截面面积为

$$A_n=741\times2-20\times5\times2=1282(\text{mm}^2)$$

则

$$\sigma=\frac{N}{A_n}=\frac{270000}{1282}=210.6(\text{N/mm}^2)<f=215\text{N/mm}^2$$

强度满足要求。

9.3.3 轴心受压构件的承载力计算

轴心受压构件的破坏方式主要有两类,一类是强度破坏,另一类是稳定破坏。短而粗的受压构件主要是强度破坏,而钢结构中由于钢材强度高,构件的截面大都轻而薄,而其长度则往往又较长,表现为细而长,

因而轴心受压的破坏主要由整体稳定性所控制。

(1)轴心受压构件的强度计算

轴心受压构件的强度计算方法与轴心受拉构件相同,采用式(9-19)验算轴心受压构件的强度,其中 f 为钢材的抗压强度设计值,其数值与抗拉强度设计值相同。

(2)轴心受压构件的稳定计算

稳定问题对钢结构是一个极其重要的问题。不仅轴心受压构件有稳定性问题,基本构件中除了轴心受拉构件外,其他构件如受弯构件和压弯构件等的设计中必须考虑稳定问题,而且稳定问题往往又起控制作用。工程历史上建筑结构因失去稳定性而造成倒塌破坏的事故并非个别,对此应引起足够重视。

轴心受压构件由稳定状态进入不稳定状态,中间必然经过中性平衡状态。处于中性平衡状态的外力称为临界力,可记作 N_{cr},截面上相应的平均压应力称为临界应力,记作 σ_{cr},即 $\sigma_{cr} = N_{cr}/A$ 。轴心受压构件整体稳定性的计算公式为

$$\sigma = \frac{N}{A} \leqslant \frac{\sigma_{cr}}{\gamma_R} \tag{9-21}$$

为了统一用钢材强度设计值 f 来表示,设计规范中把上式改写为

$$\sigma = \frac{N}{A} \leqslant \frac{\sigma_{cr}}{\gamma_R} = \frac{\sigma_{cr}}{f_y} \cdot \frac{f_y}{\gamma_R} = \varphi f \tag{9-22}$$

即

$$\frac{N}{\varphi A} \leqslant f \tag{9-23}$$

式中 φ——轴心受压构件的稳定系数,取值见《钢结构设计标准》(GB 50017—2017)附录D。

强度和稳定都是承载力极限状态所需计算的内容。我国设计规范为了简化计算,规定强度是以构件的净截面上最大应力达到钢材屈服点作为极限状态,因此对强度计算,都一律以净截面为准。构件中少数截面因螺栓孔削弱对整个构件的变形影响不大,因此在稳定计算中,都一律以毛截面为计算标准。

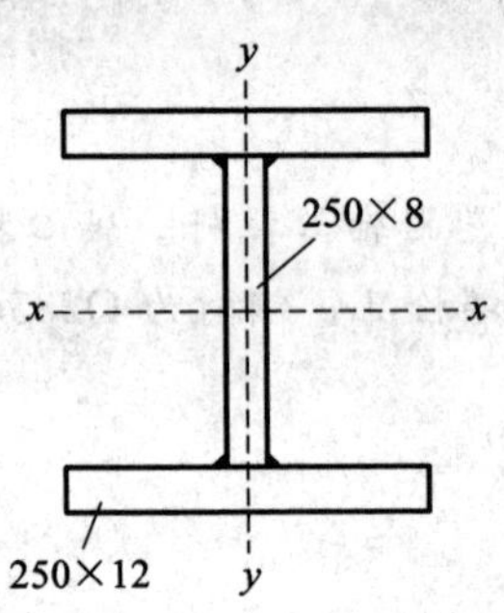

图 9-26 焊接工字形截面

【例 9-5】 某焊接组合工字形截面轴心受压构件的截面尺寸如图 9-26 所示,承受轴心压力设计值(包括构件自重) $N = 2000\text{kN}$,已知稳定系数 $\varphi = 0.8016$,翼缘钢板为火焰切割边,钢材为 Q345 钢。要求验算该轴心受压构件的整体稳定性是否满足设计要求,并计算整体稳定承载力。

【解】 毛截面面积计算:

$$A = 250 \times 12 \times 2 + 250 \times 8 = 8000(\text{mm}^2)$$

则

$$\frac{N}{\varphi A} = \frac{2000 \times 10^3}{0.8016 \times 8000} = 311.9(\text{N/mm}^2) \approx f = 310\text{N/mm}^2$$

整体稳定性满足要求。

整体稳定承载力计算:

$$\varphi A f = 0.8016 \times 8000 \times 310 = 1.988 \times 10^6(\text{N}) = 1988\text{kN}$$

该轴心受压构件的整体稳定承载力为 1988kN。

9.4 受弯构件(梁)

主要承受横向荷载的构件称为受弯构件。在工程结构中,受弯构件主要以梁的形式出现。梁在钢结构中是应用较广的一种基本构件。在房屋建筑领域内,钢梁主要用于多层和高层房屋中的楼盖梁、工厂中的工作平台梁、吊车梁以及屋盖系中的檩条等,如图 9-27 所示。

(a) (b) (c) (d)

图 9-27 工程中常见的受弯构件

(a)楼盖梁;(b)工作平台梁;(c)吊车梁;(d)檩条

从梁的支承来看,梁有单跨简支和多跨连续等。单跨简支梁在制造、安装、修理和拆换等方面均较方便,且内力又不受温度变化或支座沉陷等的影响,在钢梁中应用最多。

梁主要用以承受横向荷载,梁截面必须具有较大的抗弯刚度 I_x,因而其最经济的截面形式是工字形(含H形)或箱形,某些次要构件如墙架梁和檩条等也可采用槽形截面。钢梁主要有型钢梁和板梁两大类。型钢梁由热轧型钢制成,主要包括热轧 H 型钢、热轧普通工字钢和热轧普通槽钢。板梁主要由钢板组成,有工字形板梁和箱形板梁两大类。本节主要介绍应用最多的型钢梁和板梁。

9.4.1 受弯构件的破坏现象

在一个主平面(强轴,一般定义为 x 轴)内受弯的梁,最常用的是工字形截面,截面经常设计得又高又窄,两个主轴的惯性矩相差很大。因此,若钢梁在主平面内承受横向荷载作用,荷载较小时,梁在主平面内弯曲,但当荷载逐渐增大到一定数值时,梁突然产生侧向弯曲和扭转变形,使梁丧失了继续承载的能力,这种现象就称为梁的整体失稳或梁的弯扭屈曲,如图 9-28(a)所示。在设计焊接钢梁时,为了增加梁截面的惯性矩,同时获得经济的截面尺寸,常常采用宽而薄的翼缘板和高而薄的腹板。但是,梁的受压翼缘和腹板在荷载作用下有可能出现局部失稳,如图 9-28(b)所示。梁丧失局部稳定的后果虽然没有丧失整体稳定那样严重,但对梁的承载能力也有很大的影响,因此不容忽视。

9.4.2 受弯构件的承载力计算

梁的承载力计算主要包括梁截面的强度计算、构件的整体稳定计算和构件的局部稳定计算,一般采用荷载的设计值。

(1)受弯构件的强度计算

受弯构件在横向荷载作用下,截面将产生弯矩和剪力。受弯构件的强度最主要的是抗弯强度,其次是抗剪强度。

(a)

(b)

图 9-28 梁的失稳变形
(a)整体失稳;(b)局部失稳

在主平面内受弯的实腹式构件,其抗弯强度应按下式计算:

$$\frac{M_x}{\gamma_x W_{nx}}+\frac{M_y}{\gamma_y W_{ny}}\leqslant f \tag{9-24}$$

式中 M_x, M_y ——绕 x 轴和 y 轴同一截面、同一荷载产生的弯矩值。

W_{nx}, W_{ny} ——对 x 轴和 y 轴的净截面弹性模量。

γ_x, γ_y ——截面塑性发展系数:对工字钢截面,$\gamma_x=1.05$,$\gamma_y=1.20$;对箱形截面,$\gamma_x=\gamma_y=1.05$,其余按《钢结构设计标准》(GB 50017—2017)第6.1.2条的规定取值。

f ——抗弯强度设计值。

当为单向弯曲时,即当 $M_y=0$ 时,上式可改写为

$$\frac{M_x}{\gamma_x W_{nx}}\leqslant f \tag{9-25}$$

在主平面内受弯的实腹构件抗剪强度的计算,规定为

$$\tau=\frac{VS_x}{I_x t}\leqslant f_v \tag{9-26}$$

式中 f_v ——抗剪强度设计值。

当梁的翼缘受有沿腹板平面作用并指向腹板的集中荷载(图 9-29),且该荷载处又未设置支撑加劲肋时,临近荷载作用处的腹板计算高度边缘将受到较大的局部承压应力。

图 9-29 吊车作用在吊车梁上

为了避免该处腹板产生局部屈服,要求按下式计算该处的局部承压强度:

$$\sigma_c=\frac{\psi F}{l_z t_w}\leqslant f \tag{9-27}$$

式中 F ——集中荷载,对动力荷载应乘以动力系数;

ψ ——用于重级工作制吊车梁时的集中荷载增大系数,取 $\psi=1.35$,对其他梁,取 $\psi=1$;

l_z ——集中荷载在腹板计算高度上的假定分布长度,按式(9-28)计算。

$$l_z=a+5h_y+2h_R \tag{9-28}$$

式中 a ——集中荷载沿梁跨度方向的支撑长度,对吊车梁可取 $a=50$mm;

h_y ——梁顶面至所计算的腹板计算高度边缘的距离;

h_R ——轨道的高度,当无轨道时,$h_R=0$。

在连续板的支座处或简支板梁翼缘截面的改变处，腹板计算高度边缘常同时受到较大的正应力、剪应力和局部压应力，或同时受到较大的正应力和剪应力，使该点处于复杂应力状态。为此应按下式计算该点的折算应力：

$$\sqrt{\sigma^2+\sigma_c^2-\sigma\sigma_c+3\tau^2}\leqslant\beta_1 f \tag{9-29}$$

式中 σ,τ,σ_c——腹板计算高度同一点上同时产生的正应力、剪应力和局部压应力，σ 与 σ_c 以拉应力为正，压应力为负。

β_1——强度设计值增大系数，当 σ 与 σ_c 异号时，取 $\beta_1=1.20$；当 σ 与 σ_c 同号时，取 $\beta_1=1.10$。

(2)受弯构件的整体稳定性计算

为了使梁的最大受压纤维弯曲正应力不超过整体稳定的临界应力，需要满足

$$\sigma_{\max}=\frac{M_x}{W_x}\leqslant\frac{M_{cr}}{W_x}\cdot\frac{1}{\gamma_R}=\varphi_b f \tag{9-30}$$

即

$$\frac{M_x}{\varphi_b W_x}\leqslant f \tag{9-31}$$

式中 M_x——梁跨中绕截面强轴 x 的最大弯矩设计值；

φ_b——梁的整体稳定系数。

式(9-31)为我国《钢结构设计标准》(GB 50017—2017)中梁的整体稳定性计算公式。

对于两个主平面受弯的H型钢截面或工字形截面构件，其整体稳定性应按下式计算：

$$\frac{M_x}{\varphi_b W_x}+\frac{M_y}{\gamma_y W_y}\leqslant f \tag{9-32}$$

(3)钢板梁的局部稳定性计算

对工字形截面焊接板梁组成板件的局部稳定性问题的处理，目前采用以下几种方式。

①为了使翼缘在钢材屈服前不丧失稳定，翼缘的宽厚比应满足

$$\frac{b_1}{t}\leqslant 15\sqrt{\frac{235}{f_y}} \tag{9-33}$$

当允许截面出现部分塑性，翼缘的宽厚比应满足

$$\frac{b_1}{t}\leqslant 13\sqrt{\frac{235}{f_y}} \tag{9-34}$$

②对直接承受动力荷载的吊车梁或其他不考虑腹板屈曲后强度的板梁，其对腹板配置加劲肋，把腹板分成若干区格，对各区格计算其稳定性，保证不使其局部失稳，如图9-30所示。

图9-30 加劲肋

【例9-6】 如图9-31所示，一简支梁，梁跨为7m，焊接组合工字形对称截面为150mm×450mm×18mm×12mm，梁上作用有均布恒荷载(标准值，未含梁自重)17.1kN/m，均布活荷载6.8kN/m，距梁端2.5m处尚有集中恒荷载标准值60kN，支承长度为200mm，荷载作用面距钢梁顶面为120mm。钢材抗拉强度设计值为215N/mm²，抗剪强度设计值为125N/mm²，荷载分项系数对恒荷载取1.2，对活荷载取1.4。试验算钢梁截面是否满足抗弯强度、抗剪强度要求。

【解】 首先计算梁的截面特性，然后计算出梁在荷载作用下的弯矩和剪力，最后分别验算梁的抗弯强度和抗剪强度。

(1)截面特性

毛截面面积和惯性矩为

$$A=414\times12+150\times18\times2=10368(\text{mm}^2),\quad I_x=3.23\times10^8\text{mm}^4$$

截面抵抗矩为

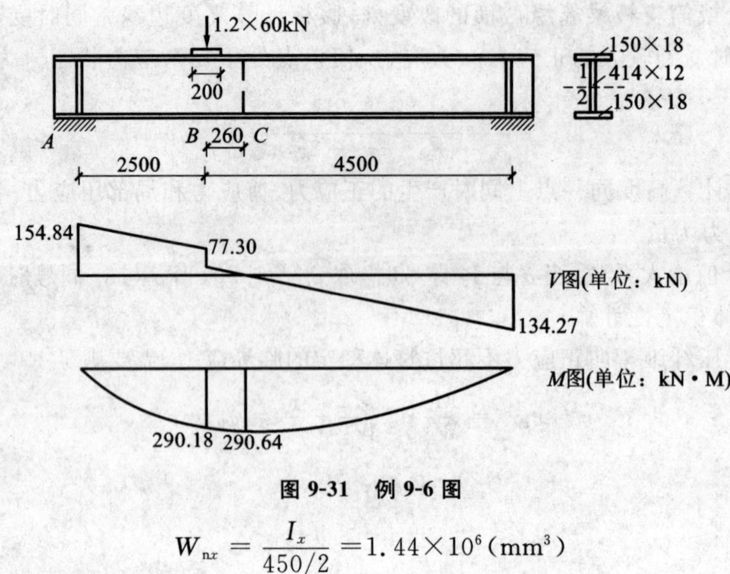

图 9-31 例 9-6 图

$$W_{nx}=\frac{I_x}{450/2}=1.44\times10^6(\text{mm}^3)$$

点1和点2处的面积矩：

$$S_1=150\times18\times216=5.83\times10^5(\text{mm}^3)$$

$$S_2=150\times18\times216+\frac{12\times207^2}{2}=8.40\times10^5(\text{mm}^3)$$

(2)荷载与内力

钢梁的自重 $g=0.814\text{kN/m}$，均布荷载设计值为

$$q=1.2\times(17.1+0.814)+1.4\times6.8=31.02(\text{kN/m})$$

集中荷载：

$$F=1.2\times60=72(\text{kN})$$

$$M_{x\max}=290.64\text{kN}\cdot\text{m},\quad V_{\max}=154.84\text{kN}$$

(3)验算截面强度

①抗弯强度。

$$\frac{M_{x\max}}{\gamma_x W_{nx}}=\frac{290.64\times10^6}{1.05\times1.44\times10^6}=192.22(\text{N/mm}^2)<215\text{N/mm}^2$$

满足要求。

②抗剪强度。

支座处剪应力最大，则

$$\tau_{\max}=\frac{V_{\max}S_2}{I_x t_w}=\frac{154.84\times10^3\times8.40\times10^5}{3.23\times10^8\times12}=33.56(\text{N/mm}^2)<125\text{N/mm}^2$$

满足要求。

9.5 拉(压)弯构件

同时承受弯矩和轴心拉力或轴心压力的构件称为拉弯构件或压弯构件(后者亦称梁柱)。压弯构件的应用相对更广泛，如单层厂房的框架柱、多层和高层房屋框架的柱子等都是常见的压弯构件，其应用比拉弯构件和轴心受压构件更为广泛，如图 9-32 所示。本小节主要讲述压弯构件。

拉弯和压弯构件的截面形式分为格构式[图 9-32(a)]和实腹式[图 9-32(b)]两大类，通常做成在弯矩作用方向具有较大的截面尺寸，使在该方向有较大的截面抵抗矩、回转半径和抗弯刚度，以便更好地承受弯矩。

(a) (b)

图 9-32 压弯构件

(a)单层厂房钢结构柱;(b)高层钢框架柱

9.5.1 拉(压)弯构件的破坏现象

对单向压弯构件,根据其到达承载能力极限状态时的破坏形式,应计算其强度、弯矩作用平面内的稳定、弯矩作用平面外的稳定和组成板件的局部稳定。当为格构式构件时还应计算分肢的稳定。为了保证其正常使用,则应验算杆件的长细比。对两端支承的压弯构件,跨中有横向荷载时,还应验算其挠度。对拉弯构件,一般只需计算其强度和长细比,不需计算其稳定。拉(压)弯构件的破坏方式和轴心受力构件类似,拉弯构件一般为强度破坏,压弯构件一般为稳定破坏,如图 9-33 所示。

(a) (b)

图 9-33 压弯构件的整体失稳

(a)试验中失稳现象;(b)试验后试件变形状态

9.5.2 拉弯构件的承载力计算

《钢结构设计标准》(GB 50017—2017)以拉弯和压弯构件的受力最不利截面(最大弯矩截面或有严重削弱的截面)出现塑性铰时作为构件的强度极限状态。弯矩作用在平面内的拉弯构件和压弯构件规定按下式验算其强度:

$$\frac{N}{A_{\mathrm{n}}} \pm \frac{M_x}{\gamma_x W_{\mathrm{n}x}} \pm \frac{M_y}{\gamma_y W_{\mathrm{n}y}} \leqslant f \tag{9-35}$$

对需要计算疲劳的拉弯和压弯构件,规范中限制其为弹性阶段工作,以不考虑截面塑性发展为宜,规定取 $\gamma_x = \gamma_y = 1.0$。对绕虚轴($x$ 轴)弯曲的绕格构式构件,因仅考虑边缘纤维屈服,应取 $\gamma_x = 1.0$。此外,当受压翼缘的自由外伸宽度 b_1 与其厚度 t 之比满足 $15\sqrt{235/f_{\mathrm{yk}}} \geqslant b_1/t > 13\sqrt{235/f_{\mathrm{yk}}}$ 时,应取 $\gamma_x = 1.0$。

【例 9-7】 验算图 9-34 所示拉弯构件的强度是否满足设计要求。轴心拉力设计值 $N = 210\mathrm{kN}$,构件长度中点横向集中荷载设计值 $F = 31.2\mathrm{kN}$,均为静力荷载。钢材为 Q235 钢,杆件长度中点螺栓孔直径 $d_0 = 21.5\mathrm{mm}$。

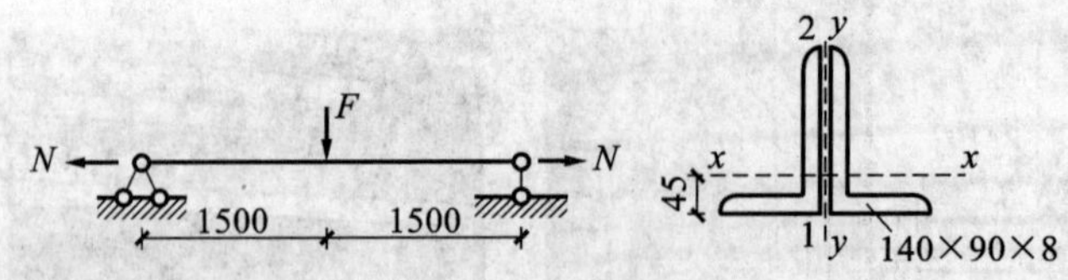

图 9-34 例 9-7 图

【解】 (1)截面几何特性

查型钢表得∟140×90×8的截面特性为

$$A=1804\text{mm}^2,\quad I_x=3.6564\times10^6\text{mm}^4$$

角钢自重 $g=14.16\text{kg/m}$, $A_n=2\times(1804-21.5\times8)=3264(\text{mm}^2)$。

净截面抵抗矩计算如下。

因螺栓孔较小,为简化计算,设中和轴位置不变,仍与毛截面的相同。

肢背处:

$$W_{n1}=\frac{2\times[3.6564\times10^6-21.5\times8\times(45-4)^2]}{4.5}=1.4966\times10^5(\text{mm}^3)$$

肢尖处:

$$W_{n2}=\frac{2\times[3.6564\times10^6-21.5\times8\times(45-4)^2]}{95}=7.089\times10^4(\text{mm}^3)$$

(2)强度验算

$$M_{max}=\frac{Fl}{4}+\frac{\gamma_G gl^2}{8}=\frac{31.2\times3}{4}+\frac{1.2\times2\times14.16\times9.8\times3^2}{8\times10^3}=23.77(\text{kN}\cdot\text{m})$$

按式(9-24)中规定查表得,$\gamma_{x1}=1.05$,$\gamma_{x2}=1.20$。

肢背处:

$$\frac{N}{A_n}+\frac{M_{max}}{\gamma_{x1}W_{n1}}=\frac{210\times10^3}{3264}+\frac{23.77\times10^6}{1.05\times1.4966\times10^5}=215.6(\text{N/mm}^2)\approx f=215\text{N/mm}^2$$

肢尖处:

$$\left|\frac{N}{A_n}-\frac{M_{max}}{\gamma_{x2}W_{n2}}\right|=\left|\frac{210\times10^3}{3264}-\frac{23.77\times10^6}{1.2\times7.089\times10^4}\right|=215(\text{N/mm}^2)=f=215\text{N/mm}^2$$

满足要求。

9.5.3 压弯构件的承载力计算

(1)实腹式单向压弯构件在弯矩平面内的整体稳定性

实腹式单向压弯构件在弯矩平面内的整体稳定性计算公式为

$$\frac{N}{\varphi_x A}+\frac{\beta_{mx}M_x}{\gamma_x W_{1x}(1-0.8N/N'_{Ex})}\leqslant f \tag{9-36}$$

式中 N——压弯构件的轴心压力。

φ_x——弯矩作用平面内的轴心受压构件稳定系数。

M_x——所计算构件段范围内的最大弯矩。

N'_{Ex}——参数,$N'_{Ex}=\pi^2EI/(1.1\lambda_x^2)$。

W_{1x}——弯矩作用平面内受压最大纤维的毛截面模量。

γ_x——截面塑性发展系数。

β_{mx}——对悬臂构件和分析内力未考虑二阶效应的无支撑纯框架和弱支撑框架,$\beta_{mx}=1.0$。框架柱和两端支承的构件:a. 无横向荷载作用时,$\beta_{mx}=0.65+0.35M_2/M_1$,$M_1$ 和 M_2 为端弯矩,使构件产生同向曲率(无反弯点)时取同号,使构件产生反向曲率(有反弯点)时取异号,且 $|M_1|\geqslant|M_2|$;b. 有端弯矩和横向荷载同时作用,使构件产生同向曲率时,$\beta_{mx}=1.0$,使构件产生反向曲率时,$\beta_{mx}=0.85$;c. 无端弯矩但有横向荷载作用时,$\beta_{mx}=1.0$。

(2)实腹式单向压弯构件在弯矩平面外的整体稳定性

实腹式单向压弯构件在弯矩平面外的整体稳定性计算公式为

$$\frac{N}{\varphi_y A}+\eta\frac{\beta_{tx}M_x}{\varphi_b W_{1x}}\leqslant f \tag{9-37}$$

式中 φ_y ——弯矩作用平面外的轴心受压构件稳定系数，当单轴对称时，应按考虑扭转效应的换算长细比由《钢结构设计规范》(GB 50017—2003)中表C-3查取；

φ_b ——均匀弯曲时的受弯构件整体稳定系数；

η ——截面影响系数，闭口截面 $\eta=0.7$，其他截面 $\eta=1.0$；

β_{tx} ——等效弯矩系数，所考虑构件段内无弯矩但有横向作用时一律取1.0，其余取值同 β_{mx}。

(3)实腹式双向压弯构件的整体稳定性

我国设计规范对弯矩作用在两个平面内的双轴对称实腹式工字形(含H形)和箱形(闭口)截面的压弯构件，规定其稳定性应按下列公式计算：

$$\frac{N}{\varphi_x A}+\frac{\beta_{mx}M_x}{\gamma_x W_{1x}\left(1-0.8\frac{N}{N'_{Ex}}\right)}+\eta\frac{\beta_{ty}M_y}{\varphi_{by}W_{1y}}\leqslant f \tag{9-38}$$

$$\frac{N}{\varphi_y A}+\eta\frac{\beta_{tx}M_x}{\varphi_{bx}W_{1x}}+\frac{\beta_{ty}M_y}{\gamma_y W_{1y}\left(1-0.8\frac{N}{N'_{Ey}}\right)}\leqslant f \tag{9-39}$$

(4)实腹式压弯构件的局部稳定性

我国对压弯构件的受压翼缘板采用不允许发生局部失稳的设计准则。工字形截面和箱形截面压弯构件的受压翼缘板，受力情况与相应梁的受压翼缘板基本相同，因此为保证其局部稳定性，所需的宽厚比限值可直接采用有关梁中的规定，即：

①工字形翼缘板自由外伸宽度 b_1 与其厚度 t 之比应符合式(9-34)的计算关系。

当强度和稳定计算中取截面塑性发展系数 $\gamma_x=1.0$ 时，b_1/t 可按式(9-33)计算。

②箱形截面受压翼缘板在两腹板间的宽度 b_0 与其厚度 t 之比应符合

$$\frac{b_0}{t}\leqslant 40\sqrt{\frac{235}{f_y}} \tag{9-40}$$

工字形(含H形)截面压弯构件腹板的高厚比限值 h_0/t_w 应符合：

$$h_0/t_w\leqslant(16a_0+0.5l+25)\sqrt{235/f_y}\quad(0\leqslant a_0\leqslant 1.6) \tag{9-41}$$

$$h_0/t_w\leqslant(48a_0+0.5l-26.2)\sqrt{235/f_y}\quad(1.6\leqslant a_0\leqslant 2.0) \tag{9-42}$$

式中 λ ——构件在弯矩作用平面内的长细比，当 $\lambda<30$ 时，取 $\lambda=30$；当 $\lambda>100$ 时，取 $\lambda=100$。

当 $a_0=0$ 时，式(9-41)符合对轴心受压构件中腹板高厚比的要求；当 $a_0=2$ 时，式(9-42)符合梁的腹板在弯曲应力和剪应力联合作用下对高厚比的要求。

知识归纳

(1)通过介绍钢结构的发展历程，明确了钢结构在现代建筑结构中的重要地位以及应用范畴，指明了钢构件连接方式和稳定承载力是钢结构区别于钢筋混凝土结构及砌体结构的两个显著特征。

(2)钢结构构件的连接方式主要为焊缝连接和螺栓连接。本章主要介绍了对接焊缝和角焊缝在轴心受力和扭矩作用下的计算方法。根据螺栓的工作原理，分别介绍了普通螺栓和高强螺栓的承载力计算方法。

(3)钢结构构件按其受力状态主要分为轴心受力构件、受弯构件和拉(压)弯构件，通过介绍上述构件在工程中的应用，强调钢构件在设计中需要关注的力学特征量。

(4)紧扣现行《钢结构设计规范》(GB 50017—2003),介绍了各类钢构件的截面强度、整体稳定和局部稳定的计算公式,以加深对钢构件工作机制的理解,因而掌握钢构件的几何形状特征。

独立思考

9-1 国内外有哪些著名的钢结构建筑?

9-2 钢结构的破坏有哪几种类型?

9-3 简述钢结构的连接形式与特点。

9-4 简述轴心受力构件、受弯构件、拉(压)弯构件的应用范围。

9-5 简述轴心受力构件、受弯构件、拉(压)弯构件的破坏方式。

9-6 轴心受力构件、受弯构件、拉(压)弯构件之间对于强度和稳定的计算有什么区别?

习 题

9-1 试验算图9-35所示钢板的对接焊缝的强度。钢板宽度为250mm,板厚为14mm,轴心拉力设计值为N=450kN,钢材为Q235钢,手工焊,焊条为E43型,焊缝质量标准为三级,施焊时放置引弧板。

9-2 试设计图9-36所示某桁架腹杆与节点板的连接。腹杆为2L100×10,节点板厚度为10mm,承受静荷载设计值 $N=600\text{kN}$ 钢,钢材为Q235钢,焊条为E43型,手工焊。

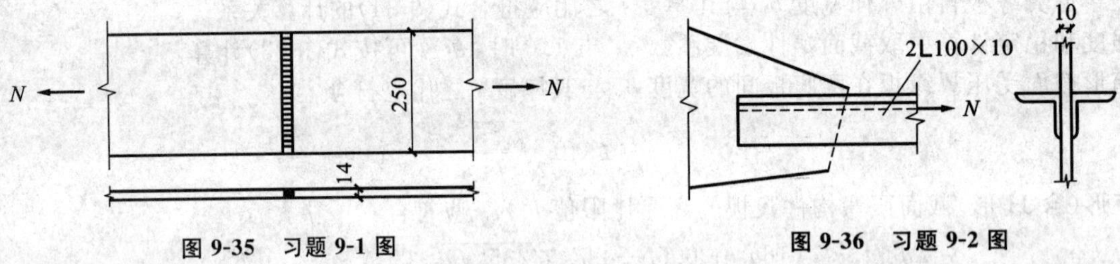

图9-35 习题9-1图　　图9-36 习题9-2图

9-3 某双盖板高强度螺栓摩擦型连接如图9-37所示。构件材料为Q345钢,螺栓采用M20,强度等级为8.8级,接触面喷砂处理。试确定此连接所能承受的最大拉力 N。

9-4 两端铰接轴心压杆所受的轴向压力设计值 $N=500\text{kN}$,尺寸如图9-38所示,已知 $\varphi=0.578$,钢材为Q235钢。验算其整体稳定性。

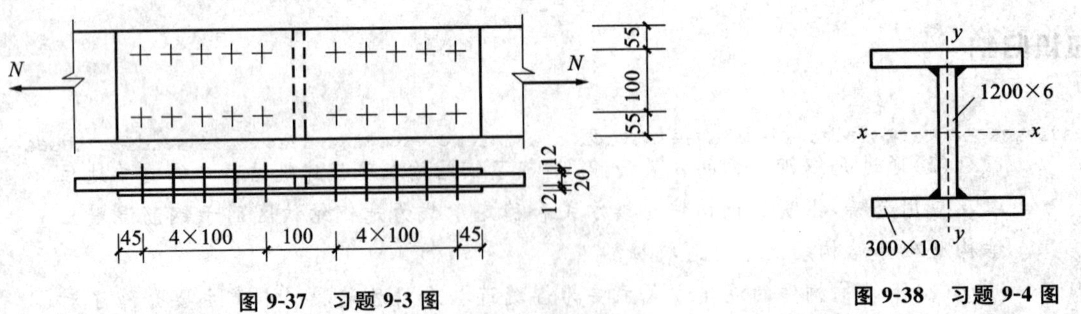

图9-37 习题9-3图　　图9-38 习题9-4图

9-5 某钢屋架下弦长度为12.2m,承受静力荷载设计值为900kN,杆件采用2L125×12双角钢截面,倒T形放置,在杆件同一截面上设有用于连接支撑的两个直径为21.5mm的螺栓孔,钢材为Q235钢。验算此拉杆的强度。

9-6 某轧制普通工字钢简支梁,型号为Ⅰ50a,$W_x=1860\text{cm}^3$,跨度为6m,梁上翼缘作用均布荷载 $g_k=50\text{kN/m}$,跨中无侧向支撑。钢材为Q235钢。验算此梁的整体稳定性。

10 建筑结构部件

课前导读

内容提要

本章主要内容包括钢筋混凝土平面楼盖、钢结构维护部件、组合楼盖和楼梯。本章的教学重点是钢筋混凝土平面楼盖的布置方法，钢结构围护部件的种类与作用，组合楼盖的类型以及楼梯的构造与布置方法；教学难点是钢筋混凝土现浇楼盖的简化设计方法。

能力要求

通过本章的学习，学生应掌握建筑结构的主要构件类型，熟悉钢筋混凝土平面楼盖、组合楼盖和楼梯的几何形式，了解常见钢结构维护部件的结构类型和应用情况，建立对建筑结构部件形态的认知能力以及对其力学特征的理解能力。

数字资源

5分钟看完本章

建筑结构部件除了具有典型的结构承载功能,同时还兼备明确的建筑使用功能,影响建筑空间的几何韵律。形成建筑空间的结构部件由于所在的几何位置不同,所承担的功能各异,例如,钢筋混凝土平面楼(屋)盖形成空间中遮风挡雨的屋面和人类活动的楼面;组合楼盖多用于钢框架结构中的楼(屋)盖;钢结构围护部件主要形成单层厂房或空间结构的墙体和屋盖;楼梯起到不同标高的建筑空间的交通连接作用。

10.1 钢筋混凝土平面楼盖

钢筋混凝土楼盖视频

钢筋混凝土平面楼盖按施工方法的不同可分为整体式楼盖和装配式楼盖,其中整体式楼盖按其组成情况可分为整体式交梁楼盖和整体式无梁楼盖。

整体式楼盖广泛应用于现代建筑工程中,具有刚度大、整体性好、防水性好和对不规则平面适应性强等优点,缺点是模板用量较多、现场工作量大和工期较长。整体式交梁楼盖是钢筋混凝土平面楼盖结构中最常用的结构形式,它可以作为楼面和屋面,也可用作整片式基础以及桥梁、挡土墙等结构,如图10-1所示,因此整体式交梁楼盖的计算原理和构造措施在工程结构中具有较普遍的意义。当结构层高较小,空间跨度不大时,可采用整体式无梁楼盖,如图10-2所示。

(a) (b) (c) (d)

图10-1 整体式交梁楼盖的应用

(a)楼面;(b)基础;(c)桥梁;(d)挡土墙

装配式楼盖主要用在多层砌体结构和大跨度单层厂房屋面,如图10-3所示。在建筑中采用装配式楼盖结构,有利于房屋建筑标准化、加快施工进度、节省劳动力、节约模板和降低造价。装配式楼盖结构设计中应合理地选择楼盖构件的形式,合理地布置楼盖结构构件,可靠地处理构件之间的连接。

(a) (b)

图 10-2 整体式无梁楼盖

(a)平板无梁楼盖;(b)带柱帽的无梁楼盖

(a) (b)

图 10-3 装配式楼盖

(a)砖混结构铺板式楼盖;(b)钢架结构铺板式楼盖

10.1.1 整体式交梁楼盖

(1)单、双向板的分类

整体式交梁楼盖由板、次梁和主梁组成,三者整体相连,如图 10-4 所示。交梁楼盖板可支承于次梁、主梁或砖墙上,楼面荷载通过板传给支座。当板的长边尺寸 l_2 与短边尺寸 l_1 之比大于 2($l_2/l_1>2$)时,板上荷载绝大部分沿短边方向传至次梁,在短边方向产生弯曲,这种板称为单向板,如图 10-5(a)所示。当板的长边尺寸与短边尺寸之比小于或等于 2($l_2/l_1\leqslant2$)时,板上的荷载沿两个方向传到梁上,使板产生两个方向的弯曲,这种板称为双向板,如图 10-5(b)所示。

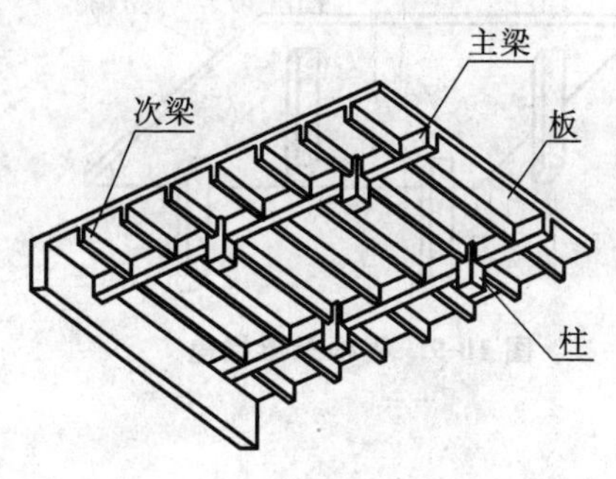

图 10-4 整体式交梁楼盖

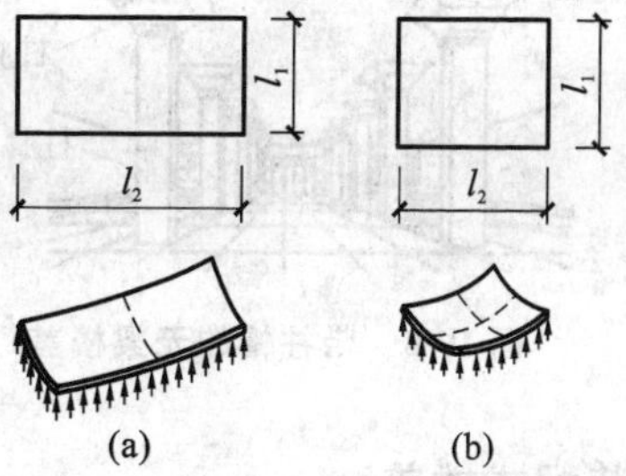

(a) (b)

图 10-5 按传力形式的板的分类

(a)单向板;(b)双向板

(2)楼盖结构平面布置

楼盖结构平面布置的原则是适用、经济、美观。

柱的间距决定了梁的跨度,关系房屋的平面使用效果和是否经济合理,梁格及柱网布置得愈整齐,则愈能符合适用、经济和美观的原则。为此,柱网布置宜为正方形或长短边长度接近的长方形,梁、板应尽量布置成等跨度的。因为楼板铺满整个楼面,所以板厚对材料的数量影响较大。在满足楼板刚度的前提下,板的厚度应取较小值,根据这一原则和刚度要求,单向板常用的板间距为 1.7~2.5m,荷载较大时宜取较小值,一般不宜超过 3m;次梁跨度为 4~6m;主梁跨度为 5~8m。

单向板主梁常用的布置形式有沿房屋横向布置和沿房屋纵向布置两种,如图 10-6 所示。横向布置可以使房屋的横向刚度得到保证。有时为满足某些特殊需要(如楼盖下吊有纵向设备管道),也将主梁沿房屋纵向布置,以减小层高。

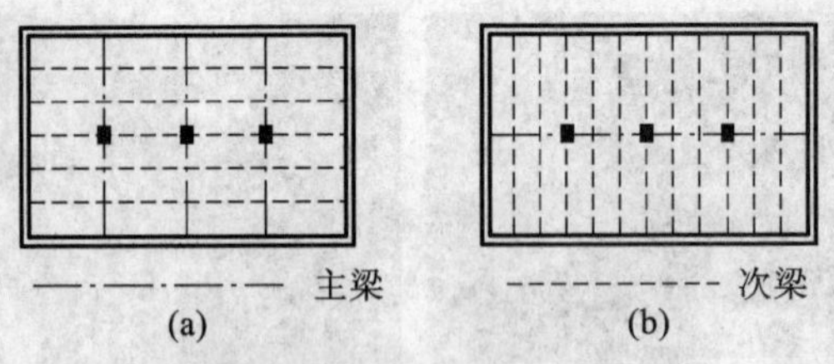

图 10-6 单向板的结构布置

(a)主梁横向布置;(b)主梁纵向布置

双向板楼盖结构平面布置如图 10-7 所示。当结构空间不大且平面接近正方形时,可不设中柱,双向板楼盖中的梁全部支撑在边墙(或柱)上,如图 10-7(a)所示;当结构空间较大时,宜设中柱,梁全部支撑在中柱和边墙上,如图 10-7(b)所示;当结构柱距较大且平面接近正方形时,通过减小梁的间距、增加梁的数量还可布置为井式楼盖,如图 10-7(c)所示。

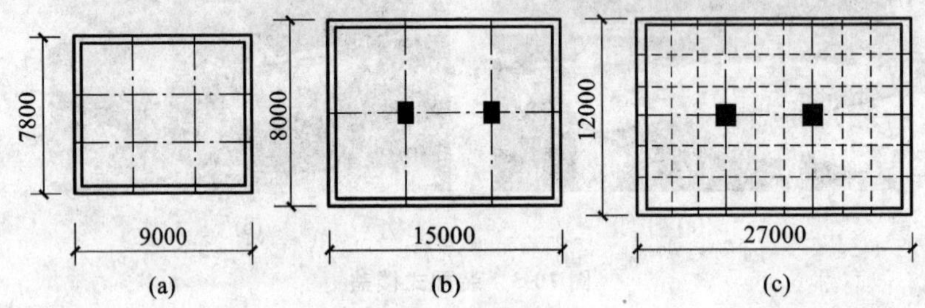

图 10-7 双向板的结构布置

(a)梁全部支撑在边墙上;(b)梁支撑在边墙和中柱上;(c)井式楼盖

10.1.2 整体式无梁楼盖

整体式无梁楼盖主要包括带柱帽的无梁楼盖和平板无梁楼盖。其中带柱帽的无梁楼盖由柱、柱帽、柱上托板及平板组成,如图 10-8 所示。平板无梁楼盖的组成仅包括柱及平板,这种楼盖的天花板平整,如图 10-9 所示。

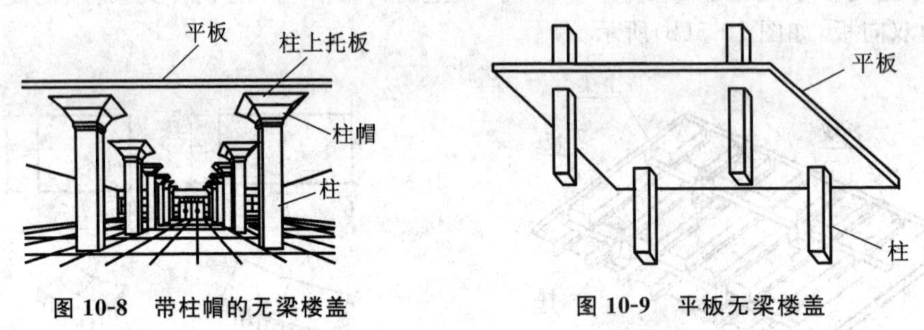

图 10-8 带柱帽的无梁楼盖　　图 10-9 平板无梁楼盖

10.1.3 装配式楼盖

(1)预制板的形式

装配式楼盖中铺板式楼盖是应用最为广泛的。铺板式楼盖的主要构件是预制板和预制梁,各地大量采用的是本地的通用定型构件,由各地预制构件厂供应,当有特殊要求或施工条件受到限制时才进行专用的预制构件设计。

我国常用预制铺板的截面形式如图 10-10 所示,有实心平板、圆形孔空心板、矩形孔空心板和槽形板等。为了节约材料,提高构件刚度,预制板多为预应力板。

实心平板上下板面平整,制作简单,利于地面及顶棚处理,如图 10-10(a)所示。

空心板主要有圆形孔空心板和矩形孔空心板,其截面具有良好的受弯性能,与实心板相比,在板厚相同的情况下,不仅可以节省材料,还具有与实心平板相同的上下板面平整的优点。其多用于砖混或装配式钢筋混凝土结构的楼盖和屋盖,如图 10-10(b)、(c)所示。

槽形板也是常用的一种预制铺板，有倒槽形板和正槽形板两种。倒槽形板的上部充分地利用了混凝土的抗压性能，下部去除了多余的混凝土，形成很合理的受力截面，因此它和空心板相比，具有自重轻、节省材料、造价低廉和便于开孔等优点。但它的截面形状不封闭，不能提供平整的顶棚，因而缺乏美感。倒槽形板如图 10-10(d)所示。正槽形板的受力性能及经济指标比倒槽形板差，但它能提供平整的顶棚，所以多可用作屋盖结构。

双 T 楼板有预应力及非预应力两种。它们具有布置灵活、受力性能好、制作简便和节约材料等优点，双 T 楼板可用统一的规格利用定型胎模生产，适用于多层大跨度厂房、学校、车库等，如图 10-10(e)所示。

(a) (b) (c) (d) (e)

图 10-10 预制楼板

(a)实心单向平板；(b)圆形孔空心板；(c)矩形孔空心板；(d)倒槽形板；(e)双 T 楼板

(2)预制梁的形式

装配式铺板的支承梁一般采用简支梁或带伸臂的简支梁，有时也采用连续梁。梁的截面形式如图 10-11 所示。矩形截面梁的外形简单，施工方便，应用广泛。当梁高较大时，为了不过多地影响房屋净空，可采用十字形梁或花篮梁。

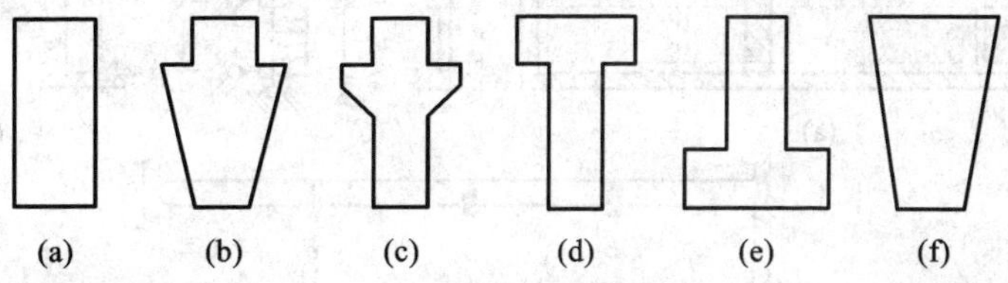

(a) (b) (c) (d) (e) (f)

图 10-11 梁截面形式

(a)矩形；(b)花篮形；(c)有挑耳的花篮形；(d)T 形；(e)倒 T 形；(f)梯形

(3)预制板的布置方式

预制板可以沿房屋横向布置、纵向布置和纵横向混合布置，如图 10-12 所示。其布置方案必须根据墙体结构和柱网的布置，并结合楼盖构件的选型综合考虑。

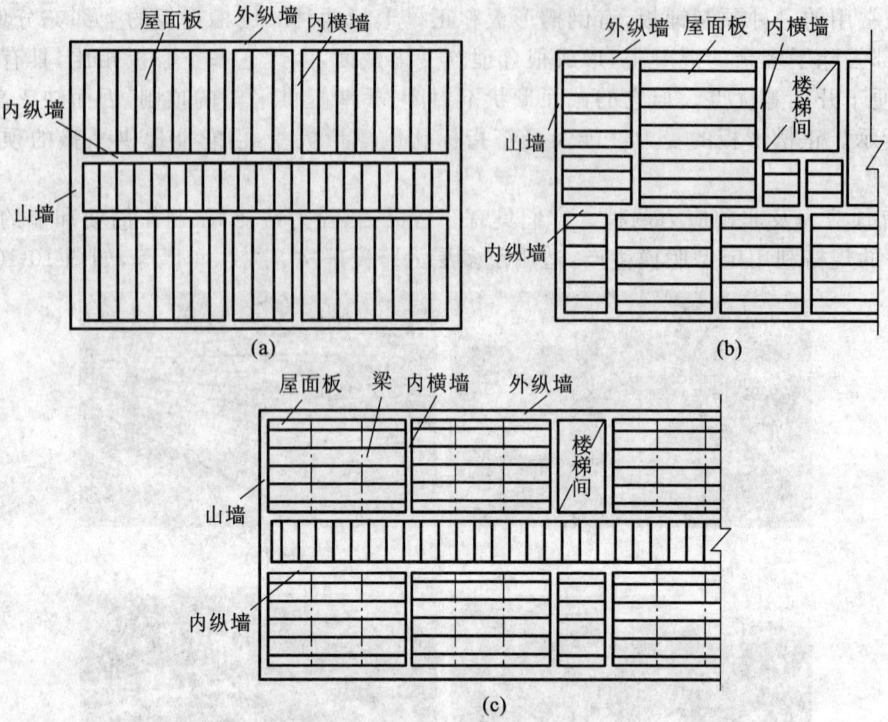

屋面板 外纵墙 内横墙
内纵墙
山墙
(a)

外纵墙 屋面板 内横墙
楼梯间
山墙
内纵墙
(b)

屋面板 梁 内横墙 外纵墙
楼梯间
山墙
内纵墙
(c)

图 10-12 预制板的布置方式

(a)横向布置;(b)纵向布置;(c)纵横向混合布置

10.1.4 板的设计

(1)单向板的设计

①计算简图。

荷载计算范围:对于单向板,通常取 1m 宽的板带作为计算单元,按均布线荷载计算。楼盖中主、次梁的截面形状都是两侧带翼缘(板)的 T 形截面,每侧翼缘板的计算宽度取为与相邻梁间中心距的一半,次梁承受板传来的均布线荷载,主梁承受次梁传来的集中力和自重力。图 10-13 所示为楼板、梁的荷载计算范围和受力分析图。

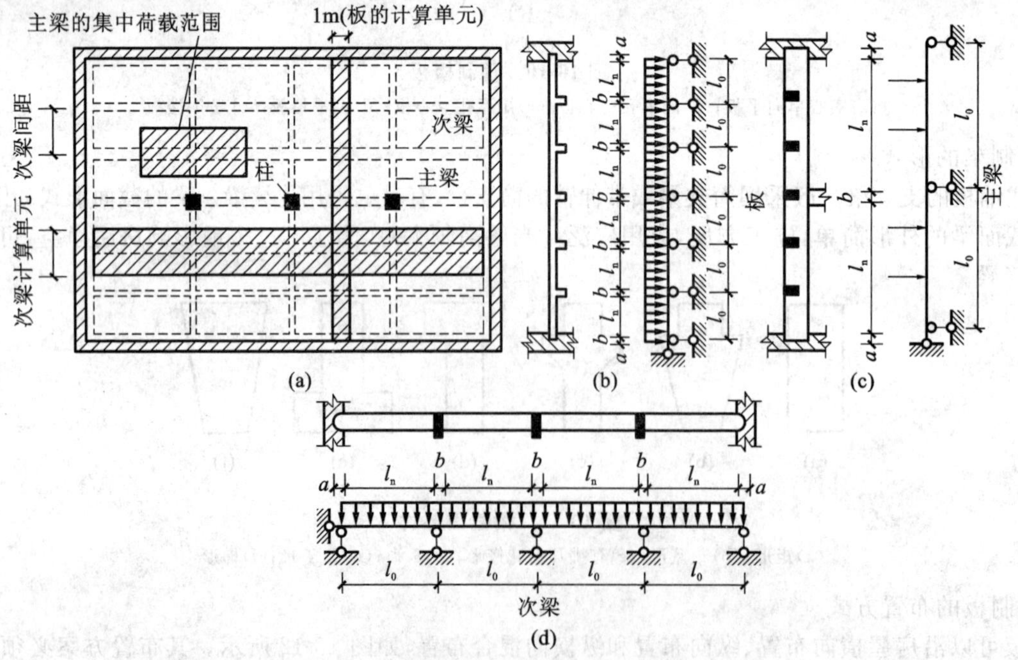

图 10-13 板、梁的荷载计算范围和受力分析图

(a)荷载计算范围;(b)板的受力分析;(c)主梁的受力分析;(d)次梁的受力分析

支撑条件：当结构支撑于砖墙上时，砖墙可视为结构的铰支座。板与次梁或次梁与主梁虽浇筑在一起，但支座对构件的约束并不太强，且不考虑支座的竖向位移，一般可视为铰支座，如图 10-13 所示。

计算跨度：计算跨度一般可取为距支座中心线的距离。但当边支座为砌体时取 $l_0 = l_n + b/2 +$（$a/2$ 和 $h/2$ 中较小者），其中 l_n 为板的净跨度，a 为板在边支座的搁置长度，b 为板的中间支座的宽度，h 为板的厚度。

跨数不超过 5 跨时，按实际考虑；超过 5 跨时，各跨荷载相同且跨度相差不大时（误差不超过 10%），可按 5 跨计算，如图 10-14 所示。

②单向板的内力计算。

对板设计时，通常只考虑板内最大弯矩，并采用结构力学的方法进行计算。对常用荷载下的等截面、等跨度连续板，则可直接用内力系数表进行计算，表 10-1 列出了常用荷载下两跨连续板的内力系数。跨度相差在 10%以内的不等跨连续板也可近似地查用该表。单向板的弯矩可按下式计算：

$$M = k_1 g l_0^2 + k_2 q l_0^2 \tag{10-1}$$

式中 g, q ——单位长度上的均布恒荷载设计值、均布活荷载设计值；

l_0 ——计算跨度；

k_1, k_2 ——内力系数表中相应栏中的弯矩系数。

均按图(b)中的第三跨配筋

(a)

(b)

图 10-14 多于 5 跨连续梁板计算简图

(a)实际跨数；(b)计算跨数

表 10-1 两跨连续板的内力系数表

荷载图	跨内最大弯矩		支座弯矩	剪力			
	M_1	M_2	M_B	V_A	V_{Bl}	V_{Br}	V_c
q；A l_0 B l_0 C	0.070	0.0703	−0.125	0.375	−0.625	0.625	−0.375
q；A M_1 B M_2 C	0.096	—	−0.063	0.437	−0.563	0.063	0.063
q；A M_1 B M_2 C	0.048	0.048	−0.078	0.172	−0.328	0.328	−0.172
q；A M_1 B M_2 C	0.064	—	−0.039	0.211	−0.289	0.039	0.039

对板设计时，需要考虑活荷载的最不利布置情况，求出支座截面和跨内截面的最大弯矩；为确定钢筋在跨内的变化情况，还需作出内力叠合图或包络图。

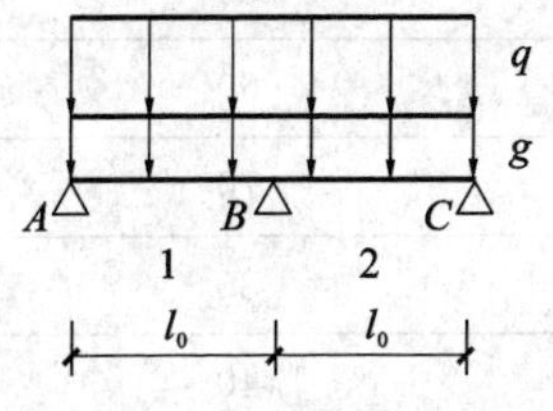

图 10-15 连续板的计算简图

【例 10-1】 一等跨截面两跨连续板，计算简图如图 10-15 所示。计算跨度 $l_0 = 4.5\text{m}$，承受均布恒荷载设计值 $g = 4\text{kN/m}$，均布活荷载设计值 $q = 10\text{kN/m}$。试计算该板的弯矩值。

【解】 ①根据恒荷载的分布确定活荷载的最不利布置（图 10-16）。

②根据内力系数表确定各截面的弯矩系数，列于表 10-2 中。

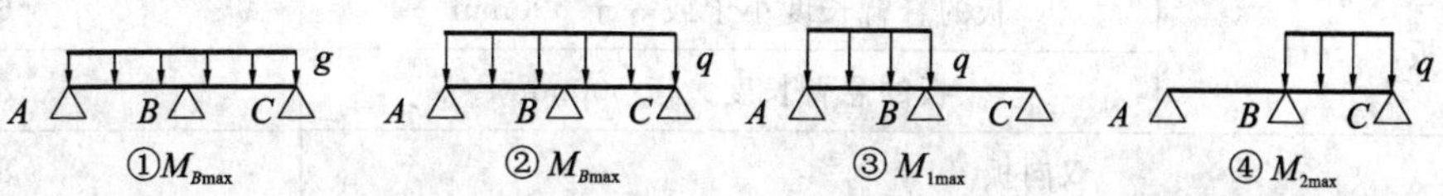

图 10-16 例 10-1 计算简图

表 10-2 各截面弯矩系数

荷载布置情况	跨内最大弯矩系数		支座弯矩系数
	M_1	M_2	M_B
①	0.070	0.0703	−0.125
②	0.070	0.0703	−0.125
③	0.096	—	−0.063
④	—	0.096	−0.063

③由式(10-1)计算各截面的弯矩值,列于表 10-3 中。

表 10-3 各截面弯矩值 (单位:kN·m)

组合情况	各截面弯矩值				
	M_A	M_1	M_B	M_2	M_C
①+②	0	19.85	−35.44	19.93	0
①+③	0	25.11	−22.89	5.69	0
①+④	0	5.67	−22.89	25.13	0

④弯矩叠合图如图 10-17 所示。

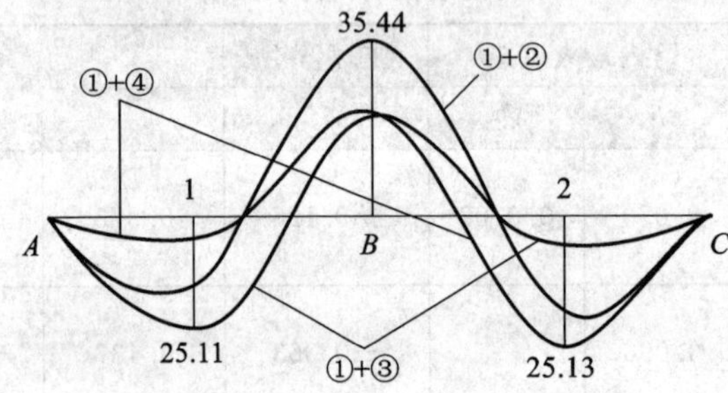

图 10-17 弯矩叠合图(单位:kN·m)

③单向板的构造要求。

现浇钢筋混凝土楼板的最小厚度见表 10-4,且单向板的厚度尚应不小于跨度的 1/30,单向板板跨一般为 2~4m。

表 10-4 现浇钢筋混凝土板的最小厚度 (单位:mm)

板的类别		厚度
单向板	屋面板	60
	民用建筑楼板	60
	工业建筑楼板	70
	行车道下的楼板	80
密肋板	肋间距小于或等于 700mm	40
	肋间距大于 700mm	50
悬臂板	板的悬臂长度小于或等于 500mm	60
	板的悬臂长度大于 500mm	80
双向板		80
无梁楼板		150

连续板受力筋有分离式和弯起式两种,受力筋的分离和弯起一般可以按图 10-18 确定,当均布活荷载 q 与均布恒荷载 g 的比值 $q/g \leqslant 3$ 时,$a = l_n/4$;当 $q/g > 3$ 时,$a = l_n/3$。采用弯起式钢筋时,板的整体性好,且节约钢筋,但工作量大;分离式配筋施工简单,所以在工程中常用。板的受拉筋常用 HRB400 和 HRB335,常用直径为 6mm、8mm、10mm 和 12mm,间距为 70～200mm。

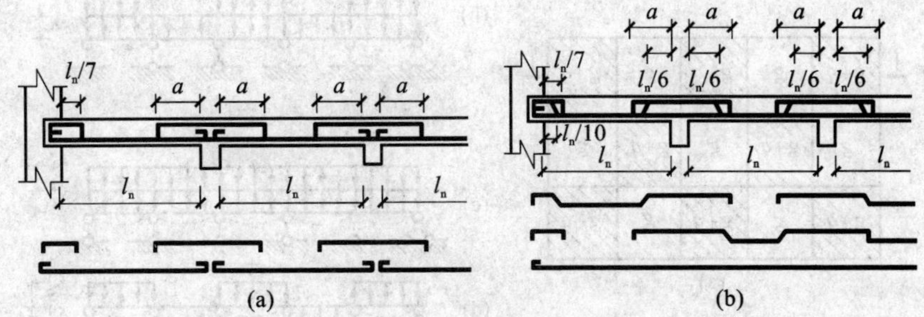

图 10-18 连续板受力筋布置

(a)分离式;(b)弯起式

单向板的分布筋沿板的长跨方向布置,并放在受力筋的内侧,其截面面积不应小于受力钢筋的 15%,且直径不小于 6mm,间距不大于 250mm,如图 10-19 所示。

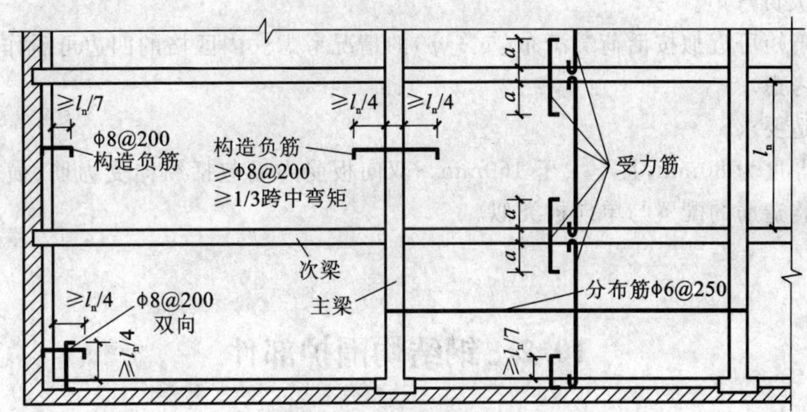

图 10-19 单向板配筋布置

因楼盖边缘处均存在负弯矩,需要在板墙交界处的板面设置构造负筋。板面构造负筋的数量不得少于单向板受力钢筋的 1/3,且不少于ϕ 8@200。它伸出主梁边的长度为 $l_n/4$,伸出墙边的长度为 $l_n/7$,如图 10-19所示。

单向板的受力筋、分布筋和构造负筋可见图 10-19。

(2)双向板的设计

①单跨双向板的内力计算。

对于单跨双向板,一般可直接查用双向板的计算系数表。计算弯矩时,只需根据板的支承情况及短跨与长跨的比值,按表查出系数,即可算得有关弯矩:

$$M = \text{表中系数} \times (g + q) l_0^2 \tag{10-2}$$

式中 q ——均布恒荷载;

g ——均布活荷载;

l_0 ——板沿短边方向的计算跨度。

②连续跨双向板的内力计算。

多跨连续双向板的计算多采用实用计算法。即考虑活荷载的不利位置布置,利用单跨板的计算系数表进行计算。

a.求跨中最大弯矩。

活荷载按图 10-20(a)所示的棋盘式布置,并将荷载 $(g+q)$ 分解成满布荷载 $(g+q/2)$ 及间隔布置荷载

($\pm q/2$) 两种情况,分别如图 10-20(b)、(c)、(d)所示。对于内区格,跨中弯矩为四边固定板在($g+q/2$)荷载作用下的弯矩与四边简支板在($\pm q/2$)荷载作用下的弯矩之和。对于边区格和角区格,其边界条件应按实际情况考虑,一般可视为简支;有较大边梁时可视为固端。

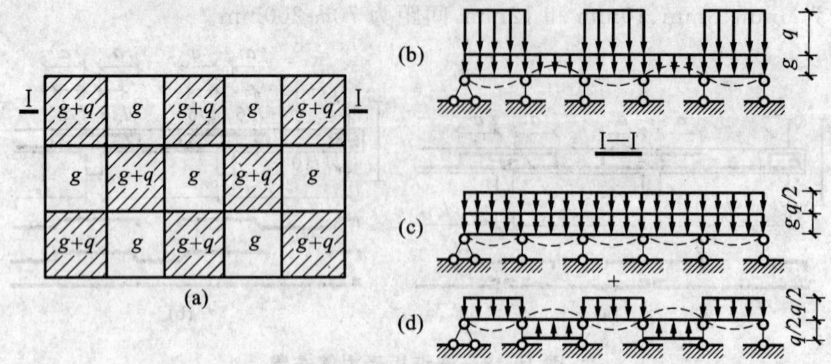

图 10-20　连续双向板的计算简图

(a)活荷载的不利分布;(b)荷载($g+q$)的布置;

(c)满布荷载($g+q/2$)的布置;(d)间隔布置荷载($\pm q/2$)的布置

b. 求支座处最大负弯矩。

支座处最大负弯矩可近似按活荷载满布($g+q$)的情况考虑。内区格的四边可看作固定端,边、角区格的边界条件按实际考虑。

③双向板的构造要求。

双向板的最小厚度为 80mm,且不大于 160mm。双向板受力筋包括纵向受力筋、横向受力筋和无纵向分布筋。双向板中构造筋的配置与单向板类似。

10.2　钢结构围护部件

钢结构体系一般由屋面板、檩条、刚架(或柱与屋架)和各支撑等构件组成,图 10-21 所示为刚架结构体系。这些构件又分为屋盖结构、横向平面结构、纵向平面结构和围护结构。

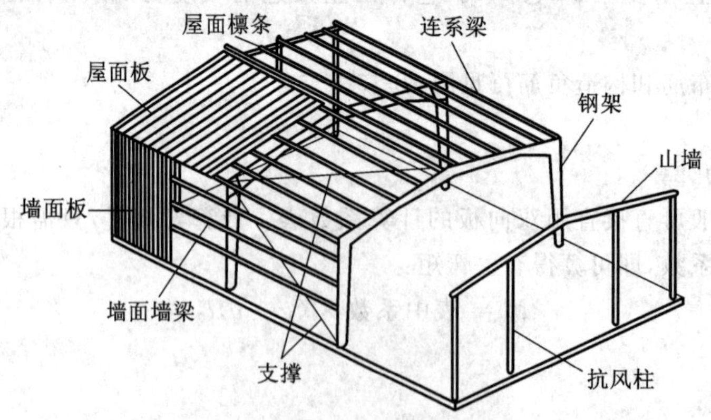

图 10-21　刚架结构体系

屋盖结构主要包括屋面板、檩条、钢梁(或屋架)和屋盖支撑,有时还设有托架、天窗架、天沟板等部件;屋盖结构按有无檩条分为有檩屋盖和无檩屋盖两种。其主要承受屋面活荷载、雪荷载、结构自重及水平风荷载,并将这些荷载传给柱;其次还可起围护作用。

横向平面结构一般由屋架、横向柱列及基础组成,而在刚架结构中则由钢架和基础组成。横向平面结构承受竖向荷载(包括结构自重、屋面活荷载、雪荷载和有吊车时的吊车竖向荷载)及横向水平荷载(包括风荷载、地震力和有吊车时的横向制动力），并将这些荷载通过排架或刚架传给基础，最后传到地基。

纵向平面结构由排架柱、梁、柱间支撑和基础等组成。其作用主要是保证结构体系的纵向刚度和稳定性，并承受屋盖结构传来的纵向风荷载、纵向地震力、温度应力和有吊车时的吊车纵向制动力。

钢结构构件的受力计算已在第 9 章介绍，在此重点介绍钢结构体系中压型钢板、檩条、各支撑和墙梁，让大家了解这些钢结构构件的形式和用途。

10.2.1 压型钢板

压型钢板是目前轻型屋面有檩体系中应用最广泛的屋面材料，它以冷轧薄钢板为基板，经镀锌（镀铝锌）或镀锌后覆以彩色涂层，再经辊压冷弯成波纹板材，常见的压型钢板如图 10-22 所示。

图 10-22(a)、(b)所示是早期的板型，构造简单。板与板常采用搭接连接，板与檩条、墙梁的固定采用螺栓或铆钉连接，因板需要开孔，所以防水问题难以解决。

图 10-22(c)所示是属于带加劲的板型，与早期板型相比增加了压型板的截面刚度，用作墙板时加劲产生的竖向线条还可增加美感。

图 10-22(d)所示是近年来在屋面上的板型，其特点是：板与板、板与檩条的连接通过支架咬合在一起，而无需在板上开孔，这就有效解决了屋面防水的问题。

(a) (b) (c) (d)

图 10-22 压型钢板的几种类型

10.2.2 檩条

檩条的用钢量在屋盖结构中所占比重较大，因此，减少檩条的用钢量是节省钢材的主要途径之一。根据经验，节约檩条用钢量的有效措施是增大檩条间距、选用合适的檩条形式以及减小屋面材料的重量等。其中，尤以减小屋面材料的重量为主要途径。钢檩条有实腹式、空腹式和桁架式三大类。

檩条跨度由柱距确定，当其不超过 9m 时，一般采用实腹式檩条。实腹式檩条一般采用 C 形和 Z 形等薄壁型钢。因普通热轧型钢板件较厚、不经济，在轻型屋面中很少采用。图 10-23(a)、(b)和(c)所示为冷弯薄壁型钢，具有自重轻、易制作、安装简单的优点。实腹式檩条一般通过檩托与屋架连接。檩托用短角钢做成，先焊于屋架上弦，屋架吊装就位后用螺栓或焊缝与檩条连接，如图 10-23(d)所示。

当屋面荷载较大或檩条跨度大于 9m 时，宜选用桁架式檩条，如图 10-24 所示。空腹式檩条由角钢的上、下弦和缀板焊接而成，由于拼接工作量大，现在较少采用。

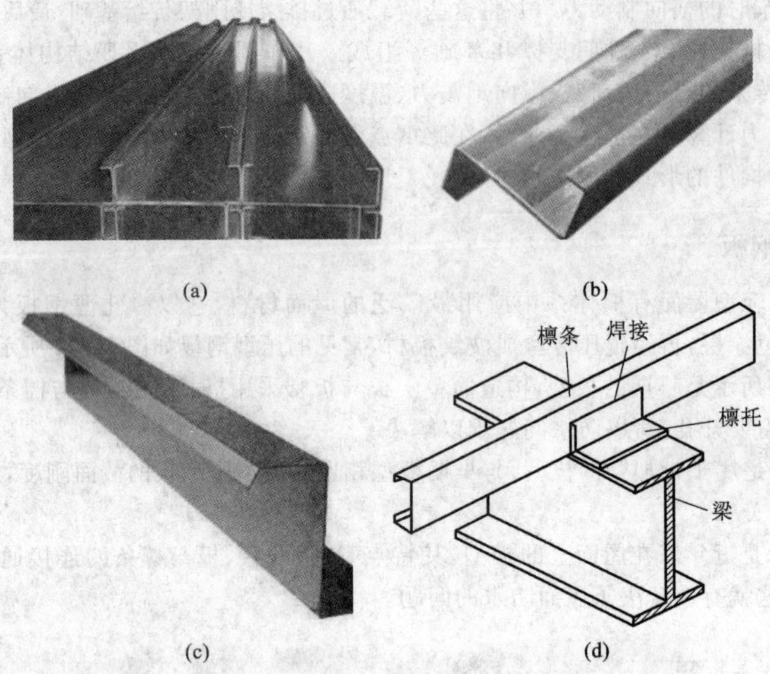

图 10-23 实腹式檩条截面形式及连接节点

(a)C形截面冷弯薄壁钢;(b)Z形直卷边冷弯薄壁钢;
(c)Z形斜卷边冷弯薄壁钢;(d)实腹式檩条与屋架的连接

图 10-24 桁架式檩条

为了减少檩条在使用和施工期间的侧向变形和扭转,应在檩条跨间设置拉条。拉条与钢架、拉条与檩条的连接如图 10-25 所示。

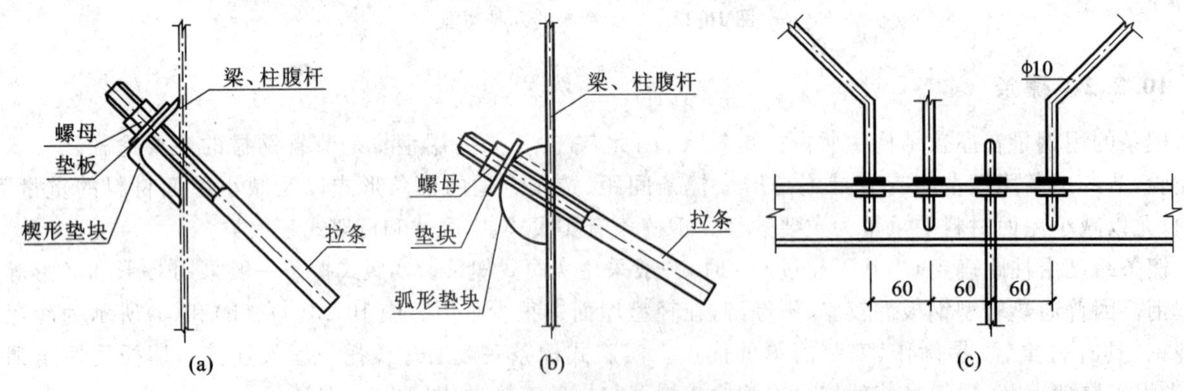

图 10-25 拉条的连接形式

(a)拉条与梁或柱腹杆加楔形垫块的连接;(b)拉杆与梁或柱腹杆加弧形垫块的连接;
(c)拉条与檩条的连接

10.2.3 支撑

围护部件中的支撑主要包括屋架支撑和柱间支撑，有时也在檩条间增加支撑，以保证结构体系的纵向稳定性。支撑杆件可布置成水平式、斜式或交叉式，几种常见支撑如图 10-26 所示。按材质的不同支撑有柔性支撑和刚性支撑两种，柔性支撑构件为钢丝绳索、圆钢、带钢，由于构件长细比较大，几乎不能受压；刚性支撑构件为方管、圆管、单角钢或组合钢，可以承受拉力和压力。

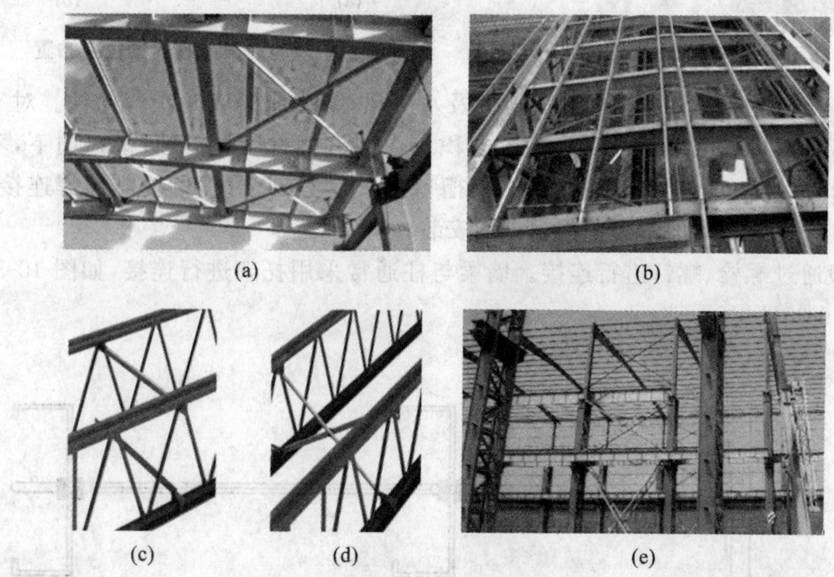

图 10-26 支撑分类

(a)屋架上弦水平交叉支撑；(b)屋架下弦水平斜式支撑；(c)屋架垂直平行支撑；
(d)屋架垂直交叉支撑；(e)柱间交叉支撑

各支撑与钢架共同组成纵向结构体系，以保证主刚架在安装和使用中的整体稳定性和纵向刚度；各纵向支撑承受房屋端部山墙的纵向风荷载、吊车纵向荷载及其他纵向水平力，并把这些作用力传递到承重构件上。

支撑的布置和支撑与各构件的连接形式多种多样，了解这些形式将对支撑的安装非常重要，图 10-27 所示为几种常见的支撑连接形式。

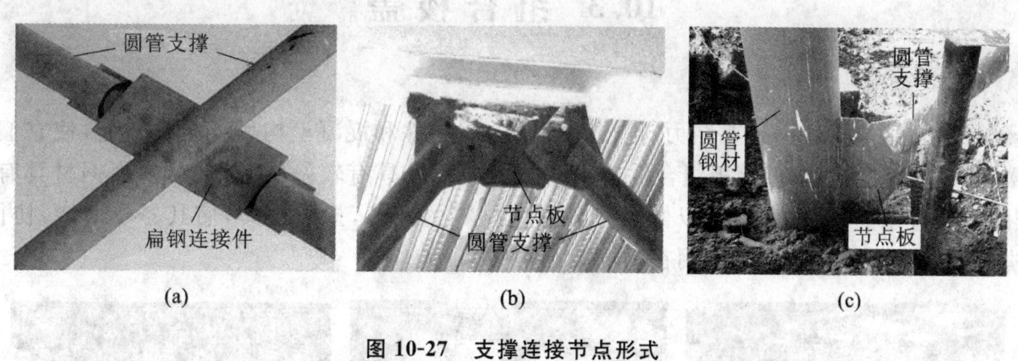

图 10-27 支撑连接节点形式

(a)支撑与支撑的连接；(b)支撑与梁的连接；(c)支撑与柱的连接

10.2.4 墙梁

墙梁一般单跨布置在柱的外侧，两端通过支架连接于承重柱或墙架柱上，如图 10-28 所示。墙梁主要采用 C 形和 Z 形两种冷弯薄壁型钢，可参见图 10-23(c)、(d)。在布置墙梁时一般需要设置拉条，如果在檐口处及窗洞下则要设置斜拉条和撑杆，其作用主要是承受墙梁竖向荷载，减小墙梁平面内竖向挠度，拉条的布置如图 10-29所示。

图 10-28 墙梁的布置

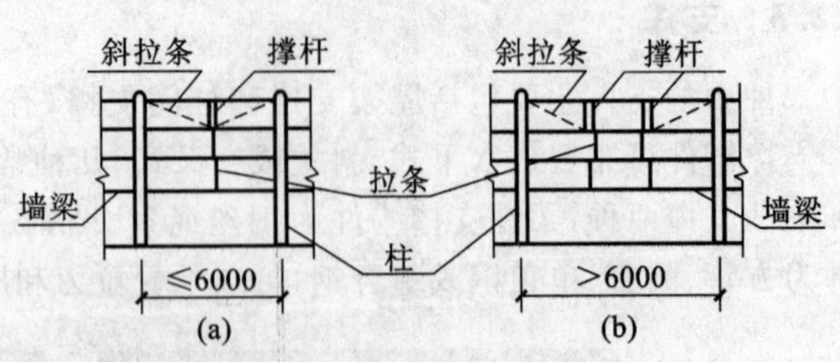

图 10-29 墙面系统的梁拉条布置

墙梁主要承受墙板自重和墙梁自重的竖向荷载及水平风荷载，属于双向受弯构件。对于墙梁槽口的朝向，应视具体情况而定：槽口向上，便于连接，但容易积水、积灰，钢材容易锈蚀；槽口向下，不易积灰、积水，但连接不便；一般槽口朝上，在窗框下沿的墙梁则需槽口向下放置，此时槽口处应加焊连接板，以便在墙梁腹板处采用螺栓连接和拉条连接而不影响门窗框的安装。

墙梁与墙板一般通过螺栓、螺钉进行连接。墙梁与柱通常采用托架进行连接，如图 10-30(a)所示，墙梁与拉条的连接如图 10-30(b)所示。

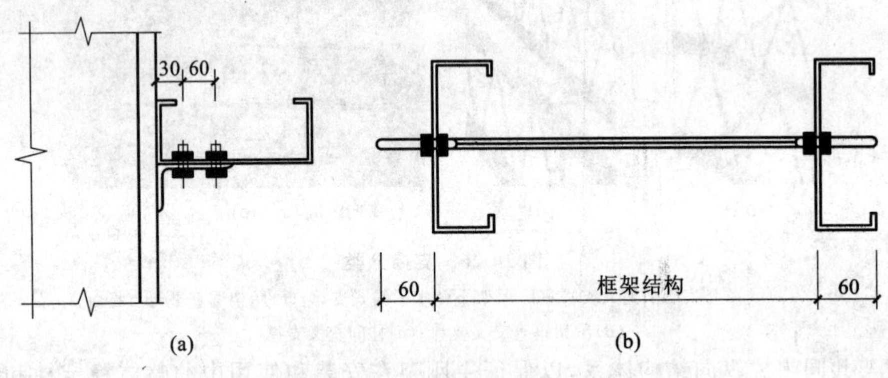

图 10-30 墙梁的连接

(a)墙梁与柱的连接；(b)墙梁与拉条的连接

10.3 组合楼盖

组合楼盖是指通过连接件(或黏结力)把楼盖体系中钢构件和混凝土构件连接在一起，使它们共同受力和变形的楼盖。图 10-31 为压型钢板组合楼盖示意图。混凝土具有较好的抗压性能，而钢材具有很好的抗拉性能，把两者合理地连接在一起，可以做到充分利用材料的性能，扬长避短，使其各尽所能，协同工作，充分发挥结构的作用。组合楼盖主要应用在钢框架结构中。

图 10-31 压型钢板组合楼盖示意图

(a)铺设压型钢板；(b)压型钢板的底部；(c)浇筑混凝土的组合楼盖

10.3.1 压型钢板组合楼盖

压型钢板组合楼盖以施工时先铺设在钢梁上的压型钢板作为工作平台和永久性模板，并将混凝土和压型钢板以及钢梁三者通过剪力连接件组合在一起，形成整体楼盖，如图10-32所示。其中压型钢板不仅在施工阶段起模板和施工平台的作用，而且在使用阶段又可以像钢筋一样承受拉力的作用，因而大大加快了施工进度，并表现出良好的结构受力性能，综合经济效益显著。此外，压型钢板肋间的沟槽有利于管线的敷设和吊顶轻钢龙骨的连接，目前是高层钢结构中应用最多的一种楼盖。

压型钢板组合楼板图

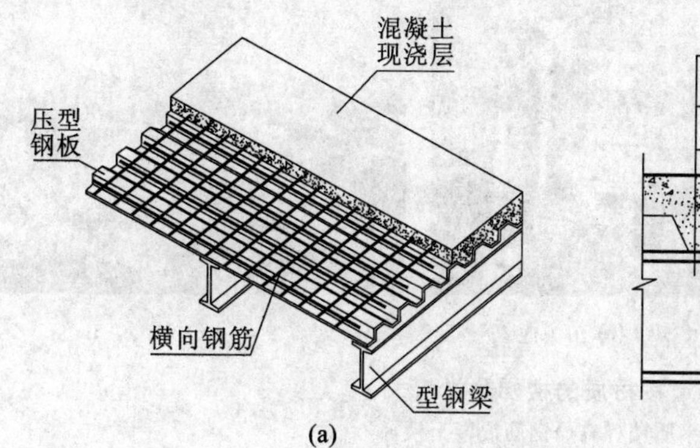

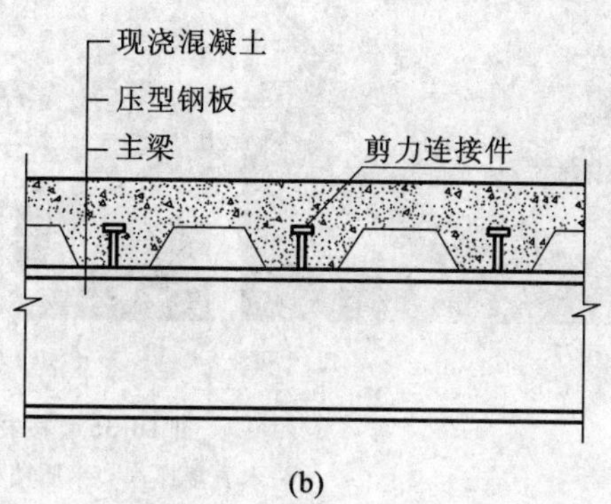

图 10-32 压型钢板组合楼盖

(a)压型钢板组合楼盖布置；(b)压型钢板组合楼盖剖面

10.3.2 现浇钢筋混凝土板组合楼盖

现浇钢筋混凝土板组合楼盖是由现浇混凝土板通过抗剪连接件直接与钢梁组合而成的，如图10-33所示。在组合楼盖体系发展的最初阶段，现浇钢筋混凝土组合楼盖应用比较多。但是，这类组合楼盖由于在现场浇筑混凝土板施工工序烦琐，需要搭设脚手架，安装和拆卸现浇钢筋混凝土模板等，造成大量后续工程不能迅速展开，影响施工进度，所以，在高层钢结构中，现浇钢筋混凝土板组合楼盖已经很少采用，逐渐被压型钢板组合楼盖所替代。

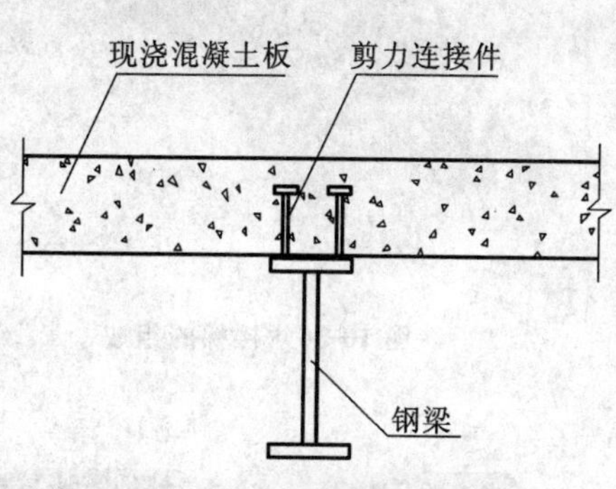

图 10-33 现浇钢筋混凝土板组合楼盖剖面

10.3.3 预制钢筋混凝土板组合楼盖

预制钢筋混凝土板组合楼盖采用预制混凝土板或预制预应力混凝土板，将其支承于已焊有栓钉连接件的钢梁上，在有栓钉处的混凝土板边缘留有槽口，然后用细石混凝土浇灌槽口与板间缝隙，如图10-34所示。

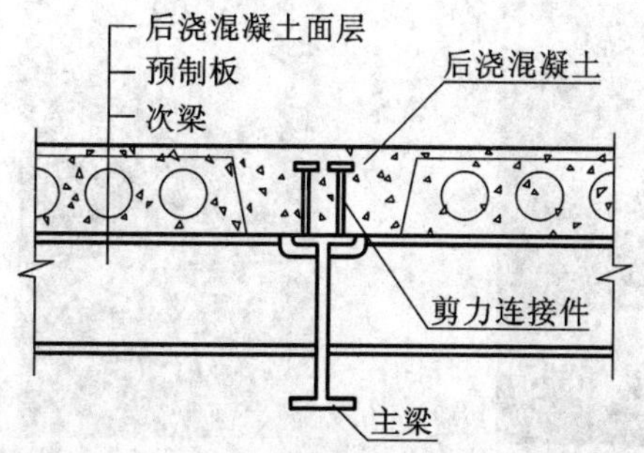

图 10-34 预制钢筋混凝土板组合楼盖剖面

预制钢筋混凝土板组合楼盖多用于钢框架结构，但是由于预制混凝土板与钢梁的连接性差，所以这种楼盖整体性差，目前较少采用。

10.4 楼梯

楼梯是多层与高层房屋的竖向通道。楼梯的结构设计与楼梯间的建筑布置密切相关。楼梯的形式对于建筑的使用和室内空间处理有时影响很大,尤其是公共建筑的楼梯。楼梯的材料可以是钢、木、钢筋混凝土等,如图 10-35 所示。

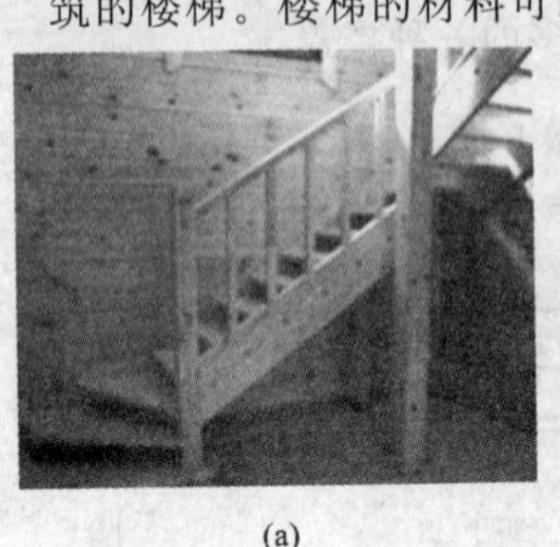
(a)

(b)

(c)

图 10-35 按材质的楼梯分类

(a)木质楼梯;(b)钢质楼梯;(c)钢筋混凝土楼梯

楼梯间生成演示动画

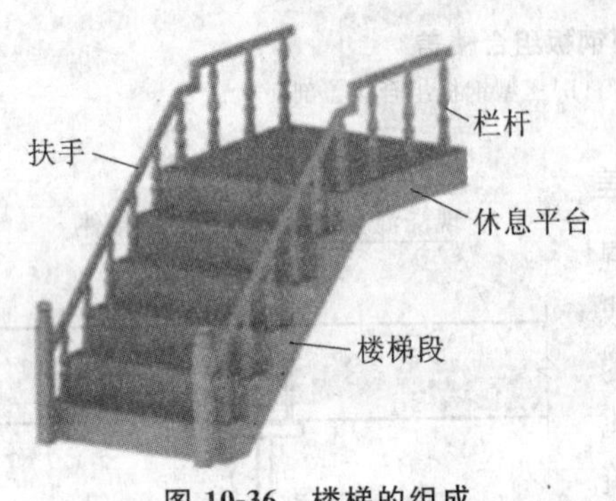

图 10-36 楼梯的组成

楼梯的组成包括楼梯段、休息平台、栏杆和扶手,如图 10-36 所示。

按结构受力特点楼梯可分为梁式、板式和特种楼梯,如图 10-37所示。

按施工方式楼梯可分为现浇和预制装配式楼梯,如图 10-38 所示。

按梯段的布置方式楼梯可分为直跑、双跑、三跑和旋转楼梯等,如图 10-39 所示。

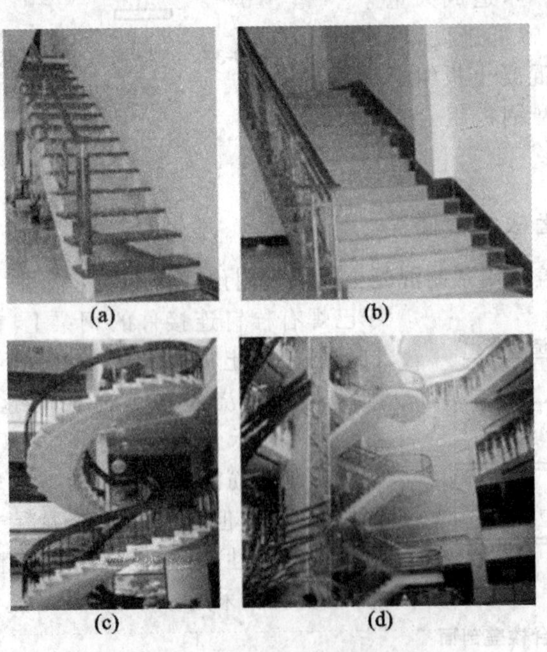

图 10-37 按传力形式的楼梯分类

(a)双梁式楼梯;(b)板式楼梯;(c)梁式螺旋楼梯;(d)板式悬挑楼梯

图10-38 按施工方法的楼梯分类

(a)现浇楼梯;(b)预制装配式楼梯

直跑楼梯适用于平面狭长或人流较少的次要楼梯。当楼段超过 17 步时，应分为两段，中间设 1m 的缓冲平台，如图 10-39(a)、(b)所示。双跑楼梯适用于层高较小的多层房屋，图10-39(c)所示的双跑楼梯应用最为广泛；此外双跑楼梯平面形式还可布置为 L 形、T 形和矩形，分别如图 10-39(d)、(e)和(f)所示。三跑楼梯适用于层高较大、楼梯间平面接近正方形的布置，中间可做提升竖井，如图 10-39(g)所示。剪刀楼梯适用于人流较多、楼梯间平面长大的布置，如图 10-39(h)所示。旋转楼梯适用于圆形或方形的楼梯间，建筑面积小，造型美观，如图 10-39(i)所示。

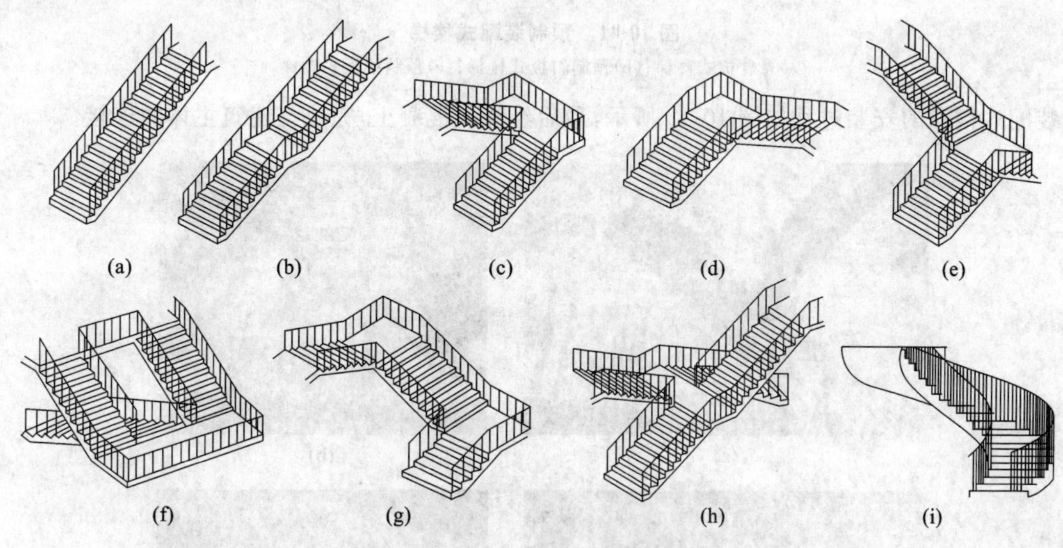

图 10-39 按梯段布置的楼梯分类

10. 4. 1 现浇式楼梯

梁式楼梯由梯段、休息平台梁和平台板组成，其中梯段则由踏步板及斜梁构成。踏步板支承于斜梁上，斜梁又支承于平台梁上。当梯段跨长大于 3. 3m 时，宜设计为梁式楼梯。踏步板可以简化为简支斜板进行计算，斜梁按简支斜梁计算，休息平台板按简支板计算，休息平台梁按简支梁计算，计算简图见图 10-40(a)。

板式楼梯由梯段板、平台梁和平台板组成，适用于梯段水平投影跨度不大于 3m 时。梯段板为沿梯跑方向的受弯构件，支承于上、下平台梁上。楼梯的计算简图如图 10-40(b)所示。板式楼梯构造简单、支模方便、外形美观。当板跨不大于 3. 3m 时，经济合理。

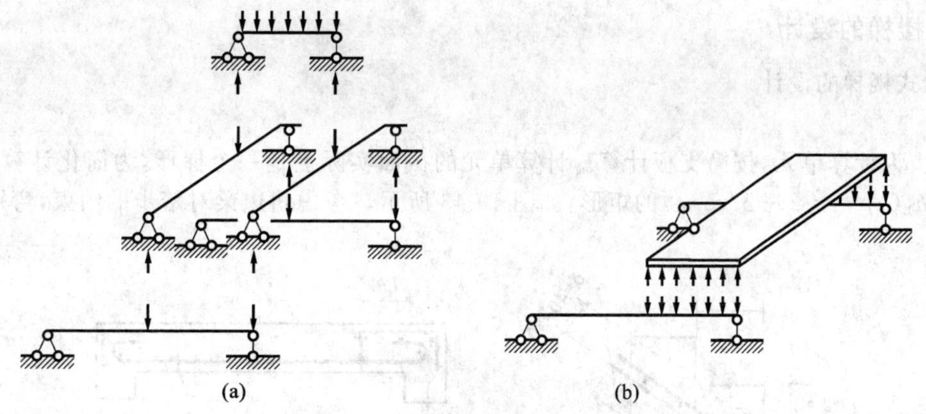

图 10-40 梁式、板式楼梯计算简图

(a)梁式楼梯计算简图；(b)板式楼梯计算简图

10. 4. 2 预制装配式楼梯

预制装配式楼梯可节省模板，加快现场施工速度；在住宅楼、办公楼中应用较多。预制装配式楼梯可分为悬臂板式楼梯、预制斜板式楼梯和预制梁板式楼梯，如图 10-41 所示。对于悬臂板式楼梯，其预制踏步板依次砌筑于墙体中，通过墙体压力来约束，一般用于荷载较小、宽度在 1. 5m 以内的情况。

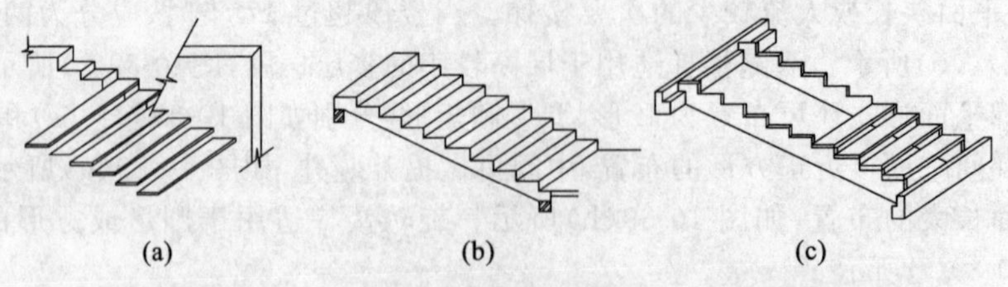

图 10-41 预制装配式楼梯

(a)悬臂板式楼梯;(b)预制斜板式楼梯;(c)预制梁板式楼梯

预制装配式楼梯的安装过程如图 10-42 所示,最后经浇筑混凝土,完成与建筑主体的连接。

图 10-42 预制楼梯的安装步骤

(a)楼梯吊装;(b)楼梯吊装到位;(c)楼梯钢筋调整入梁;(d)楼梯顶撑

10.4.3 楼梯的设计

(1)现浇梁式楼梯的设计

①踏步板。

取一个踏步为计算单元,按简支板计算。计算单元的截面实际上是一个梯形,为简化计算,可看作高度为梯形中位线 h_1($h_1 = c/2 + \delta/\cos\alpha$) 的矩形,如图 10-43 所示。考虑斜边梁对踏步的约束,弯矩设计值可按下式计算:

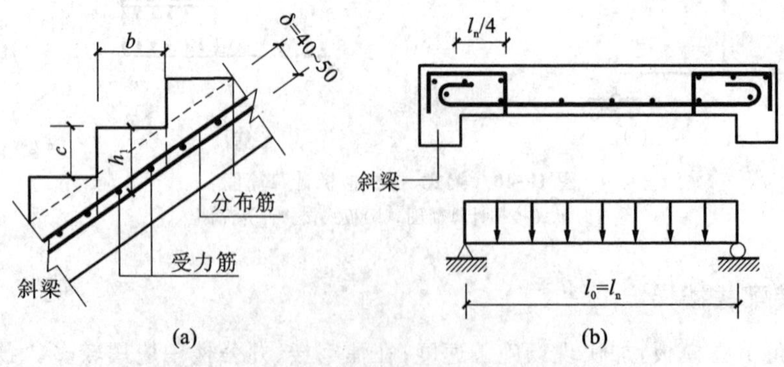

图 10-43 踏步板的计算示意图

(a)计算单元;(b)计算简图

$$M=\frac{(g+q)l_{\mathrm{n}}^{2}}{10} \tag{10-3}$$

式中 M——踏步板的弯矩设计值；

g,q——踏步板上的恒荷载和活荷载；

l_{n}——踏步板净跨度。

在靠梁边的板内应设置构造负筋，且不少于φ8@200，伸出梁边 $l_{\mathrm{n}}/4$。

②斜梁。

按简支斜梁计算，如图 10-44 所示。斜梁的高度按次梁来考虑，取值如图 10-44(a)所示。梁的均布荷载包括踏步传来的荷载和梁的自重。斜梁的跨中弯矩和支座剪力可按下列公式计算：

$$M_{\max}=\frac{(g+q)l_{0}^{2}}{8}=M_{\text{平梁}} \tag{10-4}$$

$$V_{\max}=\frac{(g+q)l_{0}\cos\alpha}{2}=V_{\text{斜梁}}\cos\alpha \tag{10-5}$$

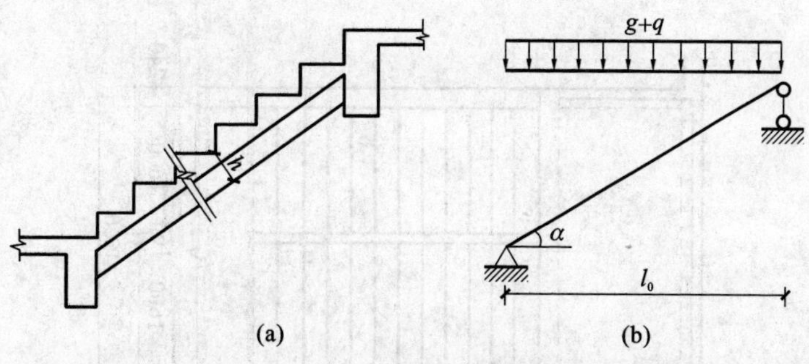

图 10-44 斜梁的计算示意图

(a)高度取值;(b)计算简图

应注意，在折线梁内折角处的受拉钢筋必须断开后锚固，以防内折角开裂破坏。

③平台板。

平台板一般为单向板，可取 1m 宽板带为计算单元，按简支板计算。

平台板的弯矩一般可按下式计算：

$$M_{\max}=\frac{(g+q)l_{0}^{2}}{8} \tag{10-6}$$

当平台板两端与梁整体浇筑时，则按下式计算：

$$M_{\max}=\frac{(g+q)l_{0}^{2}}{10} \tag{10-7}$$

当板为双向板时，应按四边简支的双向板计算。考虑到板的四周受到梁或墙的约束，应在板面支座处设置构造负筋，不少于φ8@200，伸出支座 $l_{\mathrm{n}}/4$。

④平台梁。

平台梁可按简支矩形梁计算，计算简图如图 10-45 所示。平台梁虽有平台板协同工作，但仍宜按矩形截面计算，且宜将配筋适当增加，这是因为平台梁两边的荷载不平衡，梁中存在扭矩。平台梁底应设在斜梁底下。

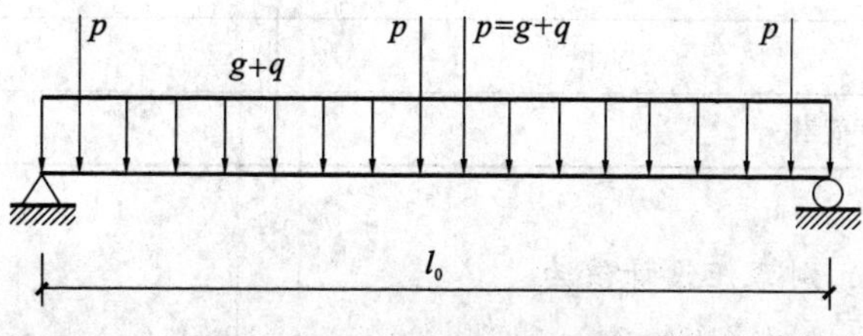

图 10-45 平台梁的计算简图

(2)现浇板式楼梯的设计

①斜板。

斜板的厚度可取为 $h = l_0/30 \sim l_0/25$，l_0 为斜板的水平计算跨度。斜板可按简支构件计算，但因平台梁对斜板有一定的约束，斜板的跨中弯矩可按下式计算：

$$M_{\max} = (g+q)l_0^2/10 \tag{10-8}$$

因斜板与平台板实际上具有连续性，故在斜板靠近平台处，应设置板面负筋，其用量应大于一般构造负筋，但可略小于跨中配筋。支座负筋伸进斜板 $l_n/4$，l_n 为斜板的净跨。

②平台板与平台梁。

平台板的计算同梁式楼梯。平台梁除荷载全部为均布外，计算简图和配筋方式与梁式楼梯相同。

【例 10-2】 某公共建筑现浇板式楼梯，楼梯平面布置如图 10-46 所示。层高 3.6m，踏步尺寸为150mm×300mm。采用 C20 混凝土，板采用 HPB235 钢筋，梁纵筋采用 HPB335 钢筋。楼梯上均布活荷载标准值 $q_k = 3.5\text{kN/m}^2$，试设计楼梯。

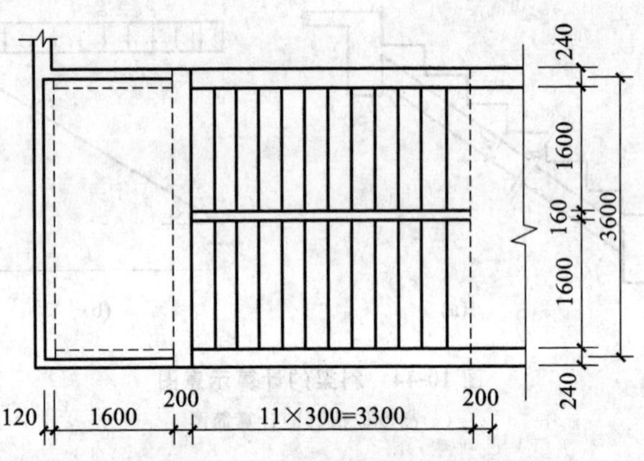

图 10-46 楼梯结构平面图

【解】 (1)斜板的设计

取板厚 $h = 120\text{mm}$，约为板斜长的 1/30。板倾斜角的正切 $\tan\alpha = 150/300 = 0.5$，$\cos\alpha = 0.894$。取 1m 宽板带计算。

①荷载计算。

梯段板的荷载计算值列于表 10-5 中。恒荷载分项系数 $\gamma_G = 1.2$；活荷载分项系数 $\gamma_Q = 1.4$。总荷载设计值为

$$p = 1.2\times6.6+1.4\times3.5 = 12.82(\text{kN/m})$$

表 10-5 斜板的荷载

荷载种类		荷载标准值/(kN/m)
恒荷载	水磨石面层	(0.3+0.15)×0.65/0.3=0.98
	三角形踏步	0.5×0.3×0.15×25/0.3=1.88
	混凝土斜板	0.12×25/0.894=3.36
	板底抹灰	0.02×17/0.894=0.38
	小计	6.6
活荷载		3.5

②截面设计。

板水平计算跨度 $l_n = 3.3\text{m}$，则弯矩设计值为

$$M = pl_n^2/10 = 0.1\times12.82\times3.3^2 = 13.96(\text{kN}\cdot\text{m})$$

板的有效高度为 $h_0 = 120-20 = 100(\text{mm})$，则

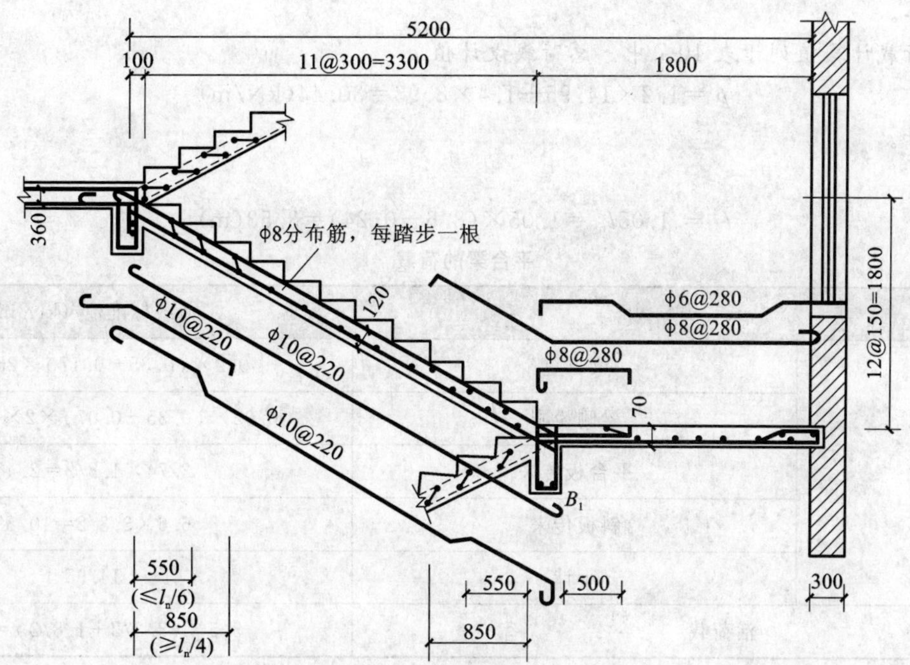

图 10-47 斜板和平台板的配筋

$$\alpha_s = M/(\alpha_1 f_c bh_0^2) = 13.96\times10^6/(1.0\times9.6\times1000\times100^2) = 0.145$$

计算得 $\gamma_s = 0.921$，则

$$A_s = M/(\gamma_s f_y h_0) = 13.96\times10^6/(0.921\times210\times100) = 722(\text{mm}^2)$$

选配ϕ 10@110，$A_s = 714\text{mm}^2$，分布筋每级踏步 1 根ϕ 8。斜板的配筋如图 10-47 所示。

(2)平台板设计

设平台板厚 $h = 70\text{mm}$，取 1m 宽板带计算。

①荷载计算。

平台板的荷载计算值列于表 10-6 中。总荷载设计值 $p = 1.2\times2.74+1.4\times3.5 = 8.19(\text{kN/m})$。

表 10-6 平台板的荷载

荷载种类		荷载标准值/(kN/m)
恒荷载	水磨石面层	0.65
	70mm 厚混凝土板	0.07×25=1.75
	板底抹灰	0.02×17=0.34
	小计	2.74
活荷载		3.5

②截面设计。

平台板的计算跨度 $l_0 = 1.8-0.2/2+0.12/2 = 1.76(\text{m})$。弯矩设计值为

$$M = pl_0^2/10 = 0.1\times8.19\times1.76^2 = 2.54(\text{kN}\cdot\text{m})$$

板的有效高度 $h_0 = 70-20 = 50(\text{mm})$。

$$\alpha_s = M/(\alpha_1 f_c bh_0^2) = 2.54\times10^6/(1.0\times9.6\times1000\times50^2) = 0.106$$

计算得 $\gamma_s = 0.944$，则

$$A_s = M/(\gamma_s f_y h_0) = 2.54\times10^6/(0.944\times210\times50) = 256(\text{mm}^2)$$

选配ϕ 6/8@140，$A_s = 281\text{mm}^2$。

(3)平台梁设计

设平台梁截面尺寸为 200mm×350mm。

①荷载计算。

平台梁的荷载计算值列于表10-7中。总荷载设计值

$$p=1.2\times14.95+1.4\times8.93=30.44(\text{kN/m})$$

②截面设计。

计算跨度:

$$l_0=1.05l_n=1.05\times(3.6-0.24)=3.53(\text{m})$$

表10-7 平台梁的荷载

荷载种类		荷载标准值/(kN/m)
恒荷载	梁自重	0.2×(0.35−0.17)×25=1.4
	梁侧粉刷	0.02×(0.35−0.07)×2×17=0.19
	平台板传来	2.74×1.8/2=2.47
	斜板传来	6.6×3.3/2=10.89
	小计	14.95
活荷载		3.5×(3.3/2+1.8/2)=8.93

弯矩设计值 $M=pl_0^2/8=47.4(\text{kN}\cdot\text{m})$,剪力设计值 $V=pl_n/2=51.1(\text{kN})$。

截面按倒L形计算,$b_f'=b+5h_f'=200+5\times70=550(\text{mm})$,梁的有效高度为

$$h_0=350-35=315(\text{mm})$$

$$\alpha_s=47.4\times10^6/(1.0\times9.6\times550\times315^2)=0.09$$

计算得 $\gamma_s=0.953$,则

$$A_s=M/(\gamma_s f_y h_0)=47.4\times10^6/(0.953\times300\times315)=526(\text{mm}^2)$$

选配3根直径为16mm的三级筋,$A_s=603\text{mm}^2$。

配置ϕ6@200箍筋,则斜截面受剪承载力为

$$V_{cs}=0.7f_tbh_0+1.25f_{yv}A_{sv}h_0/s=0.7\times1.1\times200\times315+1.25\times210\times56.6\times315/56.6$$
$$=71.91(\text{kN})>51.1\text{kN}$$

满足要求。

平台梁配筋如图10-48所示。

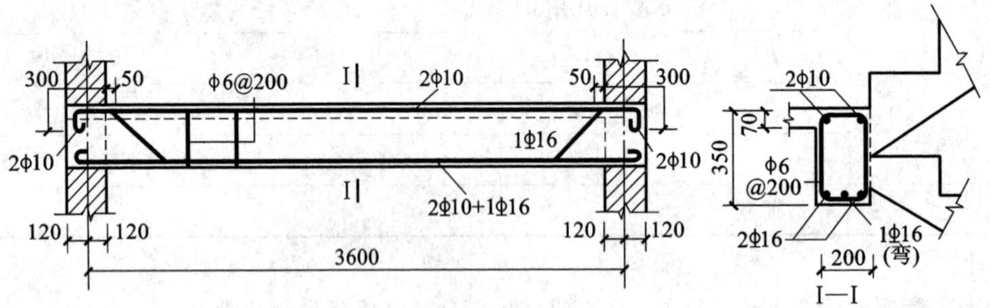

图10-48 平台梁配筋

知识归纳

(1)建筑楼盖主要包括钢筋混凝土平面楼盖和钢筋混凝土组合楼盖。其中钢筋混凝土平面楼盖在工民建筑中应用最为广泛,而组合楼盖在简易居住建筑物中较为常见。

(2)楼板计算简图应满足的前提:① 楼板的计算范围取1m宽的板带;② 支座没有竖向位移,且可以自由移动;③ 跨数超过5跨的连续梁、板,当各跨荷载相同,且跨度相差不超过10%时,可按5跨的等跨连续梁、板计算。

(3)钢结构围护部件主要包括屋面材料、檩条、支撑、墙梁和钢架等,其中钢屋面常采用压型钢板。

(4)建筑结构楼梯的类型多种多样,主要包括梁式楼梯和板式楼梯。梁式楼梯的计算简图为:踏步板简化为简支斜板进行计算,斜梁按简支斜梁计算,休息平台板按简支板计算,休息平台梁按简支梁计算;板式楼梯的计算简图为:斜板按简支斜板计算,平台板和平台梁的计算简图与梁式楼梯类似。

独立思考

10-1 钢筋混凝土楼盖主要有哪几种?各自在什么情况下选用?

10-2 何为单向板?何为双向板?如何判断?

10-3 单向板的计算简图都包括哪些方面?对其作简要介绍。

10-4 轻型钢结构房屋的主要组成部分是什么?分别说明檩条、支撑和墙梁的作用。

10-5 楼梯由哪几部分组成?按梯段布置可分为哪几种?

10-6 梁式楼梯的组成部件各按什么布置形式进行计算?比较梁式楼梯与板式楼梯各部件计算形式的异同。

11

地基及基础

课前导读

内容提要

本章主要内容包括地基承载力和基础设计，地基土的物理性质、力学性能，地基土的变形，刚性基础的分类、构造要求及计算，柔性基础的分类、构造要求及计算。本章的教学重点是地基土的特性、基础的构造要求，教学难点是基础的计算。

能力要求

通过本章的学习，学生应掌握天然地基上浅基础、桩基础，了解地基基础的设计原则以及减轻不均匀沉降危害的措施。

数字资源

5分钟看完本章

11.1　地基基础的一般概念

任何建筑物都建造在一定的地层(土层或岩层)上,地基是土层的组成部分,是支撑基础和建筑的土体或岩体。基础是建筑结构的组成部分,它将建筑结构承受的各种荷载作用传递到地基上。如图 11-1 所示,基础是建筑物和地基之间的连接体,作为最终支承结构的地基,提供的是一种分布的承载能力。

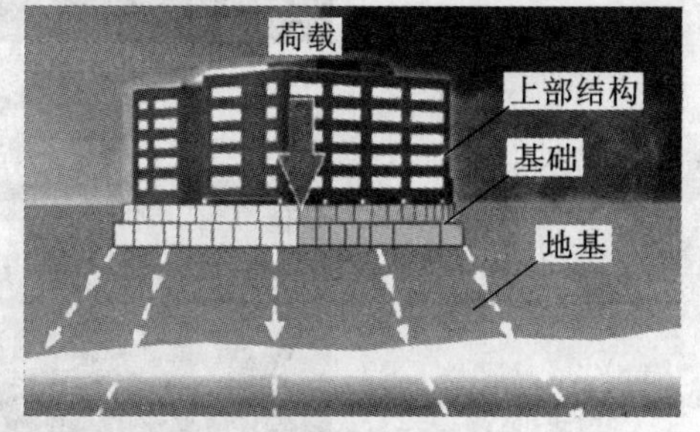

图 11-1　地基基础

未经人工处理就满足设计要求的坚固地基称为天然地基,如图 11-2 所示。若地基软弱,则需对地基进行加固处理,称为人工地基,如图 11-3 所示。基础根据所用材料性能的不同可分为刚性基础(无筋扩展基础)和柔性基础。

图 11-2　天然地基

图 11-3　人工地基

11.2　地基土的特性

建筑工程中遇到的地基土,多数属于第四纪沉积物,它是原岩受到风化作用,经剥蚀、搬运、沉积而结硬的松散沉淀物。按其成因可分为残积土、破积土、冲积土、淤积土、冰积土和风积土等,如图 11-4 所示。

11.2.1　地基土的物理性质

(1)土的三项比例指标

土的三项比例指标是指土的固相、液相和气相三者之间的比例关系。其按重量比可以分成重度、土的相对密度和含水量;按体积可以分成孔隙比、孔隙率和饱和度等。

图 11-5 所示为三相示意图,图 11-5(a)左边表示体积,右边表示质量。固体部分体积 V_s,质量 g_s;液体部分体积 V_w,质量 g_w;气体部分体积 V_a;孔隙体积 $V_v = V_w + V_a$ 。

各项指标的定义如下

①土粒相对密度 d_s 。

土粒相对密度 d_s 是指土的固体部分重量与同体积 4℃水的重量之比。

$$d_s = \frac{g_s}{\gamma_w V_s} \tag{11-1}$$

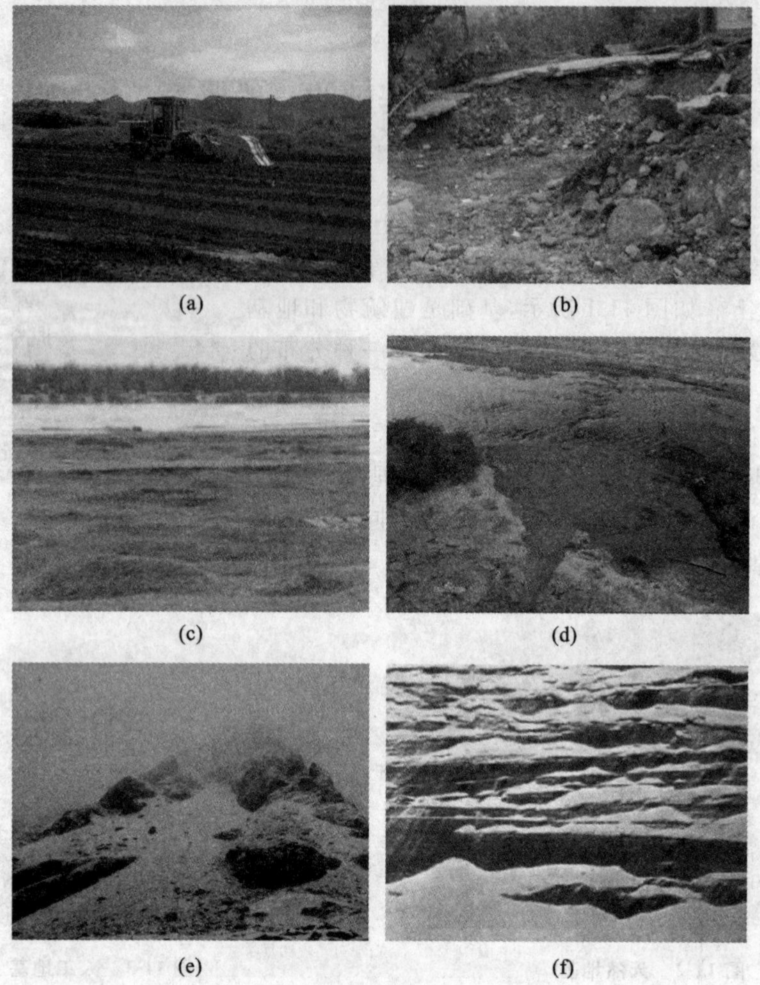

图 11-4 地基土分类

(a)残积土;(b)坡积土;(c)冲积土;(d)淤积土;(e)冰积土;(f)风积土

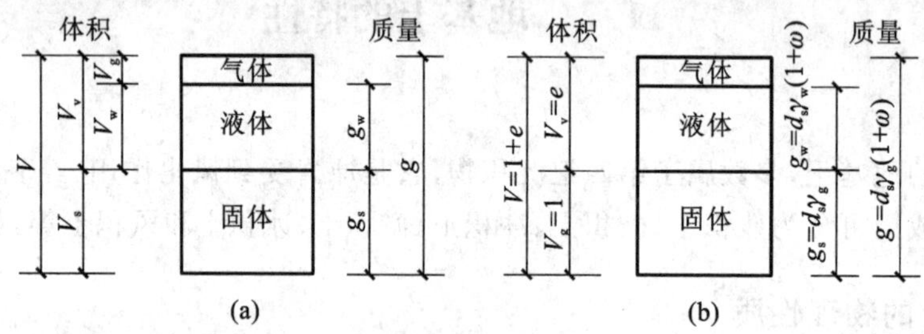

图 11-5 三相组成示意图

②含水量 ω

含水量 ω 是指土中水的质量与土粒质量之比,以百分数计。

$$\omega = \frac{g_w}{g_s} \times 100\% \tag{11-2}$$

③土的重度(容重)γ。

单位体积土的重度 γ 为

$$\gamma = \frac{g}{V} \tag{11-3}$$

孔隙中完全被水充满时的重度 γ_{sat} 为

$$\gamma_{sat} = \frac{g_s + \gamma_w V_v}{V} \tag{11-4}$$

孔隙中完全干燥时的重度 γ_d 为

$$\gamma_d = \frac{g_s}{V} \tag{11-5}$$

有效重度 γ'

$$\gamma' = \frac{g_s - \gamma_w V_s}{V} = \frac{g_s}{V} + \frac{\gamma_w V_v}{V} - \gamma_w = \gamma_{sat} - \gamma_w \tag{11-6}$$

④孔隙比 e。

空隙比 e 是指空隙体积与固体体积之比,用小数表示。

$$e = \frac{V_v}{V_s} \tag{11-7}$$

⑤孔隙率 n。

孔隙率 n 是指空隙体积占总体积的百分数。

$$n = \frac{V_v}{V} \times 100\% \tag{11-8}$$

⑥饱和度 S_r。

饱和度 S_r 是指空隙中水体积所占的百分数。

$$S_r = \frac{V_w}{V_v} \tag{11-9}$$

三项指标都是一种比例指标,只要通过比例换算用直接指标即可得到各间接指标。图 11-5(b)所示三相草图概括了全部的计算原理。

孔隙比

$$e = \frac{\gamma_w d_s (1 + \omega)}{\gamma} - 1 \tag{11-10}$$

干重度

$$\gamma_d = \frac{\gamma}{1 + \omega} \tag{11-11}$$

饱和重度

$$\gamma_{sat} = \frac{\gamma_w (d_s + e)}{1 + e} \tag{11-12}$$

有效重度

$$\gamma' = \gamma_{sat} - \gamma_w$$

饱和度

$$S_r = \frac{\omega d_s}{e} \tag{11-13}$$

(2)无黏性土的物理特征

根据土的工程性质及其地质成因的关系,土一般分为无黏性土、黏性土和特殊土,本章主要讲述无黏性土和黏性土。无黏性土是指砂土(图 11-6)和碎石类土(图 11-7)等。这种粗颗粒土的性质主要取决于颗粒粒径及其级配。所以土的密实度是反应这类土工程性质的指标。密实状态的土强度大,是良好的天然地基;呈松散状态时,则是一种软弱地基。

评价密实度的方法主要是根据相对密实度 D_r 的指标,见式(11-14):

$$D_r = \frac{e_{max} - e}{e_{max} - e_{min}} \tag{11-14}$$

式中　e_{max},e_{min}——最松散和最密实状态时的孔隙比。

图 11-6 砂土

图 11-7 碎石类土

(3)黏性土的物理特征

黏性土是一种颗粒极细的土,具有很高的表面能,如图 11-8 所示。因为黏性土的物理特征与土的含水量有密切的关系,所以采用一组特征含水量及其所构成的指标来评价。

①界限含水量。

界限含水量是指黏性土从一种状态转入另一种状态时的含水量。如图 11-9 所示,流动状态与可塑状态间的分界含水量称为液限 ω_L,从可塑状态转入半固体状态称为塑限 ω_P;半固体和固体间的为缩限 ω_s。

图 11-8 黏性土

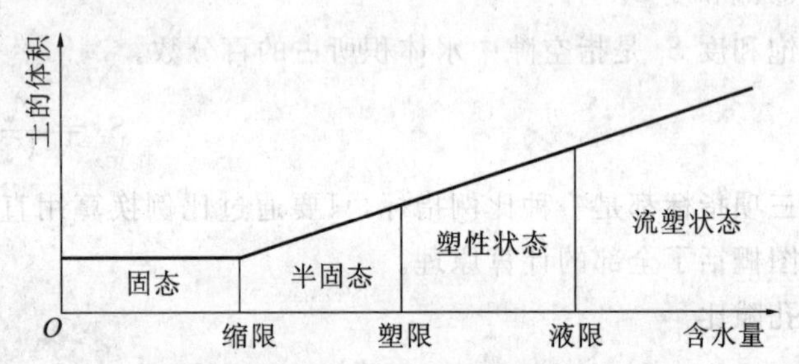

图 11-9 黏性土的状态与界限含水量

②塑性指数 I_P。

塑性指数是黏性土处在塑性状态时含水量的变化范围,计算公式为

$$I_p = \omega_L - \omega_P \tag{11-15}$$

③液性指数 I_L 。

液性指数可反映土在天然含水量时的软硬状态。

$$I_L = \frac{\omega - \omega_P}{\omega_L - \omega_P} \tag{11-16}$$

按 I_L 判别黏性土的物理状态的指标如下:$I_L \leqslant 0$,坚硬状态;$0 < I_L \leqslant 0.25$,硬塑状态;$0.25 < I_L \leqslant 0.75$,可塑状态;$0.75 < I_L \leqslant 1.0$,软塑状态;$I_L > 1.0$,流塑状态。

【例 11-1】 某住宅工程地质勘查中取原状土做试验。用天平称取 50cm³ 湿土,质量为 95.15g,烘干后质量为 75.05g,土粒比重为 2.67。计算此土样的天然密度、干密度、天然含水率、孔隙比、孔隙度以及饱和度。

【解】 已知:$V = 50\text{cm}^3$,$m = 95.15\text{g}$,$m_s = 75.05\text{g}$,$G_s = 2.67$。则此土样的天然密度为

$$\rho = \frac{m}{V} = \frac{95.15}{50} = 1.90(\text{g/cm}^3)$$

干密度

$$\rho_d = \frac{m_s}{V} = \frac{75.05}{50} = 1.50(\text{g/cm}^3)$$

饱和密度天然含水率

$$\omega = \frac{m_w}{m_s} = \frac{95.15 - 75.05}{75.05} \times 100\% = 26.8\%$$

孔隙比

$$n=\frac{e}{1+e}=\frac{0.782}{1+0.782}=43.9\%$$

孔隙度

$$S_r=\frac{\omega G_s}{e}=\frac{0.268\times 2.67}{0.782}=91.5\%$$

饱和度

$$\rho_{sat}=\frac{G_s+e}{1+e}\rho_w=\frac{2.67+0.782}{1+0.782}=1.94(g/cm^3)$$

11.2.2 地基土的力学性能

(1)土中应力

土中应力按引起的原因,可以分成由土本身自重引起的自重应力和由建筑物荷载或工程活动引起的附加应力。土体由固体颗粒构成的骨架及由水和气充满的孔隙所组成,所以土中应力又可分成由骨架所承受的有效应力和由孔隙中的气或水承受的孔隙应力。

(2)土的抗剪强度

土的强度,实质上就是一部分土体与另一部分土体之间相对滑动的抵抗能力。在工程实际中常见的土的强度问题可归纳为三大类。

①土工结构物的稳定性。如人工筑成的路堤、土坝、基坑等的边坡,以及天然土坡等的稳定性。

②结构物的环境。如挡土墙、地下室的侧墙、桥地下铁道的衬砌等,作用在这些结构上的土压力大小与土的强度有直接关系。

③建筑物地基承载力。如边坡稳定、土压力和地基承载力等问题,是土的抗剪强度的实际应用。

土的抗剪强度符合摩擦定律。因为它是同一种材料不同部分之间的滑动,故称为内摩擦,相应的系数称为内摩擦系数,下面对常用的砂土和黏性土抗剪强度作简要介绍。

①砂土的抗剪强度。

砂土以及其他无黏性土的抗剪强度取决于颗粒的形状、粗细、级配、矿物成分等因素;对于给定的砂样,主要的因素是孔隙比和密实度。砂土在剪切过程中的应力-应变曲线如图 11-10 所示,峰值应力表示土的抗剪强度。

图 11-11 所示为砂土抗剪强度的一般规律性,强度规律可表示为

$$\tau_f=\sigma\tan\varphi \tag{11-17}$$

式中 τ_f——抗剪强度;

φ——土的内摩擦角;

σ——剪切面(破坏面)上的法向应力。

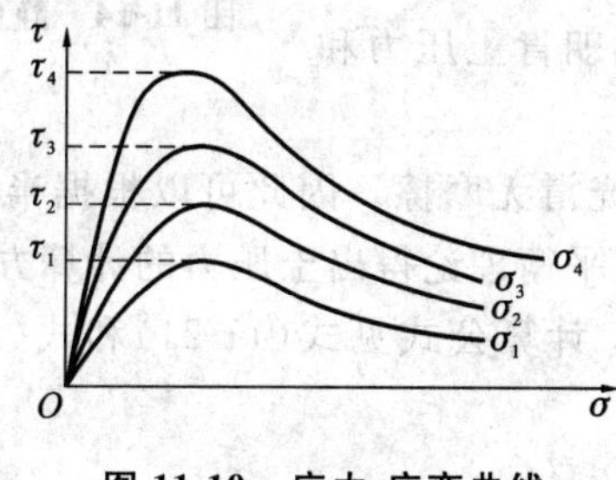

图 11-10 应力-应变曲线

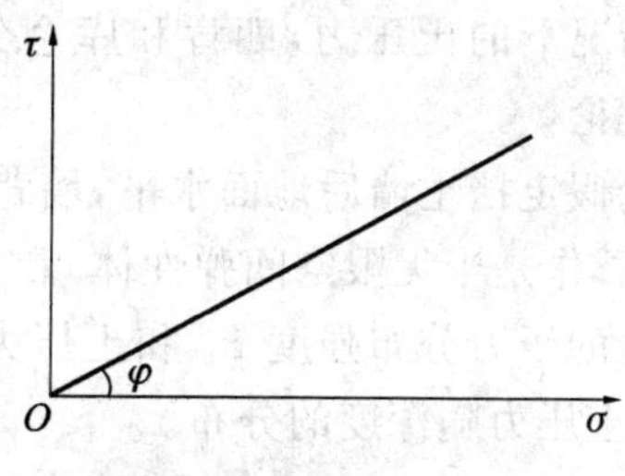

图 11-11 抗剪强度曲线

②黏性土的抗剪强度规律。

如图 11-12 所示,黏性土的强度规律是一条不经过原点的斜线,强度规律可表示为

$$\tau_f=\sigma\tan\varphi+c \tag{11-18}$$

式中 c——土的黏聚力。

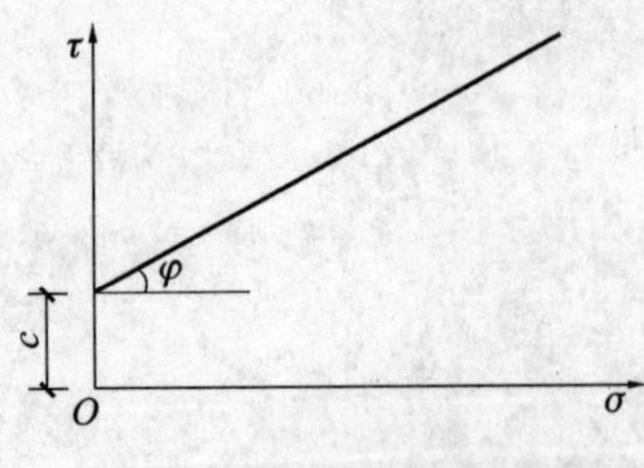

图 11-12 黏性土的抗剪强度

式(11-17)和式(11-18)中土的内摩擦角 φ 和黏聚力 c 称为抗剪强度指标。

(3)土压力

挡土结构物所承受的侧向压力称为土压力。根据挡土结构物的位移情况,土压力可以分为静止土压力、主动土压力和被动土压力三种,如图 11-13 所示。

静止土压力[图 11-13(a)]:挡土墙不发生任何移动,墙后土体处于弹性平衡状态,此时土体作用在墙背上的土压力称为静止土压力。

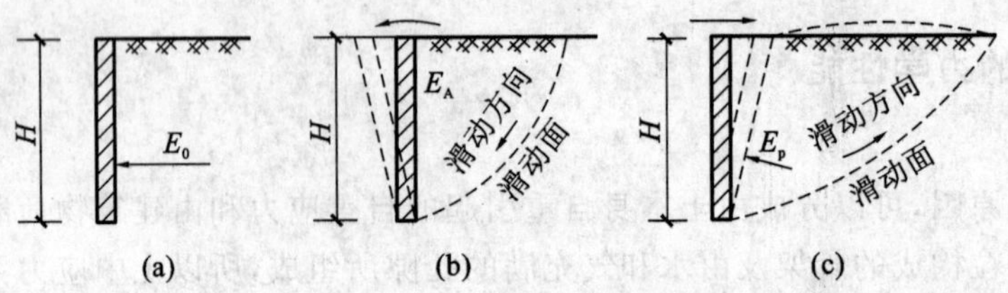

图 11-13 土压力示意图

(a)静止土压力;(b)主动土压力;(c)被动土压力

主动土压力[图 11-13(b)]:在挡土墙后土压力作用下,挡土墙逐渐向前移动,土压力随之减少,直至墙后土体进入极限平衡状态,此时土体作用在墙背上的土压力称为主动土压力。

被动土压力[图 11-13(c)]:在外力作用下,挡土墙被推向土体,作用在墙上的土压力随之增加,直至土体进入极限平衡状态,此时土体作用在墙背上的土压力称为被动土压力。

①静止土压力计算。

挡土墙后土体处于弹性平衡状态时,任意深度 Z 处作用在挡土墙背上的土压力 p_0 可以按式(11-19)计算。

$$p_0 = K_0 \gamma Z \tag{11-19}$$

式中 K_0 ——静止土压力系数,可以根据经验公式 $K_0 = 1 - \sin\varphi$ 确定;

γ ——挡土墙后土的重度。

在均质土层中,静止土压力沿挡土墙高呈三角形分布,如图 11-14 所示,取单位墙长,则静止土压力合力为

$$E_0 = \frac{1}{2} K_0 \gamma H^2 \tag{11-20}$$

式中 E_0 ——静止土压力;

H ——挡土墙的高度,合力的作用点在 $H/3$ 处。

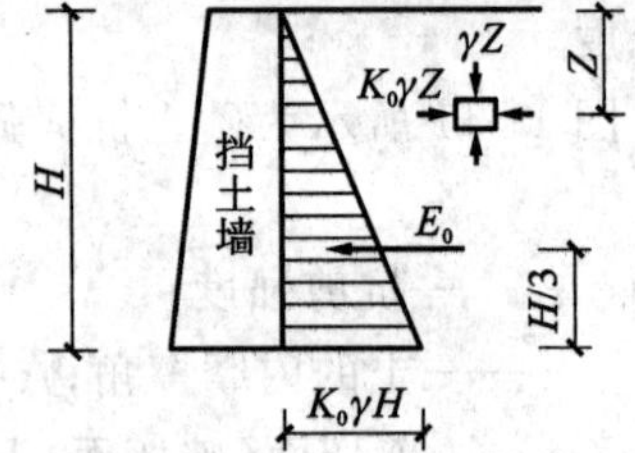

图 11-14 静止土压力计算简图

②朗肯土压力理论。

为了计算不同情况下的土压力,朗肯和库仑分别提出朗肯土压力和库仑土压力的计算理论。

朗肯土压力理论假定挡土墙后地面水平,墙背竖直且光滑无摩擦。因此可以根据半无限空间内的应力状态(一般土将地基看作是半无限空间弹性体)和土的极限平衡理论得出土压力的计算方法。

朗肯主动土压力的压力分布强度 P_a 和土压力合力 E_a 计算公式见式(11-21)和式(11-22),图 11-15 和图 11-16所示为朗肯土压力随深度的分布。

无黏性土($c=0$)

$$P_a = \gamma Z K_a, \quad E_a = \frac{1}{2}\gamma K_a H^2 \tag{11-21}$$

黏性土($c \neq 0$)

$$P_a = \gamma Z K_a - 2c\sqrt{K_a}, \quad E_a = \frac{1}{2}\gamma K_a (H - h_0)^2 \tag{11-22}$$

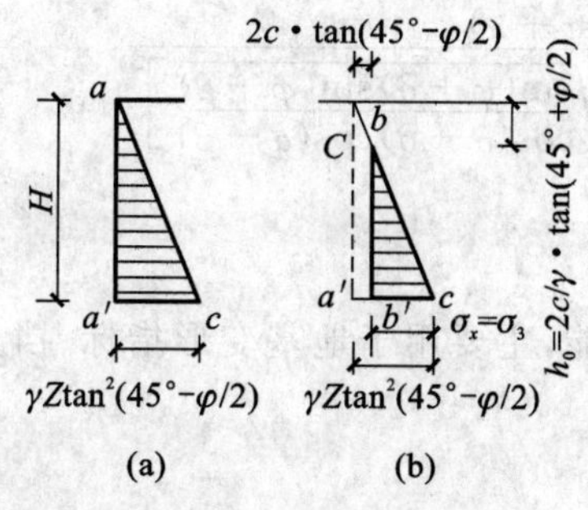

图 11-15 朗肯主动土压力分布

(a)无黏性土;(b)黏性土

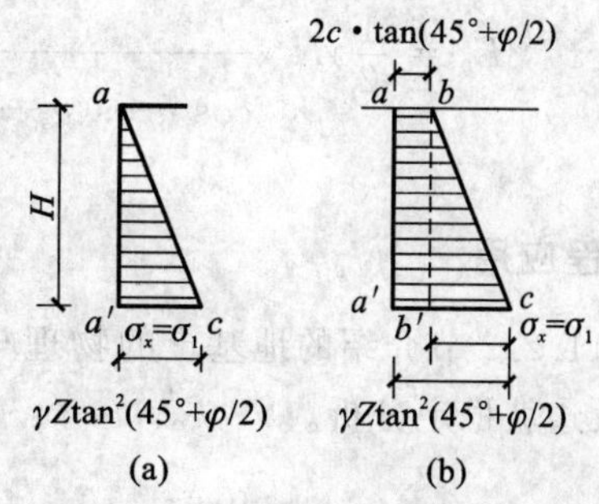

图 11-16 朗肯被动土压力分布

(a)无黏性土;(b)黏性土

式中 P_a——压力分布强度;

K_a——主动土压力系数,$K_a=\tan^2(45°-\frac{\varphi}{2})$;

h_0——临界竖立高度,表示由于黏性力 c 造成负侧向压力 $2c\sqrt{K_a}$ 引起的拉应力,在深度 h_0 范围内可以竖直开挖。

被动土压力的压力分布强度 P_p 和土压力合力 E_p 计算公式如下。

无黏性土($c=0$)

$$P_p=\gamma ZK_p,\quad E_p=\frac{1}{2}\gamma K_pH^2 \tag{11-23}$$

黏性土($c\neq0$)

$$P_p=\gamma ZK_p+2c\sqrt{K_p},\quad E_p=\frac{1}{2}\gamma K_p(H-h_0)^2 \tag{11-24}$$

式中 K_p——被动土压力系数,$K_p=\tan^2(45°+\frac{\varphi}{2})$。

③库仑土压力理论。

库仑土压力理论假设墙后填土是理想的散体(即 $c=0$),土体处于极限平衡状态时形成滑动楔体,滑动面为平面,根据楔体的静力平衡条件得出土压力计算理论。库仑理论对墙后填土的坡度、墙背的倾斜度以及墙土之间的摩擦等因素不作限制。

库仑主动土压力合力 E_A 计算公式见式(11-25)和式(11-26),图 11-17和图 11-18 所示为库伦土压力随深度的分布。

主动土压力计算公式

$$E_a=\frac{1}{2}\gamma H^2\frac{\cos^2(\varphi-\alpha)}{\cos^2\alpha\cos(\alpha+\delta)\left[1+\sqrt{\dfrac{\sin(\varphi+\delta)\sin(\varphi-\beta)}{\cos(\alpha+\delta)\cos(\beta-\alpha)}}\right]^2} \tag{11-25}$$

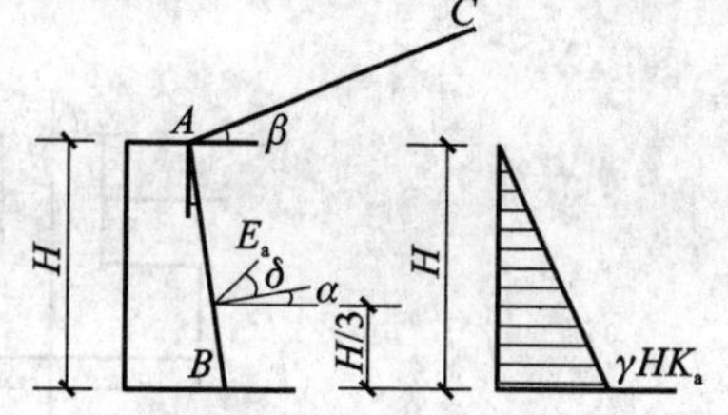

图 11-17 库仑主动土压力计算

被动土压力计算公式

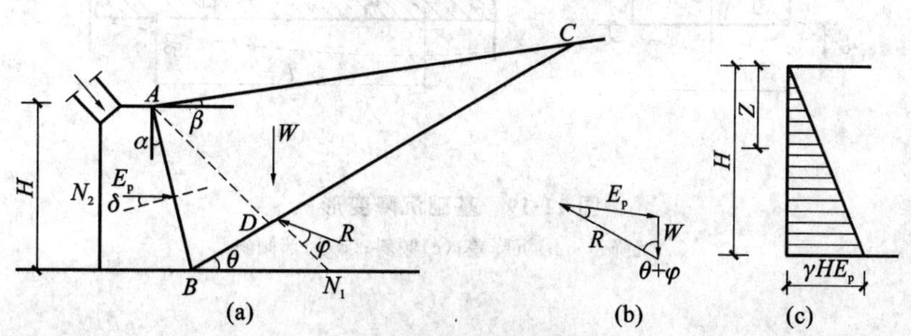

图 11-18 库仑被动土压力计算

$$E_p = \frac{1}{2}\gamma H^2 \frac{\cos^2(\varphi+\alpha)}{\cos^2\alpha\cos(\alpha-\delta)\left[1-\sqrt{\frac{\sin(\varphi+\delta)\sin(\varphi+\beta)}{\cos(\alpha-\delta)\cos(\alpha-\beta)}}\right]^2} \tag{11-26}$$

11.2.3 工程应用

11.2.1节和11.2.2节介绍的地基土的物理与力学性能，主要用于地基变形指标、挡土墙稳定性验算、地基承载力计算及边坡稳定分析。

(1)地基沉降

土是一种可压缩性的材料，因此，地基土在上部建筑的重力作用下会产生压缩变形，建筑物基础亦随之沉降。尤其是当荷载差异较大、或地基土层软弱不均时，往往导致建筑物某些部位开裂、倾斜，甚至倒塌，工程上对房屋的变形都有一定的要求。地基变形特征可分为沉降量、沉降差、倾斜，局部倾斜。在常规设计中，一般都针对各类建筑物的结构特点、整体刚度和使用要求的不同，计算地基变形的某一特征值 Δ，验证其是否超过相应的允许值 $[\Delta]$，即要求满足条件：$\Delta \leqslant [\Delta]$。建筑物地基变形容许值按《建筑地基基础设计规范》(GB 50007—2011)的规定确定。

①沉降量。

沉降量是指基础某点的沉降值 S_1，如图11-19(a)所示，各类结构对其有沉降量的控制，例如，对于单层排架结构，在低压缩性地基上一般不会因沉降而损坏，但在中高压缩性地基上，应该限制柱基沉降量，尤其是要限制多跨排架中受荷较大的中排柱基的沉降量不宜过大，以免支承于其上的相邻屋架发生对倾而使端部相碰。

②沉降差。

沉降差是指相邻柱基中点的沉降量之差 $(S_2 - S_1)$，如图11-19(b)所示。框架结构主要因柱基的不均匀沉降而使结构损坏，也称为敏感性结构。通常认为，填充墙框架结构的相邻柱基沉降差不超过0.2%的柱距时是安全的。对于墙体开窗面积不大的边排柱，尤其是抗风柱之间的沉降差，应予以特别注意。

③倾斜。

倾斜是指基础倾斜方向两端点的沉降差与其距离的比值 $(S_1 - S_2)/l$，如图11-19(c)所示。对于高耸结构以及长高比很小的高层建筑，其地基变形的主要特征是建筑物的整体倾斜。高耸结构基础的倾斜容许值随结构高度的增加而递减。高层建筑横向整体倾斜容许值主要取决于对人们视觉的影响，倾斜达到明显可见的程度时倾斜值大约为建筑高度的1/250，而结构损坏时的倾斜值大约为建筑高度的1/150。

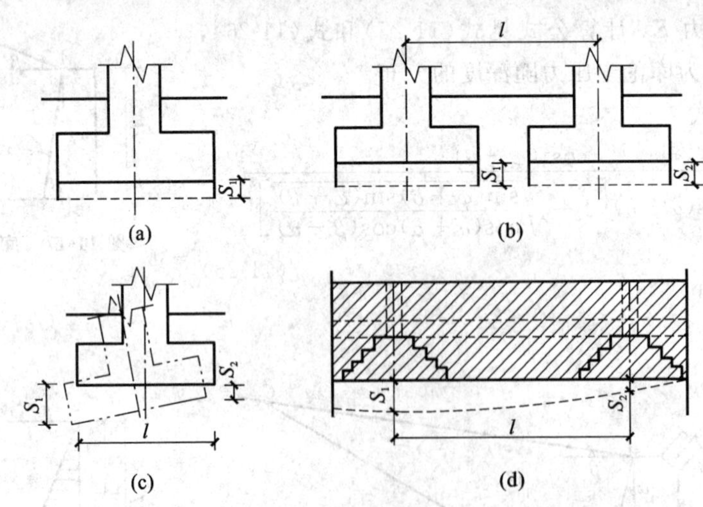

图11-19 基础沉降变形

(a)沉降量；(b)沉降差；(c)倾斜；(d)局部倾斜

④局部倾斜。

局部倾斜是指砌体承重结构沿纵向6～10m内基础两点的沉降差与其距离的比值 $(S_1 - S_2)/l$，如

图 11-19(d)所示。一般砌体承重结构房屋的长高比不会太大，因此地基沉降所引起的损坏，最常见的是房屋外纵墙墙面形成“八”字形裂缝，局部倾斜是砌体承重结构的主要变形特征。

(2)挡土墙稳定性验算

挡土墙稳定性验算包括抗倾覆稳定性验算和抗滑动稳定性验算，稳定性计算简图如图 11-20所示。

抗倾覆安全系数 K_q 是指对 O 点的抗倾力矩与倾覆力矩之比，应满足

$$K_q = \frac{Wb + E_z a}{E_x h} \geqslant 1.5 \tag{11-27}$$

抗滑动安全系数 K_h 是指阻滑力与滑动力之比，应满足

$$K_h = \frac{(W + E_z)\mu}{E_x} \geqslant 1.3 \tag{11-28}$$

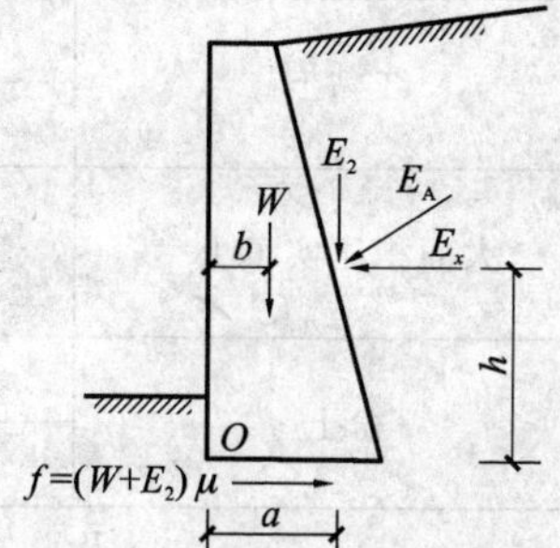

图 11-20 稳定性计算简图

式中 E_x, E_z ——土压力在 x 方向和 z 方向的分量；

W ——挡土墙的自重，kg；

h, a, b —— E_x 和 E_z 对 O 点的力臂，m；

μ ——基底摩擦系数，应由试验给出，当缺乏资料时可按表 11-1 取用。

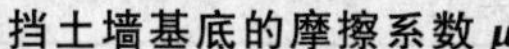
表 11-1 **挡土墙基底的摩擦系数 μ**

基底土的类别		μ
黏性土	可塑状态	0.25～0.30
	硬塑状态	0.30～0.35
	坚硬状态	0.35～0.45
砂类土		0.40～0.50
碎石类土		0.40～0.60
软质硬土		0.40～0.60
硬质岩石		0.65～0.75

(3)地基承载力特征值

地基承载力是基础设计的基本指标。地基承载力特征值就是满足土的强度条件和变形要求时的单位面积地基的承载能力。土的强度条件是指土体在外荷载作用时，对剪切破坏具有足够的稳定安全系数；地基的变形要求是指基础的沉降在建筑结构使用的许可范围以内。因此，地基承载力特征值不仅与土的性质、形成条件有关，还与基础的形式、宽度、埋置深度，建筑物的类型、布置、结构特征、施工速度等因素密切有关。

确定地基承载力的方法有：从荷载试验或其他原位测试、公式计算并结合工程实践经验等方法综合确定地基承载力特征值 f_{ak}。当基础宽度大于 3m 或埋置深度大于 0.5m 时，f_{ak} 尚应按式(11-29)修正。

$$f_a = f_{ak} + \eta_b \gamma (b - 3) + \eta_d \gamma_m (d - 0.5) \tag{11-29}$$

式中 f_a ——修正后的地基承载力特征值。

f_{ak} ——地基承载力特征值。

η_b, η_d ——基础宽度和埋深的地基承载力修正系数，根据基础地面下土的类别查表 11-2 确定。

γ ——基础底面到地下水位的土的重度，地下水位以下取浮重度。

b ——基础底面宽度，当基宽小于 3m 时按 3m 取值，大于 6m 时按 6m 取值。

γ_m ——基础底面以上土的加权平均重度，地下水位以下取浮重度。

d ——基础埋置深度，m，一般自室外地面标高算起。在填方整平地区，可自填土地面标高算起，但填土在上部结构施工后完成时，应从天然地面标高算起。对于地下室，当采用箱形基础或筏形基础时，基础埋置深度自室外地面标高算起；当采用独立基础或条形基础时，应从室内地面标高算起。

表 11-2　　**承载力修正系数**

土的类别		η_b	η_d
淤泥和淤泥质土		0	1.0
人工填土、e 或 $I_L \geqslant 0.85$ 的黏性土		0	1.0
红黏土	含水比 $\alpha_w > 0.85$	0	1.2
	含水比 $\alpha_w \leqslant 0.85$	0.15	1.4
大面积压实填土	压实系数大于 0.95、黏粒含量 $\rho_c \geqslant 10\%$ 的粉土	0	1.5
	最大干密度大于 2.1t/m^3 的级配砂石	0	2.0
粉土	黏粒含量不小于 10%的粉土	0.3	1.5
	黏粒含量小于 10%的粉土	0.5	2.0
e 及 I_L 均小于 0.85 的黏性土		0.3	1.6
粉砂、细砂(不包含很湿与饱和时稍密状态的砂)		2.0	3.0
中砂、粗砂、砾砂和碎石类土		3.0	4.4

注:1. 强风化和全风化的岩石,可参照所风化成的相应土类取值,其他状态下的岩石不修正。

2. 地基承载力特征值按照《建筑地基基础设计规范》(GB 50007—2011)附录 D 深层平板荷载试验确定时,η_d 取 0。

(4)边坡稳定

边坡在一定范围内整体地沿某一滑动面向下和向外移动而丧失其稳定性。边坡如图 11-21 所示,由坡顶、坡面、坡脚构成。边坡的顶面和底面都是水平,并伸至无穷,且由均质土所组成,称为简单边坡。边坡稳定性分析包括无黏性土边坡稳定性分析和黏性土边坡稳定性分析两大类。

①无黏性土边坡稳定性。

图 11-22 所示为坡角无黏性土边坡的受力分析图。假设边坡及其地基都是同一种土,且不考虑渗流的影响。设坡面土颗粒 M,质量为 W,砂土内摩擦角为 φ,则质量 W 的颗粒在垂直和平行于坡面方向的分力分别按式(11-30)和式(11-31)计算。

$$N = W\cos\beta \tag{11-30}$$

$$T = W\sin\beta \tag{11-31}$$

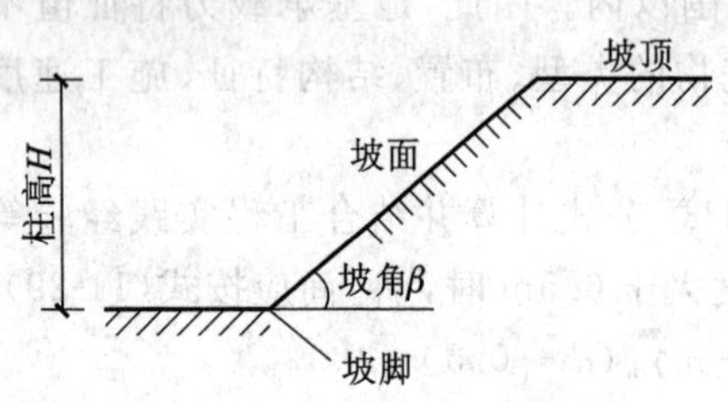

图 11-21　边坡各部位名称

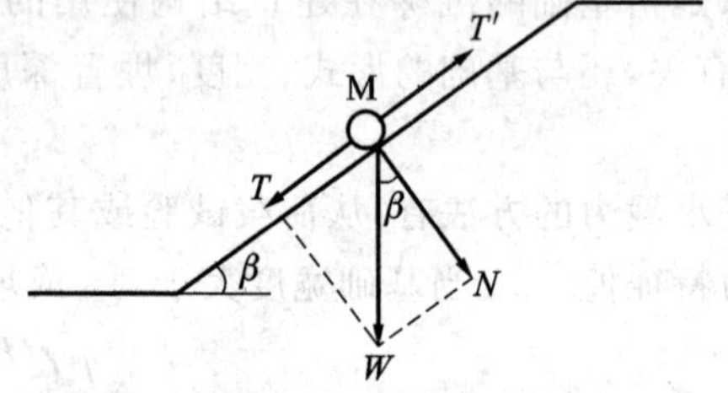

图 11-22　无黏性土边坡稳定性分析简图

分力 T 使颗粒 M 向下滑动,是滑动力;而垂直分量 N 引起的摩擦力 $T' = N\tan\varphi = W\cos\beta\tan\varphi$ 是抗滑力,则抗滑力和滑动力之比为稳定安全系数,即

$$K = \frac{T'}{T} = \frac{W\cos\beta\tan\varphi}{W\sin\beta} = \frac{\tan\varphi}{\tan\beta} \tag{11-32}$$

由上式可以知道,当 $\beta = \varphi$ 时,$\beta = 1$,边坡处于极限平衡状态。所以砂土的内摩擦角 φ 也就是土坡的极限坡角,特称为自然休止角。只要 $\beta < \varphi$,土坡就是稳定的。为了保证土坡有足够的安全度,通常要求 $K = 1.1 \sim 1.5$。

②黏性土边坡稳定性。

黏性土边坡由于剪切而破坏的滑动大多数为一曲面。一般在破坏前坡顶先有张力裂缝发生,继而沿某一曲线面产生整体滑动,如图 11-23 所示。在理论分析时把滑动面假设为圆筒面,并按平面问题进行分析。

边坡的稳定性安全系数 K，定义为由抗剪力和剪切力对圆心 O 构成的抗滑力矩 $M_{抗}=SR$ 与滑动力矩 $M_{滑}=TR$ 之比。

$$K=\frac{SR}{TR}=\frac{\sum(c_i\Delta l_i+W\cos\beta_i\tan\varphi_i)}{\sum W_i\sin\beta_i} \tag{11-33}$$

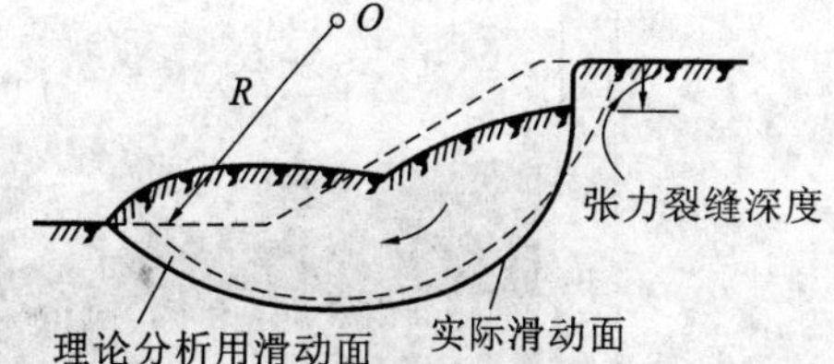

图 11-23 黏性土边坡的滑动面

【例 11-2】 已知某挡土墙高 5m，墙背竖直、光滑，墙后填土面水平，填土的物理力学性质指标如图 11-24 所示。试计算作用在该挡土墙墙背上的主动土压力合力及其作用点位置，并绘出主动土压力分布图。

【解】 因为墙背竖直、光滑，墙后填土面水平，符合朗肯土压力条件，故有朗肯主动土压力系数：

$$K_a=\tan^2\left(45°-\frac{\varphi}{2}\right)=\tan^2\left(45°-\frac{20°}{2}\right)=0.49$$

填土表面土压力强度为

$$P_{a0}=-2c\sqrt{K_a}=-2\times12\times0.7=-16.8(\text{MPa})$$

设临界深度为 z_0，即

$$P_a=\gamma z_0K_a-2c\sqrt{K_a}=0$$

可得 $z_0=1.90\text{m}$。

在墙底处主动土压力强度为

$$P_{a1}=\gamma hK_a-2c\sqrt{K_a}=18\times5\times0.49-2\times12\times0.7=27.3(\text{KPa})$$

主动土压力合力为

$$E_a=\frac{1}{2}\times27.3\times(5-1.9)=42.32(\text{kN/m})$$

其作用点离墙底的距离为

$$\frac{h-z_0}{3}=1.03(\text{m})$$

主动土压力分布如图 11-25 所示。

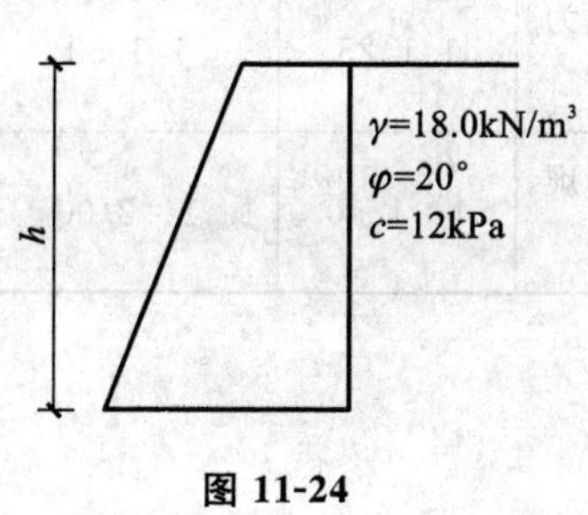

图 11-24

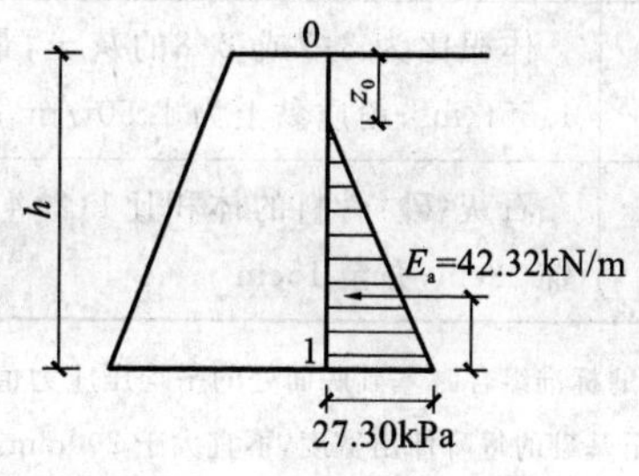

图 11-25 主动土压力分布

11.3 刚性基础

11.3.1 刚性基础概述

刚性基础通常是指由砖、块石、毛石、素混凝土、三合土和灰土等材料建造的无需配置钢筋的基础。刚性基础可用于六层及六层以下(三合土基础不宜超过四层)的民用建筑和砌体承重的厂房。

刚性基础常见的有墙下刚性条形基础，如图 11-26 所示。刚性基础台阶的放坡构造如图 11-27 所示。

图 11-26 墙下刚性条形基础

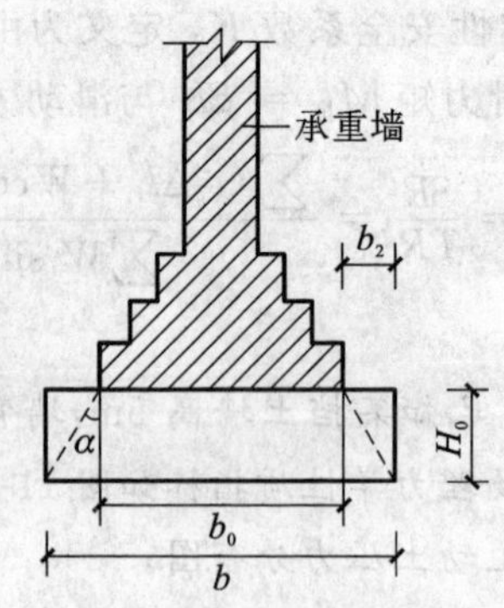

图 11-27 刚性基础构造示意图

刚性基础在设计过程中，除了应满足相应的构造要求外，基础高度还应符合式(11-34)的要求，以限制基础的拉应力和剪应力不大于材料的强度设计值。

$$H_0 \geqslant \frac{b-b_0}{2\tan\alpha} \tag{11-34}$$

式中 b——基础底面宽度；

b_0——基础顶面的墙体宽度或柱脚宽度；

H_0——基础高度；

$\tan\alpha$——基础台阶宽高比 $b_2 : H_0$，其允许值按表 11-3 选用；

b_2——基础台阶宽度。

表 11-3 刚性基础台阶宽高比的允许值

基础材料	质量要求	台阶宽高比的允许值		
		$P_k \leqslant 100$	$100 < P_k \leqslant 200$	$200 < P_k \leqslant 300$
毛石混凝土基础	C15 混凝土	1:1.00	1:1.25	1:1.50
砖基础	砖不低于 MU10，砂浆不低于 M5	1:1.50	1:1.50	1:1.50
毛石基础	砂浆不低于 M5	1:1.25	1:1.50	—
灰土基础	体积比为 3:7或 2:8的灰土，最小干密度：粉土为 $1.55t/m^3$；粉质黏土为 $1.50t/m^3$；黏土为 $1.45t/m^3$	1:1.25	1:1.50	—
三合土基础	石灰:砂:骨料的体积比1:2:4～1:3:6，每层约虚铺 22cm，夯至 15cm	1:1.50	1:2.00	—

注：1. P_k 为作用的标准组合时基础底面处的平均压应力值，单位为 kPa。

2. 阶梯形毛石基础的每阶伸出宽度，不宜大于 200mm。

3. 当基础由不同材料叠合组成时，应该对接触部分作抗压验算。

11.3.2 基底压力计算

在选择了基础类型和埋置深度(基础底面到室外设计地面的距离)以后，就可根据持力层土的承载力计算基础底面尺寸。当地基压缩范围内有承载力显著低于持力层的土层时，还必须对此软弱下卧层进行承载力验算。

(1)按持力层土的承载力计算

如图 11-28 所示，当轴心荷载作用时，基础底面的压力计算公式见式(11-35)，且需满足式(11-36)。

$$P = \frac{F_k + G_k}{A} \tag{11-35}$$

$$P_k \leqslant f_a \tag{11-36}$$

式中 P——相应于作用的标准组合时，基础底面处的平均压力值，kPa；

f_a ——修正后的地基承载力特征值，kPa；

F_k ——相应于作用的标准组合时，上部结构传至基础顶面的竖向力值，kN；

G_k ——基础自重和基础上的土重，kN；

A ——基础底面的面积，m^2。

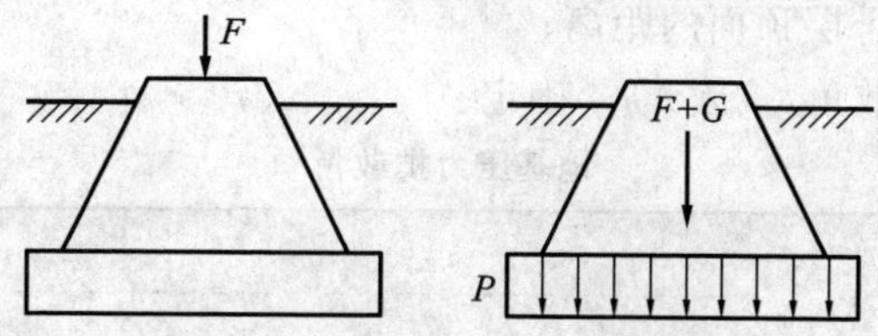

图 11-28　基础受力示意图(轴心荷载)

如图 11-29 所示，当偏心荷载作用时，基础底面的压力计算公式见式(11-37)，且需满足式(11-38)。

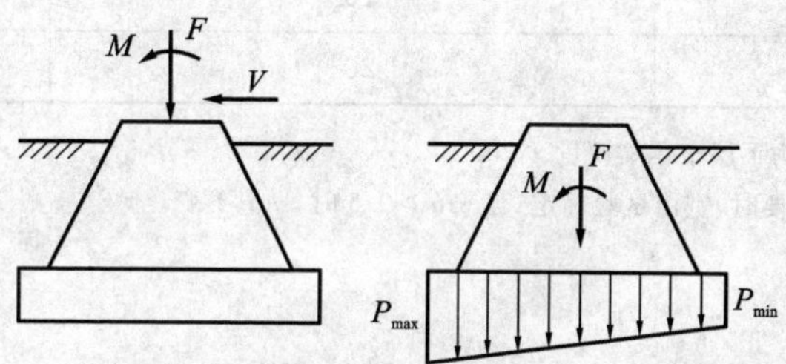

图 11-29　基础受力示意图(偏心荷载)

$$\begin{cases} P_{kmax} = \dfrac{F_k + G_k}{A} + \dfrac{M_k}{W} \\ P_{kmin} = \dfrac{F_k + G_k}{A} - \dfrac{M_k}{W} \end{cases} \tag{11-37}$$

$$P_{kmin} \leqslant 1.2 f_a \tag{11-38}$$

式中　P_{kmax} ——相应于作用的标准组合时，基础底面边缘的最大压力值，kPa；

P_{kmin} ——相应于作用的标准组合时，基础底面边缘的最小压力值，kPa；

M_k ——相应于作用的标准组合时，上部结构传至基础底面的力矩值，kN·m；

W ——基础底面的抵抗矩值，m^3。

当基础底面形状为矩形且偏心距 $e > b/6$ 时，如图 11-30 所示，P_{kmax} 应按式(11-39)计算。

$$P_{kmax} = \frac{2(F_k + G_k)}{3la} \tag{11-39}$$

式中　l ——垂直于力矩作用方向的基础地面边长，m；

a ——合力作用点至基础底面最大压力边缘的距离，m。

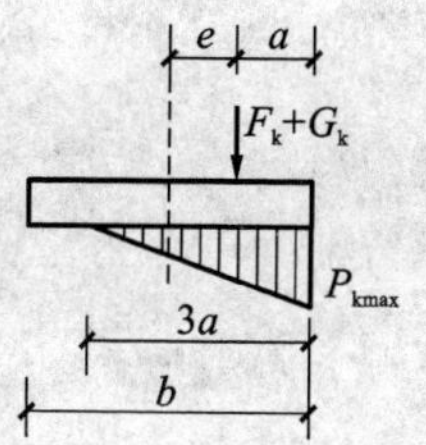

图 11-30　偏心荷载($e>b/6$)下基底压力计算示意图

(2)软弱下卧层强度验算

当地基承载力层范围内有软弱下卧层时，要求传递在软弱下卧层顶面处的附加压力 P_z 与土的自重压力 P_{cz} 之和不超过软弱下卧层的地基承载力 f_{az}。

$$P_z + P_{cz} \leqslant f_{az} \tag{11-40}$$

式中　P_z ——相应于荷载效应标准组合时软弱下卧层顶面处的附加压力值；

P_{cz} ——软弱下卧层顶面处土的自重压力值；

f_{az} ——软弱下卧层顶面处经深度修正后的地基承载力特征值。

根据扩散后在下卧层顶面处的合力与扩散前在基底处的合力相等的条件，计算附加压力 P_z。

条形基础

$$P_z = \frac{b(P_k - P_c)}{b + 2z\tan\theta} \tag{11-41}$$

矩形基础

$$P_z = \frac{lb(P_k - P_c)}{(b + 2z\tan\theta)(l + 2z\tan\theta)} \tag{11-42}$$

式中 l,b——矩形基础地面长度和宽度；

P_c——基础底面处土的自重应力；

z——地基底面至软弱下卧层顶面的距离；

θ——持力层土的压力扩散角，按表 11-4 确定。

表 11-4 **地基压力扩散角**

E_{s1}/E_{s2}	z/b	
	0.25	0.50
3	6°	23°
5	10°	25°
10	20°	30°

注：1. E_{s1} 为上层土压缩模量，E_{s2} 为下层土压缩模量。

2. 当 $z/b<0.25$ 时，取 $\theta=0$，必要时，宜由试验确定；当 $z/b>0.5$ 时，θ 值不变。

11.4 柔性基础

当刚性基础的尺寸不能同时满足地基承载力和基础埋深要求时，需要采用柔性基础。柔性基础主要有扩展基础、柱下条形基础、筏板基础、桩基础等类型。

11.4.1 扩展基础

墙下条形基础和柱下独立基础统称为扩展基础。当地基土承载力较小而建筑物荷载较大时，墙下条形基础常用钢筋混凝土建造，如图 11-31 所示，施工人员正在为墙下条形基础布置钢筋网。墙下条形基础的上部结构主要是墙体承重，通过墙体将荷载传递到基础上。柱下独立基础是柱基础的主要类型，它采用的材料视柱的材料和荷载大小而定，通常采用灰土、混凝土和钢筋混凝土。柱下独立基础通常有现浇台阶形基础、现浇锥形基础和预制柱的杯口形基础，如图 11-32 所示。如果采用装配式钢筋混凝土柱时，在基础上预留安放柱子的孔洞，孔洞尺寸要比柱子横断面尺寸大一些，如图 11-32 (c)所示。

图 11-31 墙下条形基础

(1)扩展基础的构造要求

①锥形基础的边缘高度不宜小于 200mm，且两个方向的坡度不宜大于 1/3，阶梯形基础的每阶高度，宜为 300～500mm。

②垫层的厚度不宜小于 70mm，垫层混凝土强度等级不宜低于 C10。

③基础受力钢筋的最小配筋率不应小于 0.15%，底板受力钢筋的最小直径不宜小于 10mm，间距不宜大于 200mm，也不宜小于 100mm。墙下钢筋混凝土条形基础纵向分布钢筋的直径不宜小于 8mm；间距不宜大于 300mm；每延米分布钢筋的面积应不小于受力面积的 15%。当有垫层时钢筋保护层的厚度不应小于 40mm；无垫层时不应小于 70mm。

④混凝土的强度等级不应小于 C20。

⑤当柱下钢筋混凝土独立基础的边长和墙下钢筋混凝土条形基础的宽度大于或等于 2.5m 时，地板受力钢筋的长度可取边长或宽度的 90%，并宜交错布置。

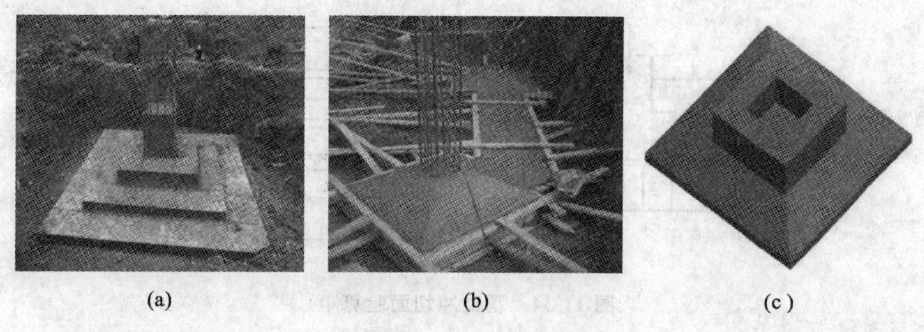

(a) (b) (c)

图 11-32 柱下独立基础

(a)现浇台阶形基础;(b)现浇锥形基础;(c)杯口形基础

⑥钢筋混凝土条形基础地板在 T 形及十字形交接处,地板横向受力钢筋仅沿一个主要受力方向通长布置,另一方向的横向受力钢筋可布置到主要受力方向地板宽度 1/4 处。在拐角处底板横向受力钢筋应沿两个方向布置。

(2)扩展基础的计算要求

①如图 11-33 所示,在墙下条形基础相交处,不应重复计入基础面积。

②对柱下独立基础,当冲切破坏锥体落在基础底面以内时,应验算柱与基础交接处以及基础变阶处的受冲切承载力。

③对基础底面短边尺寸小于或等于柱宽加两倍基础有效高度的柱下独立基础,以及墙下条形基础,应验算柱(墙)与基础交接处的基础受剪切承载力。

④基础底板的配筋,应按抗弯计算确定。

⑤当基础的混凝土强度等级小于柱的混凝土强度等级时,尚应验算柱下基础顶面的局部受压承载力。

图 11-33 墙下条形基础相交处

(3)扩展基础的内力计算

与墙下条形基础一样,在进行柱下独立基础的设计时,一般先由地基承载力确定基础的底面尺寸,再进行基础截面的设计验算。设计基础时,一般先确定埋深 d 后,就可按持力层承载力 f_a 计算所需的基底尺寸。

如果令矩形基础长边 l 与短边 b 之比为 n,则可得

$$b \geqslant \sqrt{\frac{F_k}{(f_a - \gamma_G d)n}} \tag{11-43}$$

式中 b——矩形基础短边边长。

其他符号意义同前。

由于式(11-43)中的 F_k 和 f_a 都与基底尺寸有关,所以只有预选尺寸并通过反复试算修改尺寸才能取得满意的结果。

①轴心荷载作用。

锥形基础受竖向轴心荷载 F 作用,如图 11-34 所示,基底的净压力 P_e(不考虑基础自重及上覆土重时的压力)在冲切面引起的冲切荷载 F_1 为:

$$F_1 = A_c \cdot P_e \tag{11-44}$$

式中 A_c——基础底面上冲切面以外的面积,如图 11-34 所示阴影部分面积,$A_c = ab - (a_c + 2h_0) \cdot (b_c + 2h_0)$。

则基础受剪承载力 V 按式(11-45)确定:

$$V = 0.7\beta_{hp} f_t A_p \tag{11-45}$$

式中 β_{hp}——高度影响系数,当 $h_0 \leqslant 800$mm 时,β_{hp} 取 1.0;当 $h_0 \geqslant 2000$mm 时,β_{hp} 取 1.0;当 h_0 为 800~2000mm 时,按插值法取用。

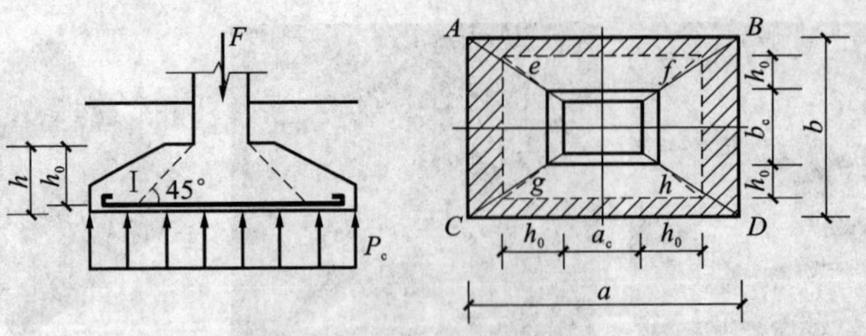

图 11-34 基础冲切面验算Ⅰ

f_t ——混凝土轴心抗拉设计强度，kPa。

A_p ——冲切截面的平均面积，m^2，$A_p = 2(a_c + b_c + 2h_0)h_0$。

②偏心荷载作用。

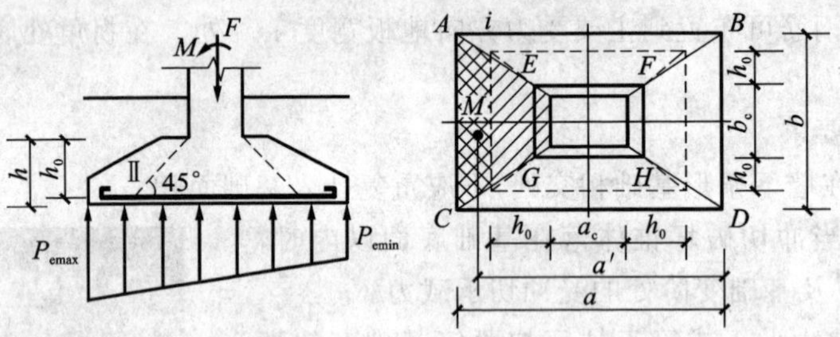

图 11-35 基础冲切面验算Ⅱ

锥形基础受竖向偏心荷载 F 作用，基底净反力为梯形分布，如图 11-35 所示，可知冲切面在基础边缘最大压应力 P_{emax} 处，基底平均净压力在冲切面引起的冲切荷载 F_l 按式(11-46)确定：

$$F_l = A_{ai}P_{av} \tag{11-46}$$

式中 A_{ai} ——图 11-35 中深色阴影部分面积；

p_{av} ——基底平均净压力，按式(11-47)确定，取合力作用点 M 处的基底净压力。

$$P_{av} = \frac{(P_{emax} - P_{emin})a' + P_{emin}a}{a} \tag{11-47}$$

式中，$a' = \frac{3}{4}a + \frac{1}{4}(a_c + 2h_0)$。

则基础受剪承载力 V 按式(11-48)确定。

$$V = 0.7\beta_{hp}f_t(b_c + h_0)h_0 \tag{11-48}$$

11.4.2 柱下条形基础

柱下条形基础是多层框架或排架结构的一种基础，它的上部结构主要是柱体承重，然后通过柱体将荷载传递到基础上。条形基础可以沿柱列单向配置，也可以双向相交于柱位处形成交叉条形基础，如图 11-36 和图 11-37 所示。

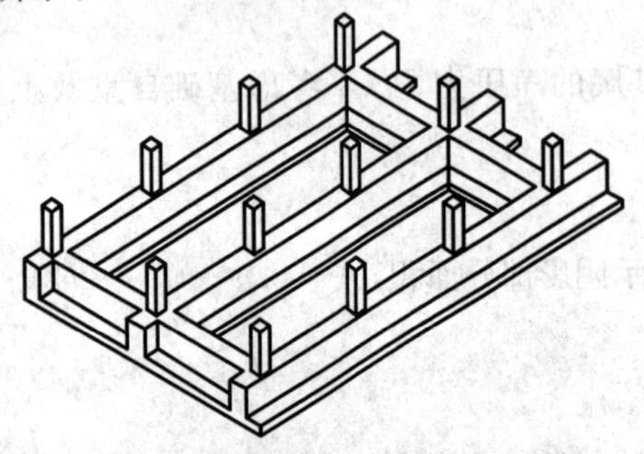

图 11-36 柱下条形基础(单向)

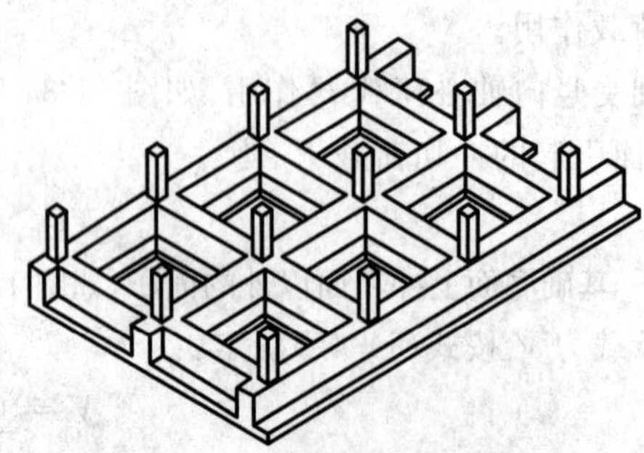

图 11-37 柱下条形基础(十字交叉)

(1)柱下条形基础的构造要求

柱下条形基础的构造,除了应满足扩展基础的构造外,还应该满足以下规定:

①柱下条形基础梁的高度宜为柱距的 1/8～1/4;翼缘厚度不应小于 200mm;当翼板厚度大于 250mm 时,宜采用变厚度翼板,其顶面坡度宜小于或等于 1∶3。

②条形基础的端部向外伸出,其长度为第一跨距的 25%。

③现浇柱与条形基础梁的交接处,基础梁的平面尺寸应大于柱的平面尺寸,且柱的边缘至基础梁边缘的距离不得小于 50mm。

④条形基础梁顶部和底部的纵向受力钢筋除应满足计算要求外,顶部钢筋应按计算配筋全部贯通,底部通长钢筋不应少于底部受力钢筋截面总面积的 1/3。

⑤柱下条形基础的混凝土强度等级不应低于 C20。

(2)柱下条形基础计算要求

①在柱下条形基础的相交处,不应重复计入基础面积。

②在比较均匀的地基上,上部结构刚度较好,荷载分布较均匀,且条形基础梁的高度不小于 1/6 柱距时,地基反力可按直线分布,条形基础的内力可按照连续梁计算,此时边跨跨中弯矩及第一内支座的弯矩值宜乘以 1.2 的系数。

③不满足第②条要求时,宜按照弹性地基梁计算。

④对交叉条形基础,柱列传递的荷载在条形基础上产生的荷载效应可按静力平衡条件及变形协调条件进行分配。其内力可按②～③的规定分别进行计算。

⑤应验算柱边缘处基础梁的受剪承载力。

⑥当存在扭矩时,尚应作抗扭计算。

⑦当条形基础的混凝土强度等级小于柱的混凝土强度等级时,应验算柱下条形基础梁顶面的局部承压承载力。

11.4.3 筏形基础

如果地基土土质较软,而上部结构传来的荷载较大,采用柱下条形基础尚不能满足地基承载力要求时,可采用钢筋混凝土筏形基础,如图 11-38 所示。由于筏形基础可以有效地增大,平面完整连续,它不仅易于满足软弱地基承载力的要求,减少地基基底附加应力和不均匀沉降,还具有如下特点:例如,能跨越地下浅层小洞穴和局部软弱层;能提供比较宽敞的地下使用空间;能作为水池、油库等防渗底板;能增强建筑物的整体抗震性能。所以筏形基础常用作高层建筑基础。

(1)筏形基础的构造要求

平筏形基础分为平板式和肋梁式,如图 11-39 所示。

平板式筏形基础的厚度不得小于 200mm,当柱荷载较大时,可将柱周边一定范围的筏板局部加厚。一般情况下,筏板边缘应伸出边柱和角柱外侧包线或侧墙以外,伸出长度不宜大于伸出方向边跨柱距的1/4;无外伸肋梁式筏形基础,其筏板伸出长度一般不宜大于 1.5m。筏形基础的混凝土强度等级不应低于 C20。对于设置架空层或地下室的筏形基础,其底板、肋梁及侧墙均须考虑所用混凝土的防渗等级。

图 11-38 筏板基础

(2)筏形基础的内力计算

筏板的内力计算可根据上部结构刚度及筏形基础刚度的大小分别采用刚性法或弹性地基基床系数法进行。

①刚性法。

如图 11-40 所示,当上部结构整体刚度较大,筏形基础范围的地基土层分布均匀时,可不考虑整体弯曲产生的内力。当持力层压缩模量 E_s 不大于 4MPa 或板厚不小于 1/6 墙间距时,筏形基础的内力可按刚性法

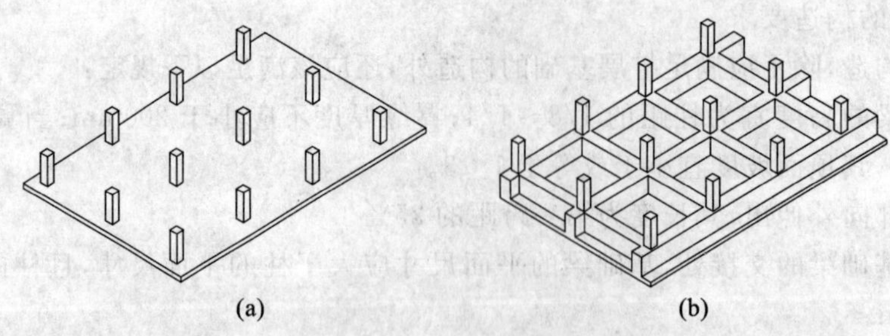

图 11-39　筏形基础分类

(a)平板式;(b)肋梁式

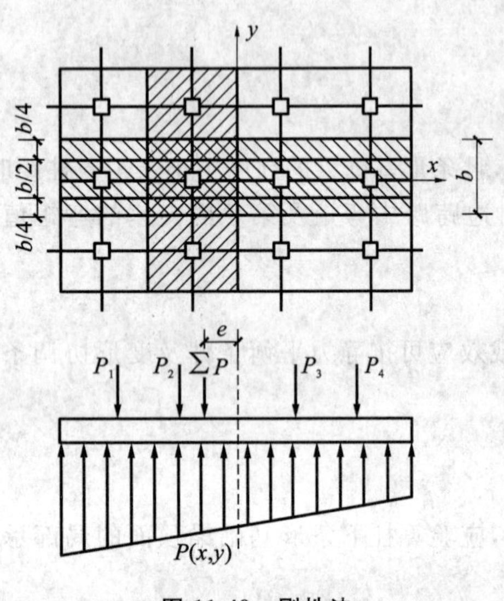

图 11-40　刚性法

计算。此时,基础底面的地基净反力可按式(11-49)计算:

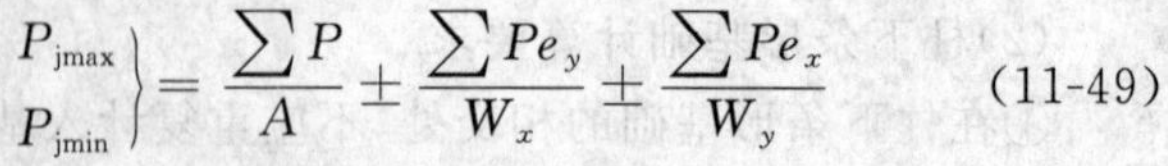

$$\left.\begin{matrix}P_{\text{jmax}}\\P_{\text{jmin}}\end{matrix}\right\}=\frac{\sum P}{A}\pm\frac{\sum Pe_y}{W_x}\pm\frac{\sum Pe_x}{W_y} \tag{11-49}$$

式中　P_{jmax},P_{jmin}——基底最大、最小净反力;

e_x,e_y——合力 P 在 x 方向和 y 方向上与基础形心的偏心距;

W_x,W_y——筏形基础底面对 x 轴和 y 轴的截面抵抗矩;

A——筏形基础底面面积。

计算得出基底地基净反力后,用倒楼盖法和刚性样条法计算筏板的内力,这里不再详细阐述。

②弹性地基基床系数法。

当上部结构刚度和筏形基础刚度都较小时,应考虑地基、基础共同作用的影响。筏板内力采用弹性地基基床系数法计算,将筏板看成弹性地基上的薄板。

11.4.4　桩基础

一般建筑物都应充分利用天然地基土的承载力,尽量采用条形基础、独立基础等。但若施工现场土质较差,上部建筑传递的荷载较大,无法满足建筑物对地基变形和强度方面的要求时,可以利用较弱土层下部深度更大的坚实土层或岩层作持力层,这就要选用桩基础。根据工程实践经验,在下列情况下常考虑采用桩基础。

①浅地基软弱且不均匀,或采用天然地基沉降量过大,需将荷载传递到深层承载力较高的低压缩性土层时;或是建筑物较为重要,不允许有过大沉降时。

②高耸建筑物或构筑物对倾斜有严格限制时。

③有大吨位重级工作制吊车的单层工业厂房,由于荷载大、基础密集、有地面荷载等,可能产生较大的地基变形时。

④有对沉降、沉降速率、允许振幅有严格要求的精密设备的基础及动力机械基础时。

桩的种类很多,按桩的受力性能,可分为摩擦桩和端承桩,如图 11-41 所示。所谓摩擦桩是把建筑物的荷载传递到桩周土中的桩,假定桩承担的荷载大部分靠桩周与土的摩擦力来平衡。端承桩是将建筑物的荷载传递到桩下坚硬土层或岩层上的桩,假定只靠桩端的支承力起作用,桩表面与土的摩擦力可忽略不计。

(1)桩基础的构造要求

①摩擦桩之间的中心距不宜小于桩身直径的 3 倍;扩底灌注桩之间的中心距不宜小于扩底直径的1.5倍,当扩底直径大于 2m 时,桩端净距不宜小于 1m。在确定桩距时尚应考虑施工工艺中挤土效应对邻近桩的影响。

②扩底灌注桩的扩底直径不应大于桩深直径的 3 倍。

③桩底进入持力层的深度,宜为桩深直径的 1～3 倍。在确定桩底进入持力层深度时,尚应考虑特殊土、岩溶以及震陷液化等影响。嵌岩灌注桩周边嵌入完整和较完整的未风化、微风化、中风化硬质岩体的最小深度,不宜小于 0.5m。

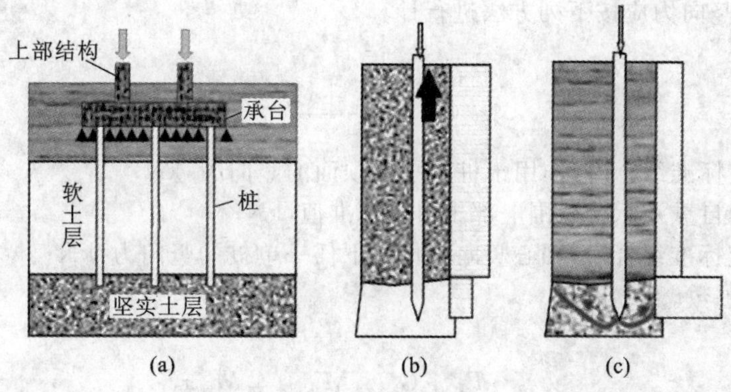

图 11-41 桩基础简图

(a)桩;(b)摩擦桩;(c)端承桩

④布置桩位时宜使桩基承载力合力作用点与竖向永久荷载合力作用点重合。

⑤设计使用年限不少于 50 年时,非腐蚀环境中预制桩的混凝土强度等级不应低于 C30,预应力桩不应低于 C40,灌注桩的混凝土强度等级不应低于 C25;二 b 类环境及三类、四类、五类微腐蚀环境中不应低于 C30;在腐蚀环境中,桩身混凝土的强度等级应符合《混凝土结构设计规范(2015 年版)》(GB 50010—2010)的有关规定;设计使用年限不少于 100 年的桩,桩身混凝土的强度等级宜适当提高。水下灌注混凝土的桩身混凝土强度等级不宜高于 C40。

⑥桩身混凝材料的最小水泥用量、水灰比、抗渗等级等应符合《混凝土结构设计规范(2015 年版)》(GB 50010—2010)、《工业建筑防腐蚀设计规范》(GB 50046—2008)及《混凝土结构耐久性设计规范》(GB/T 50476—2008)的有关规定。

⑦桩的主筋配置应经计算确定。预制桩的最小配筋率锤击沉桩不宜小于 0.8%、静压沉桩不宜小于 0.6%,预应力桩不宜小于 0.5%;灌注桩最小配筋率不宜小于 0.2%～0.65%(小直径桩取大值)。桩顶以下 3～5 倍桩身直径范围内,箍筋宜适当加强加密。

⑧桩身纵向钢筋长度应符合下列规定。受水平荷载和弯矩较大的桩,配筋长度应通过计算确定;桩基承台下存在淤泥、淤泥质土或液化土层时,配筋长度应穿过淤泥、淤泥质土层或液化土层;坡地岸边的桩、8 度及 8 度以上地震区的桩、抗拔桩、嵌岩端承桩应通长配筋:钻孔灌注桩构造钢筋的长度不宜小于桩长的 2/3,桩施工在基坑开挖前完成时,其钢筋长度不宜小于基坑深度的 1.5 倍。可滑桩身纵向不均匀配筋。腐蚀环境中的灌注桩主筋直径不宜小于 16mm,非腐蚀性环境中灌注桩主筋直径不应小于 12mm。

⑨桩顶嵌入承台内的长度不应小于 50mm。主筋伸入承台内的锚固长度不应小于钢筋直径(HPB235)的 30 倍和钢筋直径(HRB335 和 HRB400)的 35 倍。对于大直径灌注桩,当采用一柱一桩时,可设置承台或将桩和柱直接连接。灌注桩主筋混凝土保护层厚度不应小于 50mm;预制桩不应小于 45mm;预应力管桩不应小于 35mm;腐蚀环境中的灌注桩不应小于 50mm。

(2)桩基础承载力计算

单桩竖向承载力特征值应通过单桩竖向静载荷试验确定。单桩的承载力一般都取决于土对桩的阻力。土对桩的阻力由桩侧表面摩擦力 q_{sia} 和桩端下土层的桩端阻力 q_{pa} 两部分组成。按经验公式确定单桩承载力,一般都假定桩的承载力由桩端阻力和桩侧面摩擦力两部分组成,初步设计时单桩竖向承载力特征值可按下式进行估算:

$$R_a = q_{pa}A_p + \mu_p \sum q_{sia} l_i \tag{11-50}$$

式中 A_p ——桩底端横截面面积,m^2;

q_{pa},q_{sia} ——桩端阻力及桩侧阻力特征值,kPa;

μ_p——桩身周边长度,m;

l_i ——第 i 层岩土的厚度,m;

R_a ——单桩竖向承载力特征值,kN。

①群桩中单桩桩顶竖向力应按下列方法进行计算。

轴心竖向力作用下

$$Q_k = \frac{F_k + G_k}{n} \tag{11-51}$$

式中 F_k——荷载效应标准组合时,作用于桩基承台顶面的竖向力,kN;

G_k——桩基承台自重及承台范围上部土自重标准值,kN;

Q_k——荷载效应标准组合时,轴心竖向力作用下任一单桩的竖向力,kN;

n——桩基中的桩数。

偏心竖向力作用下

$$Q_{ik} = \frac{F_k + G_k}{n} \pm \frac{M_{xk} y_i}{\sum y_i^2} \pm \frac{M_{yk} x_i}{\sum x_i^2} \tag{11-52}$$

式中 Q_{ik}——相应于作用的标准组合时,偏心竖向力作用下第 i 根桩的竖向力,kN;

M_{xk},M_{yk}——相应于作用的标准组合时,作用于承台底面通过桩群形心 x 轴和 y 轴的力矩,kN·m;

x_i,y_i——桩 i 形心至桩群形心的 y 轴和 x 轴线的距离,m。

水平力作用下

$$H_{ik} = \frac{H_k}{n} \tag{11-53}$$

式中 H_k——荷载效应标准组合时,作用于承台底面的水平力,kN;

H_{ik}——荷载效应标准组合时,作用于任一单桩的水平力,kN。

②单桩承载力计算应符合下列规定。

轴心竖向力作用下

$$Q_k \leqslant R_a \tag{11-54}$$

偏心竖向力作用下,除满足式(11-54)外,尚应满足下列要求

$$Q_{ikmax} \leqslant 1.2R_a \tag{11-55}$$

水平荷载作用下

$$H_{ik} \leqslant R_{Ha} \tag{11-56}$$

式中 R_{Ha}——单桩水平承载力特征值,kN。

知识归纳

(1)地基是支承上部建筑的地质条件,分为天然地基和人工地基。基础是建筑结构的一部分,其主要作用是将地面以上的建筑荷载有效地传递给地基,其主要分为刚性基础和柔性基础两大类。

(2)地基土是自然形成的地质条件,其天然承载力由各种类型土的物理性质和力学性能决定,在工程应用中主要体现为对地基沉降量和土体稳定性的验算。

(3)刚性基础通常是由砖、块石、毛石、素混凝土、三合土和灰土等材料建造的无须配置钢筋的大放脚基础,多用于多层建筑,在工程应用中主要是根据上部结构传来的荷载和地基承载力进行基底面积的计算。

(4)柔性基础可进一步分为扩展基础、柱下条形基础、筏形基础、桩基础等类型。与刚性基础相似,在工程应用中主要是基底面积的计算。

独立思考

11-1 地基基础分为哪几类?

11-2 地基土有什么物理性质和力学性能？

11-3 地基变形有哪几类？

11-4 刚性基础和柔性基础的种类有哪些？

11-5 刚性基础和柔性基础的区别是什么？

11-6 墙下条形基础和柱下独立基础有什么不同？

11-7 为什么刚性基础中没有柱下独立基础，而柔性基础中有柱下独立基础？

习 题

11-1 已知一个土样，测得天然重度 $g=17\text{kN/m}^3$，干重度 $g_d=13\text{kN/m}^3$，饱和重度 $g_{sat}=18.2\text{kN/m}^3$，则该土样的天然含水量 ω 应为多少（水的重度 $g_w=10\text{kN/m}^3$）？

11-2 已知某土样的天然重度 $g=18\text{kN/m}^3$，有效重度 $g'=9\text{kN/m}^3$，干重度 $g_d=13\text{kN/m}^3$，液性指数 $I_L=1.0$，试问该土的液限为多少？

11-3 挡土墙高为 4m，墙背竖直、光滑，墙后填土水平，要求填土在最佳含水量 $\omega=20\%$ 条件下，夯实至最大干重度 $g_d=14.5\text{kN/m}^3$，并测得 $c=8\text{kPa}$，$\varphi=22°$，试问墙背底主动土压力为多少？

附录 刚度的计算方法

附1 刚度和柔度的定义

力与位移是结构分析中最主要的两个变量，二者之间存在相互影响的关系，力是位移的起因，位移是力存在的表象，力和位移有着互为因果的关系。在贯穿结构计算分析的整个过程中，无论是对结构进行定性分析，还是对结构进行精确的定量分析，均是利用刚度这个概念反映一组给定位移与对应力之间的度量关系。

一般地，刚度定义为结构或构件发生单位变形所需要的力，反映的是结构或构件抵抗变形的能力，其表达式可写为

$$K=\frac{P}{\Delta} \tag{附 1-1}$$

式中，P、Δ、K 都是广义的，当 P 为力时，Δ 即为沿力的方向产生的线位移，K 即为沿该方向的移动刚度；当 P 为力偶时，Δ 即为力偶方向的转动角度，K 即为该点的转动刚度。

上式表明，结构或构件上某处、某方向的刚度 K，等于该处、该方向所作用的力与所产生的对应位移的比值。这里所谓的变形和力都是广义的，变形可以是轴向变形、应变、曲率、剪切角、扭转角等，相应的力可以是轴力、应力、弯矩、剪力或扭矩等。

例如，附图 1-1(a)所示伸臂梁在 P 作用下，在作用点处沿着 P 作用的方向，梁产生了 Δ 的位移。如果伸臂梁的受力性能是线弹性的，则 Δ 与 P 成正比增加，即 P 和 Δ 之间的关系曲线是一条直线，直线的斜率[附图 1-1(c)]即为刚度 K，为常数。若在非弹性范围内，刚度则为变量。又如附图 1-1(b)所示单跨超静定梁，截面 A 在力偶 P 作用下转动了 Δ，位移曲线如图中虚线所示，则该梁截面 A 或 A 点的转动刚度为 P/Δ。

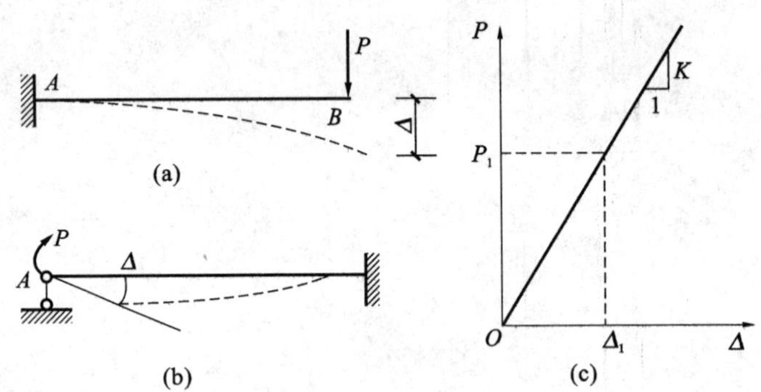

附图 1-1 刚度定义

工程上有时也用到柔度的概念。柔度与刚度相反，定义为在单位力作用下杆件产生的变形(或位移)。

$$\delta=\frac{1}{K} \tag{附 1-2}$$

刚度一旦被确定之后，则式(附 1-1)可写成如下形式：

$$P=K\Delta \tag{附 1-3}$$

式(附 1-3)说明，对刚度较大的物体使之产生位移需要使用较大的力，或者给出另一种表达形式为

$$\Delta=\frac{P}{K} \tag{附 1-4}$$

式(附 1-4)说明，当外力一定时，物体的位移与它的刚度成反比。

附2　截面刚度

构件截面在外力作用下可能发生弯曲、剪切、轴向、扭转变形，相对每一种变形均有对应的刚度概念，即弯曲刚度、剪切刚度、轴向刚度和扭转刚度。在各类基本变形中，弯曲变形在结构构件中发生的最普遍，并且其变形量较大，属于占主导地位的一种变形。

附 2.1　弯曲刚度

截面弯曲刚度 EI 由材料的弹性模量 E 与截面惯性矩 I 组成。弯曲刚度是截面产生单位转角所需的弯矩，量纲为力矩/转角。如附图 2-1 所示，设有一单元体长为 l、截面惯性矩为 I、弹性模量为 E 的等截面直杆。在杆的两端施加一对大小相等、方向相反的力偶 M，直杆将发生纯弯曲变形，在杆两端截面产生相对转角 φ，记轴线上各点曲率半径为 ρ，即曲率半径的倒数 $1/\rho$ 称为曲率，曲率愈大表示曲线弯得愈厉害。也就是说，截面的弯曲变形可以用曲率 $1/\rho$ 来衡量。

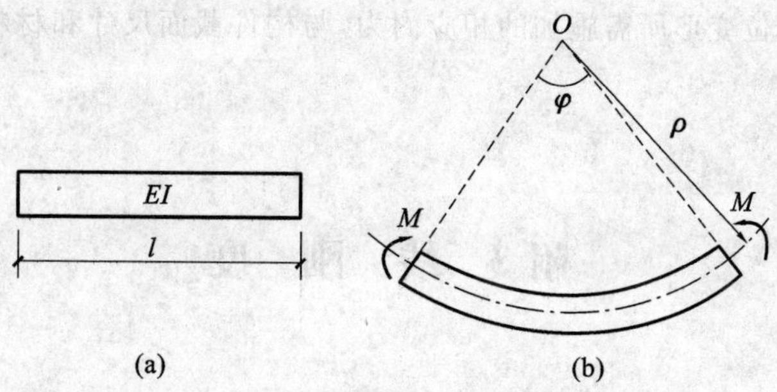

附图 2-1　构件的抗弯刚度

已知纯弯曲情况下，梁的中性层曲率为

$$\frac{1}{\rho} = \frac{M}{EI} \tag{附 2-1}$$

则可求得截面的弯曲刚度 EI 为

$$EI = \frac{M}{1/\rho} \tag{附 2-2}$$

上式表明，截面的曲率 $1/\rho$ 与弯矩 M 成正比，而与 EI 成反比。可见，截面的弯曲刚度 EI 即为使截面产生单位曲率所需要施加的弯矩，它与构件长度无关。M 越大，截面弯得越明显；但 EI 越小，曲率就越小。

附 2.2　轴向刚度

以均匀受轴心荷载的杆件为例。如附图 2-2 所示，杆件的长度为 l，截面面积为 A，材料的弹性模量为 E，杆件在轴向力 N 作用下发生轴向变形 Δ_N。

根据材料力学原理得

$$\Delta_N = \frac{Nl}{EA} \tag{附 2-3}$$

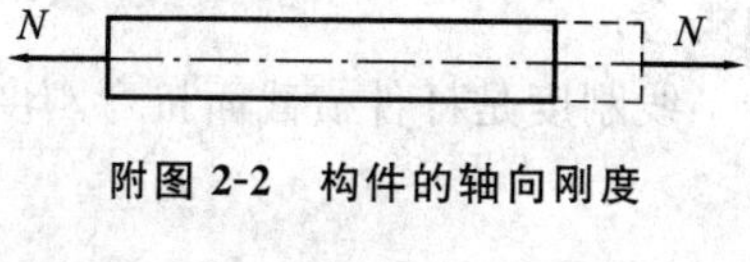

则截面的弯曲刚度为

$$EA = \frac{N}{\Delta_N/l} = \frac{N}{\varepsilon} \tag{附 2-4}$$

附图 2-2　构件的轴向刚度

式中，$\varepsilon = \Delta_N/l$ 为轴向荷载 N 引起的轴向应变。可见，截面的轴向刚度 EA 为使截面产生单位应变所需要的轴力，与杆件长度无关。

附 2.3 剪切刚度

如附图 2-3 所示，杆件长度为 l，截面面积为 A，材料的剪切模量为 G，杆件两端受到一对大小相等、方向相反的剪力 V 作用，使截面发生剪切变形 Δ_V。

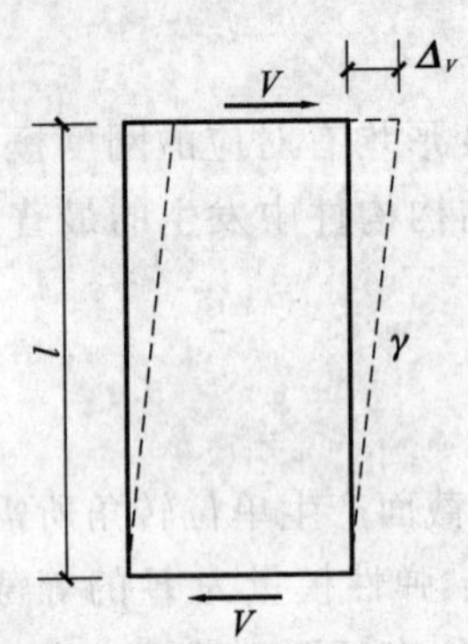

附图 2-3 截面的剪切刚度 GA

根据材料力学原理得

$$\Delta_V = \frac{Vl}{GA} = \gamma l \qquad (附 2\text{-}5)$$

式中 γ——截面发生的剪切角。

则截面的剪切刚度为

$$GA = \frac{V}{\gamma} = \frac{V}{\Delta_V / l} \qquad (附 2\text{-}6)$$

可见，截面剪切刚度 GA 为使截面产生单位剪切角所需施加的剪力，与杆件长度无关。

综上所述，力是位移的起因，杆件在外力作用下截面将产生变形，截面的变形亦是由应力产生应变、再产生变形的。截面的变形与外力之间的关系可以通过上述截面的弯曲刚度 EI、轴向刚度 EA 和剪切刚度 GA 进行衡量。这几种刚度均是在单一受力状态下构件截面产生单位变形所需施加的相应内力，与构件截面尺寸和材料有关，而与构件长度无关，故统称为截面刚度。

附3 线 刚 度

通常把长度比截面尺寸要大很多的构件称为杆件。杆件在外力作用下可能会发生弯曲、剪切、轴向及扭转变形，其中弯曲变形所占成分最大，剪切变形、轴向变形和扭转变形的影响很小，可以忽略不计，所以常只考虑弯曲变形。相对于衡量截面变形的曲率，杆件的变形需要用杆两端的转角来衡量。

如附图 2-1 所示，由 $l = \rho\varphi$ 得 $\frac{1}{\rho} = \frac{\varphi}{l}$，代入式(附 2-1)得

$$\frac{\varphi}{l} = \frac{M}{EI}$$

即杆两端截面相对角位移为

$$\varphi = \frac{Ml}{EI}$$

将上式代入刚度一般表达式式(附 1-1)，得

$$K = \frac{P}{\Delta} = \frac{M}{\varphi} = \frac{EI}{l}$$

由上式可见，杆件所能拥有的抗弯能力仅仅用截面的 EI 值已不足以说明，同时还与杆件的长度有关。在截面 EI 值一定的情况下，杆件越长抗弯能力越小，杆件越短抗弯能力越大。由此，便引入了杆件线刚度的概念。

线刚度是杆件横截面抗弯刚度 EI 与杆件长度 l 的比值，一般用 i 表示：

$$i = \frac{EI}{l} \qquad (附 3\text{-}1)$$

线刚度是衡量各杆件抗弯能力的重要指标，杆件的线刚度 i 与杆件截面的抗弯刚度 EI 成正比，与杆件的长度 l 成反比。这种比例关系可以应用于建筑结构中的各种杆件，尤其当杆件线刚度在决定汇交于刚结点上诸杆各自的抗弯能力时有重要的应用。

例如，一个二跨单层刚架(附图 3-1)，当横梁的线刚度 $i_{梁}$ 为侧柱线刚度 $i_{柱}$ 的 20 倍以上时(强梁弱柱)，横梁的跨中弯矩较大，而支座弯矩较小，相当于两端与柱铰接。当 $i_{梁}/i_{柱}<1/20$ 时(强柱弱梁)，梁的跨中弯矩较小，而支座弯矩较大，相当于两端固定在柱上。当 $\frac{1}{20}< i_{梁}/i_{柱}<20$ 时，梁的跨中弯矩和支座弯矩将不同程度地变化，柱也将发生内力上的变化。当 $i_{梁}/i_{柱}\approx 20$ 时，梁对柱的约束可近似看成固端，而当 $i_{梁}/i_{柱}\approx 1/20$ 时，则梁对柱的约束可近似看作铰接。

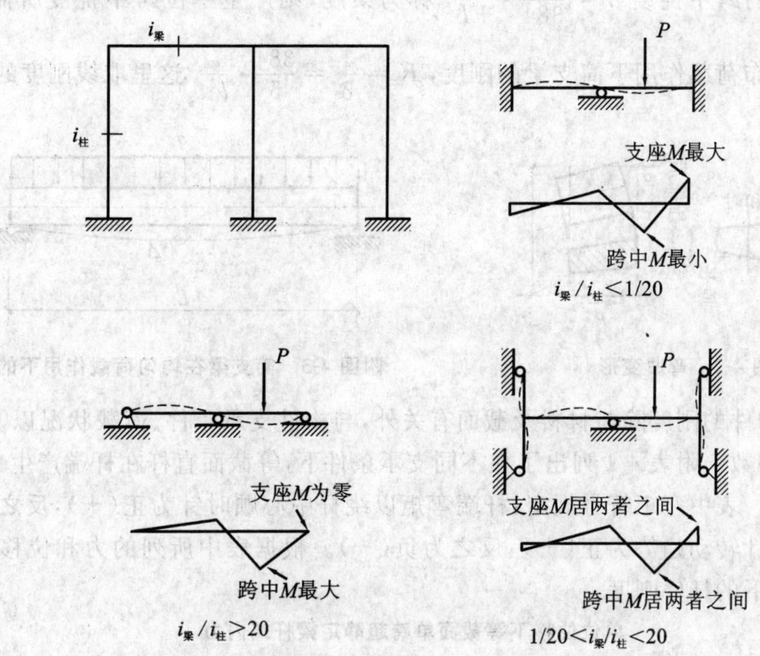

附图 3-1　梁、柱线刚度比对梁的弯矩分布的影响

如果仅需要连续梁或刚架每一根杆件的相对变形大小，或相连的每一根杆件在抵抗外力过程中各自所能承担实际外力的比例时，用到的往往是杆件线刚度 i 的相对值，即可以任选其中的一根杆件的线刚度 i 为 1，其他各杆通过比例求出各自的相对值。

附 4　杆 件 刚 度

杆件刚度是指杆件在特定方向上引起单位变形所施加的特定的力。杆件刚度包括杆件的转动刚度和杆件的侧移刚度。

由于实际结构中构件的截面尺寸、约束条件、变形情况各异，为了符合实际情况，对按纯弯矩条件下等截面直杆推导出来的线刚度 i 在使用时需要修正。

例：如附图 4-1 所示的悬壁柱，在柱顶水平力作用下的变形为 $\Delta=\frac{Ph^3}{3EI}$，故在柱顶单位水平力作用下的位移为 $\delta=\frac{h^3}{3EI}$，称为柔度，则产生柱顶单位侧移所需的力 $\frac{1}{\delta}=\frac{3EI}{h^3}$，称为该柱在单位柱顶水平力作用下的刚度，$K=\frac{3i}{h^2}$。此处的 $\frac{3i}{h^2}$ 即为对线刚度 i 的修正系数。

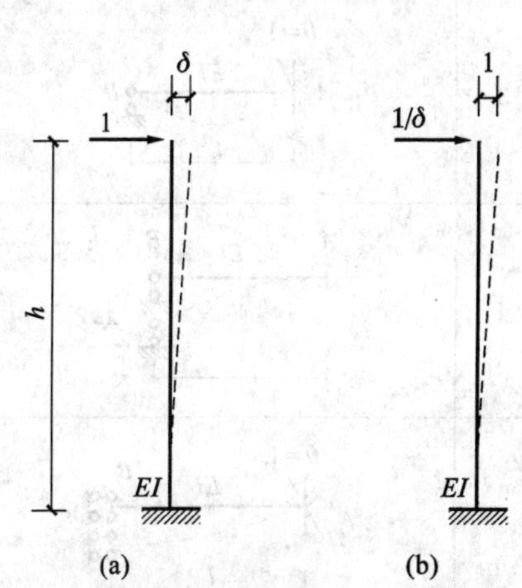

附图 4-1　悬臂柱的抗侧移刚度

(a)结构柔度 δ；(b)结构刚度 $k=1/\delta$

柱顶产生侧移是由于作用力引起构件截面发生了转动。在弯矩作用下，如附图 4-2 所示，构件截面位于中和轴一侧的材料因受拉而伸

长，另一侧则因受压而缩短，各部分伸长或缩短的多少随其至中和轴的距离而变化。由于构件一边拉长、一边缩短，整个构件产生了沿作用力方向的变形(侧移)，变形曲线凸向作用力方向，这种变形称为弯曲变形，所以柱顶的水平位移是由弯曲变形产生的。

如附图 4-3 所示，承受均布荷载的简支梁也是一个杆件，若只考虑弯曲变形，其跨中挠度 $\Delta=\frac{5}{384}\cdot\frac{ql^4}{EI}$，在单位均布荷载作用下的跨中挠度 $\delta=\frac{5}{384}\cdot\frac{l^4}{EI}$，称为柔度，则产生单位跨中挠度所需施加的均布荷载 $\frac{1}{\delta}=\frac{384}{5}\cdot\frac{EI}{l^4}$，称为均布荷载作用下简支梁的刚度，$K=\frac{1}{\delta}=\frac{384}{5}\cdot\frac{i}{l^3}$。这里取线刚度的修正系数为 $\frac{384}{5l^3}$。

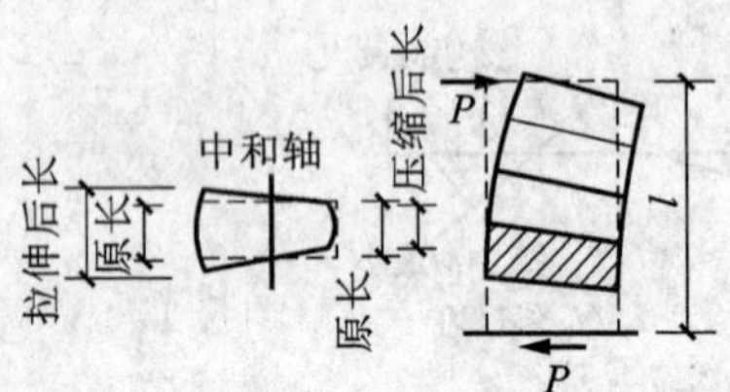

附图 4-2　弯曲变形

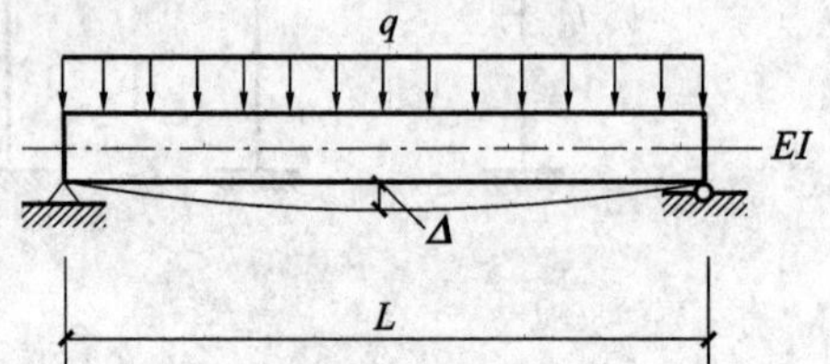

附图 4-3　简支梁在均匀荷载作用下的变形

从上述两例可见，构件的刚度除与材料及截面有关外，与构件支承条件、荷载状况以及特定的变形也有关，且柔度和刚度互为倒数。附表 4-1 列出了在不同支承条件下，等截面直杆在杆端产生单位位移时所产生的变形曲线和杆端内力。表中弯矩符号规定：杆端弯矩以绕杆中心顺时针为正(+)，反之为负(−)；剪力仍是以所在截面产生顺时针转动趋势为正(+)，反之为负(−)。根据表中所列的力和位移值，可以求得等截面直杆在各种支承条件下的杆件刚度。

附表 4-1　　**单位位移下等截面单跨超静定梁杆端内力**

序号	变形图	弯矩图	M_{AB}	M_{BA}	V_{AB}	M_{BA}
1	$\theta=1$, A, EI, B, l	$2i$, $4i$	$4i$	$2i$	$-\frac{6i}{l}$	$-\frac{6i}{l}$
2	A, EI, B, l, $\Delta=1$	$\frac{6i}{l}$	$-\frac{6i}{l}$	$-\frac{6i}{l}$	$\frac{12i}{l^2}$	$\frac{12i}{l^2}$
3	$\theta=1$, A, EI, B, l	$3i$	$3i$	0	$-\frac{3i}{l}$	$-\frac{3i}{l}$
4	A, EI, B, l, $\Delta=1$	$\frac{3i}{l}$	$-\frac{3i}{l}$	0	$\frac{3i}{l^2}$	$\frac{3i}{l^2}$
5	$\theta=1$, A, EI, B, l	i	i	$-i$	0	0

注：$i=\frac{EI}{l}$，为杆件的线刚度。

附 4.1 转动刚度

转动刚度是指使杆端发生单位转角时需施加的力矩。附表 4-1 中的 1、3、5 项给出了在杆端出现单位转动位移时，等截面直杆的变形曲线和杆端内力，根据力和位移的关系就可以确定杆件的转动刚度。

转动刚度体现了杆端在外力作用下发生转动的抵抗能力，例如，AB 杆的 A 端的转动刚度用 S_{AB} 表示。在 S_{AB} 中，A 点是施加端，B 点为远端。S_{AB} 的数值随着远端不同支承情况而变化。附图 4-4 表示在远端不同支承情况下相应的 S_{AB} 值。

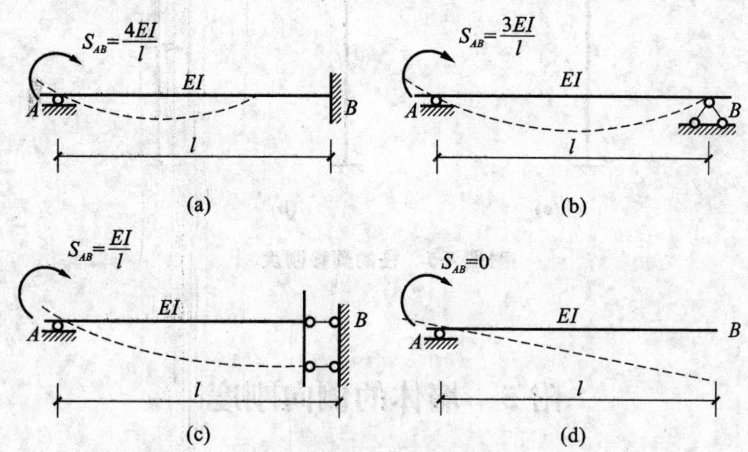

附图 4-4 杆件的转动刚度与其远端支承方式

S_{AB} 是指在没有线位移的条件下施力端的转动刚度。附图 4-4 中 A 端为固定铰支座，在于强调 A 端只能转动，不能移动。由此可见，等截面直杆的转动刚度与该杆的线刚度 $i = EI/l$ 和远端的支承情况有关，而与近端支承无关。

由附图 4-4 可以得出：

当远端 B 为固定支座时，AB 杆 A 点的转动刚度为

$$S_{AB} = 4i \tag{附 4-1}$$

当远端 B 为铰支座时，AB 杆 A 点的转动刚度为

$$S_{AB} = 3i \tag{附 4-2}$$

当远端 B 为滑动支座时，AB 杆 A 点的转动刚度为

$$S_{AB} = i \tag{附 4-3}$$

当远端 B 为固定支座时，AB 杆 A 点的转动刚度为

$$S_{AB} = 0 \tag{附 4-4}$$

在附图 4-4 中，得到了转动刚度与杆件的线刚度之间的关系，即转动刚度 S 是对杆件线刚度 i 的一种数值上的修正。这种修正由所研究的节点上各根杆件的远端支座形式来确定，与近端无关。

附 4.2 侧移刚度

附表 4-1 中的 2、4 项给出了在两端施加垂直于杆轴的单位相对线位移的情况下，等截面直杆的变形曲线和杆端内力。由力和位移的关系就可以确定柱的侧移刚度。

竖立柱的侧移刚度 d 是使柱顶产生单位水平位移 Δ 时，在柱顶施加的水平力 V，即

$$d = \frac{V}{\Delta} \tag{附 4-5}$$

由此可见，柱的侧移刚度取决于柱本身的线刚度 EI/h 及其两端的约束情况，一般是由梁对柱的约束确定，即梁柱的刚度比。柱本身刚度越大，梁柱刚度比越大，使柱产生单位水平位移所需要的水平力越大，因而侧移刚度 d 越大。

附图 4-5(a)、(b)所示两立柱，当柱顶有单位侧移时所引起的剪力或所需施加的外力 d，即为柱的侧移刚

度。如附图 4-5(a)为上下梁柱刚度比均很大或均为固定端的情况，$d=\frac{12i}{h^2}$。附图 4-5(b)为下端固定上端为铰支的情况，$d=\frac{3i}{h^2}$。

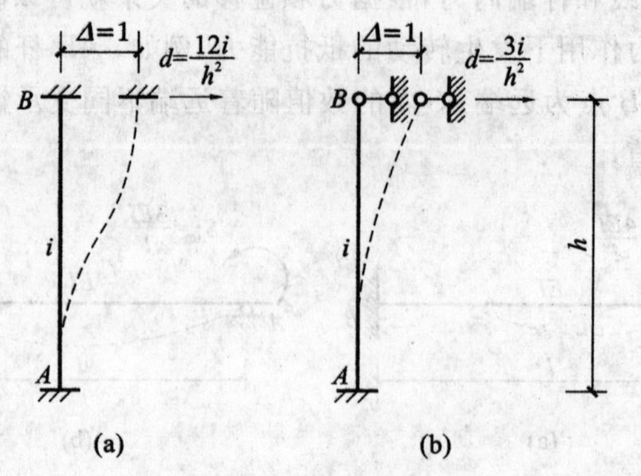

附图 4-5 柱的侧移刚度

附 5 墙体的侧向刚度

墙体的侧向刚度和杆件相比，最大的差异是墙体的剪切变形不能忽略。所以在讨论墙体的侧向刚度时不能一概而论，要分情况研究。

附 5.1 剪力墙墙体上下端有侧移无转动时的刚度

以附图 5-1 所示构件为例，分析这类墙体在单位水平力作用下由弯曲引起的变形与由剪切引起的变形，设墙体、门间墙或窗间墙高度为 h，则其墙体、门间墙或窗间墙的水平截面面积为 $A=bt$；$I=\frac{1}{12}b^3t$ 为墙体、门间墙和窗间墙的水平截面惯性矩；ξ 为截面剪应力分布不均匀系数，取 $\xi=1.2$；E 为砌体的弹性模量；G 为砌体的剪变模量，取 $G=0.4E$。则

弯曲变形

$$\delta_b=\frac{h^3}{12EI}=\frac{1}{EI}\cdot\frac{h}{b}\cdot\left(\frac{h}{b}\right)^2$$

剪切变形

$$\delta_s=\frac{\xi h}{AG}=\frac{1}{Et}\cdot\frac{h}{b}\cdot 3$$

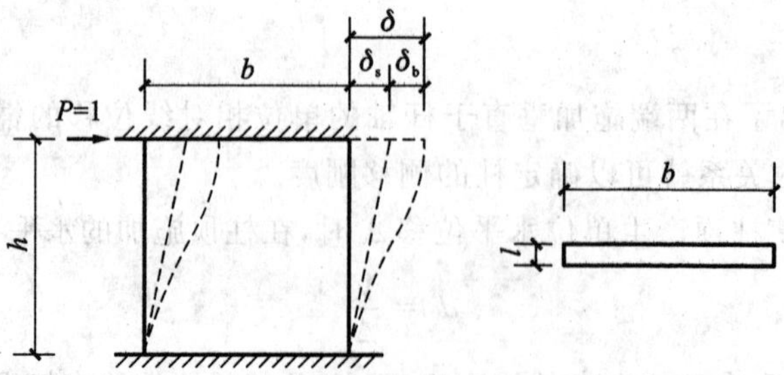

附图 5-1 单位力作用下构件弯曲与剪切变形

故在单位水平力作用下墙体顶端的总变形为

$$\delta=\frac{1}{EI}\cdot\frac{h}{b}\cdot\left(\frac{h}{b}\right)^2+\frac{1}{EI}\cdot\frac{h}{b}\cdot 3$$

上式中的 δ 称为该墙体的侧移柔度。使墙体顶端产生单位侧移而需在顶端施加的水平力 K 称为该墙体的侧移刚度，$K=1/\delta$ 。

对需要同时考虑弯曲、剪切变形的墙体，其侧移刚度 K_{bs} 为

$$K_{bs}=\frac{1}{\delta}=\frac{Et}{(h/b)[(h/b)^2+3]} \tag{附 5-1}$$

对仅需考虑剪切变形的墙体，其侧移刚度 K_s 为

$$K_s=\frac{1}{\delta_s}=\frac{Et}{3h/b} \tag{附 5-2}$$

附 5.2　剪力墙墙体上端有侧移和转动时的刚度

以附图 5-2 所示墙体为例，分析这类墙体在单位水平力作用下由弯曲引起的变形与由剪切引起的变形，则

弯曲变形

$$\delta_b=\frac{h^3}{12EI}=\frac{4}{EI}\cdot\frac{h}{b}\cdot\left(\frac{h}{b}\right)^2$$

剪切变形

$$\delta_s=\frac{\xi h}{GA}=\frac{1}{Et}\cdot\frac{h}{b}\cdot 3$$

墙体顶端在单位水平力作用下的总变形为

$$\delta=\frac{4}{EI}\cdot\frac{h}{b}\cdot\left(\frac{h}{b}\right)^2+\frac{1}{Et}\cdot\frac{h}{b}\cdot 3$$

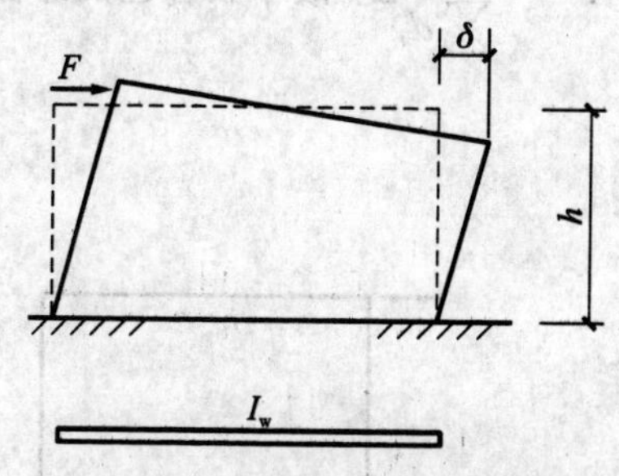

附图 5-2　单位力作用下墙体的变形

上式中的 δ 称为该墙体的侧移柔度。使墙体顶端产生单位侧移而需在顶端施加的水平力 K 称为该墙体的侧移刚度，$K=1/\delta$。

对需要同时考虑弯曲、剪切变形的墙体，其侧移刚度 K_{bs} 为

$$K_{bs}=\frac{1}{\delta}=\frac{Et}{(h/b)[4(h/b)^2+3]} \tag{附 5-3}$$

对仅需考虑剪切变形的墙体，其侧移刚度 K_s 为

$$K_s=\frac{1}{\delta_s}=\frac{Et}{3h/b} \tag{附 5-4}$$

附 5.3　砌体墙段的层间等效刚度

《建筑抗震设计规范》(GB 50011—2010)规定在进行地震剪力分配和截面验算时，砌体墙段的层间等效侧向刚度应按下列原则确定：

①刚度的计算应计入高宽比的影响。当高宽比小于 1 时，可只计算剪切变形；当高宽比不大于 4 且不小于 1 时，应同时计算弯曲和剪切变形；当高宽比大于 4 时，等效侧向刚度可取 0.0。墙段的高宽比指层高与墙长之比，对门窗洞边的小墙段是指洞净高与洞侧墙宽之比。

②墙段宜按门窗洞口划分；对设置构造柱的小开口墙段按毛墙面计算的刚度，可根据开洞率乘以洞口影响系数(附表 5-1)。

附表 5-1　**墙段洞口影响系数**

开洞率	0.10	0.20	0.30
影响系数	0.98	0.94	0.88

注：开洞率为洞口水平截面积与墙段毛截面积之比；窗洞高度大于 50%层高时，按门洞对待。

附6　刚度的叠加和柔度的叠加

附6.1　杆件的刚度叠加和柔度叠加

附图6-1(a)、(b)所示为一组并联的平行柱，即一端为固定，另一端由刚性横梁连在一起，并联各柱的总侧移刚度为各柱侧移刚度之和。

附图6-2(a)、(b)所示为一组柱彼此串联的情况，各柱两端均没有转角位移。设在定点作用水平力 P，则各柱剪力都等于 P，串联各柱的总侧移为各柱侧移之和，即

$$\Delta=\frac{Ph_1^2}{12i_1}+\frac{Ph_2^2}{12i_2}+\cdots=\frac{P}{d_1}+\frac{P}{d_2}+\cdots=P\left(\frac{1}{d_1}+\frac{1}{d_2}+\cdots\right)$$

即 $P=\frac{1}{\sum d_i}\Delta$，故串联各柱的总侧移刚度为 $\frac{1}{\sum\frac{1}{d_i}}$。

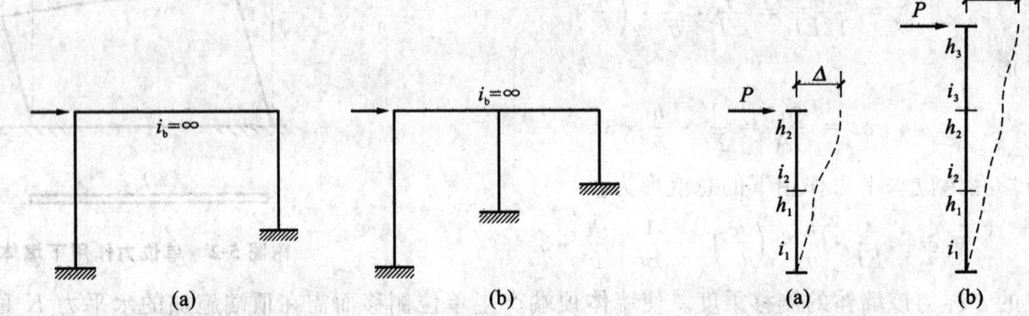

附图6-1　并联柱的总侧移刚度　　　附图6-2　串联柱的总侧移刚度

复式刚架是指一层或数层横梁不全部贯通的钢架，综合以上的概念，复式刚架的构件刚度可以利用并联柱和串联柱的公式来计算。

附6.2　墙体的刚度叠加和柔度叠加

开有洞口墙体的层间等效侧向刚度的确定，除应考虑门窗间各墙段的变形影响外，还应考虑洞口上下水平墙带变形的影响。取整片墙为计算单元，将墙体沿墙高分段，求出各墙段在水平力 $P=1$ 作用下的侧移，求和即可得到整个墙体在单位水平力作用下的顶端侧向位移 δ，其倒数即为该墙的等效侧移刚度。

以附图6-3所示的墙体为例，仅开有窗洞的墙体，首先将墙体沿高度分为三个墙段（$l=1,2,3$）。

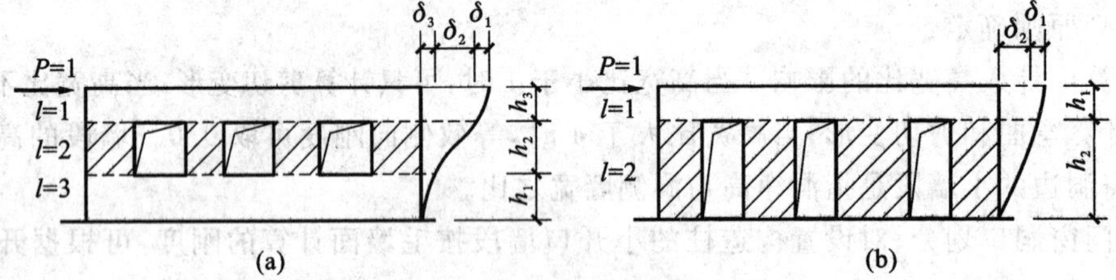

附图6-3　墙体的侧移刚度

$$\delta=\sum_{l=1}^{m}\delta_l \tag{附6-1}$$

式中　l——相同高度的墙段类型编号，$l=1,2,\cdots,m$。本例 $l=1,2$ 或 $l=1,2,3$。

对于 $l=1$ 或 $l=3$ 的墙段，均是一个水平墙带，则在单位水平力 $F=1$ 作用下的侧移为

$$\delta_l=\frac{1}{k_l}$$

对于 $l=2$ 的墙段，有几个高度相同的墙肢，则在单位水平力 $F=1$ 作用下的侧移为

$$\delta_l=\frac{1}{\sum_{j=1}^{n}K_j}\quad(j=1,2,\cdots,n)$$

式中　n——有相同高度的墙段数；

K_j——各墙段的刚度。

在单位水平力 $F=1$ 作用下，墙体的侧移为

$$\delta=\delta_1+\delta_2+\delta_3$$

墙体的等效侧向刚度为

$$K=\frac{1}{\delta_1+\delta_2+\delta_3}=\frac{1}{\frac{1}{K_1}+\frac{1}{\sum K_2}+\frac{1}{K_3}}$$

当墙体开有门窗洞口，且门窗顶标高、窗面标高相同时（附图 6-4），墙段 2 和 3 的侧移柔度为 δ_2、δ_3，相应的等效侧向刚度为 $\sum\frac{1}{\delta_1+\delta_2}$；墙段 4 的侧移柔度为 δ_4，相应的等效侧向刚度为 $\frac{1}{\delta_4}$；墙段 1 的侧移柔度为 δ_1，相应的等效侧向刚度为 $\frac{1}{\delta_1}$，根据各墙段的并串联关系，可得到开洞墙体的等效侧移刚度为

$$K=\frac{1}{\frac{1}{K_1}+\frac{1}{K_4+\frac{1}{\frac{1}{K_1}+\frac{1}{K_2}}}}\tag{附 6-2}$$

式中　K_1,K_2,K_3,K_4——墙段 1、2、3、4 对应的等效侧移刚度。

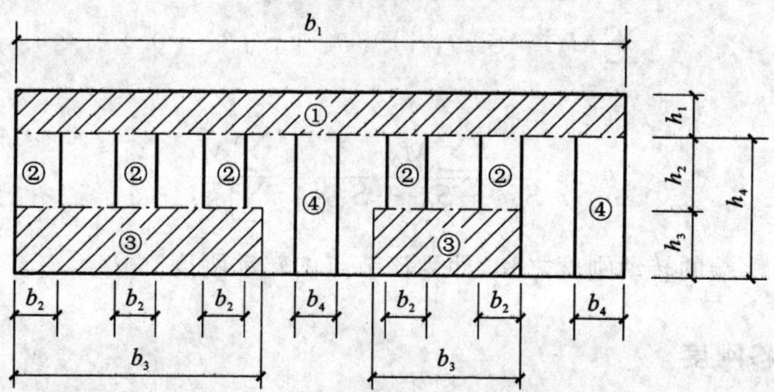

附图 6-4　有门窗洞口的墙肢划分

综上所述，一般情况下，开洞墙体的等效侧向刚度可按下列原则计算：水平向的墙段采用刚度叠加（并联体），即墙体的总刚度等于该墙体内各墙段等效侧向刚度之和。竖直向的墙段采用柔度叠加（串联体），即墙体的柔度等于各墙段柔度之和。

附 7　结构刚度

结构的整体刚度反映的是结构整体抵抗变形（位移）的能力。其除了与组成结构构件的材料、截面有关外，还与杆件间的联结（节点构造）、杆件的布置、体系的组成有关。所以计算内力的方法也有差异，如砌体结构，在计算时计算方案可分为刚性方案、刚弹性方案和弹性方案。

结构中的某一个部分，相对于某一特定的变形（位移）有其相应的刚度。此处以节点的转动刚度和层间的侧移刚度为例进行讨论。

附 7.1　节点的转动刚度

在节点发生一单位转角 $\theta=1$ 时所需的总力矩称为该节点的转动刚度，等于与节点相连接的各个杆件在节点端的转动刚度之和，用 S 表示。节点的转动刚度是以节点为研究对象的，包括该节点上所有的杆。

以附图 7-1 所示结构为例，刚节点 A 联结了三杆 AB、AC 和 AD，设 B 端为固定端，C 端为滑动支座，D 端为铰支座。设有外力 M 加于节点 A 处，使节点 A 产生转角 θ_A，然后达到平衡，求各杆端弯矩 M_{AB}、M_{AC} 及 M_{AD} 的值。

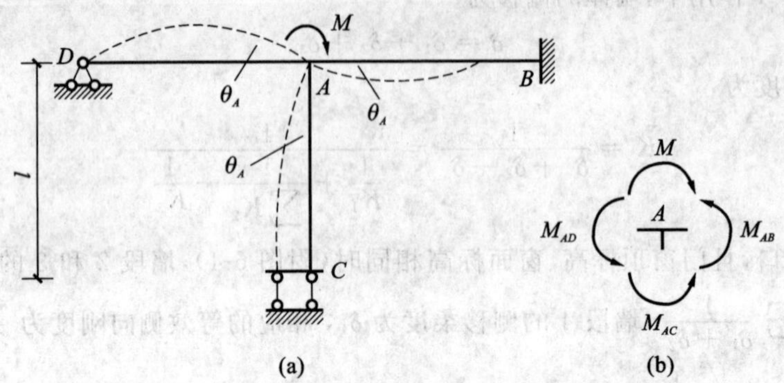

附图 7-1　节点的转动刚度

由转动刚度的定义可知

$$\begin{cases} M_{AB}=S_{AB}\theta_A=4i_{AB}\theta_A \\ M_{AC}=S_{AC}\theta_A=i_{AC}\theta_A \\ M_{AD}=S_{AD}\theta_A=3i_{AD}\theta_A \end{cases} \tag{附 7-1}$$

利用节点 A（附图 7-1）的平衡方程 $\sum M_A=0$，得

$$\sum M_A=S_{AB}\theta_A+S_{AC}\theta_A+S_{AD}\theta_A=0$$

因而得到节点 A 的转角为

$$\theta_A=\frac{\sum M_A}{S_{AB}+S_{AC}+S_{AD}}=\frac{\sum M_A}{\sum S_A}$$

其中，$\sum S_A$ 表示各杆在 A 端的转动刚度之和，即为该节点的转动刚度。

附 7.2　层间的侧移刚度

层间侧移刚度是以同一楼层各柱作为研究对象，来研究层间侧移刚度与各柱侧移刚度间的关系。

以附图 7-2 所示楼层为例来讨论层间的侧移刚度，附图 7-2(a)所示为一个楼层，设楼盖简化为刚性横梁，层间发生一单位相对位移 $\Delta=1$，所需的总剪力称为层间侧移刚度。附图 7-2(b)为其弯矩图。取横梁为隔离体，如附图 7-2(c)所示，d_1、d_2 为各柱的剪力大小，亦为各柱的侧移刚度大小。由 $\sum x=0$，可得

$$P=\sum_{i=1}^{n}d_i \tag{附 7-2}$$

上式表明，楼层的层间侧移刚度等于该楼层各立柱侧移刚度之和。

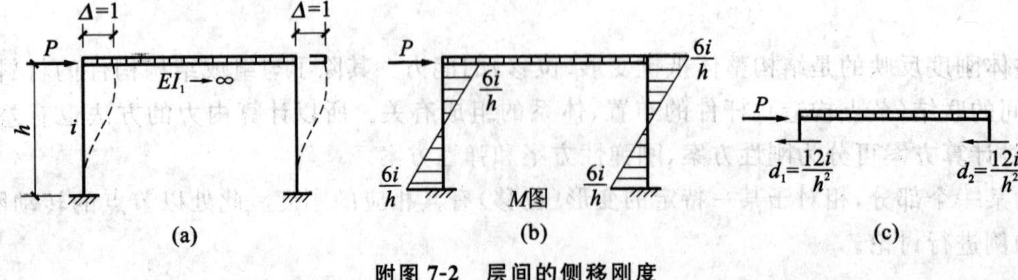

附图 7-2　层间的侧移刚度

参考文献

[1] 中华人民共和国住房和城乡建设部,中华人民共和国国家质量监督检验检疫总局. GB 50009—2012 建筑结构荷载规范. 北京:中国建筑工业出版社,2012.

[2] 中华人民共和国住房和城乡建设部,中华人民共和国国家质量监督检验检疫总局. GB 50010—2010 混凝土结构设计规范(2015 年版). 北京:中国建筑工业出版社,2015.

[3] 中华人民共和国建设部,中华人民共和国国家质量监督检验检疫总局. GB 50017—2017 钢结构设计标准. 北京:中国建筑工业出版社,2018.

[4] 中华人民共和国住房和城乡建设部,中华人民共和国国家质量监督检验检疫总局. GB 50003—2011 砌体结构设计规范. 北京:中国建筑工业出版社,2012.

[5] 中华人民共和国住房和城乡建设部,中华人民共和国国家质量监督检验检疫总局. GB 50011—2010 建筑抗震设计规范(2016 年版). 北京:中国建筑工业出版社,2016.

[6] 中华人民共和国住房和城乡建设部,中华人民共和国国家质量监督检验检疫总局. GB 50007—2011 建筑地基基础设计规范. 北京:中国建筑工业出版社,2011.

[7] 章曲,李强. 中外建筑史. 北京:北京理工大学出版社,2009.

[8] 潘谷西. 中国建筑史. 6 版. 北京:中国建筑工业出版社,2009.

[9] 罗小未. 外国近现代建筑史. 2 版. 北京:中国建筑工业出版社,2004.

[10] 娄宇. 中外建筑史. 武汉:武汉理工大学出版社,2010.

[11] 彭一刚. 建筑空间组合论. 3 版. 北京:中国建筑工业出版社,2008.

[12] 东南大学,同济大学,天津大学. 混凝土结构(中册)——混凝土结构与砌体结构设计. 5 版. 北京:中国建筑工业出版社,2008.

[13] 张誉,等. 混凝土结构耐久性概论. 上海:上海科学技术出版社,2003.

[14] 熊丹安. 建筑结构. 4 版. 广州:华南理工大学出版社,2009.

[15] 李国强,黄宏伟. 工程结构荷载与可靠度设计原理. 北京:中国建筑工业出版社,1999.

[16] 许成祥,何培玲. 荷载与结构设计方法. 2 版. 北京:北京大学出版社,2012.

[17] 白国良,刘明. 荷载与结构设计方法. 北京:高等教育出版社,2010.

[18] 赵华玮. 建筑结构. 武汉:武汉理工大学出版社,2007.

[19] 黄梅,佟芳. 建筑构造与识图. 哈尔滨:哈尔滨工业大学出版社,2012.

[20] 刘禹,张建新. 建筑结构:概念、原理与设计. 大连:东北财经大学出版社,2010.

[21] 〔美〕林同炎,斯多台斯伯利. 结构概念和体系. 2 版. 高立人,方鄂华,钱稼茹,译. 北京:中国建筑工业出版社,1999.

[22] 刘大海,杨翠如,钟锡根. 高层建筑抗震设计. 北京:中国建筑工业出版社,1993.

[23] 沈蒲生. 高层建筑结构设计. 2 版. 北京:中国建筑工业出版社,2011.

[24] 何淅淅,黄林青. 高层建筑结构设计. 武汉:武汉理工大学出版社,2007.

[25] 王社良. 抗震结构设计. 4 版. 武汉:武汉理工大学出版社,2011.

[26] 〔新西兰〕Paulay T,〔美〕Priestley M J N. 钢筋混凝土和砌体结构的抗震设计. 戴瑞同,陈世鸣,等,译. 北京:中国建筑工业出版社,2011.

[27] 杜咏,陈瑜. 建筑结构与选型. 北京:中国建筑工业出版社,2009.

[28] 杜文风,张慧. 空间结构. 北京:中国电力出版社,2008.

[29] 杨海荣,冯敬涛. 建筑结构选型与实例解析. 郑州:郑州大学出版社,2011.

[30] 沈世钊,徐崇宝,赵臣,等. 悬索结构设计. 2 版. 北京:中国建筑工业出版社,2006.

[31] 陆赐麟,尹思明,刘锡良.现代预应力钢结构.2版.北京:人民交通出版社,2007.
[32] 叶列平.混凝土结构:上册.2版.北京:清华大学出版社,2005.
[33] 叶列平,赵作周,樊健生.混凝土结构:下册.2版.北京:清华大学出版社,2005.
[34] 谢醒悔,韩选江,叶湘菡.现代予力混凝土结构设计理论及应用.北京:机械工业出版社,2006.
[35] 宋玉普.预应力混凝土建筑结构.北京:机械工业出版社,2007.
[36] 日本建筑构造技术者协会.图说建筑结构.北京:中国建筑工业出版社,2000.
[37] 丁大钧,蓝宗建.砌体结构.2版.北京:中国建筑工业出版社,2011.
[38] 熊仲明,许淑芳,韦俊.砌体结构.北京:科学出版社,2009.
[39] 唐岱新.砌体结构.2版.北京:高等教育出版社,2010.
[40] 姚谏,夏志斌.钢结构:原理与设计.北京:中国建筑工业出版社,2004.
[41] 郑廷银,王治均.钢结构设计.重庆:重庆大学出版社,2013.
[42] 聂洪达,郄恩田.房屋建筑学.北京:北京大学出版社,2007.
[43] 龙驭球,包世华.结构力学.2版.北京:高等教育出版社,2006.
[44] 姚仰平.土力学.2版.北京:高等教育出版社,2011.
[45] 侍倩.基础工程.武汉:武汉大学出版社,2011.
[46] 傅裕寿,张正威.土力学与地基基础.北京:清华大学出版社,2009.
[47] 高忠,于林平,韩玮.地基基础.北京:科学出版社,2010 .
[48] 陈书申,陈晓平.土力学与地基基础.4版.武汉:武汉理工大学出版社,2012.